◇现代经济与管理类规划教材

组织行为学教程

（第 2 版）

叶龙　王蕊　郭名　主编

清华大学出版社
北京交通大学出版社
·北京·

内 容 简 介

本书围绕组织行为学分别从个体行为、群体行为、组织系统和组织动力的角度，论述了组织管理中"人"的行为问题。个体部分的内容包括个体行为基础、知觉和个人决策、价值观和态度，以及基本的激励理论和激励理论的应用；群体部分的内容包括群体行为的基础、团队建设、沟通、领导行为、冲突和冲突管理；组织部分的内容包括组织结构基础、组织文化、组织的变革与发展。

全书贯彻案例教学的思想，编入了许多国内外组织行为学的案例。教材结构完整，每章附有开篇案例、学习目标、复习与思考题，有助于读者理解课程知识和掌握课程的重点与难点。教材中还穿插一些研讨案例，便于组织案例讨论。

本书适合高等院校本科生、MBA类课程教学使用，也适合经济管理类专业教学及各类管理干部培训使用，还可以供政府部门及企事业单位从事经济管理工作的相关人员参阅。

本书封面贴有清华大学出版社防伪标签，无标签者不得销售。
版权所有，侵权必究。侵权举报电话：010-62782989　13501256678　13801310933

图书在版编目（CIP）数据

组织行为学教程／叶龙，王蕊，郭名主编．—2版．—北京：北京交通大学出版社：清华大学出版社，2014.1
（现代经济与管理类规划教材）
ISBN 978-7-5121-1710-5

Ⅰ.①组… Ⅱ.①叶… ②王… ③郭… Ⅲ.①组织行为学-高等学校-教材 Ⅳ.①C936

中国版本图书馆CIP数据核字（2013）第276264号

责任编辑：吴嫦娥　　特邀编辑：林夕莲
出版发行：清　华　大　学　出　版　社　邮编：100084　电话：010-62776969　http://www.tup.com.cn
　　　　　北京交通大学出版社　　　　　邮编：100044　电话：010-51686414　http://www.bjtup.com.cn
印　刷　者：北京时代华都印刷有限公司
经　　　销：全国新华书店
开　　　本：185×260　印张：21.5　字数：537千字
版　　　次：2014年2月第2版　2014年2月第1次印刷
书　　　号：ISBN 978-7-5121-1710-5/C·151
印　　　数：1～3 000册　定价：39.00元

本书如有质量问题，请向北京交通大学出版社质监组反映。对您的意见和批评，我们表示欢迎和感谢。
投诉电话：010-51686043，51686008；传真：010-62225406；E-mail：press@bjtu.edu.cn。

前 言

2006年8月翻译出版的《冰山在融化》一书,和《谁动了我的奶酪》一样引起许多人的关注和推崇。两本书的异曲同工之处都是通过简单的寓言故事向读者传递着一个深刻的哲理问题。《冰山在融化》讲述的故事发生在南极洲的一个企鹅王国。一天,一只善于观察的帝企鹅发现,一个潜在的严重问题正威胁着它们世代居住的家园——冰山正在逐渐融化。有人惊叫不已,有人频发牢骚,也有人开动脑筋,在生死存亡的危急关头,它们究竟如何渡过难关?

面对危机,变革之路就这样开始了……

虽然是一个简单的故事,但对人类的组织管理却颇具启迪。全球化竞争已使企业的脚下成为随时会融化和崩塌的冰山。要化解危机求生存,唯有持续不断地找到新冰山,但其间又充满了变数。

随着世界多极化、经济全球化的深入发展,科技进步日新月异,中国继续融入经济全球化的大趋势已不可逆转。复杂、多变的环境给中国企业带来机遇的同时也提出了严峻的挑战。企业重组、公司治理、战略管理、跨国管理等新形势下的管理难题层出不穷,组织管理者无不在积极寻求应对的良方。组织行为学研究所涉及的内容与管理者实际工作紧密相关,是一门关于如何提升管理者领导力的课程,其最终目的是提高管理者的工作能力和组织绩效。

面对组织管理中出现的新特点和新趋势,组织行为学的研究者们一直不断地思考和探索影响组织行为、管理者行为和员工行为的各种因素,以期能为组织的发展提供有效的咨询建议。为了让读者能及时了解组织者行为学研究的最新进展和成果,我们在《组织行为学教程》第一版的基础上结合最新研究动态,吸纳多位教师对组织行为学研究体系的合理建议进行了修订,较之第一版,本书有以下特点。

1. 引领学科前沿。为顺应组织管理的实际需要,将组织行为学研究的关注点转向了组织层面,讨论了以组织变革为背景的领导行为、管理决策、权力结构、激励机制、组织文化和团队效能等新形势下组织行为学研究的热点问题。

2. 完善理论体系。补充、完善组织行为发展理论,从系统角度入手,为管理者提供一个知识的框架,帮助管理者认识和分析组织中的心理、行为问题。例如,参考了近年来组织行为学的最新研究成果,对研究方法进行了全面系统的梳理;同时,随着组织行为学研究领域的扩大,扩充了组织行为学模型中的自变量内容,提出了新形势下组织行为学面临的挑战与机会。

3. 语言表达通俗易懂。与管理类其他学科不同的是,组织行为学是一门多学科、多层次交叉学科,其中囊括了大量心理学的理论和知识,且不乏一些深奥、艰涩的学术研究,在教学过程中,常常会给学生带来极大的困扰。此次再版我们关注的一个焦点即如何将这些心理学中复杂、抽象的内容以简洁易懂的方式表述出来,使读者更容易理解和把握。

4. 强化实践教学,贴近企业实际。众所周知,组织行为学是理论性和实践性都很强的学科,经由多种学科的理论和概念发展而来,包括直接面向社会生活实际和解决现实问题的理论观点,这些观点的形成均建立在大量的翔实、权威的一手资料的基础上。典型的教学案例能为学生提供特定情景,这次再版对教材的案例进行了认真的分析和慎重的选择,选取的案例大多是对企业和有关部门进行实际调查之后的客观描述,兼顾每个章节的重要知识点和管理实践中的疑难问题,期望帮助缺乏实际工作经验的学生更好地理解和掌握组织行为学的真谛。

当然,在这里我们有必要重申管理大师罗宾斯的警告,"管理是一项复杂的工作,毫无捷径可言,没有任何新方法能让一名管理者从平庸走向出色,或者立竿见影地扭转公司的颓废"。面临复杂环境的挑战,组织要想脱颖而出、立于不败之地,唯有不断地学习和积累,改变固有的思维习惯。教材旨在为读者提供系统理论和研究方法,所编写的内容需要在实践中慢慢消化和认真体味,并非通常所认为的灵丹妙药和救命稻草。

修订后的《组织行为学教程》包括14章。北京交通大学经济管理学院的6名研究生参与了教材修订中的资料收集、整理、编写等工作。其中,张力参与第1、3、4章;刘夏参与第2章;杨文娜、刘锐剑、卢俊参与第5、6、11、13章;陈亚洁参与第7、8、9章;卢俊参与第10、12、14章。全书最终由叶龙、王蕊、郭名统稿完成。

组织行为学的内容博大精深,虽然编写人员竭尽全力,难免有不足之处,敬请同行专家和读者批评指正。

作　者

2013 年 8 月

目 录

第1章 组织行为学概述 ·· 1
　◇ 学习目标 ·· 1
　◇ 开篇案例 ·· 1
　1.1 管理者与组织行为学 ··· 3
　1.2 组织行为学与相关学科的关系 ·· 10
　1.3 开发组织行为学的模型 ·· 11
　1.4 组织行为学面临的挑战与机会 ·· 13
　◇ 复习与思考题 ·· 17
　◇ 案例阅读 ·· 18

第2章 个体行为基础 ··· 19
　◇ 学习目标 ·· 19
　◇ 开篇案例 ·· 19
　2.1 传记特点 ··· 20
　2.2 能力 ··· 22
　2.3 个性 ··· 27
　2.4 气质 ··· 35
　2.5 学习 ··· 37
　◇ 复习与思考题 ·· 40
　◇ 案例阅读 ·· 41

第3章 知觉和个人决策 ·· 43
　◇ 学习目标 ·· 43
　◇ 开篇案例 ·· 43
　3.1 知觉概述 ··· 44
　3.2 社会知觉和社会知觉偏见 ··· 49
　3.3 归因 ··· 52
　3.4 知觉在组织中的具体应用 ··· 56
　3.5 决策 ··· 58
　◇ 复习与思考题 ·· 65
　◇ 案例阅读 ·· 65

第4章 价值观与态度 ··· 67
　◇ 学习目标 ·· 67

- ◇ 开篇案例 ·· 67
- 4.1 价值观 ·· 68
- 4.2 态度 ·· 71
- 4.3 工作满意度 ·· 78
- 4.4 组织承诺、组织公民行为和心理契约 ·· 84
- ◇ 复习与思考题 ··· 89
- ◇ 案例阅读 ·· 90

第 5 章 基本的激励理论 ·· 93
- ◇ 学习目标 ·· 93
- ◇ 开篇案例 ·· 93
- 5.1 激励概述 ·· 94
- 5.2 需要层次理论 ··· 97
- 5.3 ERG 理论 ··· 99
- 5.4 双因素理论 ·· 100
- 5.5 成就需要理论 ··· 102
- 5.6 期望理论 ·· 103
- 5.7 公平理论 ·· 105
- 5.8 强化理论 ·· 106
- 5.9 目标设置理论 ··· 107
- 5.10 激励理论的整合 ·· 109
- 5.11 知识经济时代的激励手段 ··· 110
- 5.12 人性理论 ··· 111
- ◇ 复习与思考题 ··· 113
- ◇ 案例阅读 ·· 114

第 6 章 激励理论的应用 ·· 115
- ◇ 学习目标 ·· 115
- ◇ 开篇案例 ·· 115
- 6.1 目标管理 ·· 118
- 6.2 行为矫正 ·· 119
- 6.3 员工参与方案 ··· 120
- 6.4 浮动工资方案 ··· 122
- 6.5 技能工资方案 ··· 123
- 6.6 灵活福利 ·· 125
- 6.7 可比较的价值 ··· 128
- 6.8 激励的特殊问题 ··· 129
- ◇ 复习与思考题 ··· 130
- ◇ 案例阅读 ·· 131

第 7 章 群体行为的基础 ·· 134
- ◇ 学习目标 ·· 134

◇ 开篇案例 ·· 134
7.1 群体的定义与分类 ·· 135
7.2 群体发展的阶段 ·· 136
7.3 群体行为的解释与分析 ·· 138
7.4 人际关系 ·· 142
7.5 群体决策 ·· 146
7.6 创建高凝聚力的工作群体 ·· 149
◇ 复习与思考题 ·· 154
◇ 案例阅读 ··· 154

第 8 章 团队建设 ··· 157
◇ 学习目标 ··· 157
◇ 开篇案例 ··· 157
8.1 基本概念 ·· 158
8.2 团队工作 ·· 163
8.3 团队效能 ·· 166
8.4 塑造高绩效团队 ·· 167
8.5 团队存在的问题 ·· 170
◇ 复习与思考题 ·· 172
◇ 案例阅读 ··· 172

第 9 章 沟通 ··· 175
◇ 学习目标 ··· 175
◇ 开篇案例 ··· 175
9.1 沟通概述 ·· 176
9.2 沟通过程 ·· 181
9.3 沟通的有效性 ·· 185
9.4 有关沟通的当前问题 ·· 189
◇ 复习与思考题 ·· 192
◇ 案例阅读 ··· 193

第 10 章 领导行为 ··· 196
◇ 学习目标 ··· 196
◇ 开篇案例 ··· 196
10.1 领导概述 ·· 197
10.2 领导素质理论 ·· 207
10.3 领导行为理论 ·· 213
10.4 领导权变理论 ·· 218
10.5 领导决策行为 ·· 224
◇ 复习与思考题 ·· 235
◇ 案例阅读 ··· 236

第11章 冲突与冲突管理 ············ 238
- ◇ 学习目标 ············ 238
- ◇ 开篇案例 ············ 238
- 11.1 冲突概述 ············ 239
- 11.2 冲突分析 ············ 242
- 11.3 冲突管理 ············ 246
- ◇ 复习与思考题 ············ 250
- ◇ 案例阅读 ············ 251

第12章 组织结构基础 ············ 253
- ◇ 学习目标 ············ 253
- ◇ 开篇案例 ············ 253
- 12.1 组织结构概述 ············ 254
- 12.2 组织结构设计 ············ 257
- 12.3 新型组织设计方案 ············ 269
- 12.4 组织设计与员工行为 ············ 276
- ◇ 复习与思考题 ············ 277
- ◇ 案例阅读 ············ 278

第13章 组织文化 ············ 280
- ◇ 学习目标 ············ 280
- ◇ 开篇案例 ············ 280
- 13.1 组织文化概述 ············ 281
- 13.2 组织文化的类型 ············ 286
- 13.3 组织文化的功能 ············ 293
- 13.4 组织文化的建设 ············ 295
- 13.5 组织文化的量化研究 ············ 298
- ◇ 复习与思考题 ············ 300
- ◇ 案例阅读 ············ 301

第14章 组织变革与发展 ············ 303
- ◇ 学习目标 ············ 303
- ◇ 开篇案例 ············ 303
- 14.1 组织变革概述 ············ 304
- 14.2 组织变革的动力与阻力 ············ 306
- 14.3 组织变革的模型 ············ 311
- 14.4 组织变革的发展趋势 ············ 315
- 14.5 组织发展 ············ 318
- ◇ 复习与思考题 ············ 326
- ◇ 案例阅读 ············ 326

参考文献 ············ 330

第1章

组织行为学概述

学习目标

1. 理解组织行为学的概念。
2. 了解管理者为什么要学习组织行为学。
3. 掌握组织行为学的研究体系、内容和研究方法。
4. 了解组织行为学的历史沿革。
5. 比较组织行为学与相近学科的关系,正确理解组织行为学的学科性质。
6. 了解组织行为学面临的挑战和机遇。

开篇案例

美国达纳公司的巨变

美国达纳公司是一个拥有30亿美元资产的企业,主要生产螺旋叶片和齿轮箱之类的普通产品,这些产品大多是满足汽车和拖拉机行业普通二级市场需求的。20世纪70年代初期,达纳公司雇员的人均销售额与全行业企业的平均数相等。到了20世纪70年代末,在并无大规模资本投入的情况下,达纳公司雇员的人均销售额猛增了3倍,一跃到《幸福》杂志按投资收益排列的500家公司中的第二位。这对于一个身处如此乏味的行业的大企业来说,的确是一个非凡的记录。

1973年,麦斐逊接任公司总经理。他做的第一件事就是废除原来厚达22英寸的政策指南,取而代之的是只有一页篇幅的宗旨陈述。其大意如下:

(1) 面对面的交流是联系员工、保持信任和激发热情的最有效的手段。关键是让员工知道并与之讨论企业的全部经营状况。

(2) 我们有义务向希望提高技术水平、扩展业务能力或进一步深造的生产人员提供培训和发展的机会。

(3) 向员工提供职业保险至关重要。

(4) 制定各种对设想、建议和艰苦工作加以鼓励的计划,设立奖金制度。

麦斐逊很快就把公司的领导班子从500人裁减到100人，机构层次也从11个减到5个。大约90人的工厂经理都成了"商店经理"。因为，这些人有责任学会做厂里的一切工作，并且享有工作的自主权。麦斐逊说："我的意思是放手让员工们去做。"他指出："任何一项具体工作的专家就是干这项工作的人，不相信这一点，我们就会一直压制这些人为企业作出贡献及其个人发展的潜力。可以设想，在一个制造部门，在方圆25平方英尺的天地里，还有谁比机床工人、材料管理员和维修人员更懂得如何操作机床、如何使其产出最大化、如何改进质量、如何使原材料流量最优化并有效地使用呢？没有。"

他又说："我们不把时间浪费在愚蠢的举动上。我们办事没有种种程序和手续，也没有大批的行政人员。我们根据每个人的需要、每个人的志愿和每个人的成绩，让每个人有所作为，让每个人都有足够的时间去尽其所能……我们最好还是承认，在一个企业中，最重要的人就是那些提供服务、创造和增加产品价值的人，而不是管理这些活动的人。……这就是说，当我处在你们那2.32平方米的空间里时，我还是得听你们的。"

达纳公司和惠普公司一样，不搞什么上下班时钟。对此，麦斐逊说："大伙都抱怨说，没有时钟怎么行呢？"我说："你该怎么去管10个人呢？要是你亲眼看到他们总是迟到，你就去找他们谈谈嘛，何必非要靠钟表才能知道人们是否迟到呢？"我的下属说："你不能摆脱时钟，因为政府要了解工人的出勤率和工作时间。"我说："此话不假。像现在这样，每个工人都准时上下班，这就是记录嘛。如果有什么例外，我们会实事求是地加以处理的。"麦斐逊非常注意面对面的交流，强调同一切人讨论一切问题。他要求各部门的管理人员和本部门的所有成员之间每月举行一次面对面的会议，直接而具体地讨论公司每一项工作的细节情况。

麦斐逊非常注重培训工作，以此来不断地进行自我完善。仅达纳大学就有数千名雇员在那里学习，他们的课程都是务实方面的，但同时也强调人的信念，许多课程都由老资格的公司副总经理讲授。

达纳公司从不强人所难。麦斐逊说："没有一个部门经理会屈于压力而被迫接受什么。"在这里，人们受到的压力是同事间的压力，大约100名经理人每年要举行两次为期5天的经验交流会，同事间的压力就是前进的动力。他说："你能一直欺骗你的上司，我也能。但是你没法逃过同行的眼睛。"

麦斐逊强调说："切忌高高在上、闭目塞听和不察下情的不良作风，这是青春不老的秘方。"一个在通用汽车公司有着16年工龄、最近被解雇的工人说："我猜想解雇我的原因是由于我干的活儿质量不好。但是，在这16年里，有谁来向我征求过改进质量的意见呢？从来没有过。"这两个人的话形成了鲜明的对比。

麦斐逊在达纳公司采取的一系列举措，正是一名优秀管理者的集中体现。管理对组织绩效的影响作用是毋庸置疑的。如何发挥好管理者的积极作用，如何从个体、群体和组织的角度实现高效系统管理，即组织行为学研究的出发点。

1.1　管理者与组织行为学

1. 管理者的概念

1) 管理的职能

管理是人们进行的一项实践活动,是人们的一项实际工作或一种行动。人们发现,在不同管理者的管理工作中,其往往采用程序具有某些类似、内容具有某些共性的管理行为,如计划、组织、控制等,人们对这些管理行为加以系统性归纳,逐渐形成了"管理职能"这一被普遍认同的概念。

所谓管理职能,是管理过程中各项行为内容的概括,是人们对管理工作应有的一般过程和基本内容所作的理论总结。

最早系统提出管理职能的是法国的法约尔。他提出管理包括计划、组织、指挥、协调和控制 5 项职能,其中计划职能为他所重点强调。他认为,组织一个企业,就是为企业的经营提供所有必要的原料、设备、资本和人员。指挥的任务是分配给企业各种不同的领导人,每个领导人都承担各自单位的任务和职责;协调是指企业的一切工作都要和谐地配合,以便于企业经营顺利进行,而且有利于企业取得成功。控制是要证实是否各项工作都与计划相符合,是否与下达的指示及原则相符合。

在法约尔之后,许多学者根据社会环境的新变化,对管理的职能进行了进一步探究,有了许多新的认识。但当代管理学家对管理职能的划分,基本上没有超出法约尔的范围。

古利克和厄威克就管理职能的划分,提出了著名的管理七职能。他们认为,管理的职能是计划、组织、人事、指挥、协调、报告和预算。

哈罗德·孔茨和西里尔·奥唐奈里奇把管理的职能划分为计划、组织、人事、领导和控制。人事职能意味着管理者应当重视利用人才,注重人才的发展,以及协调人们的活动。这说明当时管理学家已经注意到人的管理在管理行为中的重要性。

20 世纪 60 年代以来,随着系统论、控制论和信息论的产生,以及现代技术手段的发展,管理决策学派的形成,使得决策问题在管理中的作用日益突出。西蒙等人在解释管理职能时,突出了决策职能。他认为,组织活动的中心就是决策,制订计划、选择计划方案需要决策;设计组织结构、人事管理等也需要决策;选择控制手段还需要决策。他认为,决策贯穿于管理过程的各个方面,管理的核心是决策。

美国学者米和希克斯在总结前人对管理职能分析的基础上,提出了创新职能,突出了创新可以使组织的管理不断适应时代发展的观点。

管理职能的变化和社会环境的变化有密切的关系。在法约尔时期,企业的外部环境变化不大,市场竞争并不激烈,管理者的主要工作是制订计划、组织和领导工人把产品生产出来。在行为科学出现之前,管理活动侧重于对技术因素及物的因素的管理,管理工作中强调实行严密的计划、指挥和控制。但自霍桑实验之后,一些学者在划分管理职能时,开始重视对有关人的因素的管理,提出人事、信息沟通、激励职能。这些职能的提出,体现了对管理职能的划分开始侧重于对人的行为激励方面,人事管理被提高到比较重要的地位。20 世纪

50年代以后,特别是60年代以来,由于现代科学技术的发展和诸多新兴学科的出现,管理学家又在管理职能中加进了创新和决策职能。决策理论学派的代表人物西蒙提出了决策职能,即决策职能从计划职能中分化出来。他认为,决策贯彻于管理的全过程,管理的核心是决策。管理的决策职能不仅各个层次的管理者都有,而且分布在各项管理活动中。创新职能源于20世纪70年代后世界环境的剧变。创新职能的提出,也恰恰反映了这一时代的历史背景。可以预见,随着科学技术的不断发展和社会生产力水平的进一步提高,管理职能的内容和重点还会有新的变化。

2)管理者的角色

20世纪60年代末,亨利·明茨伯格(Henry Minzberg)对5位总经理的工作进行了认真仔细地研究,他的发现对长期以来对管理者工作所持的看法提出了挑战。当时,普遍认为管理者是深思熟虑的思考者,在作出决策之前,他们总是仔细地和系统地处理信息。而明茨伯格发现,他所观察的经理们陷入大量变化的、无一定模式的和短期的活动中,他们几乎没有时间静下心来思考,因为他们的工作经常被打断。有半数的管理者活动持续时间少于9分钟。在大量观察的基础上,明茨伯格提出了一个管理者究竟在做什么的分类纲要。明茨伯格的结论是,管理者扮演着10种不同的但却是高度相关的角色。管理者角色(Management Roles)这个术语是指特定的管理行为范畴,这10种角色可以进一步组合成3个方面:人际关系、信息传递和决策制定,如表1-1所示。

表1-1 管理者的10种角色

3个方面	角色	描述
人际关系	挂名首脑	象征性的首脑,必须履行许多法律性的或社会性的例行义务;迎接来访者,签署法律文件
	领导者	负责激励和动员下属,负责人员配备、培训和交往的职责;实际上从事全部有下级参与的活动
	联络者	维护自行发展起来的外部接触和联系网络,向人们提供恩惠和信息;发感谢信,从事外部委员会工作,从事其他有外部人员参加的活动信息传递方面的工作
信息传递	监听者	寻求和获取各种特定的信息(其中许多是即时的),以便透彻地了解组织与环境;作为组织内部和外部信息的神经中枢;阅读期刊和报告,保持私人接触
	传播者	将从外部人员和下级那里获得的信息传递给组织的其他成员——有些是关于事实的信息,有些是解释和综合组织的有影响的人物的各种价值观点;举行信息交流会,用打电话的方式传达信息
	发言人	向外界发布有关组织的计划、政策、行动、结果等信息;作为组织所在产业方面的专家,举行董事会议,向媒体发布信息
决策制定	企业家	寻求组织和环境中的机会,制订"改进方案"以发起变革,监督某些方案的策划;制定战略,检查会议决议执行情况,开发新项目
	混乱驾驭者	当组织面临重大的、意外的动乱时,负责采取补救行动;制定战略,检查陷入混乱和危机的时期
	资源分配者	负责分配组织的各种资源——事实上是批准所有重要的组织决策;调度、询问、授权,从事涉及预算的各种活动和安排下级的工作
	谈判者	在主要的谈判中作为组织的代表,参与工会进行合同谈判

（1）人际关系方面的角色。人际关系方面的角色（Interpersonal Roles）是指所有的管理者都要履行礼仪性和象征性的义务。当学院的院长在毕业典礼上颁发毕业文凭时，或者工厂领班带领一群高中学生参观工厂时，他们都在扮演挂名首脑的角色。此外，所有的管理者都具有领导者的角色，这个角色包括雇用、培训、激励和惩戒雇员。管理者扮演的第三种角色是在人群中充当联络员。明茨伯格把这种角色描述成与提供信息的来源接触，这些来源可能是组织内部或外部的个人或团体。销售经理从人事经理那里获得信息属于内部联络关系；当这位销售经理通过市场营销协会与其他公司的销售执行经理接触时，他就有了外部联络关系。

（2）信息传递方面的角色。信息传递方面的角色（Information Roles）是指所有的管理者在某种程度上，都从外部的组织或机构接收和收集信息。典型的情况是，通过阅读杂志和与他人谈话来了解公众趣味的变化，竞争对手可能打算干什么，等等，明茨伯格称此为监听者角色；管理者还起着向组织成员传递信息的通道的作用，即扮演着传播者的角色；当他们代表组织向外界表态时，管理者是在扮演发言人的角色。

（3）决策制定方面的角色。决策制定方面的角色（Decision Criteria）是管理者需要发起和监督那些将改进组织绩效的新项目；采取纠正行动应对那些未预料的问题；负有分配人力、物质和金融资源的责任；为了自己组织的利益与其他团体议价和商定成交条件时，他们是在扮演谈判者的角色。

大量的后续研究试图检验明茨伯格的角色理论的有效性，这些研究涉及不同的组织和这些组织的不同管理层次。研究证据一般都支持这样一种观点，即无论何种类型的组织和在组织的哪个层次上，管理者都扮演着相似的角色。但是，看来管理者角色的侧重点是随组织的等级层次变化的，特别是传播者、挂名首脑、谈判者、联络者和发言人角色，对于高层管理者要比低层管理者更重要。相反，领导者角色对于低层管理者，要比中、高层管理者更重要。能否认为，通过对管理工作的实际观察得出的10种角色观点会使计划、组织、领导、控制这种传统的职能理论失效，不会的。首先，职能方法仍然代表着将管理者的工作概念化的最有效的方式。经典的职能理论提供了一种清晰和界限明确的方法，使人们能够对管理者从事的成千种活动和用以实现组织目标的各种技术进行明确的分类。其次，虽然明茨伯格可以给出更详细的和仔细斟酌过的管理角色分类方案，但是这些角色实质上与4种职能是一致的。明茨伯格提出的许多角色，基本上可以归入一个或几个职能中。例如，资源分配角色就是计划的一个部分，企业家角色也属于计划职能；所有人际关系的3种角色都是领导职能的组成部分；而其他大多数角色也与4个职能中的一个或多个相吻合。当然，并非所有的角色都是如此，这种差别实质上可以用明茨伯格的综合管理活动和纯粹管理工作的观点来解释。所有的管理者都从事一些不纯属管理性的工作。明茨伯格观察到经理们花费时间搞公共关系和筹集资金这一事实，虽然证实了明茨伯格观察方法的精确性，但也表明并非管理者从事的每一件事情，都必须是管理者工作的基本组成部分。一些包括在明茨伯格的纲要中的活动或许可以去掉。上述评论是否意味着明茨伯格的角色分类站不住脚，当然不是。明茨伯格明确地提出了一种对管理者究竟在做什么的新的见解，他的工作引起了人们对管理者角色分类的研究兴趣，这对如何培养一名优秀的管理者具有参考价值。

3）中国国有企业的独特管理角色

为了调查中国管理者在组织中的角色扮演状况，检验与明茨伯格10种管理者角色分类的异同,1995年,余凯成对大连的10家大中型国有企业总经理的工作活动进行了研究。通过对调查数据的分析,发现中国国有企业高层管理者确实也扮演着与外国同行一样的10种管理角色。但不同的是,他们还要扮演3种额外的独特管理角色。

(1) 大家长。在国有企业中,大多采用了把职工的工作与生活全部包下来的"大家庭"式的管理模式。在这种模式下,国有企业的领导就如同一位镇长乃至市长,要花费大量精力与时间照管职工及他们生活的方方面面,从托儿所、子弟学校到职工医院。

(2) 意识形态工作者。在中国的社会主义体制下,国有企业的管理者不仅作为企业的管理者而存在,并且需要承担部分政治任务。大中型国有企业的领导人一般都是中国共产党党员和企业党委委员,需要执行党委分配的部分党务工作。这一特点,使企业除了实现其经济效益目标并满足职工的合理个人需要外,还要实现对职工的价值观进行教育,使其与国家及社会的主导意识形态相一致。

(3) 社会活动者。国有企业的管理者有很大一部分工作是非生产经营性的,他们需要作为社会活动者参加很多必要或不必要的社会活动。对大连的10位经理的调查表明,他们从事这一角色活动的时间占其总活动时间的15.34%。

4) 有效的管理者和成功的管理者

弗雷德·卢森斯(Fred Luthans)和他的副手从稍微不同的角度考察了管理者究竟在做什么这个问题。他们提出这样的问题:在组织中提升得最快的管理者与在组织中成绩最佳的管理者从事的是同样的活动吗?他们对管理者工作的强调重点一样吗?人们也许趋向于认为,在工作上成绩最好的管理者,会是在组织中提升得最快的人,但是事实似乎并非如此。

卢森斯和他的副手研究了450多位管理者,他们发现这些管理者都从事以下4种活动。

(1) 传统管理:决策、计划和控制。

(2) 沟通:交流例行信息和处理文书工作。

(3) 人力资源管理:激励、惩戒、调解冲突、人员配备和培训。

(4) 网络联系:社交活动、政治活动和与外界交往。

研究表明,"平均"意义上的管理者花费32%的时间从事传统管理活动;29%的时间从事沟通活动;20%的时间从事人力资源管理活动;19%的时间从事网络活动。但是,不同的管理者花在这4项活动上的时间和精力显著不同,如图1-1所示。

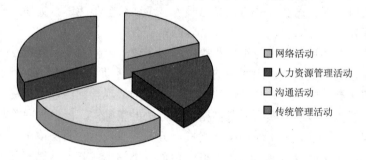

图1-1 "平均"意义上的管理者

成功的管理者(用在组织中晋升的速度作为标志)在对各种活动的强调重点上,与有效的管理者(用工作成绩的数量和质量,以及下级对其满意和承诺的程度作为标志)显著不同之处是维护网络关系对管理者的成功相对贡献最大;从事人力资源管理活动的相对贡献最小。而在有效的管理者中，沟通的相对贡献最大；维护网络关系的贡献最小。

此项研究使人们关于管理者在做什么的知识中，又增加了重要的见解。从平均意义上看，管理者在传统管理、沟通、人力资源管理和网络联系这4项活动中的每一项，大约花费20%～30%的时间。但成功的管理者与有效的管理强调的重点不同，事实上，他们几乎是相反的。这时，对晋升是基于绩效的传统假设提出了挑战。它生动地说明，社交和施展政治技巧对于在组织中获得更快的提升起着重要的作用。

2. 组织行为学

1）组织行为学的概念

组织行为学作为一门学科的历史并不长，其内涵和外延都处在发展变化中，对其定义也是众说纷纭。美国学者威廉·迪尔认为，组织行为学是一门应用性社会科学，研究工作组织中个人、团体和组织的行为问题。另一位美国学者安德鲁·杜布林（A. J. Dublin）在他的著作《组织行为学原理》中写道："组织行为学是系统研究组织环境中所形成的行为作为研究对象的一门学科。"在他的另一著作《组织行为学基础——应用的前景》中，他又推崇加拿大学者乔·凯利（Jee Kelly）的定义："组织行为学的定义是对组织性质进行系统的研究：组织是怎样产生、成长和发展的，它怎样对各个成员、对组成这些组织的群体、对其他组织及更大些的机构发生作用。"

上述看法的共同之处是概括地反映了研究的本质内容。但是，科学研究的目的是揭示客观现象背后的规律性，组织行为学的研究也不例外，它不会停留在组织中人的行为上，而要进一步揭示行为背后的原因，即行为的规律性。

国外著名的学者Robbins在其所著的《组织行为学》一书中，对组织行为学作出了以下定义：组织行为学是一个研究领域，他研究个体、群体和组织对组织内行为的影响规律，其目的是为了应用这些知识来提高组织的效能。

作为一门学科，组织行为学具有以下特点。

（1）跨学科性（Inter-Disciplinary）。组织行为学借鉴了心理学、社会学、文化人类学、政治学、工程学、信息和系统科学等多门学科的概念、理论和方法，吸取了多门学科的概念、理论和方法，吸取了多门学科关于个体、群体和组织的研究成果。

（2）实证性（Empirical Study）。组织行为学运用科学的、系统的方法进行研究，用客观的事实进行论证，保证其研究结论的可靠性和可行性，而不是靠一般性的经验、直觉和臆断得出结论。

（3）文化相关性（Cultural Related）。组织行为学所研究的个体、群体、组织行为表现和规律依赖于其所处的文化环境，在不同的文化环境中可能表现出不同的特点和规律。这表明西方组织行为学中的结论不能完全照搬到中国，需要根据中国文化的特点合理地加以修改和运用，特别是建立自己的组织行为学理论体系。另外，在组织行为学中还非常重视跨文化比较的研究。

（4）层次性（Hierarchical）。组织行为学学科通常分为3个层次：组织中的个体行为，包括个体的认知、个性、态度、价值观、动机等；组织中的群体行为，包括群体的形成、类型、特征、动力等；从整个组织系统来研究成员的行为，包括领导、权力、冲突、组织结构、组织发展和变革等，而且还延伸到研究组织与外部环境之间的相互作用和相互关系。

（5）情景性（Situational）。组织行为学研究的是千变万化的人、群体和组织的行为，因此不可能有通用的最佳模式，而是主张根据不同情景采取不同的理论和对策。

组织行为学在工商管理学科中具有重要地位。它是工商管理学科体系中的重要组成部分，同时围绕"人"来展开研究，是对工商管理学科的重要补充和延伸。

2）组织行为学的研究内容

简单地说，组织行为学是研究和应用组织环境中人作为个体和群体的活动的知识。它研究组织中人们的行为、态度及其与工作绩效的关系；应用心理学、社会学和文化人类学等学科的有关理论、方法和原理，探讨影响个体行为和群体行为的要素及相互关系；同时还分析外部环境对组织结构及其人力资源、任务、目标和策略的影响。

组织运行过程表现为分工协作，共同实现目标的过程，组织成员的行为又是个体与群体、组织系统交互作用的产物，组织行为学是以组织系统内部个体、群体、组织及其关系作为主要研究对象的学科。

组织行为学研究组织系统内部的人的行为规律，并不是研究一切人类的心理和行为规律。除此之外，它还研究组织成员间的相互影响，研究组织的沟通方式、决策过程、组织结构、工作设计、组织文化和变革等对组织中人的行为的影响。

3）组织行为学的研究方法

组织行为学作为一门科学，必须按照一定的研究程序，探讨组织环境中人的行为的规律性。在20世纪开始以前，大多数的研究都是靠人的直觉来进行。之后，才用科学方法系统研究企业组织中人的行为。采取的研究步骤基本相同：① 明确问题；② 探索和研究有关理论与模式；③ 形成假设；④ 选择适当的研究方法；⑤ 通过观察—测试—实现，进行论证，得出结论；⑥ 总结与反馈。

组织行为学方面的研究常常是由受过训练的具有管理学、应用心理学或应用社会学背景的行为科学家完成的。运用科学的研究方法可以使人们对工作作出正确的评价，形成关于组织行为的正确认识。表1-2是几种常用研究方法的优缺点介绍。

表1-2 组织行为学研究方法的优缺点

技术方法	描述	优点	缺点
文献研究	通过查阅和分析已经发表的文献资料，进行分析、综合、归纳，得出结论。主要分为理论综述和元分析。理论综述对已有文献进行系统阅读和分析；元分析运用测量和统计分析技术，对已有研究进行定量化总结，寻找相同课题中研究结果的共同效应	可进行全面评价，其中元分析能定量分析，可以得到普遍性的结论	收集研究文献时的倾向性，采用的标准，以及只讲数量忽视不同性质和条件会造成误差
案例研究	选取个体、群体或组织群体情况的典型案例，通过剖析了解其他同类对象的状况，可得出面向未来的有价值的建议	对变量可进行一定控制	样本有限，很难得出一般性和易推广的结论
实际调查研究	选取具有代表性、有一定规模的样本，设计好调查主题和获取数据的工具（调查问卷），进而分析得出结论	样本量大，采用统计方法所得结论更具普遍意义，可控制一些变量	研究不够深入，干扰变量无法控制
实验研究	人为操纵某些变量的变化，观测、记录其他变量的变化，从中分析这些因素之间的关系	很好地控制变量，接近实际情况	无法控制一切变量，结论有偏差

以上这些方法在组织行为学的研究过程中都得到了大量应用。特别是实验研究方法可以控制变量组，使测试结果更加准确，从而被广泛应用。比较经典的有津巴多的监狱实验、勒温的态度转变方法实验。

4）组织行为学研究的意义

组织行为学是应用型的学科，其根本目的是把研究所获得的知识用到实践中去。因此，无论是研究个体行为、群体行为，还是研究组织设计、管理方式和工作满意度，最终都是为管理工作提供科学的方法、策略和成功模式。提高管理者描述、解释、预测和控制人的行为的能力，提高组织运作效能。

组织中最重要的资源是人，最严重的问题也是人。保加利亚管理心理学家吉诺夫曾说过："人不仅是管理系统中最可靠的成分，也是最不可靠的成分，许多问题都是出在人的身上而不是物的身上。"在管理活动中，人的要素是第一位的，而且科学技术越发展，就越要重视人的因素。根据相关统计，体力劳动与脑力劳动耗费的对比，在机械化水平低的情况下一般为90∶10，在中等机械化水平下为60∶40，而在自动化程度高的情况下为10∶90。在进入信息化、知识管理时代的今天，人们劳动的知识含量迅速提高，脑力劳动的成本越来越高。而对于脑力劳动是难以用计量的方法来监督和控制的，主要靠脑力劳动者本身的主动性、创造性和积极性。

组织行为学揭示了人的行为发生、发展和变化的规律及其活动机制，为管理者走进员工的内心世界，有效地预测和控制员工的行为，充分调动员工的工作积极性，全面挖掘员工的潜力，提高管理的绩效，更有效地实现组织的目标，提供了科学的方法。

（1）对行为的预测。孙子曰："知己知彼，百战不殆。不知彼而知己，胜负各半；不知己不知彼，必败。"预测他人行为是每个人日常生活中的基本要求。组织行为的发展变化有一定的规律可循，通过预测，管理者可以有效阻止或激励他人的行为表现。

（2）对行为的解释。虽然能够预测某种行为就意味着可以解释这种行为产生的原因，但预测的解释并非是统一的，能够预测到的事物并不一定能够正确解释它。一般情况下，准确预测某种事物的能力往往先于解释该事物的能力。在组织行为方面，主要探讨人们在工作绩效、工作满意度、离职倾向等行为方面所存在的差别。当然，出现这种行为可能有多种原因，若能从诸多原因中找出主要的因素，就可以采取相应的措施来控制这种行为的发生。对组织行为的正确解释是采取行动并控制它的先决条件。

（3）对行为的控制。为了有效地实现组织目标，管理者需要对组织中所发生的各种行为进行有效控制，控制的手段包括酬劳制度、监督和工作设计等。这是以对组织行为的系统研究、预测和解释为基础的。这里的控制不是"操纵"，而是一种表述"感化"或"影响"的管理术语。管理中对人的行为的控制一般是通过某种酬劳制度或实行某种监督和特殊设计的工作方式来实现的，这些因素对组织成员的行为都有某种约束作用。并且，研究组织行为所得到的知识的目的，就是要对组织行为进行控制。这种控制不仅有利于个体目标的实现，也有利于组织目标的实现。

对组织行为的预测、解释和控制，是有效管理必不可少的重要环节。预测和解释是分析组织行为问题的部分，依靠这种分析，管理者才能有效地采取行动，控制有关行为，处理所出现的问题。

1.2 组织行为学与相关学科的关系

1. 管理心理学

管理心理学主要研究与组织行为有关的人的个体特点，如动力、能力、性向等；人的群体特点，如群体的分类、人与组织的相互作用等；领导的行为特点，如领导的风格、领导的评估与培训等；组织理论与组织变革，如组织的模型、组织变革与组织开发研究等；工作质量研究，着重从改善工作环境，工作丰富化、扩大化方面调动职工的积极性，提高生产率；跨文化管理心理学，比较不同的地区、国家、社会制度、文化背景下管理行为的异同，为国际间的经济交流、合作经营企业提供科学依据。

2. 社会学

心理学关注的是个体，社会学主要研究社会系统，个体在其中充当某种角色，即社会学研究与同伴相关联的人。具体来说，社会学对组织行为学的最大贡献是关于组织中群体行为的研究，特别是正式和复杂的组织。社会学家对组织行为提供的有价值信息的领域包括群体动力学、工作团队设计、沟通、权力、冲突和群体间行为，以及正式组织理论、官僚主义、组织技术、组织变革和组织文化。

3. 社会心理学

社会心理学是研究个体和群体的社会心理学现象的分支。个体社会心理学现象是指受他人和群体制约的个人思想、感情和行为，如人际知觉、人际吸引、社会促进和社会抑制、顺从等；群体社会心理现象是指群体本身特有的心理特征，如群体凝聚力、社会心理气氛、群体决策等。

4. 人类学

人类学（Anthropology）是研究人类的体质和社会文化的科学。在古代，人们就意识到不同的人类群体之间的差异。公元5世纪，被称为西方"历史之父"的亚里士多德在他的《历史》中，记述了西亚、北非和希腊地区许多族体的体型特征、居住环境、语言、习俗和制度等。我国的人类学资料的记载很丰富。甲骨文记载，殷商时期我国西北地区就居住着氐羌部落；西北部有土方、鬼方等；东南部有人方。司马迁的《史记》中有匈奴、东越、南越等列传。随着航海的发展发现，人们对自身认识资料的积累，开始思索人类的起源和人类社会文化的性质与发展等问题。人类学作为一门独立的学科在19世纪中叶才宣告成立。现在人们对组织文化、组织环境差异的认识大多是人类学家的研究结果或采用人类学方法的研究成果。

5. 政治学

现代政治学研究的主要对象包括政府或其他任何相似的组织机构，如工会、企业、教会等。政治学家也研究在决策过程中权力的转移，因为这种复杂的互动常常引起利益冲突。组织是政治实体，如果想准确地解释和预测组织中人的行为，就必须在分析中引入政治学的观点。

组织行为学与相关学科的关系如图1-2所示。

第1章 组织行为学概述

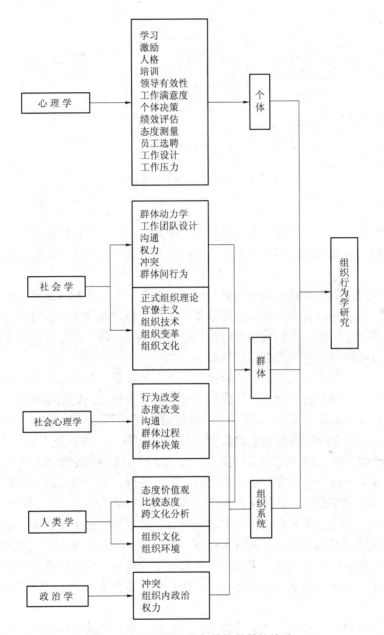

图1-2 组织行为学与其他学科的关系

1.3 开发组织行为学的模型

本书在组织行为学模型中标出组织行为学的参数，确定主要的因变量和自变量（见图1-3）。这个模型可帮助人们更好地解释、预测和控制行为。这部分的内容将是以后本书讨论的重点。为了使读者对组织行为学所研究的内容有一个概括性的了解，在此仅对其进行一些简要的描述。

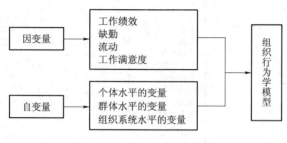

图1-3 组织行为学模型

1. 因变量

组织行为学所关心的主要问题是工作绩效、缺勤、流动、工作满意度、员工希望得到的报酬与他们实际得到的报酬之间的差距。这些问题是现代组织中人力资源部门所要解决的关键问题。

工作绩效可以从效果和效率两方面进行分析。如果一个企业能满足顾客的需求，可以说这个企业的生产或服务是有效果的。在此基础上，企业若能以较少的自身损耗来实现，则这个企业是有效率的。因此，人们希望知道什么因素会影响个体、群体及整个组织的效果和效率，从而解决这些限制因素来提高组织效率。

缺勤会给每个人都带来损失，而如果由于一个人的缺勤，公司必须雇用临时工或命令其他员工加班，公司的损失会更大。由于临时工的能力一般较差，缺勤很可能会降低客户服务质量；由于部分员工常常要替别人当班，缺勤还会破坏同事之间的关系。在公司的老板看来，出勤率高的员工意味着对公司更加负责。但是研究表明，缺勤并不总是与损失画等号。例如，如果一个生产线上的员工主动选择不上班，组织可能会从中受益。因为，若强制其在岗可能使产品质量下降，这会导致企业更大的损失。所以，如何降低缺勤，如何正确处理缺勤，甚至如何从缺勤中受益，这将是未来管理者面临的挑战。

企业过度的人才流动带来企业军心涣散，难以有稳定持续的工作状态，增加企业经营费用。但是，过低的员工流动率也可能带来一些问题，如优秀人才进不来，庸才出不去，不但造成人才浪费，而且造成企业内部重资历、不重能力的风气，使企业竞争力下降。国外有统计显示，在大企业中5%的人员流动比例才能保持劳动力素质的提高和职工劳动态度的改善。

企业组织不仅要追求效率和利润的最大化，也要追求员工满意度的最大化，达到以利益为中心和以人为本、高满意度的双重管理目的。工作满意度是员工对自己工作喜欢或不喜欢的感情和情绪。同时，工作满意度也是生活满意度的一个组成部分。工作满意度的提高会促进生活满意度的提高；反之，生活满意度的提高也会促进工作满意度的提高。与前面3个变量不同，工作满意度代表的是态度而不是行为。将工作满意度作为因变量的原因是：由于它是与绩效有关的重要因素，从而成为组织行为学研究者的价值偏爱。

2. 自变量

自变量中所涉及的因素影响员工的工作绩效、缺勤、流动和工作满意度等。下面从3个水平对其进行分析，即个体水平、群体水平和组织系统水平，如图1-4所示。在本书以下的章节中将详细地讨论这些问题。

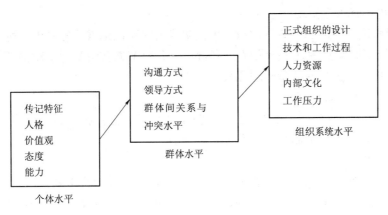

图 1-4 水平示意图

1) 个体水平变量

组织行为学的个体层次主要用于分析个体心理活动与行为的关系。其主要内容包括人性理论、个性理论（研究人的气质、性格、能力、智商和情商等）、人的需求、知觉、价值观、个体行为的动机、意志、情感、激励和基本原理与理论等。

行为是指心理活动的物质相关物。个体行为则是指处于组织环境中的个人的所作所为。通过分析个体的行为，可以了解人的社会知觉、情绪和情感、需求与动机、社会态度、价值观，以及人格心理特征等。组织行为学研究个体行为的共同规律，目的是对其进行引导和控制，使之符合组织目标。或者说，通过对个体心理与行为的研究，探讨个体内在的能力，激发个体的工作潜能，实现管理科学化。

2) 群体水平变量

组织行为学的群体层次主要分析行为与直接所处的社会环境的关系，以及在这种社会环境中产生的某种社会心理现象。例如，正式群体与非正式群体、群体的特征、群体内的冲突、群体压力、社会从众行为、群体沟通、团队管理，以及群体中的领导方式和有效性。

3) 组织系统水平变量

组织行为学的组织层次主要分析行为与更大范围的社会环境的关系。例如，组织结构设计、组织文化及其建设、组织变革、工作压力等。作为管理者，必须掌握如何从形态和功能上保证组织运行的有效性，如何使组织结构既能满足内部功能的要求，又能适应外部环境的变化。

1.4 组织行为学面临的挑战与机会

1. 改善质量和生产率

随着竞争的激烈，管理者比以往任何时候都重视组织的生产率，以及提高产品质量和改进服务。为了提高质量和生产率，很多管理者推行全面质量管理和企业重整，而这些方案要求员工广泛地参与。

1) 全面质量管理的含义

全面质量管理（TQC）由 20 世纪 60 年代初美国的菲根鲍姆首先提出。所谓的全面质量管理，是运用系统的观点和方法，把企业各部门、各环节的质量管理活动都纳入统一的质量管理系统，形成一个完整的质量管理体系。

2) 全面质量管理的特点

全面质量管理是一种预先控制和全面控制制度。它的主要特点是"全"字，主要包括管理对象全面、管理范围全面和参与管理人员全面。

3) 基本工作程序

PDCA 管理循环是全面质量管理最基本的工作程序，即计划—执行—检查—处理（Plan，Do，Check，Action）。这是美国统计学家戴明（W. E. Deming）发明的，因此也称之为戴明循环。这 4 个阶段大体可分为 8 个步骤，如图 1-5 所示。

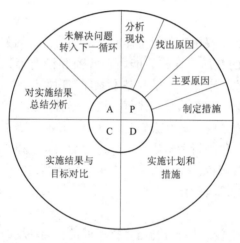

图 1-5 PDCA 管理循环

4) PDCA 循环的管理特点

（1）PDCA 循环工作程序的 4 个阶段顺序进行，组成一个大圈。

（2）每个部门、小组都有自己的 PACA 循环，并称为企业大循环中的小循环。

（3）阶梯式上升循环前进。

Robbins 的观点是，当前的管理者必须明白，任何提高质量和生产率的努力要想成功，都离不开员工的参与。员工将不只是执行变革的主要力量，而且会越来越主动地参与变革计划的制订过程。组织行为学将为管理者处理这些变革提供重要的启示。

2. 全球化下管理多元化的劳动力

2004 年 12 月，联想集团收购 IBM 公司全球 PC 业务，由此拉开其国际化战略的序幕，但联想集团与 IBM 公司的 PC 资源合二为一，不等于人才的融合。两家公司在地理上位于东西两半球，在企业文化、管理风格和人才理念等诸多方面更存在很大差异。从员工的总体构成看，IBM 公司的 PC 部门有 10 000 多名员工，分别来自数十个不同的国家，拥有不同的生活特点、文化风俗、管理特色和法律规则。人才的文化背景和价值取向的不同，是联想集团未来人才管理面临的巨大挑战，也是决定联想集团国际化业务拓展成败的关键所在。

目前，美国的企业所面临的最主要和最广泛的挑战之一是如何适应各种各样的员工。用来描述这种挑战的术语是劳动力多元化。

劳动力多元化是指组织在性别、种族、国籍方面的构成正在变得越来越多样化。这个术语包括了各种各样的人，除了越来越明显的群体以外，如妇女、非洲裔美国人、拉丁美洲裔美国人、亚裔美国人，还包括有生理缺陷的人、同性恋和老年人。

人们习惯使用"熔化锅"的观点来描述组织，这个观点假设不同的人在组织中或多或少地会被自动同化。但是，员工在工作中时，不会将自己的文化价值观和生活方式抛在一边。所以，企业面临的挑战是要通过尊重员工各种不同的生活方式、家庭需要和工作方式，来使自己不断地适应各种不同的群体。因此，"熔化锅"的假设已被承认和重视。

那么，企业中经常会有各种不同的群体吗？是的，但以前只是劳动力中很小的一部分，并且这个问题在很多时候被大公司所忽略了。原来的假设是这些少数人会努力参与到大多数人中并被同化。19世纪80年代以前，以美国公司为例，大部分的劳动力为白人男性，他们做全日制工作，以养活没有工作的妻子和正在上学的孩子。而如今这样的雇员已成为绝对的少数。现在，美国劳动力中45%是女性，少数民族和移民则占到了22%。惠普公司是一个很好的例子，它的雇员中少数民族为19%，女性为40%。数码设备公司在波士顿市的分厂为人们提供了未来的部分情景，工厂的350名员工来自44个国家，说19种语言。当公司管理层发布文件时，必须同时使用英语、汉语、法语、西班牙语、拉丁语、葡萄牙语、越南语和海地语等不同语言。

劳动力多元化对管理实践意义重大。管理者需要改变他们的经营哲学，把员工作为相同的人来对待，承认差异，并以能够保证员工稳定和提高生产率的方式对差异作出反应。同时，不能带有任何歧视。如果对多样化管理得当，就能够提高创造性和革新精神，通过鼓励不同的观点来改善决策质量。如果管理不当，会造成较为频繁的人员调整、沟通困难和更多的人际冲突。

3. 员工参与

在美国一项对98个参与度高的组织的调查显示，75%的被调查公司感觉他们的绩效与竞争对手相比，在工作生活的质量、顾客服务、生产力、产品质量和抱怨率方面要好于平均水平，自愿离职率只有2%，与全美平均水平的13.2%有实质上的距离，投资回报率几乎要比产业平均水平高4倍。销售利润在5倍以上。另一个对1972—1992年美国公司的财务绩效研究显示，5个表现最好的公司——派拉蒙出版集团、周游城市公司、泰森食品公司、沃尔玛公司和西南航空公司，相对于那些依赖财务成功又有典型联系的因素，如有市场领导地位、盈利性的产业、独一无二的技术及强大的进入壁垒之类的这些因素，他们更为严重地依赖雇员的实践参与来获取竞争优势。

所发生的一切表明，管理者在给员工授权，把员工完成工作的责任交给员工自己承担。这样做，管理者需要学会如何放弃控制，员工需要学会如何对自己所做的工作承担责任和如何恰当地决策。本书在后面的内容中，将详细讨论授权如何改变领导风格、权威关系、工作设计的方式和组织结构的设计；如何使企业员工积极有效地参与到实现企业目标的道路上来，这是组织行为学研究的重点之一。

4. 变革

郭士纳在自传里有关1993年他担任IBM公司CEO时实行组织转型的内容中明确写到："没有人喜欢变革，无论你是高级管理者，还是刚进入企业的新雇员，变革代表着不确定，还有潜在的伤痛。"

员工在企业变革中的心理感受如何，会出现哪些情绪问题并对组织产生何种影响，变革会对员工带来哪些心理方面的影响，这些影响会对工作和员工个人带来哪些变化和不适应，本身压力重重、满怀焦虑的员工会以何种心态与行为评判和参与组织变革，变革中不得不接受离开企业这个残酷现实的员工会有哪些心理危机，集结或放大这些危机会给企业带来多大程度的创伤，等等，这些问题组织行为学都可以为人们提供帮助。

5. 员工忠诚的减弱

美国渥克信息公司最近对千名就业者进行了一项忠诚度调查，发现有70%的被调查者对当前所服务的公司满意，然而只有30%的被调查者对公司忠诚；同口径数据在2001年为6%。从某种角度看，这一变化是显著而可喜的，但是调查结果的另一面却令人担忧。有高达34%的被调查者对雇主来说属于"高风险"雇员，即这些人都"身在曹营心在汉"；而另外有31%的人则由于环境限制，只好在目前的公司里混日子。所以，至少有2/3的雇员在公司里是危险的。

1）他们满意但不忠诚

渥克信息公司的最新调查发现，美国员工的忠诚度比以往有所提高，但是仍然有大量的就业者对工作敷衍了事，不能真心投入。这一迹象表明，雇主们将大量成本白白投入到了人力上，而一无所用，这直接关系到公司的安危。

另外，"满意"的员工很多只在口头上对公司忠诚。80%的被调查者认为，他们希望能从事比目前工作更高一筹的工作。今天他们老老实实地给公司干活，也许到了明天，就会突然到另一家工资或福利更好的公司中去——即便这些福利并不能马上兑现。

对公司真正忠诚的员工打心眼里喜爱他们的工作。他们不仅完成自己的任务，并且在尽一切可能为了公司的利益而努力。调查表明，96%对公司忠诚的被调查对象都声称，为了公司的利益，即便某些任务不在他们的岗位陈述里出现，他们也会乐此不疲。那些不得不待在公司里，以及对公司来说是"高风险"员工中，有65%的人声称他们只完成岗位责任规定的任务。除此之外，一概不管。忠诚的员工对公司忠心耿耿，他们很喜欢自己为之服务的公司，认为自己的雇主会为自己的长远发展和福利着想。忠诚的员工甚至还会不折不扣地遵守公司的伦理标准。

渥克信息公司的员工忠诚度调查问卷表明，89%的忠诚员工在两年内，不会考虑换工作单位的事情，而那些不得不待在公司里的"高风险"员工中，只有48%的人愿意在目前的公司工作那么长的时间。

2）工作年限长不等同于忠诚

很多人待在一家公司多年，不是因为他们对公司忠诚，而是因为环境的原因，想走，却未能如愿。那些勉强待在公司里混日子的人，对公司的整体环境不利，会影响其他人的工作效率，还会散播不利于公司的言论。但是，这样的员工也有一个好处，就是使公司避免了较高的招聘成本。

通常，工作年限和职位是造成员工倦怠的原因。调查表明，那些在一家公司干了10年甚至20年的员工中，有许多人都是在消磨时间。而在一家公司工作年限为2年以下的被调查对象中，只有25%的人认为自己是在公司聊以度日。有些人不想离开公司，是因为觉得公司的福利和待遇都太丰厚了，即便十分厌倦目前的工作，也不想走；而另一些人，快到退休年龄了，不愿意在跳转中丧失快要得到的退休待遇。

还有一些人由于在劳动力市场上缺乏必要的技能和能力，很难找到其他工作，或者是劳动力市场中，同类就业岗位比较短缺，所以他们只好在目前的公司将就。

通过员工忠诚度调查，研究人员发现有 2/3 的雇员对公司来说都比较危险，他们随时准备炒老板的鱿鱼，其原因众多，一旦他们下定决心，任何人都阻拦不了。员工跳槽的原因可能是与雇主关系不融洽、家庭和个人原因，或者他们属于市场上比较紧俏的劳动力。

一旦雇主发现有如此众多的员工心不在焉，他们会采取措施来提高员工的忠诚度，毕竟失去"民"心给雇主造成的损失是无法估量的。著名咨询公司 Hay 近期的一个调查结果表明，要重新雇用一名有经验的员工，需要的花费大约是人均月工资的 18 倍，而大公司招聘新人的费用则更高。

如何培养忠诚的员工和设计能够调动员工忠诚性的方法，这是组织行为学面临的又一个挑战。

6. 改善道德问题

今天的企业界讨论得最多、最复杂的问题之一就是道德和伦理。管理者不仅应当敏锐觉察到那些当权者的需要，还要关注同事们、顾客们和公众的需要。在许多情况下，这些群体有着不同的利益要求，给管理者造成了严重的道德问题。每个公司具体面对的道德问题可能各有不同，但几乎所有的公司都可能遇到一些共同的道德问题的挑战，如晋升、不公平解雇或员工隐私权等。另一个重要的有关道德的问题是，在全球化的经济环境中，企业应如何对待其他国家。

在企业生存发展的道路上存在着许许多多道德陷阱和圈套。对管理者而言，需要应对的挑战不是如何避开这些潜在的危险区域，而是如何有效地对付它们。许多人认为，应该为公司的管理者指定一部企业道德准则，作为他们在道德问题上进行抉择时的路标。

当然，如果有了解决问题的公式或企业道德准则，管理者的工作可能会好办一些。但是，除非这些标准真正得到执行，否则它们将毫无意义。有效地执行的第一步，是公司最高管理层真正下决心来推行企业道德准则的表现。金融服务业的国际巨人亚瑟·安达信公司几十年来的企业文化使它的最高领导层认真地对待企业道德准则的问题。当新员工一进入亚瑟·安达信公司，公司的道德培训计划就启动了。与其他只让员工被动地接受说教的道德培训计划不同，亚瑟·安达信公司的道德计划很重视员工的积极参与。

通过道德培训计划的成功，亚瑟·安达信公司将自己定位为企业道德建设运动的领导者。最近的研究表明，与过去相比，越来越多的公司在努力加强自身的道德伦理建设，企业越来越认识到，良好的伦理道德对增加企业的盈利和全体的福利都是一件有利可图的事情。

复习与思考题

1. 结合实际，谈谈组织行为学对管理者的有效管理有什么帮助。
2. 从管理者的角色和技能两个角度看，学习组织行为学有哪些意义？
3. 劳动力多元化对管理实践的意义是什么？
4. 从组织行为学的演变过程来看，人的地位和作用是如何不断得到提升的？人们能得到哪些启示？

5. 全球化过程中，企业所要面对的主要问题有哪些？这些问题对所有企业都一样吗？

案例阅读

高博特公司的用人之道

人才是高博特公司发展进程中的一个重要因素。给员工一个好心情，让员工看到发展的前景，同时诚信守法做每一件事，是高博特公司的用人之道。

1. 给员工一个好心情

在高博特公司，新员工进来的第一天，人力资源部门就让其了解企业的基本情况，这是人力资源部门的日常工作之一。每位员工生日都会收到公司的特别礼物。员工凡有"红白喜事"，人力资源部门都会到场送上贺礼或予以慰问。员工生病，人力资源部门人员也会家访或去医院探视。每年，高博特公司会组织员工进行两次旅游，旅游地点根据企业经营状况有所变化。平时，高博特公司还会组织打乒乓球、跳绳等因地制宜的活动。尽管这些都是小事，但高博特公司有近千名员工，坚持下来也属不易。这样做的目的是让员工有亲切感，使企业更具凝聚力。

在高博特公司还有个有趣的现象，每天下午3点钟，员工都在那里嘻嘻哈哈地做操。尽管这也是件小事，但小事却创造了舒心的环境，让员工能安心工作。

2. 让员工看到发展前景

民营企业同样要重视给员工进行职业规划。首先是要让员工了解公司中长期的发展规划。无论是企业经营情况好，还是不好，都要与员工毫无保留地交流，让他们对企业的发展前景有信心。这样，才能稳定核心人才。

高博特公司是这样实践的：总经理会把公司的情况原原本本地告诉员工，特别是中层员工。并且非常坦诚地告诉他们现在的情况，克服困难的策略是什么，应该再建立什么样的战略。这样做的目的是让员工看到前途，如果员工觉得有前途，就会留下来。因为，每位员工都希望自己是有保障的，因此只有让员工感到企业有发展，其就会感觉到其个人在企业内也会有进步，因此就会非常敬业地去工作。

3. 诚信守法是铁律

在高博特公司有一条铁律：诚信守法。凡法律、法规明确规定的，严格按法律、法规执行；法律、法规不明确的，按有利于企业发展的方向运作。1997年，从制度上说，尚没有明确有关民营企业缴纳社会保险包括养老保险等问题，但高博特公司就想方设法地给员工缴了各项保险，并为员工购买了意外保险和人身寿险。现在制度健全了，在缴纳"四金"方面，高博特公司更加不含糊。这样做的目的，是为了让员工明白，高博特公司要开的不是昙花一现的企业，而是要开"百年老店"。这样，员工才没有"船到码头车到站"的心态，而是把高博特公司的工作当做一种事业来参与。

思考与讨论题

1. 从高博特公司的做法中可以得到什么启示？
2. 组织怎样才能使员工有强烈的归属感？

第 2 章

个体行为基础

学习目标

1. 了解主要个性特质及其对组织行为的影响。
2. 全面理解能力的概念。
3. 能够解释心理能力、体质能力、情绪智力及其构成。
4. 了解几种常见的个性测试方法。
5. 掌握如何根据个性差异进行管理。
6. 熟悉强化的程序。

开篇案例

乔布斯与他的"完美主义"

乔布斯不仅是当今商界和计算机技术领域最重要的人物之一,也是文化领域最具影响力的人物。乔布斯的存在,不仅激励了商务和工作也可以成为创新源头的理念,让工作成为生活的意义;也让企业可以推动文化变革,同时改变了工程师和公司高管给人们的一贯形象,让人们意识到这些人也可以像艺术家一样思考问题。此外,他还真正在全球竞争最激烈的行业领域实现了优秀设计和美学的完美结合。

从开创苹果公司到好友背叛离开,再到重返苹果公司创造奇迹。穷其一生,乔布斯对完美的狂热追求,令他为这个世界贡献了重大的革新和改变。

1983年3月20日,美国纽约,乔布斯在大都会艺术博物馆内欣赏古希腊雕塑,在他身边的是百事公司首席执行官约翰·斯卡利。过去几个月,乔布斯一直尝试着劝说斯卡利离开百事公司,加入苹果公司。两人离开博物馆后,步行穿过中央公园,往圣雷莫公寓走去,随后来到了公寓西边的阳台上,面前就是哈得孙河。就在那一刻,乔布斯说出了成功吸引斯卡利加盟苹果公司的名言:"你是想一辈子卖糖汽水呢?还是希望拥有一个机会来改变世界?"这句话,与"狂热的卓越"和"换一种思维"都是乔布斯一生中最著名的言论。而斯卡利之所以会被这句话打动,许多人认为,不仅因为这句话包含的诱惑实在是令人难以拒绝,更主要的原因是当时只有28岁的乔布斯，已经做出了改变世界的举动，并展现出在今后20多年内，不断创造新奇迹的潜质。

在乔布斯的传奇经历中，他对于完美的不懈追求是非常重要的一部分。1977年，当时苹果公司的第一个公司总部与索尼公司一个地区销售办事处位于同一幢建筑，每次乔布斯前往公司时，他总是会在索尼公司的办事处停留，盯着索尼公司的营销宣传资料看，不仅关注资料上的图案和标志，甚至连纸张的厚薄和材质都注意到。

乔布斯对完美的追求表现在许多方面。据说，在一次公开展示会前，他为了给幻灯片挑选合适的背景，仔细查看了37种不同的颜色变化方案才最终决定。此外，这种精神还延伸到了乔布斯的家庭生活中。他所拥有的前两套住宅——位于加利福尼亚州洛斯加托斯和伍德赛德的房子，很多年一直处于空置的状态，原因是他找不到完美的家具来配套。

在工作方面，尤其是产品设计方面，乔布斯很少依赖市场研究或小组讨论等方式作为指导，而是完全听从自己的直觉和灵感。例如，当他创造iMac一体式计算机时，行业调查显示，这种将主机和显示器合为一体的模式并不被消费者所接受，绝大多数受访者表示不会购买。但乔布斯并没有受到调查结果的影响，而是坚持己见。他当时很明确地对一名同事说："我知道自己想要什么，我也知道其他人想要的是什么。"事实证明，乔布斯是正确的。

1999年1月，正当苹果公司要推出一系列彩色iMac前夕，乔布斯正在舞台上练习他的产品发布演说。一位在场的美国《时代》（TIME）杂志雇员事后转述，乔布斯为了让舞台上的新产品看起来更耀眼，即使只是提前1秒钟打亮灯光，他也一试再试。

在产品设计方面，乔布斯认为，设计是指产品"功能"而不是外观。为了贯彻他想让科技产品简单好用的理想，一个产品可能经历了无数次的从头来过。完美产品设计的最高境界，是所谓看不见的设计。苹果计算机在意电源开关显示的亮度与颜色，在意电源线的设计，甚至连计算机内部线路的安排也赏心悦目。因为，这些细节的视觉与触感，让苹果公司的产品独具一格。

《乔布斯传》的作者艾萨克森认为，乔布斯对完美的狂热和积极的追求彻底变革了六大行业：个人计算机、动画电影、音乐、电话、平板计算机和数字出版。他还重新描绘了零售连锁行业的画面。他通过开发应用程序，为数字内容开辟了一个全新的市场。他不仅制造出革命性的产品，还在自己的第二次努力下成就了一家充满生命力的公司，这家公司继承了他的基因，集中了一群极富想象力的设计师和大胆创新的工程师。在这里，想象力的跳跃与高超的工程学技术被结合到一起，乔布斯和他的同事们能够以全新的方式思考：他们开发的不仅是针对目标人群的普通的产品改进，更是消费者还没有意识到自身需求的全新的设备和服务。

2.1 传记特点

从员工的某些易于界定、易于获得的因素（如从员工的人事档案中可直接获得的因素）入手进行分析，这些因素主要包括员工的年龄、性别、婚姻状况、抚养人数及在组织中服务的时间等。而这些因素也被称为传记特点（Biographical Characteristic）。

1. 年龄

现阶段，年龄与工作绩效的关系受到越来越多的关注，原因是中国人口老龄化的进程加快，以及法定退休年龄的延长，使企业员工的平均年龄有所增长。年龄对员工的流动率、缺勤率、生产率和工作满意度都有一定的影响。

（1）年龄对流动率的影响。年龄越大，越不愿意离开现有的工作岗位。首先，员工的年龄越大，可供选择的其他工作机会就越少；其次，年龄越大，任职时间一般也越长，因而薪水的提升也较快，并可获得更长的休假时间和颇具吸引力的养老福利待遇。

（2）年龄对缺勤率的影响。一般认为，年龄和缺勤率之间存在负相关，然而并不完全如此。年龄和缺勤率之间的关系还受到缺勤原因的影响，即缺勤情况是可以避免的还是不可以避免的。一般年龄大的员工在可以避免的缺勤方面低于年轻员工。但是，他们不可避免的缺勤率却相对较高，可能是因为年龄较大而造成了身体健康状况不良，或者在疾病及损伤之后需要恢复的时间更长。

（3）年龄对生产率的影响。普遍的看法是，随着年龄的增长生产率不断下降。很多人认为，个体的技能尤其是速度、力量、敏捷性和协调性等，随着时间的推移而不断衰退。另外，一种工作干得时间过长产生的厌倦感和缺乏刺激也同样影响了生产率。然而，研究所得的结论与这种普遍看法正好相反，认为绝大多数的工作所需要的身体技能不会随着年龄的增长而急剧下降，从而造成对生产率的影响，因为在这方面的一定程度的衰退，会被工作经验所弥补。

（4）年龄对工作满意度的影响。在对年龄与工作满意度的关系上，所得到的结论并不统一。有一项研究考察了具有专业技能和不具有专业技能的两种员工的年龄与工作满意度的关系，得到的结果是：专业技能组的员工，满意度随着年龄增长而增长；非专业技能组的员工，年龄中等时出现下降的情况，之后又回升。

2. 性别

在所有传记特点的研究中，争论最激烈、观点也最为繁多的要数性别：女性是否可以在工作业绩方面与男性同等。研究表明，男性和女性在问题解决能力、分析技能、竞争驱力、动机、社会交往能力和学习能力方面都未表现出明显的差异。同样，也没有证据表明员工的性别影响到工作的满意度。

在流动率问题上，目前的研究所得的信息尚不足以得出一个有意义的结论。然而，对于缺勤率的研究一致表明，女性比男性缺勤率高。因为，女性在社会角色上一直担负着家庭的责任，如照顾子女、处理家务等。但现阶段很多男性也对家庭工作越来越感兴趣，有助于女性摆脱作为孩子的照顾人和养家糊口的辅助人的历史角色。

3. 婚姻状况

目前，尚无充分的研究证据可以证明婚姻状况对员工生产率的影响，但现有的研究一直表明，已婚员工的缺勤率和流动率更低，对工作也更满意。

婚姻可能意味着责任感的增加，这使得一份稳定的工作显得更加重要和更有价值，但两者之间的因果关系尚不清楚。也可能一个有责任心和满足感的人更倾向于结婚。这方面的另一个问题是有关研究未必涉及已婚和单身之外的状况，如是否离婚和孀居状况对员工的工作绩效和满意度也有影响，同居未婚的情况如何等，这些问题还有待于进一步调查研究。

4. 抚养人数

在抚养人数方面依然没有足够的证据确定其与员工生产率之间的关系。但是，有一些研究对抚养人数与员工的缺勤率、流动率、工作满意度之间的关系进行了考察。研究结果表明，孩子的个数与员工的缺勤率呈正相关，女性尤为明显。同样，有证据表明抚养人数与工作满意度呈正相关。然而，有关抚养人数和流动率关系的研究，并没有一致的结论，有些研究表明孩子越多流动率越高，而有些正好相反。

5. 任职时间

大量的研究探讨了任职时间与生产率之间的关系。虽然，过去的工作业绩可能与获得新职位有关，但任职时间本身并不是一个很好的生产率预测指标。换句话说，如果其他各项因素同等，则没有理由认为在工作中资历长的员工会比资历短的员工生产率更高。

而任职时间和缺勤率的关系则十分明确，二者成负相关。事实上，任职时间是唯一一项最重要的和缺勤率相关的因素。

研究发现，任职时间与流动率之间呈负相关，而且是流动率的一项最好的预测指标。另外，众多研究者认为，过去行为是未来行为最好的预测指标。有证据表明，员工在过去工作中的任职时间是未来工作流动率的重要的预测指标。

任职时间与满意度呈正相关。事实上，任职时间对工作满意度的预测比年龄更一致。

2.2 能　力

1. 能力的概念

能力是个体在某一工作中完成各种任务的可能性，或者是完成某项活动所必备的并直接影响其活动效率的心理特征。必须承认，个体间存在着能力差异，有时无论一个人有多么强烈的动机，付出多么大的努力，但总是难以达到理想的目标。当然，每个人在能力方面都有自己的强项和弱项。从管理的角度看，不仅要了解人们在能力上存在的差异，更重要的是要了解人们的能力具有哪些方面的不同，并运用这些知识尽可能使员工的能力和工作相匹配，使员工能更有成效地发挥自己的能力。

2. 能力的结构

人们要想顺利地完成某项活动，需要具备某些能力。也就是说，人们在处理或解决问题时，所需要的能力不是单一的，而是多种能力的结合。对于能力的构成，按照不同的参照标准有不同的分类方法。

第一种观点认为，能力分为智力、性向和成就3个部分。智力是指个人的一般能力；性向是指个人可以发展的潜在能力；成就是指个人通过教育或训练对知识和技能的运用所达到的较高水平。

第二种观点认为，能力有一般和特殊之分。一般能力是指在不同种类的活动中表现出来的共同能力，如观察力、记忆力、注意力、想象力和思维力。特殊能力是指从事某种专业活动所必需的能力，如音乐能力、专业技术能力、管理能力等。特殊能力是一般能力在某种活动领域获得特别的发展而形成的各方面能力的整合。例如，管理能力是管理者在管理过程中所形成的特殊能力，是创新能力、转化能力、应变能力、决策能力和组织协调能力等多种能力的整合。

根据心理学家的"二因素结构"理论、"群因素结构"理论和"智慧结构"理论，以及以上两种观点，可以认为，一个人的能力结构分为三大类：心理能力、体质能力和情绪能力。

1) 心理能力

心理能力即从事心理活动所需要的能力，也称智力。智商测试（IQ）就是用于确定个人总体的心理能力。例如，GMAT（美国商学院研究生入学考试）等测试也属于心理能力的测试。

美国心理学家赛斯顿（L. L. Thurstone）认为，心理能力是由7种基本因素构成的。

（1）计算能力。计算能力是快速而准确地计算的能力。

（2）言语能力。言语能力是理解读到和听到的内容，以及词汇之间关系的能力。

（3）词汇的流畅性。词汇的流畅性是通畅快速地使用语言的能力。

（4）推理能力。推理能力包括归纳推理能力和演绎推理能力。归纳推理能力即鉴定一个问题的逻辑后果，并解决这一问题的能力；演绎推理能力即运用逻辑评估一项有争论的价值的能力。

（5）空间视知觉能力。空间视知觉能力是当物体的空间位置变化时，能想象出物体形状的能力。

（6）知觉能力。知觉能力是迅速而准确地辨认视觉上异同的能力。

（7）记忆能力。记忆能力是保持和回忆过去经历的能力。

赛斯顿认为，这些能力存在一定的相关性，如计算能力和词汇的流畅性的相关度为 0.46，计算能力与言语能力的相关度为 0.38。这说明各种心理能力因素不是割裂的，而是可以互相促进的。

不同的工作要求员工运用不同的心理能力。对于需要进行信息加工的工作来说，较高的总体智力水平和言语能力是成功地完成此项工作的必要保证。一项很严谨的研究报告指出，无论什么水平的工作，在言语、算术、空间和知觉能力方面的测验分数，都是工作熟练程度的有效预测指标。因此，可以测量具体因素的智力测验，这对预测工作绩效是十分重要的。

2) 体质能力

体质能力是指从事某项工作所需具备的身体方面的能力。例如，不少工种工作的成功要求耐力、手指灵活性、腿部力量及其他相关能力。在要求信息加工的复杂工作中，心理能力起着极为重要的作用，而对于那些技能要求较少而规范化程度较高的工作而言，体质能力对于工作的成功是十分重要的。

研究人员对上百种不同的工作要求进行了调查，最后确定在体质方面包括 9 项基本能力。表 2-1 中列出了这 9 种基本的体质能力。

表 2-1　9 种基本的体质能力

因素	体　质　能　力
力量因素	动态力量——在一段时间内重复或持续运用肌肉力量的能力 躯干力量——运用躯干肌肉（尤其是腹部肌肉）以达到一定肌肉强度的能力 静态力量——产生阻止外部物体力量的能力 爆发力——在一项或一系列爆发活动中产生最大能量的能力

续表

因素	体 质 能 力
灵活性因素	广度灵活性——尽可能地移动躯干和背部肌肉的能力 动态灵活性——进行快速、重复的关节活动的能力
其他因素	躯体协调性——躯体不同部分进行同时活动时相互协调的能力 平衡性——受到外力威胁时，依然保持躯干平衡的能力 耐力——当需要延长努力时间时，保持较高持续的能力

研究表明，这些能力之间的相关性极低，一个人在某项能力中得分高并不意味着在另一项能力中得分也高。如果管理者能确定某一项工作对这9项中每一项能力的要求程度，并保证从事此工作的员工具备相应的体质能力水平，则肯定会提高员工的工作绩效。

3）情绪能力

长期以来，人们都非常重视智力的开发，以为智力的高低决定一个人日后的成功与否。然而，智力的内容范围明显过窄。20世纪80年代初，随着人们越来越认识到只强调人脑的理性加工是不足以揭示人类千变万化的心理世界的，情绪能力的概念应运而出。

人的情绪能力又称情商，是指个体对情绪的知觉和调节能力，以及对情绪进行思考的能力，主要由以下4种能力构成。

（1）有识别情绪的能力。一个人能否善于识别自己和识别他人是种基础能力。这种识别从识别面孔的情绪开始。

（2）一个人能否与别人有共同的感受，即能否将自己的情感移入对方身上，这是很重要的。有的人对什么都熟视无睹，对什么都麻木不仁；而另一些人总能和别人分享快乐、分担痛苦，把自己的感情融入对方，把对方的感情引向自身。

（3）与人沟通交往的能力。这需要前面两点作为基础，才有沟通交往的倾向，如诚实、真诚、胸怀宽广等都能使人进行很好的交往。

（4）调控自己情绪的能力。一个人的情绪不能一味的压抑，也不能一味地放纵，情绪的良性调整对身心健康和人际关系都有重要的作用。

情商与智商不是对立物，两者具有互补性。从人类现实的智力结构来看，两者不是对立的。不少人有幸情商和智商均高，是一种理想的智力结构；另一些人情商与智商均低；多数人是情商与智商不同的组合，表明二者之间既相互独立，又存在某种相关性。智商很高、情商很低，或者情商很高、智商很低的人在生活中是比较少见的。对个人整体成就而言，情商与智商是相辅相成的。一个人无论是情商或智商存在缺陷都很难成功。一味信奉情商，或者一味崇拜智商，都是片面的和错误的。

情商与工作满意度之间的关系密切，情商高的个体更易于体验到工作中的积极情感，从而产生对组织的情感依赖和责任感。同时，一项针对销售人员的研究证明，情商越高，工作绩效越高。在现代企业中，越来越多的工作是由团队来完成的，团队的工作气氛及凝聚力对工作绩效有着深刻的影响。团队能否和谐，不仅取决于其中每个成员的情商，更取决于团队整体的情商。高情商的团队，成员之间往往具有亲和力和凝聚力，团队显示出高涨的士气；低情商的团队，士气低落，人心涣散，缺乏战斗力。

3. 能力的个体差异

人的能力存在个体差异，主要表现在4个方面，即能力水平差异、能力结构差异、能力年龄差异和能力性别差异。

1）能力水平差异

智力能力、体质能力、情绪能力都存在着发展水平的差异，不同条件下，能力和活动结果或效率呈正相关关系。如果一个人在某种活动中表现出比另一个人有较好的成就，则说明其有较高的完成这项活动所需要的能力；相反，则表明其完成这项活动的能力水平较低。

大量的智力测验研究表明，智力水平差异在一般人口中呈正态曲线分布，智力正常者（IQ 为 80～120）约占80%，智力超群者（IQ 为 140 以上）占1%，心智不足者（IQ 为 70 以下）占3%。

除了智力水平的差异外，体质能力的个体差异也是很明显的。例如，有的人在工作需要延长时间时，能够保持较高的持续性，而有的人则不能保持较高的持续性，这些体质能力的差异制约着某些特殊职业的效率和成就。

2）能力结构差异

能力结构差异首先表现在完成同一活动时，不同的人利用的能力有可能不同。例如，完成推销工作，有的人通过发挥言语能力和词汇的流畅性能力，通过诱劝完成推销任务；有的人可能充分发挥自己的体质能力，不辞辛苦地遍访顾客以达到推销的目的；有的人可能充分利用自己的情绪智力通过和顾客建立良好的关系来顺利推销。

另外，完成同一活动时，不同的人可以用不同的能力组合来完成。即人们可以把自己最具优势的能力结合起来，达到同样的活动目的或效果。同样是推销员，他可能不善言辞，但他可能具有良好的推理能力、记忆力、空间视知觉能力和体质能力，通过优势组合，他可以克服言语能力的不足，达到推销的目的。

3）能力年龄差异

个体的能力在个人成长的不同时期的表现因人而异。古今中外的"少年早慧"或"大器晚成"者不胜枚举。人的能力表现虽然存在早与晚的差异，但就大多数人来说，出成就的最佳年龄在25～40岁。对科学家及诺贝尔奖获得者的研究等发现，中年容易成才。

中年成才的原因，从生理角度看，此时体质能力较强，正值年富力强、精力充沛之际；从社会学角度看，他们既有青年人思想活跃、好奇探新、较少保守的特点，又有成年人老练、持重、思考缜密的特点；从心理学角度看，他们的记忆能力、比较和判断能力等，正随年龄的增长、阅历的扩大而呈最佳状态；从情绪能力角度看，随着经验的积累，他们更加善于调控自己的情绪和冲动，积累了丰富的社交技巧。这些都有助于中年人进行复杂的、创新的活动，从而作出杰出的贡献。

4）能力性别差异

男性和女性哪一方更聪明的问题，过去曾是性别研究的主要课题，然而至今尚未得出一致的结论。但在智力要素上，男女表现存在较大的差异。一般而言，男性空间视知觉能力、计算能力一贯是比较出色的，而女性一贯优越的是言语能力和词汇的流畅性。心理学研究表明，男女在这些能力上的差异可能与男女大脑的结构不同有关。

在体质能力方面，男女有很大的差异，在动态力量、躯干力量、静态力量、爆发力和耐力等方面，男性都远远地超过女性；在灵活性上，男女几乎没有什么差异，女性优越的是躯体的协调性、柔韧性等方面。另外，据统计，在各个年龄段的死亡率男性较高，女性的平均寿命长，这意味着女性对危害的抵抗能力较男性强。

在情绪智力方面，女性并不比男性更聪明，反之亦然。研究发现，女性一般能更清醒地意识到自己的情绪，更富有同情心，更擅长人际交往；男性则更自信，更乐观，更能适应环境，以及能更好地应付各种激变。所以说，无论是男性，还是女性，在情绪智力上均有长处，也有不足。一些人虽富有同情心，但却缺乏处理自己苦恼的能力；而另一些人虽能敏锐地意识到自己情绪的细微变化，但对别人的情绪却反应迟钝。

4. 能力差异与管理

作为一个管理者，了解能力的结构，掌握人的能力差异，认识到员工的工作绩效取决于能力和工作之间的相互作用，其目的一方面是要在管理中不断提高自己的能力，更好地胜任自己的管理工作；另一方面是要做到量才录用，合理分工，最大限度地调动员工的积极性。因此，根据能力差异来进行管理，应该注意以下3个方面的问题。

1）正确理解能力和知识、技能的关系

在我国的管理实践中，重视人才已成为一种共识，但对人才的理解还停留在知识和技能的水平上，看重的是学历和工作经历，而不是一个人的能力。但能力和知识、技能却有所差别。知识是人类社会历史经验的总结，以思想内容的形式被人们掌握；技能是操作技术，是对具体动作的掌握，以行为方式的形式被人们掌握。

能力和知识、技能有密切关系。知识是能力形成的理论基础，技能是能力形成的实践基础。能力的发展是在掌握和运用知识与技能的过程中实现的，同时能力在一定程度上决定着一个人在知识与技能的掌握上可能取得的成就。

能力和知识、技能的优势是相互联系、相互制约的。掌握知识、技能是以一定的能力为前提的，能力制约着掌握知识与技能的快慢、深浅、难易和巩固程度，而知识的掌握又会使能力提升。

因此，重视人才更应该重视人的能力，重视人的潜在能力的开发，而不是仅限于学历和工作经历。

2）运用正确的方法，了解员工的能力特点

认识和了解员工的能力特点，即了解员工能力水平上的特点、能力结构的差异。只有真正掌握了员工能力的特点，才谈得上合理利用人才，才能提高工作绩效。比较实用的了解员工能力的方法有观察评定法、作品分析法和经验总结法，这些方法简便易行，比较适用于对员工能力的一般了解。如果用于提拔、晋升、选择进修等方面，调查、测验和实验的方法则比较有效。

通常能力测验的方法主要有4种：① 智力测验，目的是衡量员工的记忆力、思考的速度和观察复杂事物相互关系的能力；② 熟练程度和才能测验，目的是发现员工的兴趣所在、现有的技能及进一步掌握技能的潜力和能力；③ 业务测验，目的是发现被测验人最适宜担任的职务；④ 个性测验，目的是衡量员工的个性和工作的适应性。

3）进行职务分析，合理配置人才，提高能力和工作的适应性

高工作绩效对具体心理能力、体质能力和情绪智力方面的要求，取决于该工作本身对能力的要求。例如，公关谈判人员需要很强的言语能力和情绪能力，高楼建筑工人需要很强的平衡能力，会计人员需要良好的计算、推理能力等。

当能力和工作不匹配时，可能会产生以下两种情况。

（1）如果员工缺乏胜任工作的必要能力，那么无论员工态度多么积极、动机水平多高，最终的工作绩效也很低。

（2）如果员工的能力远远超过工作的要求，会降低员工的工作满意度，尤其是当员工渴望施展自己的能力时，会因工作的局限性而灰心丧气。

因此，在进行人员选聘和人员配置时要使能力和工作相匹配，除了要了解人的能力，还必须正确分析不同工种、职位和职能部门对于能力的不同要求，只有把那些具备一定职位能力要求的人，安排到相应的工作职位上，才能既充分发挥这个人的能力，又使工作能够高效率地完成。

2.3 个　　性

为什么有的人善于社交、善于言谈、果断自信，有的人沉默寡言、宁静平和，是否某些个性特征更适合从事某种类型的工作，不同个性的差异是否会影响组织中个体的行为和工作效果，在个性理论中哪些能够帮助人们解释和预测人的行为，本节将有选择地触及众多个性理论中有限的部分，以试图回答上述问题。

1. 个性的概念

所谓"个性"，也称"人格"。人们在谈论个性这个概念时，并不是指一个人是否有魅力，是否有积极的生活态度，是否取得了某项事业的成功。心理学家谈论人的个性时，是把人看成一个综合的整体，反映一个人之所以成为其自身而区别于他人的，具有一定倾向性的心理特点和行为模式的综合。这包括个性倾向性和个体心理特征两个方面。

从组织行为学的角度，个性的定义是个体是怎样影响别人的，是怎样理解和看待他自己的，以及其内部和外部可以测量的特质。

这一定义包含了以下3个假定。

（1）人会怎样影响别人。这主要取决于他的外形（如身高、体重）和行为。

（2）每个人都是独特的。每个人在实践和学习过程中，通过与环境之间的不断相互作用而形成独特的自我概念。

（3）每个人都具有一些特质和特性。正是各种特质的相互作用，才形成个性的总体表现形式。

2. 个性的性质

个性是一种潜在的、变化着和发展着的体系，反映的是具体的、活生生的、行动着的人。个性的特征有以下5个方面。

1）个性具有独特性

正如一棵树上没有两片完全相同的叶子一样，世界上也没有两个完全相同的人。每个人总是作为一个统一体对刺激物产生反应，表现出不同的个性倾向。人和人之间存在着个体差异。

2）个性是在某种特定环境中自我实现的

这种性质指出，要了解一个人，绝不能脱离其所处的环境。员工是一个工作单位的构成部分，这种归属性和总的组织文化相互作用，就会影响员工的个性。一个人个性的各种特质，是可以从别人的个性的各个方面吸取过来的，所以个性可以因周围人的特性而变化。

3）个性具有自我连贯性

一个健康的个性是处于一种动态平衡状态之中，这就是说个性既是可塑的，但又保持其连贯性。例如，某一腼腆、内向温和的人，在工作上、在与人交往中、在购物时、在家居生活中，都会表现出其稳定的个性特点。

4）个性与导向目标的行为有关

人有一个显著的特点，就是在众多的目标或动机中进行挑选，他们追求的不只是自我连贯性，他们要达到目标并满足需求。例如，某人有达到晋级目标的需求，如果过于腼腆内向的个性影响其实现这一目标，他就会调整自己的个性，使自己的个性能有利于目标的实现。

5）个性是一个成长过程

每个人都力求塑造自己的个性，尽量成为自己所希望能够变成的样子。有效的管理者要创造性地设计和维持一种环境，使员工能够参与确定他们自己的工作目标，以帮助员工实现其个性的成长。这种成长的性质，对于激励和员工参与管理的许多相关讨论来说是非常重要的。

3. 个性的决定因素

有人认为，个性是由遗传或先天决定的，也有人认为，是由环境决定的，或者说是后天决定的。这两种看法各有其片面性，因为一个人个性的形成和发展是一个复杂的过程。遗传为个性的形成和发展提供了前提，提供了发展的可能性，但决定个性的因素还有许多，社会文化环境、角色和个人境遇等对个性的形成都有重要的影响。如果对遗传、群体成员资格、角色和境遇这4个基本影响因素及其相互间的作用进行考察，则对个性的形成会有更加清晰和更有条理的见解。

1）遗传

遗传是指那些受基因决定的因素。体型、相貌、性别、肌肉和神经系统都是由遗传决定的，即受父母生物的、生理的、内在心理配置的影响。由于遗传的结果，人们表现出各种不同的学习潜力，不同的生物节律、反应时间和对挫折的忍耐力。遗传观点认为，个体的个性特征可以根据染色体上基因的分子结构得到全面的解释。一项针对儿童的研究表明，诸如害羞、畏惧、不安这些个性特质在很大程度上是由基因特点决定的。而对100多对刚出生就分离的同卵双胞胎的研究发现，尽管他们在不同地域成长，同卵双胞胎的个性在很多方面是相似的。研究证明，个体50%的人格差异来自于遗传，而30%的娱乐和业余兴趣方面的差异也来自于遗传。

2）群体成员资格

个体的个性是由与其有接触的群体中的成员塑造的，也是由个体对群体这个统一体的认识塑造出来的。家庭是个体最早接触的群体，是培育个性的摇篮；家庭、朋友和社会群体的规范，对于个性的塑造都起着十分重要的作用。父母的个性对子女的个性形成的影响作用是潜移默化的，子女在父母的抚养下，父母对工作的态度、与朋友的交往、和亲属的关系、对挫折和成功的反应，都影响子女的个性。父母的教育方式对子女个性的形成也有重要的影响。美国心理学家列维的研究结果表明，采取过分纵容的教育方式，儿童多为不听话、易发脾气、不能克制自己、达不到要求就会退缩的个性；采取过分支配的教育方式，儿童则比较顺从、有礼貌，但比较软弱。个体成长的社会文化背景，如解决问题的方法和行为模式，对一些重大问题的价值观念都影响个性的形成。

3）角色

不同时期，不同群体，要求人们所担任的角色是不同的。每个人都参加了好几个群体（如家庭、朋友群体、工作单位、娱乐群体等），个人所担任的角色又会受到所参加群体的影响。担任某一角色，除需要具备该角色所需的知识和技能外，还要具备该角色所需要的兴趣、道德、习惯、纪律等。长期担任某一角色，会逐渐养成该种角色的个性特质，如会计师、艺术家、教师、工程师等，对同一件事所表现的行为在情绪的稳定性、外倾性、随和性等方面常常会有所不同。例如，长期从事会计工作，在个性上可能会表现为理智、严谨、保守等特质；而从事广告创意的人员，在个性上则会表现出不拘小节、幻想、激进等特质。

4）境遇

境遇是影响个性的独特因素。在成长过程中发生的事件，如父母离婚，父亲因职业关系长期不在家，独生子女或是兄弟姐妹中最大的或最小的，工作过程中的挫折、朋友的反目，这些境遇都会影响个性的发展。

遗传、群体成员资格、角色和境遇，这几个因素相互影响、相互作用、相互依存，共同决定着个性的形成。遗传决定了个性的前提条件和外延限制；文化背景和直接的群体关系，影响着个人的角色和境遇，决定着个性是在长期的环境适应中逐渐形成和发展的。

4. 个性特质

个性是一个人相对稳定的思想和情绪方式，是其内部和外部可以测量的特质。人们把一个人在不同情境下均表现出来的一些特点，称为个性特质，如害羞、进取心、顺从、懒惰、直率、畏缩等。这些特质越稳定，在不同的情境下出现的频率越高，越有利于描述和预测个体的行为。

1）卡特尔16种个性特征（16PF）

为了便于分析和确定人的个性，心理学家试图从形形色色的特性中概括出共同的特征，加以鉴别归类。早期的一项研究鉴别出17 593种特征，在预测行为时要考虑如此众多的特征，显然是不可能的。

1973年，卡特尔从大量调查中分离出171个特征，并在此基础上概括出16种人格特征，表2－2中列出了这些特征。16种个性因素在一个人身上的不同组合，构成了一个人独特的人格，完整地反映了一个人个性的全貌。通过权衡这些个性特征与情境的关系，可以预测在具体情境中个体的行为。

表2－2 卡特尔16种人格特征

序号	人格特征	人格特征的表现
1	乐群性	描述是否愿意与人交往，待人是否热情
2	聪慧性	描述抽象思维能力，聪明程度
3	稳定性	描述对挫折的忍受能力，能否做到情绪稳定
4	恃强性	描述是否愿意支配和影响他人，是否愿意领导他人

续表

序号	人格特征	人格特征的表现
5	兴奋性	描述情绪的兴奋和活跃程度
6	有恒性	描述对社会道德规范和准则的接纳及自觉履行程度
7	敢为性	描述在社会交往情境中的大胆程度
8	敏感性	描述敏感程度,即判断和决定是否容易受到感情的影响
9	怀疑性	描述是否倾向于探究他人言行举止之后的动机
10	幻想性	描述对客观环境和内在的想象过程的重视程度
11	世故性	描述是否能老练、灵活地处理事务
12	忧虑性	描述体验到的烦恼和忧郁程度
13	实验性	描述对新鲜事物的接受和适应程度
14	独立性	描述独立程度,亦即对群体的依赖程度
15	自律性	描述自我克制、自我激励的程度
16	紧张性	描述生活和内心的不稳定程度,以及相关的紧张感

除直接测量这16种人格特征外,卡特尔教授等人还发展出了一系列公式,利用前面16个量表的分数及这些公式,还可以计算出一些二元人格特征,主要包括焦虑性,描述对现在环境的适应程度,是否感到焦虑不满;外向性,描述性格特征的内向或外向程度;安详机警性,描述个体的情绪困扰程度,以及进取精神;果敢性,描述做事情时的犹豫或果断程度。另外,还可以测量三元人格特征,主要包括心理健康、专业有成就者、创造力强者和在新环境中有成长能力。

《卡特尔十六种人格因素测验》具有良好的信度及效度,是目前世界上使用比较广泛的人格测验之一。我国研究者也对测验进行了修订,使之更适合我国的国情。该测验的适用对象比较广泛,15岁以上中学生和所有具备小学阅读水平的青年、壮年和老年人都可以适用,因此经常应用于心理咨询、人员选拔和职业指导等各个环节,为人事决策和人事诊断提供个人心理素质的参考依据。

2)荣格的8种人格类型

瑞士心理分析家荣格在1921年发表的《心理类型学》一书中,论述了性格的一般态度类型和机能类型。

一般态度类型,即内倾型和外倾型的性格是荣格最为著名的理论。他根据心理能量的指向划分性格类型。个体心理能量的活动倾向于外部环境,就是外倾型的人,重视外界、爱社交、活跃、开朗、自信、勇于进取、兴趣广、易适应环境。心理能量的活动倾向于自己,就是内倾型的人,重视主观世界、好沉思、善内省、常自我欣赏和陶醉、孤僻、缺乏自信、害羞、冷漠、寡言、较难适应环境的变化。外倾型和内倾型是性格的两大态度类型,也就是个体对特有情境的反应的两种态度或方式。

荣格又将人的心理活动分为感觉、思维、情感和直觉4种基本机能。感觉告诉一个人存在着某种东西;思维告诉一个人它是什么;情感告诉一个人它是否令人满意;直觉则告诉一个人它来自何处和向何处去。从而按照两种态度类型与4种机能的组合,荣格描述了8种性格类型,分别为外倾思维型、内倾思维型、外倾情感型、内倾情感型、外倾感觉型、内倾感觉型、外倾直觉型和内倾直觉型。

3）AB 型人格

AB 型人格理论认为，一般人按其性格可以分为两大类型：A 型人格和 B 型人格。A 型人格和 B 型人格是对人格特质的一种区分方式。A 型人格者属于较具进取心、侵略性、自信心和成就感，并且容易紧张。A 型人格者总愿意从事高强度的竞争活动，不断驱动自己要在最短的时间里干最多的事，并对阻碍自己努力的其他人或其他事进行攻击。B 型人格者则属较松散、与世无争，对任何事皆处之泰然。

AB 型人格理论对于身心疾病研究有较大的贡献。研究表明，A 型人格者易患冠心病、心血管病、高血压和抑郁症等病症。在工作中，A 型人格者愿意长时间工作，他们比较关注工作的数量和速度，常常依赖经验来解决当前面对的问题，决策能力欠佳。A 型人格者不断给自己施加压力，为自己制定时间期限，因此容易患上工作焦虑症。B 型人格者却很少因为工作内容的增多和时间的延长而产生焦虑。在组织中，尽管 A 型人格的人工作十分努力勤奋，但 B 型人格的人常常在组织中处于高层职位，A 型人格的人更适合成为一名优秀的推销员。

4）大五模型

研究者在人格描述模式上形成了比较一致的共识，提出了人格的大五模式。研究者通过词汇学的方法，发现大约有 5 种特质可以涵盖人格描述的所有方面，即所有个性特质的基础维度。

（1）外倾性。描述一个人善于社交、善于言谈、果断自信方面的个性维度。

（2）随和性。描述一个人随和、合作、信任方面的个性维度。

（3）责任性。描述一个人的责任感、可靠性、持久性、成就倾向方面的个性维度。

（4）情绪稳定性。描述一个人平和、热情及紧张、焦虑、失望方面的个性维度。

（5）经验开放性。描述一个人幻想、聪慧和艺术敏感性方面的个性维度。

五维度的研究，除了提供分析个性特质的框架外，还发现这些个性维度与工作绩效有重要关系。例如，责任感可以预测工作人员的工作绩效，外倾性可以预测管理和销售职位的工作绩效，经验的开放性可以预测培训的效果，等等。

5）迈尔斯—布瑞格斯类型指标

迈尔斯—布瑞格斯类型指标（MBTI）是由美国的凯恩琳·布瑞格和她的女儿伊莎贝尔·布瑞格·迈尔斯荣格的心理类型理论，以及她们对于人类性格差异的长期观察和研究而编制。根据 4 个维度，如内向的或外向的（I 或 E），感觉的或直觉的（S 或 N），思维的或情感的（T 或 F），感知的或判断的（P 或 J），组合出 16 种个性特征。例如，ENTP 是抽象思考者，他们敏捷、聪明、擅长解决挑战性的工作；INTJ 型是组织者，他们很现实，实事求是，擅长组织和操纵活动；ISTJ 型是幻想者，他们具有创造性思想，批判、独立、决断，甚至常常有些顽固。MBTI 常用于人格和职业生涯的研究，许多著名的企业家，如本田汽车公司、微软公司、联邦快递公司的创始人，均为直觉思维型（NT）。MBTI 可以预测不同性格的人适合从事的职业，如 ISTJ 适合的职业有首席信息系统执行官、天文学家、侦探、行政管理等，ENTP 适合的职业有企业家、投资银行家、大学校长、演员等。MBTI 性格类型与创造力水平也相关。对大学生的研究表明，ENTJ、ENFP、ENFJ 3 种性格的大学生其创造力水平较高，ISTJ 类型的大学生创造力水平较低。目前，许多公司、医院、教育机构都广泛运用 MBTI 来测试个性特征，从而选拔出合适的人才。

6）九型人格

九型人格（Enneagram）是新兴的一种人格分类理论。其理论基础是美国亚历山大·汤马斯博士和史黛拉·翟斯博士 1977 年在《气质和发展》一书中提出的婴儿的 9 种不同的气质。近代九型人格是 20 世纪 60 年代由南美洲智利的心理学家 Oscar Ichazo 创立，他按照性格的特点将人分为 9 种，并绘制了九型人格的关系图，如图 2-1 所示。

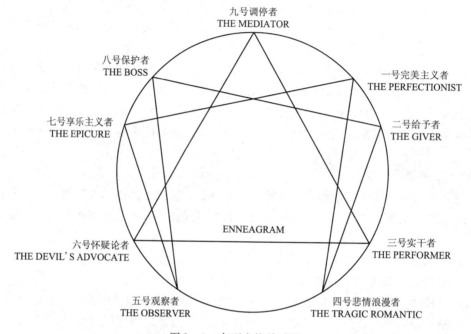

图 2-1　九型人格关系图

九型人格理论之所以在组织管理中受到推崇，因为它不仅详细分析了 9 种人格的性格特点，还提出了每种性格如何进行自我完善和与不同人格的人相处的策略，以及根据员工性格组建团队的方法。例如，完美型的领导关注细节，做事按部就班，缺少灵活，因此可为他配置一名活跃型的助手，令其决策更有效率；活跃型的助手在和完美型的领导沟通时要用理性、合乎逻辑的态度，并适时表现一些幽默感；完美型的领导需要增加自己的行为弹性，尽量突破个性局限，以提升团队士气，增强团队的创造力。

目前，九型人格已应用于通用汽车、AT&T、HP（惠普）计算机、可口可乐、Nokia、美国中央情报局等全球先进企业和机构，并用于培训员工、帮助建立团队、促进沟通、提升领导力、增强执行力等多个方面综合能力的提高。

5. 个性差异与管理

个性对员工工作的影响主要表现在以下 3 个方面：个性影响员工的工作方式；个性影响员工的工作态度和效率；个性影响员工的人际关系。个性是影响工作绩效的重要因素，管理者根据员工的个性差异进行管理，对于提高组织运作的效率和效益，协调人际关系具有重要的作用。

1）根据个性特征合理安排工作

研究表明，个性是个体具有一定倾向的、相对稳定的特质。任何一种个性特征既有其积极的一面,也有其消极的一面。例如,MBTI 中思考型的领导者擅长合乎逻辑的分析、客观、公正、有逻辑系统的思考,具备判断能力、坚定,但容易忽略他人感受、误解别人的价值观、不在意和谐的人际关系、不表露感情、同情心较少、不能说服他人;感受型的领导者能够体谅他人的感受、了解他人的需要、喜欢和谐的人际关系、易表露情感、喜欢说服他人,但做事情不合乎逻辑、不够客观、没有组织系统的思考、不具有批判精神的全盘接受、感情用事等。

因此,在人员招聘和职务配置上,应该考虑工作和个性的相互适应。在这方面心理学家约翰·霍兰德提出了个性—工作适应性理论。他指出,员工对工作的满意度和流动的倾向性,取决于个体个性与职业环境的匹配程度,还划分了 6 种基本个性类型,以及与其适应的工作环境,表 2-3 中对 6 种个性类型进行了分别描绘,列举了它们的个性特征及与之匹配的职业范例。

表 2-3 霍兰德的个性特征与职业范例

类型	偏好	个性特征	职业范例
现实型	偏好需要技能、力量协调性的体力活动	害羞、真诚、持久、稳定、顺从、实际	机械师、钻井操作工、装配线工人、农场主
研究型	偏好思考、组织和理解的活动	分析、创造、好奇、独立	生物学家、经济学家、数学家、新闻记者
社会型	偏好能够帮助和提高别人的活动	社会、友好、合作、理解	社会工作者、教师、议员、临床心理学家
传统型	偏好规范、有序、清楚明确的活动	顺从、高效、实际、缺乏想象力、缺乏灵活性	会计、业务经理、银行出纳员、档案管理员
企业型	偏好那些能够影响他人和获得权力的活动	自信、进取、精力充沛、盛气凌人	法官、房地产经纪人、公共关系专家、小企业主
艺术型	偏好那些需要创造性表达的模糊且无规则可循的活动	富于想象力、无序、杂乱、理想、情绪化、不实际	艺术家、市场策划人员、室内装饰家

个性—工作适应性理论说明:① 个体之间在个性方面存在着本质的差异;② 工作具有不同的类型;③ 当工作与个性特征协调一致时,会产生更高的工作满意度和更低的离职可能性。例如,社会型的个体应该从事社会型的工作,传统型的个体应该从事传统型的工作,现实型的人从事现实型的工作比从事研究型的工作更为有效,社会型的工作对于现实型的人则可能最不合适。

2) 根据个性的相辅和互补进行人员配置

尽管特定的工作对个性有特定的要求,但对一个工作群体来说,相辅与互补的个性搭配则更有利于提高群体工作的效率。

组织是一个分工协作的群体,合作是工作取得高效率和高效益的基本保证。一方面,不同个性的人合作,可以发挥彼此个性的互补、辅助作用,如外向型的管理者富有开拓性、果断、灵活、有魄力,但却往往急躁冒进;内向型的管理者耐心、谨慎、踏实、稳健、原则性强,但却易于墨守成规、缺乏变革精神。二者合作,个性互补,将有利于工作的完成和效率的提高。另一方面,不同个性的人合作,有利于协调群体的人际关系,和谐群体的社会心理气氛。

3) 管理者要设计和维持一种使个性不断成长的氛围

个性是一个不断成长的过程。个体作为一个群体的成员,在群体中担任着不同的角色。群体的价值观、行为方式规范着人们的行为,影响着人的个性成长。根据美国哈佛大学教授阿基里斯的研究,他认为在个体由不成熟向成熟转化的过程中,个性会发生7种变化,如表2-4所示。

表2-4 阿基里斯的不成熟—成熟连续流

不成熟的特点	成熟的特点
被动性	主动性
依赖性	独立性
办事的方法少	办事的方法多
兴趣淡漠	兴趣浓厚
目光短浅	目光长远
从属的职位	显要的职位
缺乏自知之明	有自知之明,能自我控制

阿基里斯主张有效的管理者应当帮助人们从不成熟状态转变到成熟状态。他认为,如果一个组织不为人们提供使他们成熟起来的机会,或者不提供把他们作为已经成熟的个人来对待的机会,那么人们就会变得忧虑、沮丧、无创造性和无进取心,并且将会以违背组织目标的方式行事。

管理者要设计和维持一种氛围,给员工一种可以成长和成熟的环境,使其在致力于组织成功的过程中也可以获得需求的满足和个性的塑造。

6. 个性对组织行为的影响

1) 核心自我评价

为了使人格特征能够更好地预测工作满意度和工作绩效,Judge,Locke 和 Durham 在综合了人格心理学、临床心理学、社会心理学等8个领域的基础上,提出了核心自我评价这一概念。核心自我评价由自尊、一般自我效能感、神经质(情绪稳定性)和控制点4个基本特质组成。自尊是个体对自身最广泛的核心评价;一般自我效能感是指个体在行动过程中是否感觉到自己有能力调配任务所需要的动机和认知资源;神经质是与自尊相反的消极情感,一方面是指情绪稳定性;另一方面是指调控自己情绪的能力;控制点反映个体在什么程度上认为自己能够控制生活中将要发生的事件。

研究表明,核心自我评价与工作满意度具有较高的正相关关系,具有积极核心自我评价的员工对工作内容、重要性、复杂性的评价较高,因此在工作中获得的回报也较高,从而提高他们对工作的满意度。核心自我评价也是预测工作绩效的重要人格因素,因为个体的核心自我评价越高,完成工作任务的动机越强烈,因此能够更加成功地完成他们的工作任务。同时,核心自我评价与幸福感、压力、工资都正向相关,具有高核心自我评价的管理者更能应对组织的变化。

2) 马基雅维利主义

马基雅维利主义是以尼可洛·马基雅维利的名字命名的,因为此人曾在16世纪写过一本如何获得和操纵权术的书。高马基雅维利主义的人注重实效,与人保持着情感的距离,追逐结果,不顾手段和过程。他们比低马基雅维利主义的人更愿意操纵别人,赢得更多的利益,喜欢说服别人,不容易被人说服。

高马基雅维利主义的人是否是一名好员工,取决于工作的类型及评估绩效时考虑的道德要求。对于需要谈判技能的工作和成功能带来实际效益的工作(如代理销售商),高马基雅维利主义者会十分出色;而当工作行为有绝对的规范标准时,高马基雅维利主义者的绩效很难预测。

3) 自尊

人们喜爱或不喜爱自己的程度,被称为自尊。有关自尊的研究表明,自尊与成功有直接正相关的关系。自尊心强的人相信自己拥有工作成功所需的大部分能力。与自尊心较弱的人相比,自尊心强的人更喜欢选择非传统性的工作。在工作满意度方面,自尊心强的人比自尊心弱的人有更高的工作满意度。

在工作中,自尊心较弱的人对外界的影响更加敏感,他们需要得到别人的认可,因此更乐于赞同他人的观点,倾向于按照自己尊敬的人的指导做事情。自尊心弱的人更注重取悦他人,很少站在不受欢迎的立场上。

4) 自我监控

近年来,自我监控能力越来越受到重视。自我监控即人们根据外部情境因素来调整自己行为的能力。

高自我监控能力的人在根据外部环境调整自己行为方面表现出较高的适应性,他们对环境线索十分敏感,能够根据不同的情境采取不同的行为,并能够使公开的角色与私人的角色之间表现出极大的差异;而低自我监控者则不能以这种方式伪装自己,倾向于在各种情境下都表现出自己真实的性情和态度,因此他们的性格和行为具有高度的一致性。

高自我监控能力的人更容易在管理岗位上获得成功,因为他们可以在工作中扮演多重甚至相互冲突的角色,并且能在不同人面前呈现不同的"面孔"。

5) 冒险性

人们接受或回避风险的倾向对决策的制定有一定影响。高冒险性的管理者比低冒险性的管理者决策更迅速,在作出决策时所需要的信息量也更少。但两者决策的准确性却是相当的。

尽管组织中的管理者一般属于风险回避型,但在这个程度上仍然存在着个体差异,认识这个差异并且根据工作的具体要求考虑冒险倾向性是很有意义的。例如,对于一名股票经纪人来说,高冒险性可能会导致更高的业绩,因为这类工作需要快速决策;相反,高冒险性对一名从事审计工作的财会人员可能是个障碍,最好安排低冒险性的人从事这类工作。

2.4 气 质

气质是个性特征的一种表达方式。在现实生活中,人们所说的"脾气"是气质的通俗说法。由于人们心理活动的动力特点不同，因而反映出人的不同个性。例如，心理过程的强度（情绪的强弱、意志努力程度）；心理过程的速度和稳定性（思维的灵活程度，注意力集中时间的长短）；心理活动的指向性（如有的人倾向于外部事物，从外界获得信息，有的人倾向于内部，体验自己的情绪，分析自己的思想）。这些动力方面的特点，使得个体的心理和活动表现出独特的个性差异，体现出不同的个性特征。

1. 气质类型

中国古代医学家虽未直接提出气质说，但按人好动或喜静的程度把人分为5种类型，即好动的太阳型、少阳型；喜静的太阴型、少阴型；动静适中的阴阳和平型。

古希腊医生希波克拉特根据人体内4种体液（血液、黏液、黄胆汁、黑胆汁）各人多寡不同的假设，把气质分为4种类型，即性情急躁、动作迅猛的胆汁质；性情活跃、动作灵敏的多血质；性情沉静、动作迟缓的黏液质；性情脆弱、动作迟钝的抑郁质。巴甫洛夫通过对高等动物的研究，将高级神经活动划分为4种基本类型，即不可抑制型、活泼型、安静型和弱型。神经系统的基本类型是气质的生理基础，气质是高级神经系统类型的外在表现，4种神经活动类型分别与胆汁质、多血质、黏液质和抑郁质相对应。气质类型及其表现和高级神经活动类型及其特征的关系可参照表2-5。

表2-5 气质类型及其表现和高级神经活动类型及其特征对照表

神经系统的特征及类型				气质类型及其表现	
强度	平衡性	灵活性	特性组合的类型	气质类型	主要个人气质
强	不平衡（兴奋占优势）	灵活	不可抑制型（兴奋型）	胆汁质	精力充沛、情绪发生快而强、言语动作急速而敢于自制、内心外露、率真、热情、易怒、急躁、果敢
强	平衡	灵活	活泼型	多血质	活泼爱动、富于生气、情绪发生快而多变、表情丰富、思维语言动作敏捷、乐观、亲切、浮躁、轻率
强	平衡	不灵活	安静型	黏液质	沉着冷静、情绪发生慢而弱、思维语言动作缓慢、内心少外露、坚毅、执拗、冷漠
弱	不平衡（抑制占优势）	不灵活	弱型（抑制型）	抑郁质	柔弱易倦、情绪发生慢而强、感情不易外露、富于想象、语言动作细小无力、胆小、忸怩、孤僻

2. 气质的差异与管理

气质类型影响个人的工作效率，因此应尽可能使员工的气质与工作要求一致。多血质者活泼热情，善交际，反应灵活，工作效率高，但稳定性差；胆汁质者外向开朗，反应快，效率高，但暴躁任性，缺乏自制；黏液质者稳定踏实，但固执，缺乏生气；抑郁质者敏锐、细致、稳重，但孤僻、怯懦，易退缩。要求作出迅速灵活反应的工作，对于多血质和胆汁质的人较为合适，而黏液质和抑郁质的人较难适应；反之，要求持久、细致的工作对于黏液质、抑郁质的人较为合适，而多血质、胆汁质的人则较难适应。

在团队建设时，应考虑群体成员的气质互补。人的气质特征既有好的一面，也有不好的一面，但人们结合成为一个群体时却可以形成气质互补。例如，纺织工人必须同时看管多台纺织机。这种工作既需要稳定的注意力，以便发现断头，消除故障；又需要灵活的注意力，能迅速地转移注意，以利于同时照顾多台纺织机。管理者在组建生产群体时，应考虑到成员的气质，尽可能按个人的气质特征适当地编排班组，使不同气质的职工在同一个班组工作，发挥职工气质间的补偿作用，从而促进生产群体圆满完成工作任务。

2.5 学 习

能力的发展是在掌握和运用知识技能的过程中实现的，人的个性是在社会生活实践过程中逐步形成和发展的，人具有能动性，能够积极、主动地接受外界的影响，不断发展自己的能力和个性。因此，如果想解释和预测人的行为，就必须了解人是怎样学习的。

1. 学习的概念

什么是学习，也许有人的解释是"我们在学校里所从事的活动"。事实上，每个人每天都在不停地学习，学习发生于任何时刻。学习是行为的改变，行为的变化表明了学习的发生。因此，组织行为学对学习的定义是：由于经验而发生的相对持久的行为改变。对于这个定义，应该从以下4个方面来理解。

（1）学习意味着行为的变化。从组织的角度看，人们可以学会好的行为，也可以学会不好的行为，重要的是组织如何使员工学习适宜组织的行为。

（2）变化是相对持久的。暂时的变化可能仅仅是刺激的结果而不是学习的结果。因此，在学习方面需要把那些由于疲劳或暂时的适应性而导致的行为改变排除在外。

（3）行为的变化表明学习的发生。如果个体仅仅在思维或态度上发生了变化，而行动未发生变化，则不能称为学习。

（4）学习来源于某种类型的经验。个体可以通过观察和直接经验来学习，也可以通过间接经验（如阅读、模仿等）来学习。重要的是，通过经验的学习能导致个体相对持久的行为变化，学习就发生了。

2. 学习理论

学习可以使员工的行为发生相对持久性的变化，因此在各种组织里，管理者要求员工们学习高效率的工作行为。组织行为学的假定之一是对于工作行为的学习，员工学习的强度随组织对某一具体行为表现的反应方式的不同而有所不同。一般而言，学习产生于以下3种过程。

1）经典式条件反射

俄国生理学家伊万·巴甫洛夫教会狗听到铃声后产生分泌唾液的反应是经典条件反射的早期理论。经典条件反射是关于反射反应或行为的。反射是一种无意识的或自动的反应，不是在个人意识控制之下产生的，如瞳孔遇见光线会缩小，听到巨响会发生惊吓等。

按照经典条件反射理论，一个非条件刺激可以引出反射反应，当一个条件刺激物和会引起反射反应的非条件刺激物成对放在一起，最后条件刺激物单独就具有反射行为的特征。例如，一家工厂的车间主任，每当厂长来定期巡视时，就让员工把车间打扫得干干净净，要求员工表现出良好的精神面貌。这种做法已经保持了很多年，最后员工只要一看到窗明几净就会立刻表现出良好的精神面貌，即使这种卫生情结和厂长巡视毫无关系时也是这样。

2）亲验式条件反射

亲验式条件反射是由哈佛大学心理学家斯金纳提出的，他认为个体的行为不是由反射或先天决定的，而是后天学习得来的。人的行为实质上是对外部刺激所作的反应，人们通过学习获得他们想要的东西，而逃避他们不想要的东西。事实上，生活中的多数行为都是亲验行为，如谈话、走路、读书、工作等。亲验行为发生的次数既可以增加，也可以减少，这取决于该行为的后果是否得到强化。如果人们的行为得到了积极强化，则有可能重复这种行为；如果行为不被奖励或受到了惩罚，则不大可能重复这种行为。例如，根据组织规定，提出合理化建议能够得到相应的奖赏，但当一个人提出建议以后，并未得到任何奖赏和重视，则其以后可能再也不会提建议了。

3）社会学习

个体不仅通过直接经验进行学习，还通过观察或听取发生在他人身上的事情而学习。例如，人们通过观察父母、教师、同伴、演员、上司等，而学会了很多东西。这种认为可以通过观察和直接经验两种途径进行学习的观点称为社会学习理论。

社会学习理论是操作性条件反射的扩展，不仅认为行为是结果的函数，同时也承认了观察学习的存在，以及在学习中知觉的重要性。人们根据自己对客观结果的感知和定义作出反应，而不是根据客观结果本身作出反应。

榜样的学习是社会学习理论的核心，人们发现榜样对个体的影响包括注意过程、保持过程、动力复制过程和强化过程4个方面。

3. 行为塑造

个体在工作中不断学习，并调整自己的行为。因此，管理者应该研究如何塑造和转化人的行为，如何创造和改造外部的亲验条件，使人的行为有益于组织的运作和发展。管理者通过指导个体学习的方式来塑造个体的行为，这一过程被称为行为塑造。

1）行为塑造的方法

在组织行为学中，强化是指行为与影响行为的环境（包括行为的前因后果）之间的关系，即通过不断改变环境的刺激因素，以达到增强、减弱或消除某种行为的过程。行为塑造通过系统的强化，使个体行为越来越适宜于组织的需要。行为塑造的方法主要有积极强化、消极强化、惩罚和忽视4种。

积极强化是利用特定的刺激因素，使人的某种行为获得巩固和加强，使之重复发生的可能性增大。

2）强化程序

强化程序有两种主要类型，即连续强化和间断强化。连续强化是指每次行为发生时，都给予强化。间断强化是不在每次行为发生时都给予强化，而是在多次行为后，再给予一定的强化。研究结果表明，与连续强化相比，个体在间断强化中行为重复的可能性更大。

根据强化时段的固定与否，间断强化分为定距强化和变距强化。定距强化是经过某个固定时段后进行一次强化，如月奖金、季度奖金、年度奖金，都属于定距强化。变距强化是指两次强化之间的时间段不是固定的，如总公司审计部门对各子公司进行不加通知的随机审计就是变距强化。

根据任务完成的百分比给予强化的间断强化也称为比率强化。比率强化又分为固定比率强化和变动比率强化。固定比率强化是事先规定一定的比率进行强化，如计件付酬就是固定比率强化；变动比率强化是指并不以任务完成的某种固定比率进行，而是视情况灵活变动，如抽奖法。

连续强化容易导致过早的满足感，而强化物一旦消失，行为就会迅速衰减。但连续强化适合于新出现的、不稳定的或低频率的行为。与此相反，间断强化不易产生过早的满足感，因为并不是每一次行动后都有强化，这种方式适合于稳定的或高频率的行为。可变比率强化比固定比率强化能导致更高的员工工作绩效。一般来说，组织中的大多数员工以固定比率的强化方式得到报酬，但这种方式不能说明绩效和奖励之间的关系。而可变比率强化方式中包括不确定性因素，绩效与奖励之间的相关性很高，会使员工产生更高的效率和更稳定一致的行为。

4. 学习理论在管理实践中的应用

学习理论在管理实践中具有十分重要的应用价值，并为许多组织所采用，管理人员不仅有权力，而且有责任指导员工的行为去实现组织的目标。在具体实践中，学习理论主要有以下方面的具体应用。

1) 组织的奖励措施

在日常应用中强化和奖励两个术语常常混淆。奖励是一种结果，至少有一个人认为奖励是需要的或令人愉快的。所以，定义为奖励的东西是一种主观选择，奖励不一定是强化措施。例如，奖金对某些人的行为可能并无强化作用。只有当奖励使用的结果会引起某项所希望的行为出现的频率增加时，才能说奖励是一种强化措施。

组织环境中典型的奖励措施的范围很广，表 2-6 列出了组织环境中的典型奖励措施。

表 2-6 组织环境中的典型奖励措施

物质性的	额外福利	地位标志	社交型/人际型	与任务俱来的	自我采取的
工资	医疗保险计划	单间办公室	给予正式赞誉	成就感	自我赏识
加薪	公司提供汽车	带窗的办公室	表扬	有更高责任的职务	自我表扬
股票选购	保险	地毯	微笑	工作轮换	自我祝贺
分红利	年金	垂帘等装饰	评价性反馈	成果反馈	
奖金计划	产品折扣	绘画	问候致意		
实物刺激	假日旅行	手表	非语言性信号		
节日奖	娱乐设施		拍拍肩背		
	工间休息		征询建议		
	俱乐部特权		邀请共饮茶水或共进午餐		
	费用记账		正式授予的奖赏和赞誉		
			墙报表扬		

2) 组织的惩罚措施

只奖励不惩罚肯定不行。首先，奖励措施并不是对每个人都有效；其次，有时在奖励措施实施后，符合要求的和不符合要求的行为会同时出现。例如，设质量奖，既能促使人们为获奖而提高质量，但也可能会出现为获奖而隐瞒质量事故、弄虚作假等情况。

惩罚实质上是采用强制性、威胁性的手段，对非期望性行为的后果进行强化，以减少该行为重复出现的次数。在组织中，典型的惩罚措施有物质性的惩罚，如减薪、罚款、处分性的暂时停职停薪、处分性的降职降级、调离职务、开除、辞退等；人际性的惩罚，如训斥、皱眉头、挑衅性的体态姿势、通报批评等；与工作职责相关的惩罚，如重体力劳动带来的疲劳、恶劣的劳动条件等。当然也有人提出，惩罚只能压服而不能根治、惩罚容易引起副作用。

3) 正确使用奖励与惩罚措施

从长远来看，采用奖励为主的办法，通常比惩罚的作用有效，但是惩罚在管理中也自有其应有的地位，能在短时间内产生显著效果，使员工迅速改变不符合要求的行为。迈耶提出使奖励和惩罚有效的4项原则，即"4P"：针对个人（Personal）；及时提出（Proximate）；准确无误（Precise）；单独提出（Private）。以上原则的含义是任何奖励或惩罚应该是针对某个人而不是小组，必须尽可能及时地对所发生的事件提出奖励或惩罚，必须准确无误、明确地表示赞同或反对的态度，奖励或惩罚必须私下提出。

4) 开发培训计划，建立导师负责制

近年来，世界各国都把组织人员的培训放在重要的位置，建立了有效的培训机构和培训制度。为了提高组织的培训效果，应从学习理论中获得一定的启发，培训必须提供一个榜样以吸引被培训者的注意力，并且建立激励机制和帮助培训人员总结自己所学到的知识对今后工作的作用，还要提供机会实践新行为，如果培训为脱产式，还应为培训人员提供机会把自己所学到的知识转化到工作中去。根据代理式学习，企业可以设立导师负责制，为员工安排一个年长的、经验更为丰富的导师，指导他们如何在组织中生存和发展。

5) 个体行为的自我管理

学习理论在组织中的应用不仅仅局限于管理他人的行为，还可以用于个体对自己行为的管理，这就是自我管理。自我管理是指个体管理自己的行为，从而减少外界管理控制的一种学习技术。

为什么在组织中自我管理很重要，首先，管理者在实施强化措施时，可能会有许多员工的行为未被发现；其次，实施强化措施的管理人员会变成某种目标行为的一种信号，因而仅当管理人员在场，员工才能完成目标行为；最后，实践表明，当员工参与制定组织的强化措施时，他们有更高的积极性和主动性。

个体管理自己的行为所运用的方法和管理者进行强化的方法是类似的，其基本过程包括设置行为目标，观察自己的行为，测定自己行为的结果，并与目标标准进行对比，当行为达到标准时进行自我强化（如自我满足），当行为未达到标准时进行自我惩罚（如自我谴责）。大多数优秀的管理者都希望员工能够控制自己的行为，而且能够实现他们自己制定的目标。但是，员工进行自我管理能力的程度各不相同，优秀的管理者应当根据员工的能力特点，将外部管理控制和员工的自我控制综合起来，从而规范员工的行为。

复习与思考题

1. 个体行为的传记特点有哪些？每个要素的作用是什么？
2. 能力的个体差异主要表现在哪些方面？如何根据员工的能力差异进行管理？
3. 什么是个性？个性的性质主要有哪些？

4. 个性对员工工作的影响主要体现在哪些方面?如何根据员工的个性差异对员工进行管理?

5. 如何理解组织行为学中学习的含义?试解释学习的3种主要类型。

6. 组织的奖励和惩罚措施主要有哪些?惩罚可能会引起哪些副作用?试联系实际,谈谈如何正确地运用奖惩措施。

案例阅读

东关区分行副经理李德林

李德林是某市银行东关区分行现任副经理,今年34岁。他在该市银行系统工作已有12年之久。刚参加工作时,经过短期培训后,分在和平分行,当了两年多出纳员。领导发现他勤奋能干,就把他调到最大的区分行——东关区分行,培养他学习工业贷款业务。东关区是工业区,这里的岗位任务重、工作量大,但他学得很快,不久就能独立承担这方面的任务,而且干得很出色。两年后就升为副科长,又过了一年多,当上了科长。他跟谁的关系都处得特别好,无论是上级、同事、下级和客户,乃至社区,他都八面玲珑,应付无误,被人称为"分行外交部长"。他对公益事业十分热心,人又活泼好动,文娱体育、琴棋书画,样样都有水平。

分行经理艾林对小李十分赏识,认为是棵好苗子值得好好培养。老艾今年55岁,是这个分行的元老,在20世纪50年代就来到这里,从基层营业所坐柜台干起,一直升到分行经理。这分行从小小独家门面的寒碜破旧平房,发展到今日4层大楼,近100人规模,无不留下他的汗水和贡献。他在市行里也很受尊重,在这东关区里更是树大根深,关系网密布。自从发现李德林是个人才,颇以慧眼伯乐自豪,考虑着进一步培养。他发现,小李不但公关能力突出,行政管理的能力也很好。斟酌再三,决定还是让他发展后一方面潜力,把他提升为经理助理,主要分管计划工作。李德林在这岗位上两年多的表现,令老艾十分满意,于是向市行推荐,把小李正式提升为分行副经理。

自从李德林升任老艾的副手以后,老艾就把越来越多的分行内部职能管理的担子交给这位年轻人来挑了。他几乎完全放手,只接待一下特别重要的客户,审批一些大额的贷款项目。他对小李的勤奋和杰出的能力也越来越满意,多次在分行表扬他,给他记功评奖。

但是,市行方面不少职能处室的负责人对李德林的反映却相当不好。贷款处处长多次抱怨,在审批大额贷款项目时,每次要李德林提供有关申请客户详细情况的材料时,李德林总是顾左右而言他,装聋作哑,推诿敷衍。他说李德林是设法夺市行的审批权,凡是其分行取得的贷款申请,都想由他自己处理,而且有讨好借方之嫌,即使风险较大,条件也给得相当优厚。市行人事处长也反映说,李德林总去缠他,要求扩大东关区分行的编制,派人增加那里的劳力。人事处长解释说,各分行编制是按统一标准设计的,不能厚此薄彼,李德林就强调他的工作量大、负担重,经常要加班。

市行会计处处长则几次提出,李德林多次违反市行内部财务控制的规定,虽然往往是较枝节的规定,但每回都是为了照顾客户。长期这样下去,虽然"大错误不犯",但"小错误不断",会开一个很坏的先例。长此以往,各分行争相效尤,市行如何控制。他说小李是典型的"只顾小山头"。

市行分管各分行业务的戴副经理不断听到各处室对李德林的怨言。他做过调查，发现这些反映大多属实。他找小李谈过几次，肯定他想搞好自己分行的积极性，但也指出他必须尊重上级部门的规定和政策。他觉得小李很能干，是有前途的，是本行的宝贵财富，但应当严格要求，注意培养他在正确的道路上成长。可是每回谈完，他发现小李也和那些处长们的态度相似，总是给自己辩护，并且用些含蓄带讥讽的俏皮话，暗示那些处室的专家们对他"吹毛求疵"，"太好管闲事"。

由于东关区的业务发展，市行领导决定把这个分行一分为二，划出一部分去另外成立一个岭前区分行，原东关区分行虽保留，但管辖范围缩小，两分行平行同级。过去市行有过这类提升机会，李德林从来不动声色，这回却一反常态，主动向他的靠山艾经理提出，希望被提名担任两个月后要开办的新分行的经理，请艾经理向市行的戴副经理说一下。他说这区里的客户都希望他能出任这职位，又说这对于他自己一生的职业生涯发展，也是一个重要的转折点，希望一贯关怀提携他的老首长能助他一臂之力，他将感激不尽。

其实，在市行向老艾征询意见时，他已提过两个人供参考，其一正是李德林。他觉得李德林应当得到培养，也必能胜任；但李德林若调走，他会顿失右臂，一时无人替补，使他自己负担突然加重。所以，他对市行戴副经理说，领导若选中李德林他没意见，但他并不敢促领导一定选择李德林。李德林是知道老艾的态度的，因为他去找老戴毛遂自荐时提到这一点。而老戴也知道，只要老艾保持中立，不坚持扣住小李，则小李被选上的把握是很大的。

思考与讨论题

请对李德林的行为特点进行分析。

第3章

知觉和个人决策

学习目标

1. 了解什么是知觉及其特性。
2. 掌握影响知觉的因素。
3. 列举社会知觉过程中的偏差,以及在组织管理中的具体表现。
4. 了解归因过程和归因误差。
5. 理解知觉与个体决策之间的联系。

开篇案例

商界神人任正非

任正非到底是一个什么样的人?有见过的人说:他穿得很普通,不大起眼,就像一个老农民。这却往往更能吊起大家的胃口。在《下一个倒下的会不会是华为》出版之后,有记者用"六张面孔"描述了这位商界神人。

1. 病人

任正非,其实是不折不扣的"病人"。在华为公司的艰难时期,任正非得过高血压和糖尿病,患过抑郁症和焦虑症,并做过两次癌症手术。除了生病所带来的肉体苦痛,站在金字塔尖的彻骨孤独,更多的或是华为尴尬的"身份焦虑"。在国内,是软弱无力的民企,提心吊胆的"新兴资产阶级";在国外,却又被戴上"红帽子",接受"共产党企业"所面临的种种歧视与审查。

2. 失败者

任正非常说:"生命总是要终结的,我们现在所做的一切努力就是延长华为的寿命,不要死得那么快,更不要死得那么惨。""十年来我天天思考的都是失败,对成功视而不见,也没有什么荣誉感、自豪感,而是危机感。也许是这样才存活了十年。"

3. 傻子

"前十年几乎没有开过类似办公会的会议,总是飞到各地去,听取他们的汇报,他们说怎么办就怎么办，理解他们，支持他们；听听研发人员的发散思维，乱成一团的所谓研发，当时简直不可能有清晰的方向，像玻璃窗上的苍蝇，乱碰乱撞……也许是我无能、傻，才如此放权，使各路诸侯的聪明才智大大发挥，成就了华为。"

4. 土狼

尽管华为公司领导层对企业被媒体冠之以"土狼"称号并不认同，但任正非的确是国内较早提倡狼性的企业家之一。1997年，任正非会见美国客人时便提出，"华为要有狼的精神，要有敏锐的嗅觉，强烈的竞争意识、团队合作和牺牲精神"。

5. 中庸者

任正非赞赏狼性，却又提出"灰度"。他一直提倡"小改进，大奖励；大建议，不鼓励"。反对激烈变革，倡导持续改进，"无穷接近合理"。他说："保守有什么不好，'保'是保持，'守'是守定，难道不好吗？非要打碎了全部的坛坛罐罐就是进步？不见得。"

6. 独裁者

在部分员工眼里，或许任正非本身正和乔布斯一样，是一位企业专制者。他会当着外人的面，用难听话训斥公司其他领导；甚至有时候失去理智，会用脚踢身边的员工……据说在某次中层干部会议上，他对华为公司财务总监说："你的长进非常大，"总监还没来得及高兴就听到了要命的下半句，"从特别差变成比较差！"

作为一个企业首脑，任正非是一个符号。他是一个深刻拥抱现实图景而又有强大突进意志的人，他冷静却又激情，广博却又孤独，偏执却又包容。像历史上的很多杰出人物一样，任正非复杂多面，与众不同。他给人们留下如此之多的知觉印象，这与外界群体或个体对其的知觉水平紧密相关。知觉的主体、对象、背景的差异会对知觉产生重要影响。

3.1 知觉概述

1. 知觉的概念

在工作环境中，处处都有知觉的存在。管理者需要对不同员工的表现进行知觉以作出恰当的决策。而员工在处理事务时也要首先对不同的人、事、物进行知觉，知觉的结果会直接影响个体的判断，进而也会对后续工作产生一定影响。因此，准确的知觉在管理过程中有重要的意义。

1）知觉的概念

知觉（Perception）是个体为自己所在的环境赋予意义而组织和解释他们感觉印象的过程。知觉研究证明，不同的个体对同一件事物的理解不同，是因为人们没有真正认知到真实的世界，而是人们知觉到的世界。

知觉亦称"认识"。"认识"是人们很熟悉的心理活动，它比感觉要复杂，并常和感觉交织在一起，被称为知觉活动。感觉是人脑对直接作用于感官的客观对象个别属性的反应。知觉是人脑对直接作用于感官的客观事物的整体反应。知觉通常是在感觉信息的基础上，由于知识经验的作用，兴趣情绪的影响，经过人脑的加工，对客观对象作出直接解释的认识过程。

空间知觉、时间知觉和运动知觉是人们认识世界的最重要的知觉。知觉的形成与实践有密切的关系。除了作为知觉基础的感觉受实践的制约以外，知觉本身还受到人们在实践中形成的知识、经验、需求、兴趣、情绪、愿望、主义等各种因素的影响。不同的个体对同一对象的个别属性的感觉即使相同，对这一对象的知觉也可能有很大的差异。例如，艺术鉴赏家和珠宝商人对同一颗钻石的知觉就会有明显的不同。对某个对象缺乏最低限度的知识准备和经验储备的人，即使有了关于这一对象的个别属性的全部感觉，也不能形成关于这一对象的确定的知觉。例如，一个没有受过专门训练的人看一张 X 射线的医学照片，就不能对照片所反映的人体状况形成确定的知觉。

人们的知觉之所以能对客观事物作出整体的反应，是因为一方面客观事物本身就是由许多个别属性组成的有机整体；另一方面人的大脑皮层联合区具有对来自不同感觉通道的信息进行综合加工分析的机能。

2）知觉的特性

人对于客观事物能够迅速获得清晰的感知，这与知觉所具有的基本特性是分不开的。知觉具有选择性、整体性、理解性和恒常性等特性。

（1）选择性。知觉的选择性是把一些对象（或对象的一些特性、标志、性质）优先区分出来。客观事物是丰富多彩的，在每一时刻里，作用于人的感觉器官的刺激也非常多，但人不可能对同时作用于他的刺激全都清楚地感知到，也不可能对所有的刺激都作出相应的反应。在同一时刻里，人总是对少数刺激知觉格外清楚，而对其余的刺激知觉比较模糊。这种特性被称为知觉的选择性。知觉特别清楚的部分称为知觉的对象，知觉比较模糊的部分称为知觉的背景。知觉的选择性揭示了人对客观事物反应的主动性。

知觉的选择性既依赖于个人的兴趣、态度、需要，以及个体的知识经验和当时的心理状态，也依赖于刺激物本身的特点（强度、活动性、对比）和被感知对象的外界环境条件的特点（照明度、距离）。知觉中对象和背景的关系并不是固定不变的，而是依一定的主客观条件经常发生转换。

在知觉过程中，强度大的、对比明显的刺激容易称为知觉的对象。在空间上接近连续，形状上相似的刺激也容易称为知觉的对象。在相对静止的背景上，运动的物体容易成为知觉的对象。刺激的多维变化比单维变化更容易称为知觉的对象。此外，凡是与人的需要、愿望、任务及过去经验联系密切的刺激，都容易成为知觉的对象。

（2）整体性。人在知觉客观对象时，总是把它作为一个整体来反应，这就是知觉的整体性。知觉对象是由许多部分组成的，虽然各部分具有不同的特征，但人们并不把对象感知为许多个别的、孤立的部分，而总是把它知觉为一个统一的整体。刺激物的性质、特点和知觉物的主体经验是影响知觉整体性的两个重要因素。一般来说，刺激物的关键部分、强的部分在知觉的整体性中起着决定作用。有些物理化学强度很弱的因素，因与人的生活实践密切相关，也会成为很强的刺激成分。例如，走进教室，人们不是先感知桌椅，后感知黑板、窗户……而是完整的同时感知它们。

（3）理解性。知觉的理解性表现为人在感知事物时，总是根据过去的知识经验来解释它、判断它，把它归入一定的事物系统之中，从而能够更深刻地感知它，这就是知觉的理解性。从事不同职业和有不同经验的人，在知觉上是有差异的。例如，工程师检查机器时能比一般人看到、听到更多的细节；听一首歌，如果是会唱的，才放一个片段就会知道是哪首歌，并知道后面的旋律是什么。对歌曲的熟悉程度决定了一个人能知觉那首歌所需片段的长短。

知觉的理解性受到多方面的影响，首先，由于言语指导，如天空中的云彩、自然景色中的巨石形状，在感知时加以词组和言语的描述，很快就能知觉云彩和巨石的特征；其次，受到知觉目的的影响，当知觉有针对性，任务明确，知觉就会清晰，而在无任务的状态下对同一事物的知觉是模糊的；再次，与对知觉对象的态度有关，如果对知觉对象抱有消极的态度，就不能深刻地感知客观事物，只有对知觉对象发生兴趣，抱积极的态度才能加深对它的理解。此外，经验也非常重要，有经验的心理学家可以从一个人的眼神、动作、言语中知道他心里想的是什么。

（4）恒常性。当知觉的对象在一定范围内发生变化时，知觉的映像仍然保持相对不变，知觉的这种特性称为知觉的恒常性。

知觉的恒常性表现得特别明显。例如，过去就认识的人，绝不会因为他的发型、服装的改变而变得不认识；教师判断学生的错别字，如"尖端科学"，不会因"端"字写成了"瑞"字，而不去感知尖端科学。又如，一个人站在不同的距离上，他在人的视网膜上的空间大小是不同的，但是人们总是把他知觉为一个同样大小的人。一个圆盘，无论如何倾斜旋转，而事实上所看到的可能是椭圆甚至线段，人们都会当它是圆盘。在强光下煤块反射的光亮远远大于暗处粉笔所反射的光亮，但这不妨碍人们感觉煤块的颜色比粉笔深。知觉的恒常性还普遍存在于时间他各类知觉中，如同一支乐曲，尽管演奏的人不同，使用的乐器也不一样，人们总是把它知觉成同一支乐曲。

知觉的恒常性是因为客观事物具有相对稳定的结构和特征，而且人们对这些事物有比较丰富的经验。这些经验可以校正感受器官所感受到的不完全的、甚至歪曲的信息，使得知觉保持恒常性。

知觉的恒常性在生活中有很重要的实际意义，它引导人们正确地感知事物的本来性质，而不受到局部刺激的干扰，这样有利于人们根据对象的实际意义去适应环境。

2. 知觉的类型

由于自身及客观外界环境的不断变化，人的感受也是多种多样的，但细分起来可以归为两大类，即对自然对象的知觉和对社会对象的知觉。组织行为学研究更关注后者。

1）自然知觉

自然知觉是对自然对象的知觉，包括空间知觉、时间知觉和运动知觉等。

（1）空间知觉。空间知觉是人对物体的空间关系的反应。空间知觉包括形状知觉、大小知觉、深度知觉、距离知觉和方位知觉。

（2）时间知觉。时间知觉是对客观事物和时间的连续性、顺序性在人脑中的反应。由于时间只有在其进行之后才能作出估计，因此知觉时间必须通过各种媒介间接进行。时间知觉的依据包括自然界周期变化、有机体各种节律性活动和计时工具。

（3）运动知觉。物体的运动特性直接反映在人脑中，被人察觉就是运动知觉。运动知觉对人的行为意义重大。例如，球类运动员需要判断距离、速度，汽车司机必须估计其他车辆的驾驶速度和自己的距离等。

2) 社会知觉

社会知觉包括对他人、对自己和对群体的知觉。从知觉客体来看，它不仅是指个人对个人的知觉，而且也包括对群体的知觉。从知觉主体来看，不仅个体，而且群体也可以视为知觉主体，如群体对其成员的知觉，群体对其他群体的知觉，群体对其他群体成员的知觉，群体对自身的知觉等。对他人和群体的知觉是人际知觉，对自己的知觉是自我知觉。此外，对行为原因的认知也属于社会知觉的范围。

3. 影响知觉的因素

大量事实表明，人的知觉世界各有千秋，为什么不同的个体看到相同的事物却产生不同的知觉，是因为很多因素影响知觉的形成甚至会产生一些知觉偏差而影响知觉结果。这些因素可以归纳为主观因素和客观因素。主观因素是知觉者本身经验心理等原因，客观因素是刺激物本身的特征，大致可分为知觉对象的特点和知觉发生的情境。

1) 主观因素

人的知觉是有个体差异的。这就好像说，同一个鸡蛋，在不同的人的眼里看来是不一样圆的。下面两个例子可以更明确地说明这种个体差异。

3个裁判对球赛中的好球和坏球各抒己见。甲说："球有好坏之分。好球我就判好球，坏球我就判坏球。"乙说："球有好坏之分，我认为好球就判好球，我认为坏球就判坏球。"丙说："球有好坏之分。在我还没判决之前，既谈不上好球，也谈不上坏球。"很明显，有人较多地以事实为依据，有人则更多地以自己内在的标准为依据。

又如，一位厂长在全厂大会上讲话，尽管每一位听众听到的是同样的声音、同样的语调，看到的是同样的表情、同样的姿势、同样的动作，但每一个人的知觉内容并不是完全一样的。当个体看到一个目标物并试图对他所看到的东西进行解释时，这种解释受到知觉者个人特点的明显影响。在影响知觉方面最相关的个人因素是个性特征、需要和动机、兴趣，以及过去的经验。

(1) 个性特征。人们的个性特征也影响知觉的选择性。例如，不同神经类型的人，知觉的广度和深度有个别差异。多血质的人知觉速度快、范围广，但不细致；黏液质的人知觉速度慢、范围较窄，但比较深入细致。

(2) 需要和动机。凡是能满足人的需要、符合人的动机的事物，往往会成为知觉的对象和注意的中心；反之，与人的需求和动机无关的事物往往不被人注意。例如，一个饥饿难耐的人可能把注意力集中在眼前的食物，而对周围的其他事物视而不见。

(3) 兴趣。人们的兴趣是各不相同的。兴趣的个体差异往往决定着知觉的选择性。这就是说，人们的兴趣往往会使他们把不感兴趣的事物排除到知觉的背景中，而集中注意力于感兴趣的事物。例如，对戏剧感兴趣的人往往会注意橱窗里的戏剧杂志，使之成为知觉的对象。

(4) 过去的经验。人们过去的经验不同也对知觉的选择性有很大的影响。例如，一个机械工程师和一个外行人看同一部机床，两人看到的内容可能很不相同。外行人看到机床的表面和主要部件，但机械工程师的观察要细致得多，这是由于机械工程师比外行有更丰富的知识和经验。

这些知觉特点也反映到组织行为中来。不同职业或工种的人会对不同的对象更敏感。人们总是较多地注意新来的同事。如果一个人今天因迟到而受了罚，则会特别留意是否别人迟到也受到同样的待遇。一个人挨了批评,很容易把所有的领导都看成是不近情理的。如果认为文化人总是有修养的,则每接触一个文化人都会觉得他有很高的品德修养,尽管事实并非如此。如果认为年轻人涉世不深、做事不稳,这种成见就会影响一个人对每一位年轻人的看法。

2）客观因素

（1）知觉的对象。知觉是对客观事物的反应,因此知觉的选择性首先决定于知觉对象的特点。在群体中,声音洪亮的人比安静的人更容易受到注意。很有吸引力的人和没有吸引力的人相比也是如此。心理学实验和日常生活经验表明,知觉对象的下述特点对知觉的选择性有重要的影响。

① 知觉对象本身的特征。一般来说,响亮的声音、鲜艳的色彩、突出的标记等都会引起人们的注意,使人们清晰地感知到这种事物。

② 对象和背景的差别。在同一时刻,被人们清晰感知到的东西就是知觉的对象,而仅被人们模糊感知到的东西就成为该对象的背景。对象与背景之间的差别越大,人们就越容易从背景中把对象区分出来;反之,对象与背景的差别越小,区分对象和背景也越困难。这一规律对于工业企业有重要意义。例如,在车床上加工零件,零件是知觉的对象,而整个车床就是背景。因此,为了提高零件加工的质量,应考虑扩大零件与车床的颜色差别。这是工程心理学和技术美学研究的课题。

③ 对象的组合。知觉是对事物整体的反应,但整体不一定只是一个对象。有时,人们会把若干事物作为一个整体来反应。心理学研究发现,知觉对象的组合服从下述原则。

◆ 接近原则。对象在空间上的接近,容易被感知为一个整体。在图3-1（a）中有8条线,但人们往往看成是4组线。

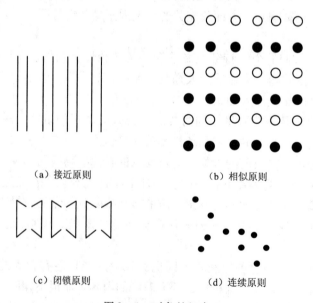

图3-1 对象的组合

◆ 相似原则。知觉的对象在形状和性质上相似,容易被感知为一个整体,如图3-1（b）所示。

◆ 闭锁原则。几个对象共同包围着一个空间,容易被感知为一个整体,如图 3-1 (c) 所示。

◆ 连续原则。几个对象在空间和时间上有连续性,容易被感知为一个整体,如图 3-1 (d) 所示。

上述原则对于工业中仪表指针刻度、仪表盘配置,以及自动化控制室的仪表排列设计等都有重要意义。违反上述原则,往往会使人们在判读仪表时发生错误。遵循上述原则设计仪表的指针、刻度、配置和排列,会使人更清晰地感知仪表,避免错误。

(2) 知觉的情境。人们并不是孤立地看待目标的,因此目标与背景的关系也影响知觉,并且人们倾向于把关系密切和相似的事物组织在一起进行知觉。同时,在什么情境下认识和了解物体或事件也很重要,看见物体或事件的时间与周围的环境因素,如位置、灯光、温度影响着人们的知觉。食品店里琳琅满目,以至于并不是每件商品都能引起人们的注意。但若把某一种食品放在工作间里,则会很引人注意,不只是让人瞟上几眼。纺织工人以细心、眼明、手巧著称,即便如此,如果厂长视察,在旁边监督工作,纺织工人也难免会手忙脚乱、眼花缭乱。概括地说,当客体、事物、活动出现时或发生在并非其寻常时间,或者发生的时间、地点、环境改变,都会影响人的知觉,进而影响人的行为。

总之,一个人的知觉是主观因素和客观因素相互影响、相互作用的结果。由于客观世界是错综复杂、千变万化的,人与人之间在个性、兴趣、需要等方面也各不相同,所以人们对同一事物会产生不同的知觉选择性。

3.2 社会知觉和社会知觉偏见

1. 社会知觉的概念

在管理过程中,人际交往是不可避免的,在这种情境下,人们的知觉对象主要是人。社会知觉是个体的一种特殊的社会意识形态,它影响着个体的心理活动,调节个体的社会行为,包含着协调人际关系,调动人的自觉性、主动性、积极性和创造性的主要心理成分。因此,了解社会知觉的概念及其内容,对于提高管理水平和组织效率,增强群体内凝聚力,是十分重要的。

社会知觉又称社会认知,是对社会对象的知觉,包括一个人对另一个人、个人对群体、群体对个人、群体对群体的知觉,以及个体间、群体间关系的知觉。社会知觉的实质就是对人的知觉。

社会知觉与普通心理学的知觉的含义有所不同。后者是指个体对直接作用于自己的客观刺激物的整体属性的反应,不包括想象、判断等过程;前者则包括整个认知过程,既有对人外部特征的知觉,又有对人格特征的了解,以及其行为原因的判断与解释。

对人的知觉不同于对无生命物体的知觉。对无生命物体的知觉直接诉诸对象的具体特征,对人的知觉不仅涉及人的行为特征等外在特性,根本的一点是要了解行为的原因。因此,说明行为与人的内在心态的关系,以及行为的原因是研究社会知觉的核心。

2. 社会知觉偏差

在社会知觉领域，由于知觉的主体、客体都是人，具有强烈的主观能动性，因而社会知觉非常复杂，知觉者和被知觉者总是处在相互影响和相互作用的状态，双方的关系、相对地位、价值观念、个性、社会经验和知觉对象行为的真实程度等，都可能成为重要的影响因素。在各种因素的影响下，对他人的认知难免会产生各种各样的偏差，这些有规律的偏差在很多情况下是难以克服的。

1）选择性知觉

个体不可能接受所有观察到的信息，因此人们有选择性知觉（Selective Perception）。人们接收零散性的信息，但这些零散信息并不是随机选择的，而是观察者依据自己的兴趣、背景、经验和态度主动选择的。选择性知觉使人们能"快速"地了解他人，但这同时也承担信息失真的风险。

例如，在一个综合的商业策略案例中，当被问及安全中最关键的问题时，每一个管理者均选择与其职责、领域相一致的问题：市场部负责人大多视销售领域为最关键的问题，而生产部门的人则倾向于认为生产是最关键的问题。在一些极端的案例中，人们的情绪过滤掉大量威胁人们信仰和价值观的信息，这一现象被称为知觉防御。知觉防御在保护人类自尊的同时，也可能形成一种缓解压力的短期机制。

2）首因效应

首因效应（First Impression Effect）是指人们对他人总体印象的形成过程中，最初获得的信息比后天获得的信息影响更大，而且这种影响可能会在很长一段时间内左右人的判断的现象。例如，在工作中，对于第一次接触的客户，都会比较谨慎，因为第一次的合作情况，直接关系再次合作的可能性。

美国心理学家卢钦斯通过编撰两段文字作为实验材料研究了首因效应现象。文字当中描述了一名叫吉姆的男孩的生活片段。第一段文字将吉姆描写成一个热情外向的人；另一段文字则相反，把他描写成一个冷淡而内向的人。例如，第一段中说吉姆与朋友一起去上学，走在洒满阳光的马路上，与店铺里的熟人说话，与新结识的女孩子打招呼等；第二段中说吉姆放学后一个人步行回家，他走在马路的背阴一侧，他没有与新近结识的女孩子打招呼等。在实验中，卢钦斯把两段文字加以组合。

第一组，描写吉姆热情外向的文字先出现，冷淡内向的文字后出现。

第二组，描写吉姆冷淡内向的文字先出现，热情外向的文字后出现。

第三组，只显示描写吉姆热情外向的文字。

第四组，只显示描写吉姆冷淡内向的文字。

卢钦斯让 4 组被试人员分别阅读一组文字材料，然后回答一个问题：吉姆是一个什么样的人？结果发现，第一组被试人中有 78% 的人认为吉姆是友好的；第二组中只有 18% 的被试人认为吉姆是友好的；第三组中认为吉姆是友好的被试人有 95%；第四组中只有 3% 的被试人认为吉姆是友好的。

这项研究结果证明，信息呈现的顺序会对社会认知产生影响，先呈现的信息比后呈现的信息有更大的影响作用。

3）近因效应

卢钦斯在上述实验的基础上进一步研究发现，如果在两段文字之间插入某些其他活动，如做数学题、听故事等，则大部分被试人员会根据活动以后得到的信息对吉姆进行判断，也就是说，最近获得的信息对他们的社会知觉起到了很大的影响作用，这个现象叫近因效应。

近因效应（Recency Effect）是指总体印象形成过程中，新近获得的信息比原来获得的信息影响更大的现象。研究发现，近因效应一般不如首因效应效果明显和普遍。在印象形成过程中，当不断有足够引人注意的信息，或者原来的印象已经淡化时，新近获得的信息作用就会较大，就会发生近因效应。

个体特点也影响近因效应或首因效应的发生。一般心理上开放、灵活的人容易受近因效应的影响；而心理上保持高度一致，具有稳定倾向的人，容易受首因效应的影响。

4）投射效应

如果假定观察对象与观察者相似则很容易判断观察对象。投射效应（Projection Effect）是指观察者对他人的知觉受到个体自身的影响远超过被观察者特点的影响。例如，如果希望自己的工作富有挑战性并能够自己负责，则会假定别人也同样希望如此。当观察者与观察对象十分相像时，观察者的判断会很准确，但在其余时刻观察者的判断可能是错误的。

5）刻板效应

当根据某人所在的团体知觉为基础判断某人时，使用的捷径称为刻板印象（Stereotype Effect）。"已婚雇员比未婚雇员刻板"、"团体中成员不希望发生事情"是刻板的例子。某种程度上刻板印象是事实的总结，它帮助人们作出精确的判断。但是，很多刻板效应没有事实的基础。在以下的例子中，刻板印象使判断失真。

刻板效应是指人们对社会上某一类事物产生的比较固定的看法，也是一种概括而笼统的看法。人们由于地理、经济、政治、文化等条件聚集在一起，所以在进行社会认知的时候，也往往将聚集在一起的人赋予相同的一些特征，对不同职业、地区、性别、年龄、民族等群体的人们形成较为固定的看法。当人们采用这些较为固定的看法去识别一个具体的人，并对其进行判断、推测和概括的时候，就有可能出现偏差，这就是社会刻板效应。例如，人们通常觉得英国人有绅士风度、聪明、因循守旧、传统、保守；美国人民主、天真、乐观、热情；法国人爱好艺术、轻率、热情、开朗，等等。

社会刻板效应是对社会群体最简单、最经济的认识，它有利于对某一群人进行概括的了解，但也容易使人产生"先入为主"的偏见，造成社会认知的偏差，阻碍人与人之间的正常交往。社会刻板印象之所以会形成，主要有以下原因。

（1）认知者总是希望根据较少的信息作出全面的推论。

（2）每一个群体都会有自己独特的目标，因而同一群体中的个体就会有许多相似之处。

（3）接触机会的限制，人们通过间接方式得到的信息形成了刻板印象，又由于缺乏直接接触的机会，因而印象难以改变。

（4）社会刻板印象可以满足人们的需要，刻板印象常常与人们的利益或价值发生关系，而且还可以快速补充社会认知过程中的确实信息。

（5）自然环境和文化背景的影响等。

社会刻板效应在社会认知过程中既有积极的作用，又有消极的作用，它能够帮助人们提取信息，加快信息加工的速度，提高解决问题的效率，填补社会认知者所需要的信息。但它又往往造成社会知觉中的以偏概全，使社会知觉出现偏差。当然，社会刻板效应也不是一成不变的。人的文化水平越高，其所持的社会刻板印象就越容易改变。另外，一个人对社会刻板印象的性质越了解,也越容易改变自己所持的社会刻板印象。

6)晕轮效应

当人们以个体的某一特征,如智力、社会活动力或外貌为基础,而形成一个总体印象时,就受到了晕轮效应的影响。

晕轮效应(Halo Effect)是指人们对他人的认知判断首先主要是根据个人的好恶得出的,然后再从这个判断推论出认知对象的其他品质的现象。如果认知对象被标明是"好"的,他就会被"好"的光环笼罩着,并被赋予一些好的品质;如果认知对象被标明是"坏"的,他就会被"坏"的光环笼罩着,其所有的品质都会被认为是坏的。

晕轮效应在对组织成员的绩效评估、人事任用方面会产生影响。如果一个主管人员特别看重下属听话,一个听话的下属很容易得到较高的评价分数;反之,一个不会投领导所好的人,尽管工作兢兢业业,能力和业绩也不错,但不一定能得到应有的评价。为防止此类现象发生,在绩效评价时,应首先区分评价的绩效维度,为每一维度下一个明确的操作性定义,按不同维度对所有的员工分别进行评价,以降低晕轮效应的消极影响。

心理学家戴恩等人曾用实验证实了晕轮效应的存在。他们让被试评价人看一些人的照片,这些照片看上去分别是无魅力的、中等的和有魅力的。然后,研究者让被试评价人评定这些人的照片,而这些特点原本可能与有无魅力是无关的,但评定的结果却显示,有魅力的人得到了最高的评价,无魅力的人得到了最低的评价。具体的评价结果如表3-1所示。

表3-1 关于晕轮效应研究的评价结果

项目信息	无魅力者	中等者	有魅力者
受欢迎性	56.31%	62.42%	65.39%
婚姻的美满	0.37%	0.41%	1.70%
职业地位	1.70%	2.02%	2.25%
做父母的能力	3.91%	4.55%	3.54%
社会和职业幸福	5.28%	6.34%	6.37%
一般幸福	8.83%	11.60%	11.60%
结婚的可能性	1.52%	1.83%	2.17%

戴恩的研究说明,当人们由于认知对象的外表魅力而对其产生好感或坏感以后,就会据此对认知对象的其他品质或特点进行信息整合,这些其他信息也就被笼罩上了"好的"或"坏的"晕轮。

3.3 归因

1. 归因

归因(Attribution)是人们对他人或自己的行为、特定事件进行分析,试图解释行为或事件原因的过程。人们在认识外界事物时,并非依靠对各个对象无关联的知觉,而是倾向于考虑前后左右的关系，组成因果系统。例如，某个员工的工作绩效很差，他的主管就有必要弄清楚员工低绩效的原因，并进而提出改进建议。这就是一个寻求因果联系的过程。

归因的基本假设是：如果个体能够理解事件的原因，他们就会更好地影响或控制未来事件发生的方式。一般的归因过程如图3-2所示。一名员工看到自己被评为优秀员工是因为自己杰出的表现，他会决定继续高水平地表现自己；相反，如果他认为自己被评为优秀员工是因为大家轮流当先进，这次轮到自己，他就不会努力地去争取高绩效了。所以，人们看待和解释周围事件的方式，在很大程度上影响人们未来的行为。

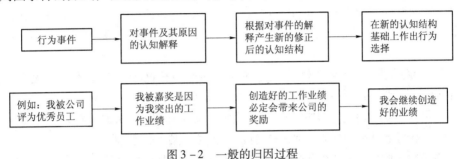

图3-2 一般的归因过程

2. 归因理论

归因理论是说明和分析人的行为活动因果关系的理论。人们用它来解释、控制和预测相关的环境，以及随这种环境而出现的行为。因而其也称为"认知理论"，即通过改变人们的自我感觉、自我认识而改变和调整人的行为的理论。从最后的目标来看，归因理论也是一种行为改造理论。这里主要介绍海德的二元归因论、凯利的三维归因理论和韦纳的四因素归因理论。

1）海德的二元归因论

海德（F. Heider, 1958）最早在社会认知理论和人际关系理论的基础上提出了归因理论，成为归因理论的创始人。他将自己的研究称为"朴素心理学"。海德认为，人的外在行为表现背后的原因分为内因和外因两种。内在原因，即个人所拥有的、直接导致其外在行为表现的品质或特征，包括个人的个性、情绪、动机、需要、能力、努力程度等。外因是指外在原因，外因属于环境，包括外界条件、情境特征和其他人的影响等。内因和外因对人的行为表现所起的作用不同，但两者之间又相互作用。一般而言，内因是行为表现的根本原因，外因是行为表现的条件，外因要通过内因来起作用，内因则受外因的影响和制约，两者共同决定人的行为。

这一理论后来被发展成"控制点"假设。控制点是指人们在个性上有一种比较稳定的归因倾向。倾向于外部归因的人属于"外控型"，倾向于内部归因的人属于"内控型"。例如，一名员工工作绩效降低，外控型的领导一般会将其归因于该员工身体状况不好、烦心事太多；而内控型的领导则会认为这是由于该员工骄傲自满、不愿再努力工作等因素造成的。

琼斯和戴维斯的相应推断理论扩充和发展了海德的归因理论。他们系统地探索了人的行为究竟是由情景决定的，还是由人的内在属性决定的。

人们由外显行为推断内在倾向的过程可以分为以下两个阶段。

(1) 意图归因：确定观察到的行为结果中哪些是活动者有意图做出来的。

(2) 倾向和特质归因：琼斯和戴维斯着重分析了在什么条件下知觉者会认为一个人的

行为反映了其特有的、稳定的内部属性，或者说在什么条件下才能推知某人的行为与其真实素质相对应。

2）凯利的三维归因理论

在归因理论中，凯利（H. Kelly）提出的三维归因理论影响最大。1967年，美国社会心理学家凯利发表了《社会心理学的归因理论》，对海德的归因理论进行了又一次扩充和发展。凯利根据共变原则提出了一个试图全面解释归因过程的理论。在凯利的理论中，行为原因有可能来自3个方面，即行为者主体、行为指向的对象和行为发生的环境。归因就是要在这三者中找到能够说明行为发生的主要原因。凯利认为，人们在生活和工作中主要是根据对上述3个方面原因进行比较来判断行为背后的真实原因的，他据此提出了归因所依据的3个原则。

（1）一致性原则。将行为主体的行为和他人的行为相比较，看他的行为表现是否与众不同。如果相同，则一致性高；如果不同，则一致性低。

（2）一贯性原则。将行为主体的行为根据时间和空间的不同来进行对比。如果行为的发生在时间和空间上具有稳定性，则一贯性高；反之，则一贯性低。

（3）差异性原则。看行为主体的行为表现是否因行为对象而异。如果行为主体的某种行为表现因事而异或因人而异，则差异性高；反之，则差异性低。

图3-3概括了归因理论中的关键因素。

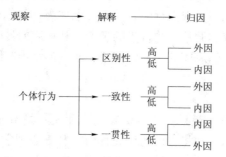

图3-3 归因理论的关键因素

现在以教授甲批评学生乙一事为例，学生受到批评可能是因为他懒惰，可能是教授很严厉，总爱批评人，也可能是环境问题，是教授甲误解了学生乙。下面通过3个原则的组合可以得出以下归因。

① 如果其他教授都不批评学生乙，教授甲总批评学生乙，教授甲也总批评其他学生，那么一致性低、一贯性高、区别性低，此时应归因于教授甲。

② 如果每个教授都批评学生乙，教授甲总批评学生乙，教授甲不批评其他学生，那么一致性低、一贯性高、区别性高，此时应归因于学生乙。

③ 如果其他教授都不批评学生乙，教授甲也不总批评学生乙，教授甲对其他学生未加评论，那么一致性低、一贯性低、区别性高，此时应归因于环境。

3）韦纳的四因素归因理论

心理学家韦纳（B. Weiner）认为，人们对自己的成功和失败主要归因于4个方面的因素：努力、能力、任务难度和机遇。这4个因素可以根据内外因、稳定性和可控性这3个维度进行分类。韦纳的归因模式分类如表3-2所示。

表 3-2　韦纳的归因模式

归因维度＼归因因素	努力	能力	任务难度	机遇
内外因	内因	内因	外因	外因
稳定性	不稳定	稳定	稳定	不稳定
可控性	可控	可控	不可控	不可控

人们对工作成功和失败的归因模式对随后的心理感受与行为反应有很大的影响。人们对自己行为的归因模式和相应的心理、行为反应如表 3-3 所示。

表 3-3　人们的归因模式和相应的心理、行为反应

归因模式＼行为结果	成　功	失　败
能力、努力	满意、自豪	挫折、羞愧
任务难度、机遇	幸运、感激	不满、敌意
能力、任务难度	工作努力	降低努力
努力、机遇	积极性提高/降低	积极性可能提高

韦纳认为，每一个维度对动机都有很重要的影响。在内外因维度上，如果将成功归因于内部因素，会产生满意、自豪感，从而提高动机水平；归因于外部因素，则会感到幸运，有时会产生侥幸心理。如果将失败归因于内部因素，则会产生羞愧的感觉；归因于外部因素，则会对自己的境遇感到不满，非常生气。

在稳定性维度上，如果将成功归因于稳定因素，会产生自豪感，从而提升自己的努力程度；归因于不稳定因素，积极性难以预测。如果将失败归因于稳定因素，则会降低努力程度。将失败归因于不稳定因素，积极性可能会提高，但不确定。在控制性维度上，如果将成功归因于可控因素，则会由于满意和自豪感提升而积极地去争取成功；归因于不可控因素，就会感到不满，行为上表现出敌意。

归因理论已被广泛应用于组织行为学的研究中。Mitchell 1979 年正式提出了领导的归因理论。该理论认为，领导与成员对彼此的认识、判断会受到各自对方的归因模式、水平及结果的影响。其中，领导对成员的归因可能存在偏差，这将影响其对待组织成员的方式。最为典型的领导归因偏差是领导将组织的成功归因于自身，而将失败归因于组织外部环境和成员；而组织成员对领导的归因偏差，则会直接影响其对领导的信任及遵从。领导归因理论的提出，受到学术界和企业管理方面的关注与推崇。这一理论为把握、理解和改善领导与成员间的关系提供了很好的理论支撑。此外，归因理论也被用于工作倦怠、组织公民行为等方面的研究中。

3. 归因误差

归因理论的重要价值是说明了解释行为的依据和复杂性，说明对同一行为可以有不同的解释。归因理论解释了一些意味深长的现象——归因误差（Attribution Error）。

1）基本归因偏差

基本归因偏差（Fundamental Attribution Bias）即人们在归因时往往忽视情境的影响，而

高估个人因素（如智力、能力、动机、态度或人格等）的影响。例如，煤矿企业的管理者往往将高工伤率归因于雇员的行为因素，而较少考虑设备陈旧且缺乏维修等外部情境的影响。

2）自利性偏差

自利性偏差（Self-serving Bias）是人们倾向于更好地表现自己。对自己的成功往往做个人归因，对失败做情境归因；而对别人的成功倾向于做情境归因，对失败做个人归因。这些现象对于组织中评价工作绩效和工作表现有重要的启示。例如，运动员常常会将成功原因归结于自己的能力天赋，而将失败归结于其他方面，如休息不充分、裁判不公平、运动场地不佳或比赛气氛不好。

3）行为者—观察者效应

行为者—观察者效应（Actor-observer Effect）是行为者将自己的活动归因于情境的需要，而观察者将活动归因于行为者的个人因素。例如，有人打了别人，对于这一事件发生的原因，作为"打人"这一事件的行为者会说："我打他是因为他向我挑衅"；但作为"打人"事件的观察者，对这个事件的解释就不一样，他可能会说："这是因为打人者攻击性太强"。由此可见，人们在进行自我归因和他人归因时，结论是不一样的。在某种程度上，可以将行为者—观察者效应看做是对基本归因错误的补充。也就是说，尽管人们常常将别人的行为归因于比较稳定的个人因素（基本归因错误），但却倾向于将自己的行为归因于外部因素，认为自己的行为是受情境控制和影响的。

归因理论说明，为了创造更有建设意义的关系，必须加强人际互动，进行深入的沟通，开放工作空间，采用团队方式管理，以减少归因偏差，从而减少各方面的知觉冲突。归因理论不单纯是理论家架构中的学术思想，也具有很大的实用价值。

3.4 知觉在组织中的具体应用

随着对知觉对象及其影响因素的深入研究，人们开始在组织中应用知觉的功能来对工作进行管理和评价。同时，人们采取相应的措施，以尽量避免知觉偏差的产生。但也有个体会利用社会知觉的偏差，使知觉者对自己产生好的印象，以达到自己的目的。知觉在组织中的具体应用主要有以下几种情境。

1. 人事任用会谈

企业决定是否聘用一个人，很重要的一个环节是进行聘用会谈（Employment Interview）。会谈需要聘用方和被聘用者面对面的接触，也就是通常所说的面试。这时，知觉就会起作用。从前面有关人际知觉特性的讨论中可知，对被试者的知觉可能是歪曲的。对同一应试者，强调的特质内容不同，作出的判断会不同。例如，在聘用同一职位人员时，有的人事主管在考评男性应征者时较注重学历，考评女性应征者时较留意相貌、风度，这就导致考评尺度不一，忽视关键内容，影响人才甄选。另外，不同的主试人员在运用规则考评应征者时，由于知觉判断不同，会得出不同的结论。

有研究表明，在面试中给人的第一印象很重要，在最初几分钟里给人的良好印象尤为重要,如果不良印象出现在头几分钟里,结果会很糟糕;但如果出现在较后的时间里,结果就不会那么糟糕。总起来说,面试中更为关键的不是如何留下好印象,而是不要留下不良印象。换言之,印象的建立及相应的知觉判断有其时间效应。如果说了解这一点可以成为应试者的技巧,那么主试者就应当注意由此产生的歪曲,以便正确判断人的价值。

在人事会谈时,知觉歪曲也会来自另一个方面。应征者往往会对应征的职位、工作有不切实际的期望甚至幻想。研究表明,一旦应征者在日后的工作中发现实际与期望有较大的差距,便会产生失望、沮丧,甚至不满、愤怒,辞职的可能性也就大增。因此,在最初的应征会谈时就应向应征者提供有关工作的准确信息,以便应征者有合乎实际的认识,不致产生错觉。西方企业界的调查表明,采取这一措施的企业,辞职率要低于28.8%。

2. 工作绩效评估

正如前面所述,对员工的知觉会对员工的绩效评估产生重要的影响。尽管在许多方面有很多手段可以对绩效进行客观评估,如用产量、营业额作指标,但仍然有许多工作、职位的绩效只能靠主观评定,或者很难确定客观的标准,如文秘、管理员及某些公关工作等。而主观评定的主要依据实质上就是人际知觉。在这种情况下,主管人员有很大的裁定权。由于绩效评估决定着一名员工的晋级、调薪,决定着他的前途,所以评价人员要客观慎重。

对员工绩效的评价,要充分考虑员工的工作表现和工作的努力程度。这其中的道理就像教师不仅注重学生的成绩,也要看学生的努力程度一样。对于组织来说,有时工作中的努力精神要比绩效更为重要。不难理解,员工的努力是组织巨大的潜在财富。例如,一名员工技能熟练,生产效率很高,但工作态度消极,牢骚满腹,纪律涣散,他对组织便有极大的不良影响,可谓害群之马,其破坏作用可能远非他所创造的价值所能抵消。

因此,主管人员在进行评估时,应尽可能采用客观标准,在必须进行主观判断时,应警惕前述各种知觉中的弊端,防止可能产生的知觉歪曲。

3. 印象管理

印象管理(Expression Management)的思想萌生于马基雅维利主义,反映了马基雅维利对如何控制人类行为的理解,这对印象管理研究有重要的影响。

每个人在知觉他人的同时,也成为别人的知觉对象。人们都很关注别人眼中的自己,也就是自己给别人留下什么样的印象。个体试图影响和控制别人对自己的社会知觉现象就是印象管理。这是一种个体为了美化自己、避免自己的形象受损的积极行为,是个体高社会适应性的表现。

人们通过各种方式进行印象管理,包括衣着仪表、言语和非语言行为、举止和做事的方式等。人们通过印象管理使自己的形象符合社会期望,还可以运用印象管理在别人心中达到自己所期望的自我形象。其实,不仅仅是个人之间的往来如此,组织和组织之间也常常采取行动来赢得更好的印象,如清洁的环境、高素质的接待人员、隆重的欢迎手段等。

印象管理使一个人在不同场合有不同的表现,如有经验的谈判者会在会面之前研究对方的背景和喜好,根据对方的偏好和场合需要来决定衣着,以及谈话的态度和策略。但这并不意味着想要借用虚假的手段达到某些目的。只要一个人不是通过印象管理来取得他人对自己的良好印象和信任,然后再做出不利于他人的行为,印象管理就是道德的。对于印象管理是好还是坏的判断,还要考察其背后的动机。其实,印象管理是人际交往的润滑剂,如果一个人在一切场合,不顾交往对象而一味我行我素,那往往会造成对他人的伤害,而且他也会被评价为举止粗俗、缺乏修养。

个体在不同情境下或对不同的人会采取不同的印象管理策略，不同性格和不同文化背景的人采取的策略也有所不同，此外性别差异也会造成印象管理策略的不同。在组织中，人们最常使用的印象管理策略主要有以下两种。

（1）降级防御策略。当个体试图使自己为某消极事件承担最小责任或想摆脱烦恼时，就可以使用降级防御策略。这类策略包括以下方面。

① 解释。试图作出解释或为自己的行为辩护。例如，自己身体不适，感觉不好，或者有其他更重要的事情要做等，因而影响了这项任务的完成。

② 道歉。当找不到合理的解释时，就为这一消极事件向老板道歉。这样的道歉不仅可以让人感到他的确有悔恨之意，而且也会让人觉得这样的事情以后不会再发生了。例如，确实是上班迟到了，或者的确没有按时完成任务，这时如果先解释原因，往往会引起对方的反感，而如果能先表示歉意，再作出适当的解释，就更容易让人接受，也不至于影响自我形象。

③ 置身事外。当个体与进展不顺利的某事不直接相关时，他们可以私下告知上司自己与某事无直接关系。使用这种方法，常常能使自己少受不好事情的牵连。例如，当小组工作进展不顺利时，如果自己与这件事关系不大，就可以私下告诉老板，自己曾经反对这一计划，但被否决了。

（2）促进提升策略。当个体试图使自己对某一积极结果的责任最大化，或者想让自己看起来比实际更出色时，会使用促进提升策略。这类策略主要有以下方面。

① 争取名分。当人们认为自己所做出的积极成果应得到认可时，通常会采用这种策略。例如，通过正式的渠道让人了解自己的贡献，或者通过非正式的渠道告诉关键人物自己所取得的成果。

② 宣扬。当个体已受到赞扬，但还想让别人了解自己比原来认为的做得更多、影响更大时，常常会采用这种策略。例如，自己在小组工作上的改革，不仅使小组现在的业绩提高了，而且还使小组的竞争力增强了。

③ 揭示困难。让人们了解尽管存在个人或组织方面的困难与障碍，但还是取得了积极的成果，这样就会使人对自己有更好的评价。例如，告诉别人，今年的成绩是在克服金融危机影响的情况下取得的，别人会更加高估今年所取得的成绩。

④ 联合。确保在适当的时间被看见与适当的人在一起，以让人们了解自己与成功项目的密切关系。例如，当上级来视察时，组长总是与组员一起讨论问题，这常常会使上级觉得小组所取得的成绩与组长关系密切。

应该在何时使用何种策略，这取决于个体所面对的情境。

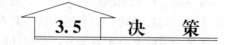

3.5 决 策

1. 个体决策的概念

西蒙认为，管理就是决策。在过去，只有管理者拥有这些权力，但近年来，越来越多的组织把工作相关的决策权授予非管理层的员工。由此可见，个体的决策成为组织行为中非常重要的一部分。但是，组织中的个体作出决策的方式，以及他们最终决策的质量，在很大程度上都受到知觉的影响。

在决策过程中，判断是"存在问题"或是"可接受状态"，以及是否"需要决策"，这取决于个体决策者的知觉。他们的认知判断能力及知觉偏差都对决策结果造成重大影响，从而改变了对决策信息的解释和评估。

"从两个以上的备选方案中选择一个的过程就是决策"。一种较具体的定义是，"所谓决策，是指组织或个人为了实现某种目标而对未来一定时期内有关活动的方向、内容及方式的选择或调整过程"。

组织中的个体都要作出决策（Decision Making）。例如，高层管理者要决定设置什么样的组织目标、提供什么样的产品或服务、如何构建最佳的公司总部、在哪里设立新厂；中低层管理者要决定安排生产日程、选择新员工、合理分配加薪。当然，决策并非仅仅是管理者的特权。非管理层的员工所作出的决策同样影响他们的工作和为之工作的组织。越来越明显的决策可能包括某一天是否上班，在工作中付出多大努力，是否遵守上司提出的要求等。因此，公司中的每个人都会经常参与决策，即从两个或多个备选方案中进行选择。毫无疑问，这些决策中大多数都是一种反射行为，几乎不需要什么有意识的思考。上司让你下班前完成一份报告，你假设上司的要求合乎情理，就同意了。在这种情况下，你仍旧作了决策，尽管这些决策并不需要多少思考。但是，当人们面对新的或重要决策时，往往会深思熟虑，开发备选方案，权衡利弊，结果是人们的行为会受到其决策过程的影响。下面通过集中讨论两种不同方法来了解决策的制定。

2. 决策模型

决策模型的选择往往对决策结果有直接影响。而选择何种决策模型与个体的知觉水平又是密不可分的。下面介绍的几种决策模型是根据知觉判断的不同而形成的不同决策方法。

1）最优决策模型

最优决策模型是指决策者在决策的过程中考虑各种可能的备选方案，并选择最优的解决方案，这是最具理性的决策过程。最优决策模型理论是建立在接受理性决策理论"理性人"假设的前提基础之上的，是理性决策的延伸和发展。

最优决策的制定者是理性的，其要在特定的限制条件下作出最优选择。这种选择基于有特定假设的六步骤模型，如图3-4所示。

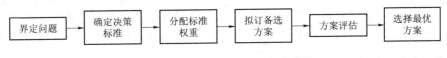

图3-4 最优决策方案的操作步骤

当期望与实际情况存在某种程度的不一致时，就产生了亟待解决的问题。如果在计算自己的每月支出时，发现比计划多花费了50元钱，这时就已经界定了问题。在确定决策标准的过程中，决策者会在此阶段加入自己的兴趣、价值观和个人偏好等，形成因人而异的决策标准。接下来就是给这些标准分配权重，依次排列出它们在决策中的重要程度。最优决策模型理论至少要建立两个或两个以上的决策模型方案，对这些决策模型进行严格的甄别比较以后，结合实际需要作出最优的决策模型选择。在最优决策模型理论中，把所有相关的决策模型都一一详尽列举出来，并结合实际需要，对每一方面进行比较，对决策结果进行定性和定量的分析，按照决策标准，排出优劣次序，得出预测准确率较高的决策结果，然后选出总分最高的最优方案，作出最终决策。

当决策者面对的问题很简单且备选方案不多时，或者当搜寻和评估备选方案的代价或成本很低时，决策者更倾向于使用最优决策模型。但是，这种决策过程也有一定的假设前提。

（1）问题明晰。问题应当是清楚明晰的，不能模棱两可，假定决策者在各个步骤中掌握着决策情境的全部信息。

（2）所有选项已知。假定决策者可以确定所有相关标准并能够列出所有可行方案，而且决策者知道每个备选方案的可能结果。

（3）偏好明确。理性模型假定决策标准和备选方案的价值都可以量化，并根据重要性排序。

（4）偏好稳定。假定具体的决策标准固定，分配的权重也是稳定的，不随时间推移而改变。

（5）不存在时间和成本的限制。基于这一假定，理性决策者可以获得与标准和备选方案相关的全部信息。

（6）收益最大化。理性决策者会选择能带来最高收益的备选方案。

2）满意决策模型

当一个人思考去哪所大学读书时，是否考虑了所有的备选方案，显然这是不可能的。因为，要从全国上千所高校中筛选，用学校名气、课程设置、地理位置、入学要求、学校规模、校园环境、所获财政补贴等标准去衡量，得到的最佳方案只会是那些顶级的学府，这显然是不符合实际情况的。而最接近于现实并达到标准的解决办法是最有可能被选择的。你会选择在亲朋好友提供的信息基础上，迅速浏览一下升学指南，查阅对应学校的相关资料，运用大致的决策标准，对自己得到的 5～10 所大学的材料进行粗略评估，然后找出一个满意的学校。

对于构思和解决复杂问题来说，人类的大脑容量远远不足以达到完全理性的要求，个体是在有限理性的范围内活动的。他们不是捕捉问题的复杂方面，而是抽取其中的重要特点，并在此基础上构建简化的模型，这就是满意决策模型的实质。

一般个体如何选出最满意的方案，首先在确定了某一问题后，个体便开始寻找标准和备选方案。决策者会根据经验总结制定一个不够详尽彻底的标准，其中包括一系列显而易见的选项。在确定了几个有限的备选方案之后，决策者开始考察这些方案。这个考察也并不是综合全面的，而只有当某个备选方案与当前有效的选项之间差异相对较小时才考虑它。当决策者以自己习惯的方式寻找到第一个符合"满意"标准的备选方案时，搜寻工作便结束了。由此可见，最终决策代表的是一个符合要求的选择，而不是最恰当的选择。满意决策模型操作的步骤如图 3-5 所示。

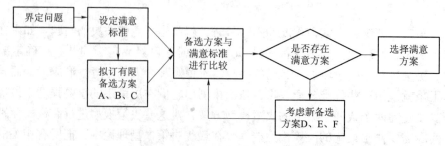

图 3-5 满意决策模型的操作步骤

在理性决策模型中，备选方案的等级高低排序非常重要，但有限理性方式并非如此。假设某一问题有不止一种解决方法，有限理性的最终选择是决策者遇到的第一个符合要求和可以接受的方案。

3）直觉决策模型

直觉决策是指从经验中提取精华的无意识过程。直觉决策并非脱离理性分析而独自运作。事实上，直觉和决策是相辅相成的。直觉对决策的制定具有强大的影响力。直觉决策者可以在信息非常有限的条件下迅速作出决策，因为他们的专业经验是能够识别情境中的模式，并利用过去已经获得的与模式相关的信息，迅速作出决策。

什么时候人们最有可能使用直觉决策，研究者确定了以下8种情况。

（1）不确定性水平很高时。
（2）几乎没有先例存在时。
（3）难以科学地预测变量时。
（4）"事实"有限时。
（5）事实难以明确指明前进方向时。
（6）分析性资料用途不大时。
（7）当需要从几个可行方案中选择一个，而每个方案的评价都不错时。
（8）时间有限，但又有压力要作出正确决策时。

4）隐含偏爱模型

隐含偏爱模型是个体在解决复杂问题时，先不进行"备选方案的评估"，而是找到一个隐含偏爱的备选方案时再评估。

隐含偏爱模型也是一种个体通过简化程序来进行理性决策的模型。研究表明，个体进行复杂、非常规性的非程序化决策时，并没有完全遵循理性程序，隐含偏爱模型可以更准确地描述其实际的决策过程。隐含偏爱模型的操作步骤如图3-6所示。

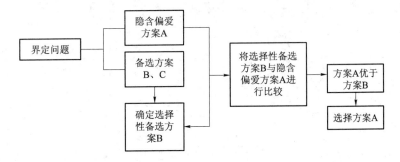

图3-6　隐含偏爱模型的操作步骤

（1）确定决策问题后，决策者首先隐含地选择了一个偏爱方案A，但决策者本人并未意识到。

（2）确定其他方案，其后证实过程开始，备选方案将减少为两个：选择性备选方案B和证实性候选方案A（偏爱方案）。

（3）为了确保偏爱方案A比选择性方案B更为优越，决策者在决策目标确定和评估上往往会由于感知防卫而带有偏见色彩，也即证实性过程使决策者确信其隐含偏爱方案A确实是恰当的选择。

隐含偏爱模型表明，个体常常对一个方案很早就作出了选择，在最终确定之后，再进一步评估其他方案的优缺点。决策者在决策过程中会出现许多感知失真，即决策过程更多地受个体的直观感觉而不是客观理性的影响。隐含偏爱模型是非理性处理复杂且非常规决策的模型。即在决策过程的早期隐含选择了一个偏爱方案，而后的过程主要是决策证明练习，即决策者通过之后的行动过程确信其隐含偏爱方案确实是恰当的选项。

由以上的决策模型可以看出，最优决策模型和满意决策模型都是在基于理性知觉的基础之上的，而直觉决策和隐含偏爱决策的形成是受到知觉偏差干扰的。更进一步来说，是由于决策者的个体差异性、经验环境不同而造成的。

3. 影响个体决策的因素

1）个体差异

实践中的决策制定是有限理性的，存在常见的偏见和错误，并且还会运用直觉。除此之外，个体差异也会使决策制定背离理性模型。

例如，两名员工在同样的情境下决策，甲要比乙花费更长的时间，但他最终作出的选择总是优于乙的，所以虽然乙决策得很快，但乙的风险度是高于甲的。这说明，所有人把自己的个性及其个体差异带到了决策中。对于个体来说，决策风格的差异会产生很大的影响。

决策体系模型定义了个体制定决策的4种不同方法。这种模型所基于的共识是两个维度上存在差异，而这些差异可以超越有限理性的界定范围。横向维度是思维方式的不同，一些是具有逻辑性和理性思维的人，处理信息的过程是连续的。相反，一些靠直觉和创造性思维的人，把事物看成一个整体来接受。而纵向维度是对不明确性的容忍程度。一些人总是需要在组织信息中，采用尽量降低不确定性的方法；另一些人却能够同时思考多个方法。如果把这两个维度制成图表，就形成了4种决策风格，如图3-7所示。

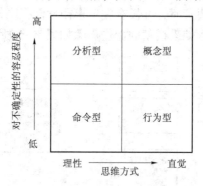

图3-7 4种决策风格

命令型风格的人是有效率和逻辑性的，他们追求理性，在决策中利用最少的信息并且几乎不考虑备选方案，他们制定决策速度快，注重短期效应。分析型决策者期望获得更多的信息，并考虑更多的备选方案，他们具有适应和应付新环境的能力，如商学院的学生、基层管理者和高级管理者就表现出分析型倾向。概念型决策者眼界开阔，并考虑很多备选方案，他们着眼于长远目标，并且善于找到创新的方法来解决问题。行为型决策者善于和其他人合作，对同事及下属的工作绩效表示关心；他们接受别人的建议，通过多次会议进行理解沟通。

2) 道德标准

很多决策会使用道德尺度来衡量，也可以通过不同的道德层次理解不同类型的人。有研究表明，道德发展包含3个水平层次，每个水平包含两个阶段，在每个延续的阶段，个体的道德判断增进缓慢，并且受外界因素影响较小。这3种水平和6个阶段的详细描述如图3-8所示。

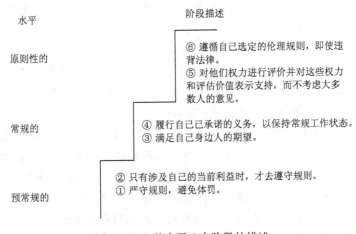

图3-8　3种水平6个阶段的描述

通过对道德发展阶段的研究，可以得到以下结论。

（1）人们以较缓慢的方式依次通过这6个呈阶梯状的阶段上升。

（2）并不一定是持续发展，发展可能在某一阶段中止。

（3）大多数成年人都处于第④阶段，他们都会遵循社会的各项法律规则。

（4）管理者所达到的阶段越高，他们就越容易产生伦理性决策。

例如，一位处于第③阶段的管理者易于作出得到其同事赞同的决策；一位处于第④阶段的管理者会以作出尊重组织规定和程序的决策而成为"良好的企业员工"；而一位处于第⑤阶段的管理者往往会向他（或她）认为错误的组织制度发起挑战。

3) 组织约束

组织本身也限制着决策者，使他们的决策背离理性模型。例如，管理者们要让自己的决策反映出组织的绩效评估、奖酬体系和时间约束，以往的组织决策也可作为先例来约束当前的决策。

（1）绩效评估（Performance Evaluation）。管理者在决策时，强烈地受到评估标准的影响。如果一个大学校长认为及格率可以反映讲师的教学能力，一个讲师所带学生的不及格率不应该超过10%，则新的讲师就有可能为了得到有利的评估而不让太多的学生不及格。

（2）奖酬体系（Reward Systems）。组织的奖酬体系也影响着决策者。它通过个人的收入状况向员工表明，什么样的选择是组织所鼓励的。例如，如果组织奖励的是风险规避，那么管理者更有可能作出保守的决策。20世纪30年代到80年代中期，通用汽车公司一直对那些做事低调、回避争论、领导优秀团队的管理者给予晋升和奖励。其结果导致通用汽车公司的管理者们变得非常善于避开棘手问题，并把有争论的决策抛给委员会处理。

（3）组织系统时间约束（System-imposed time Constraints）。理性模型忽略了在组织内部的决策中常常是具有时间限制这样一个事实条件。例如，部门预算必须在下周五前完成，或者新产品开发报告必须月底前交给执行委员会过目。但在一段限制的时间范围内，决策者根本没有足够时间搜集到全部的资料，这对决策也必然会产生影响。

（4）过去惯例（Historical Precedents）。理性决策把决策看做独立的离散时间，显然这是不切合实际的。过去的决策总是影响着当前决策。例如，政府要做今年的预算，而去年给出的预算数目就是一个最重要的决定因素，这已经成为了一种常识和惯例。因此，今天的选择在很大程度上是过去所作选择积累的结果。

4）文化差异

理性决策中并没有表现出文化的差异，但是印度尼西亚人和澳大利亚人作出的决策是大相径庭的。因此，需要认识到，决策者的文化背景会对时间取向、问题选择、分析深度、理性重要性的强调，以及决策方式产生显著的影响。

例如，时间取向上的差异有助于人们理解为什么埃及管理者决策时会比北美对手更慢，因为北美人非常重视理性，尽管并不是所有北美人都这样，但西方对理性的高度强调是毋庸置疑的。像伊朗这样的国家，理性并没有被深化，因此刻意表现出理性去决策是没有必要的。又如，在进行决策时，日本的管理者比美国人更有集体倾向，日本人强调遵从与合作，在作出重要决策前，会收集大量信息，并采用集体表决的群体决策。

4. 知觉对决策的影响

1）知觉对象的信息容量决定决策的速度

知觉具有选择性，这对决策的影响是显而易见的，因为决策过程就是一个选择的过程。人们总是有选择地将对自己有重要意义的刺激物当做知觉的对象。知觉的对象能够得到清晰的反映，而背景只能得到比较模糊的反映。为了迅速有效地感知客观事物来适应环境，人们主动地挑选某些刺激信息进行加工处理，从而排除其他信息的干扰，以形成清晰的知觉。有研究发现，当知觉的对象包含的信息量较大时，由于人的承受能力有限，有限资源被耗尽，对知觉对象可以最大程度的接受，从而可以根据现有信息快速地作出决策；反之，当知觉对象的信息量很少，多余的精力就会参与加工，对知觉对象产生干扰，这样就会减慢决策的速度。

因此，组织中的管理者在灌输组织目标时，要注意信息量适当，也要增加组织目标和组织制度与其他知觉对象的对比程度，提高它们的鲜明性，从而使员工清晰地将组织目标和组织制度当做知觉对象，作为工作努力的目标。

2）对知觉对象的识别和理解程度影响决策

知觉对象越容易被理解就越有助于决策。名字简单的股票表现往往好过名字复杂的股票，因为名字简单的股票更容易被人知觉并且理解，信息量较小。当看到模糊印刷的书籍，人们能够意识到上面的字迹很难看清，就很难作出相应决策。如果知觉对象有一定特点，如对称、与背景对比鲜明，那么就容易被知觉，从而快速地作出决策。另外，与之相关的是个体早先的知觉经历。重复出现的刺激会提高知觉的理解程度，如当人们面对一个重复出现的命题时，会更多地将其判定为真，尽管它并不一定是真的。

3）知觉过程是决策过程的基础

知觉是对客观对象进行整体认知的过程，决策正是检验知觉体对客观对象的整体把握程度。知觉的过程比较复杂，包括观察、选择、组织和反应。决策是在知觉的基础上进行的活动过程，是以知觉为前提条件的。决策中问题的界定，标准的判断都依赖于知觉的结果。知觉作为决策的基础，对决策的影响重大。

4) 知觉的恒常性影响决策偏好

不能否认决策过程中的隐含偏爱确实存在，而且很大程度上影响着人们的工作与生活。知觉的恒常性使决策者偏爱于选择自己熟悉的、曾经使用过的解决方案。这减少了他们重新决策的时间成本，满足了个人的需求，但却可能造成不理智的后果，直接导致决策的失败。因此，适当克制由于知觉恒常性导致的直觉或偏爱，综合利用理性思维，对决策相当重要。

复习与思考题

1. 什么是知觉？知觉具有哪些特性？请举例说明。
2. 解释归因理论，并且举例说明。
3. 社会知觉过程中有哪些偏差？如何在管理实践中预防其消极作用而发挥其积极作用？
4. 个体决策的影响因素中如何体现了知觉的差异性？
5. 有一个论断："更多的工人是因为态度不良和纪律不佳，而不是因为缺乏能力而被解雇的。"你同意这样的判断吗？为什么？

案例阅读

马云的用人失误

马云，曾被"世界经济论坛"评为2001年度全球100位"未来领袖"之一，也是中国大陆第一位登上美国权威财经杂志《福布斯》封面的企业家。这位被称为"全球电子商务教父"的人物在全力打造他的阿里巴巴王国时，却屡次遭遇换帅的尴尬。

2007年年底，刚刚上市不到两个月的阿里巴巴公司宣布了一次大面积的高层调整，令人眼花缭乱。虽然，阿里巴巴公司对外宣传这"并非人事动荡"，但如此大规模的人事变动——有的被换岗、有的要休整、有的去学习，很难被认为是一个公司的正常行为。

这份调整名单为：集团CTO吴炯、资深副总裁李旭晖、淘宝网总裁孙彤宇、集团COO李琪将先后离开现职，进行学习和休整；而雅虎（中国）CEO曾鸣则调回集团，重新担任参谋部参谋长，集团资深副总裁金建杭调任雅虎（中国）总裁，支付宝公司总裁陆兆禧调任淘宝网总裁，淘宝网副总裁邵晓锋调任支付宝公司执行总裁。

类似的大调整，阿里巴巴公司在一年之前刚刚进行过，上述不少人就是一年前才到任的。以雅虎（中国）CEO一职为例，自2006年10月以来，如此短的时间之内竟然三度换帅，先是谢文，然后是曾鸣，现在又换成金建杭。

如此频繁地换帅，显然不太正常。马云是典型的孔雀型性格，在塑造品牌——全球品牌网、自我宣传、鼓舞人心方面有天生的优势，但在识人用人方面，还存在提升的空间。下面以雅虎（中国）为例，分析马云的用人失误。

当阿里巴巴公司收购雅虎（中国）后，马云聘用谢文担任CEO。谢文有一份相当漂亮的简历：1981年中国人民大学毕业，随后赴美留学，开始从事投资咨询工作；1996年回国，出任中公网的CEO，成功地收购了联众游戏，并使之成为国内首屈一指的在线游戏网站；2003年又担任了和讯网CEO。谢文在业界征战沙场多年，素有中国互联网"活地图"之称。2006年10月17日，他接掌了雅虎（中国）帅印，然而，仅仅42天后，谢文就闪电般地下课了。

谢文的下课，宣告了马云看人的走眼。从邀请到决定聘用，马云之所以与谢文一拍即合，正是因为谢文的经历与谈吐给他极深的印象。丰厚的简历使谢文有了胜任雅虎（中国）掌门人的资格，然而简历也掩盖了他的协调能力、决断方面的不足。有消息说，当马云在宣布谢文离职时，台下有不少人鼓掌相庆。从这里可以看出，谢文的人际关系能力不佳。谢文被圈内人一致公认为是个"个性比较强"的人，敢想敢说，他先前在中公网和和讯网的辞职，人际关系紧张曾是重要的原因。

雅虎（中国）相对于百度、Google等竞争对手而言，发展十分缓慢，而对于一个发展缓慢的企业，如果想迅速地改变现状，就需要一个有魄力的领航人。所谓的魄力，换言之就是强势性格。直到谢文在工作中出现问题以后，马云才意识到谢文的性格不合适，于是让个性相对温和的曾鸣接替这个职位。曾鸣过去是一个大学教授，没有企业管理的经历，突然把他推向CEO的高位，显性能力得分不高；其相对温和的性格很难率领团队披荆斩棘，隐性能力的得分也不高，其能力面积也不大，面对复杂的人员关系有点力不从心。最终，一年后曾鸣也离开了雅虎（中国）。

思考与讨论题

1. 马云为什么会几度用人走眼？运用社会知觉的知识对案例进行分析。
2. 结合案例讨论组织如何使知觉偏差最小化？管理者应如何正确地识人用人？

第4章

价值观与态度

学习目标

1. 诠释价值观和价值体系,理解价值观对组织管理的作用。
2. 掌握基本态度理论和具体转变方法。
3. 了解工作满意度对组织行为的影响。
4. 讨论组织承诺对工作绩效的影响。
5. 理解组织公民行为的形成机理。

开篇案例

英特尔公司的价值观

英特尔科技(中国)有限公司1998年开始营运,总投资5亿美元,主要负责快擦写储存期的封装及测试生产,2001年开始845芯片组的生产。

英特尔公司是一个技术驱动型的公司,不停地更新技术,驱动企业前进,在这样的企业中,企业价值观仍然重要吗?它的作用有多大?

英特尔公司的确是靠不断推出更好、更新的产品制胜市场,但仔细想一下,产品是靠技术支撑,技术是由人掌握的,人又靠信念支撑。所以说,企业的成败是基于人的理念。

英特尔公司的6条价值观是客户至上、纪律严格、质量为本、冒险精神、良好的工作环境和注重结果。这些价值观起到了指引员工努力方向的作用,倡导要"结果导向"、要有"冒险精神"。因此,英特尔公司总是做得比竞争对手更快、更好。试想一下,如果没有大家都认同的价值观,一大群"技术偏执狂"在一起会怎么样?

价值观中最核心的是注重结果和良好的工作环境。英特尔公司把程序放在第二位,认为最重要的是结果。英特尔公司不会花10年时间想一个全世界最完善的方案,而是要始终做得比别人快、比别人好。

塑造良好的工作环境最重要的是对员工的信任和尊重。在英特尔公司,从首席执行官到总经理乃至普通员工都是一个标准的、开放的办公小隔间,员工随时可以找上司沟通。另外，英特尔公司通过完善培训，教员工如何理解价值观，并传授相关技巧。

英特尔科技（中国）有限公司在创办之初，创业核心小组不仅把先进的技术带进中国，也把英特尔公司的价值观移植了过来，这些小组都是由很多资深的英特尔专家组成。员工从他们身上看到了英特尔公司的办事方法，会有潜移默化的效果。

在日常生活和工作中，价值观潜移默化地影响着人们在组织和工作中的整体感受：是否愉快、满意。人们经常听到这样一些议论："我找工作，首先看能否有发展提高的机会。""这个领导太专制了，我无法忍受。"这些茶余饭后漫不经心的闲谈，实际上反映了价值观对人们观念和行为的影响。

价值观是指导人们行为的准则，不同的价值观决定了人们选择不同的生活目标、人生发展方向和看世界的方式。价值观一旦形成，具有相当的稳定性，影响着个体行为、群体行为和组织行为，进而影响组织的效率和效能。

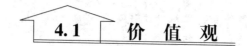

4.1 价值观

1. 价值观的概念

价值观是指一个人对周围的客观事物（包括人、事、物）的意义、重要性的总评价和总看法。像这种对诸事物的看法与评价和在心目中的主次、轻重的排列次序，就是价值观体系。

价值观包括内容和强度两种属性。内容属性告诉人们某种方式的行为或存在状态是重要的；强度属性表明其重要程度。每个人的价值观都是一个层次，这个层次形成了每个人的价值体系。这个体系通过人们赋予自由、快乐、自尊、诚实、服从、公平等观念的相对重要性程度而形成层次。

概括起来，价值观有以下特点。

（1）价值观是因人而异的。由于每个人的先天条件和后天环境不同，人生经历也不尽相同，每个人价值观的形成会受到不同的影响，因此每个人都有自己的价值观和价值体系。在同样的客观条件下，具有不同价值观和价值体系的人，其动机模式不同，产生的行为也不同。

（2）价值观是相对稳定的。价值观是人们思想认识的深层基础，它形成了人们的世界观和人生观。价值观是随着人们认知能力的发展，在环境、教育的影响下，逐步培养而成的。人们的价值观一旦形成，便是相对稳定的，且具有持久性。

（3）价值观在特定的环境下是可以改变的。由于环境的改变、经验的积累、知识的增长，人们的价值观有可能发生改变。但是，价值观的改变非常缓慢。

2. 价值观的来源

价值观是了解员工的态度和动机的基础，同时也影响人们的感知和判断。价值观会影响一个人的态度和行为。当一个人的价值观与组织的价值观相一致，就会起到积极的效果，从而促进个人的进步；反之，就会打击员工的工作积极性。

价值观来自何处，很明显，一部分是遗传的，其他部分是受民族文化、父母行为、教师、朋友及类似的环境因素影响。

在每一种文化中，经过很长时间形成了特定的价值观，这些观念会不断地得到强化。例如，勤劳、踏实、忠诚、孝顺这些社会价值观，在东方（特别是中国）一直是人们所提倡的。但是，这些价值观并不是一成不变的，也会随着社会经济活动的改变而相应的变化。只是，传统价值观的改变非常缓慢。

人们所持的价值观中很大一部分是在早年形成的，主要是从父母、教师、朋友和其他人那里获得的。一个人早期关于对错的认识是受父母所表达的观点和有关影响而形成的。当一个人长大并且接触其他价值观之后，其价值观可能会改变很多。

3. 价值观的类型

1）奥波特的价值观研究

德国哲学家斯普朗格在《人的类型》一书中提出了6种类型的价值取向：经济的、理论的、审美的、社会的、政治的和宗教的。这一理论影响很大，心理学家奥波特等人据此编制了《价值观研究量表》，用于测量和研究不同的价值观偏好。表4-1是6种价值观取向的人的特点。

表4-1 奥波特的6种价值观

类型	价值观特点
理论型	重视以批判和理性的方法寻求真理
经济型	强调有效和实用
审美型	重视外形与和谐匀称的价值
社交型	强调对群体和他人的服务
政治型	重视拥有权力和影响力
宗教型	关注信仰的意义

2）罗克奇的分类

米尔顿·罗克奇设计了罗克奇价值观调查问卷（Rokeach Value Survey，RVS），其中包括两种价值观类型，每一种类型中有18项具体内容。一种类型称为终极价值观，是指一种期望存在的终极状态。它是一个人希望通过一生而实现的目标。另一种类型称为工具价值观，是指偏爱的行为方式或终极价值观的手段。表4-2列出了每一种价值观的范例。

表4-2 罗克奇的终极价值观和工具价值观

终极价值观	工具价值观
舒适的生活（富足的生活）	雄心勃勃（勤奋工作）
振奋的生活（刺激的、积极的生活）	心胸开阔（开放）
成就感（持续的贡献）	能干（有能力、有效率）
和平的世界（没有冲突和战争）	欢乐（轻松愉快）
美丽的世界（艺术与自然的美）	清洁（卫生、整洁）
平等（兄弟情谊、机会均等）	勇敢（坚持自己的信仰）
家庭安全（照顾自己所爱的人）	宽容（谅解他人）

续表

终极价值观	工具价值观
自由（自由选择）	助人为乐（为他人的福利工作）
幸福（满足）	正直（真挚、诚实）
内在和谐（没有内在冲突）	富于想象（大胆、有创造性）
成熟的爱（性和精神上的亲密）	独立（自力更生、自给自足）
国家的安全（免遭攻击）	智慧（有知识的、善思考的）
快乐（快乐的、闲暇的生活）	符合逻辑（理性的）
救世（救世的、永恒的生活）	博爱（温情的、温柔的）
自尊（自重）	顺从（有责任感的、尊重的）
社会承认（尊重、赞赏）	礼貌（有礼的、性情好的）
真挚的友情（亲密关系）	负责（可靠的）
睿智（对生活有成熟的理解）	自我控制（自律的、约束的）

4. 组织价值观管理

通过以上论述可以认识到，价值观与人的世界观、人生观紧密相连，对个体心理和行为、对群体凝聚力和组织效能有广泛的影响。价值观是相对稳定和持久的，所以这些影响也是深远的。管理者必须重视价值观的作用。

首先，组织目标、愿景和制度的制定，必须考虑员工和群体的价值观，重视价值观的引导。只有在平衡各方面价值观的基础上，才能选择合理的组织目标，保证组织活动的有效性。而领导的个人愿景必须与员工价值观兼容，才能得到大家的认同。规章制度的制定只有将组织的价值观考虑在内才有利于制度的实行。

在全球化的时代，组织活动的范围扩大，不同国籍、宗教信仰、背景、习惯的人们一起工作，必然出现员工、顾客价值观多元化的问题，这样对不同价值观的顾客提高服务水平、对不同价值观的员工进行有效激励，成为决定组织核心竞争力的重要因素。

其次，要致力于组织文化建设，根据组织的使命、任务，树立明确的组织价值观，建立大家共同接受、认可的价值体系和制度体系，提高组织的凝聚力。许多组织成功的经验之一，就是有明确的价值观，即有共同的信念，并严守这个信念。IBM公司将人性化的价值观与商业化的操作成功地融为一体，克服激励方法的局限，使员工为企业目标的实现提供源源不断的力量源泉。金钱的激励并不能完全满足员工的欲望。而确立高尚的、体现对自然法则和价值公理遵守的价值观，企业就可以得到员工认同；员工也因为在这里得到与上级的平等而会自觉地为实现企业目标努力。

再次，管理者还必须重视价值观的变化及其对组织行为的影响。一方面，要使组织工作适应人们普遍存在的价值观，如在组织活动中对个人权利的尊重，树立生态、环境保护的价值观等。组织只有不断适应人们普遍存在的价值观，才能得到社会的认可，从而获得可持续发展的空间。另一方面，管理者要注意树立和培植新的价值观。例如，许多企业推崇以人为本的价值理念，极大地调动了员工的工作积极性，使得其他公司争相效仿。

4.2 态 度

1. 态度概述

知觉是个体对客观事物、对他人的一种认知心理过程。在知觉基础上，与人交往、与客观事物接触，就会逐渐形成态度。而人们对于某事物的态度，往往又取决于该事物所具有的价值（包括实用价值、理论价值、道德价值和社会价值等）的大小。同样一个事物，由于人们的价值观不同，就会产生不同的态度。态度差异是个体差异的一个重要方面，对人的行为有很大的影响，因此是组织行为学研究的重要课题。

1）态度的概念

态度是指人们在社会实践过程中形成的对客观事物的认知评价和行为的准备状态与心理倾向。这里的"客观事物"就是态度对象，可以是具体的人和事物，也可以是抽象的概念（如勤劳、勇敢、社会制度等）；这里的"评价"是指对态度对象的肯定与否定，即信念；这里的"行为的准备状态与心理的倾向"是指对态度对象的喜恶情绪和采取的行动。

态度不是行为本身，它只是一种心理和行为的倾向。虽然，态度和价值观都要经过对事物判断评价的过程，但是两者有所不同，态度有明确的对象，但不能被直接观察，它只能从个体所表现出来的语言及行动中去推测。例如，从某职工一贯兢兢业业、踏踏实实工作的行为中推测他对工作具有热爱、积极、认真负责的态度。

2）态度的形成

态度不同于一般的认知活动，它具有情感因素，比较持久、稳固，所以形成态度需要相当长的时间来孕育和准备。因此，态度的形成较为复杂，它需要经历从没有态度到具有某种态度，从简单的态度到复杂多样的态度，从不稳定的态度到稳定态度的过程。这个过程与个人社会化的进程是同步的。

凯尔曼认为，态度形成和态度转变过程经过服从、认同和内化3个阶段。

（1）服从。服务是指个人为了获得奖酬或避免惩罚，按照社会的需要、群体的规范或别人的意志而采取的表面服从行为。这一阶段人的态度和行为的特点是：态度受外部压力的影响，或者受外力的诱惑；表面的顺从，但内心并不相信；服从行为往往是表面的，有人监督就规规矩矩的"绝对"服从，而无人监督就违反纪律；从被迫服从，逐渐形成习惯，就转化为自觉的服从。

（2）认同。认同是指接受他人的观点与行为的影响，是自己的态度与外界要求接近的阶段，这时态度的认知成分和情感成分都发生了很大的变化，"相信"他人的观点、行为、态度是正确的，情感体验也趋于一致。

（3）内化。内化是新观点和新思想已经纳入自己的价值体系之中，与个体的体验完全融合一致，产生了强烈的行为意向，这就是新态度完全形成和旧态度彻底改变的阶段。

3）态度的成分

态度有3个基本成分：情感成分、认知成分和意向成分。态度的形成中每个成分都起着重要的作用。情感成分是指态度的情感部分，它通常表现出对对象是喜欢还是反感，是爱戴还是憎恶，是愉悦还是悲伤；认知成分是指一个人对态度对象或事件的认识；意向成分是一个人对态度对象所表现出来的行为。

如果态度是积极的，组织就会受益；如果态度是消极的，组织就不会受益。因此，许多组织注意到对成员态度的衡量和监控。

4）态度的类型

既然态度是针对人、客体和事物的，而这些对象又是无限多样的，那么态度自然也就有无限多种。不过，在这里是指与组织和工作有关的态度。许多组织管理的研究焦点都放在3种态度上：对工作的满足、对工作的投入和对组织的承诺。

（1）工作满意度。工作满意度是指员工对自己的工作所拥有的满足与否的态度。对工作高度满足的员工，对工作持积极的态度；相反，对工作不满足的员工，对工作持消极态度。因此，工作满意与工作态度通常是同一内容的两个方面，经常被替换使用。

（2）工作投入。目前，工作投入还没有公认的定义，但较为普遍的看法是心理上对工作的认同，并将个人绩效视为个人价值观的反映。研究表明，工作投入高的员工，出勤率高，离职倾向低。

（3）组织承诺。组织承诺是指员工接受组织目标，并希望保持自己作为该组织成员的身份。研究表明，对组织的承诺与旷工离职率呈负相关，用对组织的认同作为指标来预测员工的离职行为，比用工作满意度作为指标更明确。原因可能是不满意工作不等于不满意组织，而且对工作的不满意可能是短暂的，比较容易改变；而对组织的认同这种态度相对稳定，不容易改变。

2. 有关态度的理论

1）态度与一致性

人们总是寻求态度之间的一致性，以及态度和行为之间的一致性，这就意味着个体试图消除态度的分歧并保持态度与行为的协调一致，以便使自己表现出理性和一致性。当出现不一致时，个体会采取措施以回到态度与行为重新一致的平衡状态。要做到这一点，要么改变态度，要么改变行为，或者为这种不一致找一种合适的理由。

需要注意的是，态度和行为的一致性并不意味着它们之间必然有某种因果关系。态度影响行为，但未必决定行为。最近研究发现，有一些中介变量是说明态度与行为相关一致性的重要原因。一个原因是态度、行为越具体，越针对特定的事物，它们之间的相关程度就越高。另一个中介变量是社会压力。社会压力既可以使态度与行为保持一致性，也可能使态度与行为相分离。此外，经验也是协调态度与行为的重要变量，因为长期的经验可以使态度和行为都变得更具适应性，与情景更加协调。

2）认知失调理论

20世纪50年代末期，著名社会心理学家列昂·费斯廷格提出了"认知失调理论"，以说明态度与行为之间的关系。不协调意味着不一致。认知失调是指任何的不和谐。费斯廷格指出，任何形式的不一致都是令人不舒服的，个体将试图去减少这种不协调和不舒服。所以，个体将寻找使不协调程度降到最低的稳定状态。

（1）认知失调的概念。费斯廷格假定，人有一种保持认知一致性的趋向。在现实社会中，不一致的、相互不协调的事物处处可见，但外部的不一致并不一定导致内部的不一致，因为人可以把这些不一致的事物理性化，而达到心理或认知的一致。但是，倘若人不能达到这一点,也就达不到认知的一致性,心理上就会产生痛苦的体验。

对费斯廷格来说,认知的不一致就意味着认知不协调或失调。关于认知失调的定义,费斯廷格认为,假如两个认知要素是相关的且是相互独立的,可由一个要素导出另一个要素的反面,那么,这两个认知要素就是失调关系。例如,一个人有这样两种认知:"抽烟能导致肺癌"和"我抽烟",这个人就会体验到认知失调,因为由"抽烟能导致肺癌"可以推出"我不应该抽烟"的结论。

图4-1可以帮助人们正确理解认知失调理论的含义。首先是有关"认知"的概念,在费斯廷格的原意中,认知在很大程度上被定义为认知结构中的"要素",一个要素即一个认知,它们是一个人意识到的一切。它们可以是一个人对自己的行为、心理状态、人格特征的认识,也可以是对外部客观事物的认识。总之,它可以是理想、信念、观点或别的一切事物。若某种事实尽管存在,但个体并没有意识到,那就不能成为一个人的认知。任何两种认知或者是一致的,或者不是一致的,或者是不相关的。只有在两者既相关又不一致的情况下,才能导致失调。第二个注意之处是"由……可以推出"的确切含义。在个体的认知结构中,要素之间的一致或不一致完全是由个体的心理意义决定的。换句话说,认知的一致与否并不决定于是否符合客观逻辑,而决定于个体的心理逻辑。就一个个体来说,如果由一个认知可以推出另一个对立的认知,那么两个认知就是不协调的。实际上,这两个认知在逻辑上并非一定不一致,只是因为个体依照自己的心理逻辑才体验到了两种认知的差异,从而产生了失调。

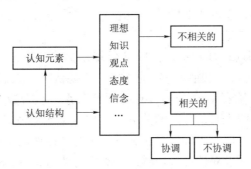

图4-1 认知失调理论

认知失调的方式有两种。① 最简单的方式是逻辑上的不一致。如果说所有的乌鸦都是黑的,那么如果见到某只乌鸦是白色的,则个体认知就会产生不一致,失调就会随之产生。② 另一种方式是态度与行为之间的不一致,或者同一个体的两种行为不一致,这最容易导致失调。一个人在态度上可能反对战争,这样"我反对战争"和"我参加战争"就是两种矛盾的认知,个体也就必然产生认知失调。这种范例同样可应用于两种不一致的行为。

在谈到失调对行为的影响时,费斯廷格做了两个假定:① 当失调存在时,由于个体心理上的痛苦,个体则试图减少失调,达到认知和谐,以减少心理上的不舒适体验;② 当失调存在时,除了努力减少失调外,个体还积极地避开可能导致增加失调的情景和信息。减少失调可以通过3种方式:改变自己对行为的认知;改变自己的行为;改变自己对行为结果的认识。例如,倘若抽烟导致认知失调,个体减少失调的方式是停止抽烟,或者改变对抽烟消极后果的认识。

（2）认知失调的程度。失调的程度是认知要素重要性的功能。对个体来说，要素的重要性或价值越大，由此要素引起的失调程度也越高。例如，损失一角钱所引起的失调就无法与损失100元所引起的失调相比。如果某人不喜欢吃菠菜，但又多少吃了一些，这会产生失调，但程度却不会太高，因为不喜欢吃菠菜和吃了些菠菜在个体的认知结构中都不占重要地位。

在决定失调程度时，必须考虑认知结构中所有与失调有关的认知要素。前面谈到的失调只包含两个认知，实际上，每一种失调都牵涉两个以上或更多的认知。除了两个主要的认知外，其他有关的认知也都对失调的程度产生或多或少的影响。例如，主张和平和参战是两个矛盾的认知，会导致认知失调，但个体参加战争可能与保护祖国的认知一致，因而可以减少失调程度，或者根本不会产生失调。

失调的最高程度并非没有极限。"存在于两个认知要素之间的最大失调等值于对较少抵抗元素变化的总体抵抗力量"，如果失调程度超出这一最大极限，那么较少抵抗元素的变化就会发生困难，失调也就不能解决。通常，由于其他因素的限制，失调并不能达到它的最大值。个体往往会通过增加新的认知元素以减轻失调的强度。

（3）被迫顺从。费斯廷格发现，在导致态度改变方面，较小的报酬比较大的报酬更有效果。由此，他得出结论说："如果某个人被诱惑去做或去说某件同他自己观点相矛盾的事，则个体会产生一种改变自己原来观点的倾向，以便于达到自己言行的一致。用于引发个体的这种行为的压力越小，态度改变的可能性越大；压力越大，态度改变的可能性越小。"

3）海德的P-O-X模型

P-O-X模型是海德（F. Heider）于1958年提出的平衡理论。他认为，人们的认知体系中存在某些使情感或评价之间趋向一致的压力。海德认为，人们认知的对象（包括世界上各种人、事物或概念）有的各自分离，有的相互联系，组合成一个整体被人们所认知。而与这种过程形成一体的两个对象之间的关系，就成为单元关系，一个整体就是一个单元，它可以形成类似、接近或相属等不同的单元关系。人们与各种认知对象发生心理联系时，都会产生喜欢或讨厌、赞成或反对的评价或感情，称之为情感关系。单元关系和情感关系相联系，就形成了特定的模式和结构，如图4-2所示。

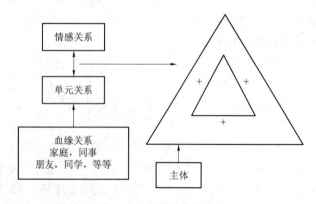

图4-2 海德平衡理论1

海德认为，P（主体的人）、O（客体的人）、X（客体的事物）三者之间的关系存在着两种情况：平衡状态和不平衡状态。如果个体对单元中另两个对象（即另一个人与事物）的态度是属于同一方向的，则个体对单元的知觉与对单元内两个对象的情感关系是一致的，这些态度是平衡的；当对单元的知觉与对单元内两个对象的情感关系矛盾时，其态度体系便呈现不平衡状态。

海德根据P、O、X三者的情感关系推导出8种模型，如图4-3所示。其中，前4种是平衡的，后4种是不平衡的。海德认为，人类普遍有一种平衡、和谐的需要。一旦人们在认识上有了不平衡和不和谐，就会在心理上产生紧张和焦虑，从而促使他们的认知结构向平衡与和谐的方向转化。

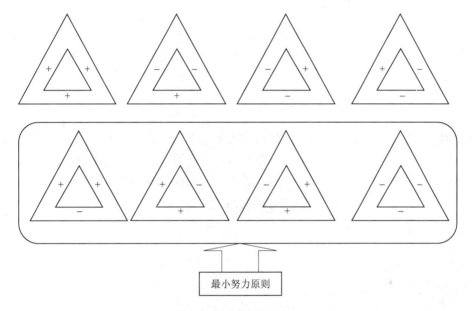

图4-3　海德平衡理论2

由图4-3可以看出，处于平衡状态的三角形三边符号相乘必为正，而处于不平衡状态的三角形三边符号相乘必为负。例如，P为职工，O为受尊敬的领导人，X为拟开发的项目。P主张开发新的项目，听到O的赞同，则其认知体系为平衡状态；若听到O表示不赞成开发新的项目X，则其认知体系呈现不均衡状态。解除不均衡状态的方法有3种：① 接受领导的劝说，改变态度（P-X关系为"-"）；② 坚持己见，改变对领导的评价，不再尊敬领导（P-O关系为"-"）；③ 认为领导的反对态度只是一个假象，实际上，领导还是持赞成态度的（擅自将O-X关系为"+"）。

平衡理论的用途是使人们以"最小努力原则"来预计不平衡所产生的效应，使个体尽可能少地改变情感关系，以恢复平衡结构。

由此可见，费斯廷格的认知不协调理论同海德的平衡理论的基本假设是一致的。但是，前者强调个体通过自我意识调节达到认知平衡，而后者更着重于人际关系对认知平衡的影响。二者各有特点，可以相互补充，都有参考和应用的价值。

4）纽科姆的A-B-X模型

美国社会科学家纽科姆（T. M. Newcomb）提出的A-B-X模型与P-O-X模型有相似之处，都是用来说明人及态度关系的紧张与平衡过程的。若A与B两个人之间保持和谐或不和谐关系，则这两个人对第三者 X 会构成一个态度体系。假如此体系内部发生了不平衡，那么为了求得平衡，必须在体系内部发生变化，由不平衡转向平衡。但是，在对不平衡认知的解释上两者有差异。海德认为，必须通过主体的认知体系来调整，而纽科姆则认为，两者都可能成为认知体系的主体，而不必限定是其中的哪一个个体。

5) 自我知觉理论

人们擅长于为自己的行为寻找理由，而不擅长于去做有理由应该做的事。态度是在事实发生之后，用来使已经发生的东西产生意义的工具，而不是在活动之前指导行动的工具。个体了解自己的态度、情感和内在状态，部分是通过自己外显的行为和行为发生的情境。

1972 年，D. J. 贝姆提出了自我知觉理论（Self-perception），它是个体对自己的认识，以自我为认识的对象。它是指一个人通过对自己行为的观察而对自己的情感、情绪和内在特质等心理状态的认识。

3. 态度管理

1) 态度的调查

管理者掌握员工具体的态度资料，便可以预测员工的行为，这就需要态度调查。态度调查是根据想要了解的态度内容设计一套问卷，每一个问题涉及一种具体的态度，请被调查者用一定的评价尺度对每一个问题作出评定。表 4 - 3 是态度调查表的一个例子。

表 4 - 3　态度调查表（部分）示例

请用下列数字填写本调查表：
1. 完全同意
2. 一般同意
3. 既不同意也不反对
4. 一般反对
5. 强烈反对

——这里的工作条件是好的
——报酬是合适的
——福利项目比其他多数企业好
——做好一件工作，老板就信任和表扬我
——如果我有意见，我可以随时找上级谈话
——管理者鼓励我们提改进建议
——我感到确实属于这个组织
——我和同事相处很好
——经理对工人的福利很关心
——这个企业里得到提升的人通常都是值得提升的
——我的工作很有意思
——我的老板能遵守诺言
——我知道我和老板所处的地位
——看来我的工作正按我所想的方向发展
——为这个组织工作让我感到自豪

态度是一个中介变量。因此，如果发现员工的态度下降了，那么一定是一些影响态度的因素发生了改变，如领导作风改变、没能得到应有的提拔、对工作绩效评价降低等。相反地，如果员工受到了提拔或得知将来会受到提拔，他就会改变态度，进而提高工作效率，如图4-4所示。

图4-4 态度是中介变量

态度是内在的、看不见的，只能通过结果变量（如工作效率）来判断，通过态度调查来衡量。一个人对其组织的态度会影响他的工作效率，所以重视态度是提高工作效率的关键。

2) 态度的转变

组织中员工的态度对于其工作行为和工作绩效有一定的影响。在组织管理中，任何一个目标、政策、方针、办法的确定都会引发员工各种各样的态度。所以，管理者在影响员工态度方面处于非常独特和重要的地位，他们能够而且应该在促使员工树立正确积极的工作态度，改变不良的工作态度方面发挥积极的作用。因此，管理者有必要认真研究改变态度的规律和途径，了解态度改变的理论，把握态度改变的影响因素，学习改变态度的技巧和艺术。

通常认为态度的转变是指人的态度由旧变新的过程。态度形成之后具有相对的稳定性，但不是一成不变的，它会随着外界条件的变化而变化，从而形成新的态度。

态度的转变有以下两层含义。一个是态度方向的转变，如某人对某事由肯定态度变为否定态度；对工作由积极态度变为消极态度；对计划生育由反对态度变为赞成态度等。另一个是态度强度的转变，如某人对某事物或对象的态度从暧昧到明朗，或者从明朗到暧昧的变化；对某事物从犹豫不决到坚定不移的变化等。

根据影响态度形成和转变的因素要使员工形成对工作、对群体、对组织有正确的科学态度，纠正其不良态度，可以采取以下方法。

(1) 改变认知因素。认知因素的改变是态度形成与转变的条件，其基本手段是宣传和说服。管理心理学对如何才能提高宣传和说服的效果，做过大量的研究，其成果对管理实践有重要的指导意义。研究证明，宣传说服时，以下因素将对态度的形成与转变具有影响作用。

① 宣传说服者有无权威及权威的大小。宣传说服者的威信越高，其宣传说服效果越好，越容易促使态度的形成与转变。心理学家伯罗（Bell）在研究了宣传说服者本身的威信与态度形成和转变之间的关系后认为，有3个因素对宣传说服者的威信有重要影响：宣传说服者的态度是否公正、友好和诚恳，这是可靠因素；宣传说服者有无经验、技术和知识等，这是专业因素；宣传说服者在工作时的语调、主动性、精力和胆识等，这是表达方式因素。其中，可靠性因素和专业性因素对宣传说服者的威信具有更大的影响。

② 宣传的内容及其组织。宣传说服者提供的事实和根据越真实可信，越具有针对性，对态度的形成与转变就越有效。对文化水平较高并持有不同看法者，运用正反两方面的材料进行论证效果好；对文化水平较低而又没有不同看法者，采用正面材料论证效果好；若正反

两方面的材料是先后相继提供,宜先提供正面材料,后提供反面材料,利用"优先效应"影响态度的形成和转变。此外,宣传说服时逐步提出要求比一下子提出很高的要求收效好。在宣传说服方式的选择上,通常情况下,直接的口头式宣传说服比间接的文字说服更容易促使态度的形成和转变。

(2)参与活动。引导个体积极参与有关活动,在活动中增加其与态度对象的接触和交往,使其获得更多的信息,将会在一定程度上促进态度的形成与转变。美国心理学家菲斯廷格通过实验,研究美国白人对黑人的态度转变,证明了活动对态度转变的重要性。菲斯廷格设置了3种情境来研究白人对黑人态度的转变:第一种情境是让白人与黑人一起做纸牌游戏;第二种情境是让白人与黑人共同观看别人玩纸牌;第三种情境是双方虽然共处一室,但不组织任何活动。结果表明,第一种情境下,有66%的白人对黑人显示出友好的态度;在第二种情境下有42.9%的白人对黑人显示出友好的态度;在第三种情境下只有1.1%的白人对黑人表示友好态度。

(3)角色扮演。在态度形成与转变的过程中,角色扮演是一种行之有效的方法。例如,某护士原来对病人的态度不好,让其扮演病人角色,设身处地地体验病人的痛苦,从而能够较快地转变其态度,真心实意地关心体贴病人。一个反对上级管理者运用权威来指挥工作的员工,一旦晋升高位,自己运用权威的机会增多后,就会逐渐赞成以权威来管理下属的做法。

(4)群体约束。个体的态度受其所属群体的影响,群体的规范、舆论、人际关系等都可以形成一定的压力,有效地促进个体态度的形成和转变。在群体中改变个体的态度比分别改变个体的态度要容易,并且通过群体改变个体态度的效果也比单独改变个体态度的效果更持久。在现实生活中,有时仅靠宣传说服教育不一定起作用,而用纪律、公约和规范等强制方式,则能迫使个体态度的形成和转变,不过往往不是心甘情愿的。只有把群体的约束与说服教育结合起来,才可能使个体态度的形成和转变既自觉又持久。

4.3 工作满意度

1. 工作满意度研究的起源

1912年,管理学家泰勒引进科学化管理,强调机械导向的生产制度。从人性的观点出发,指出为了扩大生产力,需要寻找提升工作效率的方法,相信组织可以用正确的、可预测的方式加以管理,作出合理的决定并写入规则之中,并且认为绩效是可以用数量衡量的,开始注意到工人的感受和态度。

不幸的是,科学管理者忽视了人性方面的问题,认为管理的工具是制度而不是人,人是为钱而工作的经济人,他们相信工作者的动机是想赚更多的钱,以满足经济和物质上的需求,忽略了工作者的社会需求。对多数工作者而言,工作满足不只是金钱上的满足,因而工人们曾经发起罢工,以抗议恶劣的工作环境、装配线的加速,以及管理所造成的困扰。

在经过多年的试行后,都无法达到泰勒所预期的理想,因此有些学者开始批评这种只将人界定为追求经济报酬的人性假设，认识到人类除了追求金钱外，还追求其他心理需要的满足。

在1927—1932年间，举世闻名的霍桑实验报告中指出，工作者的情感影响其工作行为，而工作者的社会及心理因素才是决定工作者的工作满意度与团体生产力的主要因素。管理者对工作者特别注意时，生产力就会改变，不管实际工作情况是否有变动。管理者应该重视员工的认知需求和社会满足，如果能满足员工的尊严感和荣誉心，非正式的工作组可以成为一项正面的、有利的因素。

其后，行为科学派兴起，人的行为更成为管理的核心内容。管理学者遂将焦点集中在研究员工的工作满意度上，此可谓工作满意度研究的滥觞。

工作满意度的概念最早是在1935年由Hoppock提出的。他认为，工作满意度是员工心理与生理两者对环境因素的满意感受，即员工对工作情境的主观反映。之后，多位学者研究后也提出类似的概念。

在这里，工作满意度是指个体对自己所从事工作具有的积极情感的程度。一般来说，个人的工作满意度越高，意味着此人对自己工作持有积极的态度，有较多的正面评价，总体上喜欢他的工作。人的需要得到满足就会使人产生满意的感受；需要得不到满足，则会感到不满。因此，工作满意度与激励、需要和动机有密切的关系。在西方企业中往往通过两类指标来衡量企业的成效。一类是客观指标，如产量、质量、利润、报酬等；另一类是主观指标，主要是管理人员和员工的工作满意度。实际上，管理人员和员工的工作满意度也是衡量企业激励机制是否成功的标志。

工作满意度之所以受到组织行为学家及管理者的重视，其原因有以下4个。

(1) 工作满意度对员工的工作行为有显著影响。

首先，工作满意度对员工的缺勤率、流动率具有显著的影响。在经济发达的国家，一个显著的特征是员工的离职率很高。例如，美国每年大约1/10的员工变动工作，这其中1/3的员工不止一次变动工作。劳动力的流动对于劳动者个人和对于整个国家经济来说都是不可缺少的，但是离职率过高，企业不得不花费大量的时间、精力和金钱进行员工的招聘、选拔和培训等工作。同时，员工离职也会造成技术流失和商业秘密泄露等问题，因此离职就成为理论界和实务界都非常关注的问题。

为了准确地预测员工的离职行为，人们对可能造成离职的因素进行探讨，于是工作满意度、离职意向和组织承诺开始引起人们的关注。

其次，工作满意度高的人往往有更高的组织承诺。工作满意度与组织成员行为之间有较强的关联。组织成员行为是超出组织正式要求的一种行为，表现为主动加班、合作和对组织的责任感。

(2) 工作满意度影响群体的士气，满意会造成群体士气的提高。

(3) 工作满意度对员工的生活质量和身心健康有巨大的影响。

西尔斯（Sales）的一项研究表明，员工在1小时的实验工作中，血液中胆固醇的含量与其对工作的喜爱程度呈负相关趋势。

(4) 高工作满意度是组织有效性的重要特征，工作满意度低是一个组织颓萎退化的最明显标志。

2. 影响工作满意度的因素

对于工作满意度有关的研究中,绝大部分是探讨其前因及后果的。研究者一方面想了解工作满意与组织绩效、员工生产力和离职意愿的关系;另一方面则试图通过对工作满意前因变项的了解,以便找出在管理上提升组织成员工作满意的可行之道,以寻求实务上的贡献。

把工作满意当做因变量,主要目的是想要找出那些会影响工作满意,又与工作有关的变量。从文献中发现一些重要的变量,如对心智有挑战性的工作、员工公平的待遇、支持性的工作环境、融洽的同事关系、性格与工作的搭配等。

1) 对心智有挑战性的工作

对心智有挑战性的工作是员工偏好能发挥本身技能及才华的工作,以及能提供各种任务自由度及回馈性的工作。没有挑战性的工作会令人厌烦,但挑战性过高又会带来挫折感及失落感。适度的挑战可以让员工感到快乐及满意。

2) 员工公平的待遇

员工都希望薪资制度、升迁政策可以公平和公正,并合乎他们的期望,薪资若能根据工作要求、个人的技能水准和社会一般的给付标准来发放时,员工的满意度会较高。

3) 支持性的工作环境

员工重视的工作环境包括个人的舒适感和执行工作的便利性。大多数员工喜欢工作地点能离家近些,工作设备要干净、现代,辅助工具及设备充足。

4) 融洽的同事关系

对多数人来说,工作的同时也满足了社交需求,若同事之间能相处融洽,相互体谅,无疑也能提升工作满足感。直属上司若能体恤及友爱员工,并且在员工表现良好时,适时地给予鼓励和嘉奖;同时倾听他们的心声,则员工的满足感也会相对的增加。

5) 性格与工作的搭配

若员工的性格与工作可以取得最高度协调,员工的满足感会较大。也就是说,员工的性格类型若能和工作搭配,则其才能与特长正好符合工作需求,因而工作也较能胜任,因此比较能从工作中得到满足感。

3. 工作满意度评价

21世纪管理理念中的一个巨大变化,就是管理者从"让员工服务于企业利润"转向"为员工服务"。因为,只有尊重、关怀员工,提高员工的工作生活质量,员工才能对企业忠诚和认同,乐于付出额外的努力,创造更大的价值。而满意度评价最能体现这种思想,是企业管理者实现上述理念的桥梁。所以,重视并科学有效地测量员工的工作满意度,已经成为现代企业管理的重要内容和手段。

1) 工作满意度的测量方法

工作满意度是人们对工作环境的主观反映,也是一种衡量态度的方法。测量的方法有印象方法、指导式的面谈、非指导式的面谈、结构式问卷法、非结构式问卷法等。无论采取哪种测量评价方法,一般都会涉及测量评价的指标(维度)问题,因为尽管工作性质因工作种类的不同而差别很大,但大多数工作都有一些共同的维度,可以用来描述工作满意度的变化。洛克的工作满意度维度如表4-4所示。

表4-4 洛克的工作满意度维度

一般差别	特定维度	维度的描述
事件或条件：		
① 工作	工作本身	内在的兴趣、多样化、学习的机会、困难、工作量、成功的机遇、对工作流程的控制等
② 奖励	报酬 晋升 认可	数量、公正或公平报酬的根据 机会、公正 表扬、批评、对所做工作的称赞
③ 工作背景	工作条件	时数、休息时间、工作空间质量、温度、通风、工作位置等，福利退休金、医疗和生活保险计划、假期休假
人物：		
① 自己	自己	价值观、技能和能力
② （公司内的）其他人	监督管理 同事	管理风格和影响、技能的熟练程度、行政管理权限、友好、帮助、技术能力等
③ （公司外的）其他人	顾客 家庭成员（洛克未提到） 其他	技术能力、友好等 支持、对时间的要求等 如学生、父母、投票人等

2）工作满意度的测量工具

（1）工作描述指标问卷。本问卷可衡量员工对工作本身、薪酬、晋升机会、直接上司和同事状况5个维度的满意度，而这5个维度分数的综合，即代表整体工作满意度的分数。

（2）明尼苏达满意度问卷。本量表分为短式及长式两种，可测量员工对20个工作维度的内在满意度、外在满意度和一般满意度。

（3）工作满意度指数。本量表主要衡量工作者一般的工作满意度，亦即综合满意度。

（4）员工调查表。可测量工作者对14个工作维度的满意度。

（5）工作诊断调查表。可测量工作者一般满意度、内在工作动机和特殊满意度（包括工作安全感、待遇、社会关系、督导及成长等维度）。此外，还可以同时测量工作者的特性和个人成长需要的强度。

（6）工作满足量表。可测量受测者对自尊自重、成长与发展、受重视程度、独立思考与行动、工作保障、工作待遇、工作贡献、自定工作目标与方式、友谊关系、升迁机会、顾客态度和工作权力等项衡量满意度的因素。

这些已经开发出的测量工具，有的已经标准化、实用化、定型化而被广泛采用。最有代表性的也最普及的当属史密斯设计的"描述指标问卷"（Job Descriptive Index，JDI）该问卷的每个维度下列有4条描述短句（如"同事维度"列有"讨厌"、"工作认真"、"聪明能干"、"很难说"这4条），要求被测试者分别用"Y"、"N"、"?"这3个符号来表示所感受到的该陈述短句所描述的你的情况的准确性。这3个符号分别表示"同意"、"不同意"和"难以置评"3种回答。此问卷简明扼要，通用性强，适合各种组织。JDI的形式和例题如表4-5所示。

表4-5　工作描述指标问卷

编号_____　公司_____　城市_____

1. 职务工作

请想一想您现在的工作，通常它给您的感觉是怎样的？在以下空格上填写。

您现在的职务工作

按部就班的_____　　　　　令人满意的_____

单调的_____　　　　　　　有创造性的_____

受人尊重的_____　　　　　挑战性的_____

自主性的_____　　　　　　带有成就感的_____

2. 报酬

请考虑您现在的报酬，下面这些描述在多大程度上描写了您的报酬情况，请在空格上填写情况。

您现在的报酬

可以满足正常消费_____　　满意的利润分配_____

几乎不能靠收入生活_____　收入可以提供奢侈的生活_____

无保障的_____　　　　　　比我应该得到的少_____

高报酬_____　　　　　　　报酬不足_____

3. 工作的管理

请思考一下上级对您工作监督管理的类型，下面这些描述在多大程度上描写了这种监督管理的情况，请在空格上回答。

对现在工作的管理

向我询问建议_____　　　　新式的_____

管得不够多_____　　　　　很快相处在一起_____

比较熟悉工作_____　　　　有智慧的_____

留下我不管_____　　　　　当需要时会出现在身边_____

4. 晋升机会

请就您所知道的晋升机会，下面这些描述在多大程度上描写了晋升机会，请在空格上填写。

您所知道的晋升机会

良好的晋升机会_____　　　晋升机会是有限的_____

晋升依赖于能力_____　　　没有出路的工作_____

晋升政策不公平的_____　　很少晋升_____

有规律地晋升_____　　　　晋升机会不清楚_____

5. 你的同事

请想一想与您一起工作的其他人，以下词语在多大程度上描写了这些人，在空格处填写。

在您岗位周围的人们

有激励性的_____　　　　　负责任的_____

智慧的_____　　　　　　　懒散的_____

令人不愉快的_____　　　　没有秘密的_____

活跃的_____　　　　　　　忠诚的_____

很难相处的_____

4. 工作满意度与员工绩效

大多数学者都在研究工作满意度对于员工的工作绩效、工作缺勤率和工作流动率的影响。

第4章 价值观与态度

1) 工作满意度与工作绩效

在 20 世纪 50 年代开始就已有大量这方面的研究，但直到 20 世纪 80 年代，研究才取得较大的进展。目前，这方面的研究得到一致性的结论。

关于满意度的早期观点是"快乐的工人是生产效率高的工人"。后来研究发现，满意度与生产率的积极关系在不受外在因素控制或限制时会提高，而工作水平也是一个影响因素，工作水平高，满意度与绩效之间的相关比较高。

有关两者因果关系的研究表明，更可能是生产效率是因。一项研究表明，拥有高满意度的组织，生产效率更高。

在两者的关系中，人们常常可以见到以下 4 种不同的组合。

(1) 满意度高而工作绩效低。大多是过去有不错的成绩，现在不求进取。

(2) 满意度虽低，绩效却较好。不满就没有工资，为了消除工作中的不满也寻求积极的满足。

(3) 满意度低，绩效也低。组织和员工都感到失望，员工不满于收入，领导不满于绩效。

(4) 满意度和工作绩效都高。这是在抓生产的同时，又不断满足员工个人的多样而不断变化的需要的结果。

现在可以肯定的是，员工的工作满意度和工作绩效之间并不是简单的、可察觉的关系。如果从组织整体水平上而不是从个体水平上研究满意度和生产率的关系，拥有高满意度员工的组织比那些拥有低满意度员工的组织更有效。满意度可能不是工作绩效的充分条件，但一定是高工作绩效的必要条件。

2) 工作满意度与工作缺勤率

研究发现，工作满意度与缺勤率之间存在一种稳定的负相关，相关达到中等水平——通常小于 0.40；但一些外部因素，如组织制度、社会事件等也会影响两者相关的程度。如果组织有病假工资制度，可以想象的结果是，有些即使非常满意的员工，也会设法去休假。

Sears 与 Roebuck 的研究表明，当其他因素的影响降低到最小程度时，满意度与缺勤率之间存在明显的负相关，在芝加哥和纽约两个总部的员工，在同一天不同背景下（芝加哥有暴风雪，纽约则天气晴朗）的出勤率明显不同。在芝加哥，高满意度员工的出勤率明显高于低满意度的员工；在纽约的员工中，满意群体与不满意群体的出勤率一样高。

3) 工作满意度与工作流动率

工作满意度与流动率之间存在着稳定的负相关，但其他因素，如劳动力市场的状况、改变工作机会的期望、任职时间的长短等，都对是否真正离职起重要的限制作用。研究还发现，满意度与流动率关系的一个重要的中介变量是员工的绩效水平。工作满意度对低绩效者的影响大于对高绩效者的影响。

当然，一个人对生活的一般态度会调节工作满意度与流动率的关系。一个对生活持消极态度的人，比对生活持积极态度的人更不愿意离职。当两种人有相同的不满水平时，最有可能辞职的总是对生活持乐观态度的人。

4) 员工表达对工作不满的方法

员工表达对工作不满的 4 种可能反应，可以从建设性或破坏性、主动或被动两个构面来划分，如图 4-5 所示。

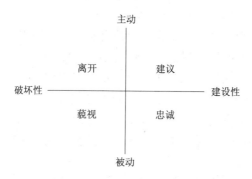

图4-5 员工在工作不满时的反应

(1) 离开(Exit)。此行为以离开公司为目的，包括提出离职，积极地寻找其他的工作机会。

(2) 建议(Voice)。此行为通过主动且建设性的方式，谋求改善现状。

(3) 忠诚(Loyalty)。此行为以被动但乐观的态度，等待现状获得改善。

(4) 藐视(Neglect)。此行为态度被动且任由事态继续恶化。

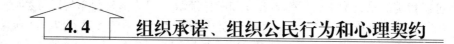

4.4 组织承诺、组织公民行为和心理契约

1. 组织承诺

1) 组织承诺的概念

在组织中有一股隐形的"束缚力"，促使员工不愿离开组织，这股力量可能是出于长期对组织的感情，可能是出于组织带给个体的满足感等原因。组织承诺(Organizational Commitment)是员工对于特定组织及其目标的认同、情绪依赖及参与程度。高的组织承诺意味着认可组织的价值观和目标，极想维持在组织中的成员资格，愿意为其付出高水平的工作努力。组织承诺高的员工流动率相对较低。

通常将组织承诺划分为3个层次：情感承诺，是指对组织目标和价值观的信仰，为组织付出更多努力的意愿和希望保持组织成员身份的愿望，如"我喜欢把组织看做我家"；持续承诺，即员工因考虑到跳槽的成本而不愿离职的态度和行为，这可能是因为离开组织的代价太高或暂无更佳的工作机会，如"我没有可选择的离开组织的理由"；规范承诺，即员工觉得应该留在组织中的责任和义务，体验到规范承诺的员工感到应该留在组织中，如"组织应当获得我的忠诚"。中国员工组织承诺的结构模型中还包含了理想承诺的因素，即重视个人成长与理想的实现，以及施展所长的机会、提供成长条件和晋升机会。

2) 组织承诺与员工绩效

研究组织承诺和员工绩效之间的关系能够帮助企业找到提高员工绩效的有效方法，从组织承诺的层面上采取措施，进行革新，最终实现提高组织绩效的目的。以下将对这3个成分与绩效的关系展开分析。

有研究发现，组织承诺能够解释离职现象，预测离职意向。管理者对员工工作绩效和晋升的评价与员工的情感承诺水平呈正相关，与工作绩效持续承诺呈负相关。

较高的情感承诺与规范承诺，带来更低的缺勤率、更低的离职率和更高的绩效。影响情感承诺的因素包括个体感到组织满足他们期望的程度、工作的挑战性、组织的可靠性和工作角色的明确性等。一般来说，个体在刚刚开始工作的前几个月的经验，情感承诺较高。当然，由于较高的情感承诺和规范承诺所造成的低离职率也会制约组织雇用有着新鲜知识和想法的新员工的机会，同时造成员工对于组织和上司的过度信任，从而影响组织发展。

持续承诺与员工的绩效排名成反比，即有着较高持续承诺的员工绩效排名较低。这种问题的出现主要是由于持续承诺是通过财务方面的刺激来体现的，这阻碍了员工创造力的激发。有些组织通过训练员工某些应用很少的特殊技能，使其难以离职，这虽然能增强员工的持续承诺，阻止员工轻易离职，但不利于提高情感承诺。因此，组织不仅要通过财务类的持续承诺把员工和组织联系起来，还应该通过赢得员工信任来实现情感承诺。

3）增强组织承诺的方法

对于管理者而言，了解员工的组织承诺对于制定政策和改进管理至关重要。

如何提高员工的组织承诺有其特定文化背景下的做法，学者们提出了以下建议。

（1）中国文化重视情感体验，为了赢得员工的情感承诺，就要让员工在工作中体会到组织的关心和厚待。因此，管理者应该从员工需求出发，设计各项政策，为员工能高度参与并努力达到组织目标创造条件。同时，通过公平的分配和晋升系统对员工的付出给予回报。

（2）秉承"员工第一"的价值观。明确自己的使命和思想体系；使这些使命和思想体系具有魅力；实施基于价值观的雇佣政策；着重进行以价值观为基础的指导和培训；建立特有的传统。

（3）做好员工职业生涯管理，为员工的发展提供更多的培训和晋升空间，帮助员工形成良好的工作愿景并进行自我实现。

（4）给予员工充分信任，支持员工发展。通过诚实与公开的沟通，与员工建立相互信赖的关系，给予员工归属感。在员工入职第一年提供有挑战性的工作、工作丰富化和授权、内部晋升、提供发展活动和安全感。

2. 心理契约

人们常听到"态度决定一切"的说法，其正确与否姑且不论，但员工的态度却不能被管理者随意引导，而是与心理契约紧密相连。所谓心理契约（Psychological Contract），是指员工和组织对于相互责任的期望，它包括个体和组织分别对于相互责任的期望，反映的是个体所感受到的自身与组织之间的内在心理联系。心理契约是个体对于相互责任的主观认知，而不是相互责任的事实，它会随着组织及环境因素的变化而变化。而雇用就是这样一个心理契约，即雇员在雇主会报答他们的期望前提下履行其责任。

1）心理契约的类型

概括而言，心理契约可分为 3 种类型：交易型、关系型和团队成员型。交易型契约强调具体、有形，基于当前利益的工具性相互交换。关系型契约强调雇用双方相互支持和依赖、彼此沟通与交流，承担长久的开放性责任。团队成员型契约是指员工与组织在事业发展上彼此承担责任。

有研究者对英国各地区各行业的雇员和组织间的心理契约内容进行调查后发现，组织对雇员义务的期望主要有守时、敬业、诚实、忠诚、爱护资产、体现组织形象、互助 7 个方面。而雇员对组织义务的期望主要有培训、公正、关怀、协商、信任、友善、理解、安全、一致性、薪资、福利和工作稳定12个方面。研究还表明，雇佣双方在心理契约中对组织义务的期望在友善、理解、福利、安全、薪资和工作稳定等方面有显著差异。双方在对雇员义务的期望中，在忠诚、爱护组织资产和体现组织形象等方面存在显著差异。雇员比较强调爱护资产、体现组织形象，而组织更强调忠诚。

2) 心理契约和组织承诺之间的差异

组织承诺是指员工随着其对组织的"单方面投入"的增加，而产生一种心甘情愿地参与组织各项活动的感情；心理契约是指一种员工对于个体与组织之间相互责任与义务的信念系统。二者的共同之处是都是从个体的角度来探讨员工与组织的关系。二者的差异是组织承诺的内容是单维的，只是员工对于组织的感情；心理契约则是一种双向的关系，即员工对自己应承担责任的信念，以及对于组织应承担责任的信念，在此过程中，员工会对双方履行契约的程度进行对比。另外，不少研究者指出，组织承诺实际上是心理契约的结果。这是由于个体对于双方责任的认知、对比与信念，才导致个体对组织承诺的方式和程度不同。

3) 心理契约对管理实践的影响

心理契约的形成、调整及其违背都会给组织的有效性造成影响，尤其是对工作满意度、离职意向和组织政策有显著影响。雇佣双方心理契约的一致性越高，雇员的组织承诺越高。在企业当中，心理契约的作用表现在以下几个方面。

（1）可以增强企业与员工之间的相互信任。正式的经济契约不可能涉及雇佣关系的方方面面，而心理契约可以填补经济契约留下的空白。因此，心理契约的暗含条款能够弥补雇佣关系中正式文本规定的一些不足，降低雇员与组织双方的不确定性，从而增加个人与组织的安全感和相互信任感。

（2）可以规范员工的行为。员工以组织对自己所负的责任来衡量自己对待组织的每种行为，进而调节自己的行为。员工会对其与组织之间的相互责任进行权衡，并根据权衡的结果调整自己的行为。

（3）心理契约可以使员工心理上产生期望，拥有努力的方向和目标，激发员工的工作积极性。例如，当员工认为已经得到组织许诺，将有较高的薪水、晋升机会、职业培训和丰富化的工作时，就会为组织发展贡献自己的技能并对组织忠诚，作为对组织的回报，这同时也是员工与组织的平等交换。

（4）心理契约可以降低管理成本，丰富管理手段，提高管理效率。心理契约以无形的方式来留住员工，开发员工潜能，实现企业的不断创新，从激励的本质来看，组织激励主要是为了满足员工的心理需要。心理契约与双方相关，对员工的认可和相应回报是组织管理者对员工兑现承诺的证明。

（5）有利于增强企业的凝聚力。心理契约在本质上是一种情感契约，它原本就是人的一种心理感觉或心理体验。这种心理感觉必然反映在彼此的情感和态度上。基于员工与企业之间良好的信赖关系，将企业与员工凝聚成一种生命共同体，这种生命共同体就会具有很强的凝聚力。由于心理契约的无形作用，员工与各级企业管理者之间除了劳动关系之外，还经常要进行心理上的交流和精神上的沟通，并对处于动态心理变化的心理契约随时进行调整和修补，进而使企业的凝聚力不断得到增强。

4）构建良好心理契约的方法

（1）在招聘过程中传达正确的信息。对企业来说，招聘是企业吸引人才、获取人才的渠道。在招聘过程中，企业要为员工提供真实的工作预览，不提供虚假信息，对员工的期望、职位的要求、组织的责任和义务等信息进行明确公示，使员工形成正确的心理契约。

（2）实施科学的职业生涯管理。职业生涯管理是企业实施的，旨在开发员工的潜力、留住员工，是员工能自我实现的一系列管理方法。其能有效缩小企业与员工个体在目标整合上的偏差，并避免造成员工工作的主动性和积极性的丧失。做好职业生涯管理可以使员工体会到当家做主的责任和义务，感觉到自己在企业中是"有用的人"，对企业愿景产生真实感，自觉为企业发展而努力工作。

（3）对员工进行社会化培训。组织为员工提供的培训能增进员工对企业的经营理念和文化价值观的了解，及时调整员工对组织不切实际的幻想和期望，从而更迅速地融入组织。

（4）注重持续有效的沟通并加强心理契约的动态管理。心理契约是主观的、隐含的，并且始终随着外在环境的变化处于一种不断变更和修正的状态。因此，当组织在某方面发生变动时，或者组织意识到员工因为组织变化而产生猜疑时，应该积极主动地进行有效沟通，并进行合理解释，使双方能够在维护自己核心利益的前提下，让渡一部分利益，重新达成一致。

由此可见，如果说法律、制度、规则、合同这些有形事物是刚性管理方式，心理契约的管理就是一种柔性管理方式。柔性的心理契约管理，往往会产生事半功倍的效果。与刚性管理方式相比，心理契约能够以更低的成本促进企业管理效率与经营效率的提高，从而促进企业的长久发展。

3. 组织公民行为

任何组织系统的设计都不可能完美无缺。因此，为弥补组织的工作说明书等正式规范的不足之处，必须依赖员工的一些角色外行为，以促进组织目标的达成。组织公民行为的研究满足了这样的要求。随着竞争加剧，组织结构的扁平化、员工的组织公民行为越来越为组织管理者重视，组织公民行为也逐渐成为组织行为学和人力资源管理研究的热点和前沿问题之一。

1）组织公民行为的概念

人们有时会发现组织中的个体行为非常主动，他们会无私地帮助他人、主动参与组织活动、承担超过常规要求的任务，为公司提出建议批评，向外界提升公司形象，通过自身增加知识和工作技能，参与社会公益活动，保护和节约公司资源，建立和维护工作场所中的人际和谐等一切行为，这种个体行为称为组织公民行为（Organizational Citizenship Behavior）。组织公民行为主要有以下表现。

（1）帮助行为。帮助行为主要是指员工自发帮助处理工作中已经出现的问题，或者防止出现对工作产生不利影响的问题，同时"帮助行为"也包括为了同时采取行动防止事故而表现出来的礼貌行为、利他行为、保持人际和谐关系、调解同事关系、鼓舞团队士气和人际促进等。

（2）运动员精神。个体对他人或组织造成的不方便不仅不抱怨，而且仍然能够保持积极的态度，为了团体的利益甘愿牺牲部分的个人兴趣和爱好，不轻易否决别人的意见等。如果由于工作需要，员工愿意经常出差或在外地工作等。

（3）组织忠诚。员工忠诚于组织，保护组织，对组织的发展抱有良好的意愿，支持和维护组织的发展目标，同时还指导员工向外界宣传组织，保护和维护组织免于受到外来威胁与损害，而且在组织处于逆境时员工对组织仍能保持高度承诺。

（4）组织遵从。个体不仅接受组织的规章制度和程序并加以内化，而且在日常行为中严格认真遵守，即使没有人的情况下也是如此。

（5）个人主动性。个人自愿付出与工作有关的行为，并且通常情况下这些行为都超越了组织对员工的最低要求，或者超越了组织所期望员工达到的水平，如主动为组织发展献计献策。

（6）公民美德。员工把自己看做组织的一个公民，积极自愿参加组织的各种活动，关心组织利益，节约使用组织的各种资源。

（7）自我发展。员工资源改进，提高自身技能，通过各种行为、措施来开发自己的潜能，自愿接受组织提供的培训机会，学习相关的工作知识和技能，以求为组织发展作出更大的贡献。

2）组织公民行为的作用

许多研究都证明了组织公民行为对组织的重要性。在中国，组织绩效中人际关系的影响更加突出，以合作和良好意愿为特征的组织公民行为在组织管理中更受重视。具体而言，组织公民行为对于组织良好运作的作用表现在以下6个方面。

（1）是一种自愿合作行为，能自觉维护整个组织的正常运行，减少矛盾和冲突。

（2）使组织所拥有的资源摆脱束缚，投入各种生产活动当中。

（3）能促使同事和管理人员生产效率的提高。

（4）能有效协调团队成员与工作群体之间的活动。

（5）能创建良好的企业文化，增强组织吸引和留住优秀人才的能力。

（6）能提高组织适应环境变化的能力。例如，公民道德意识强的员工主动提供市场变化的信息，提出如何应对的建议，帮助组织适应环境；积极上进的员工愿意适应新的挑战，学习新技能，适应新要求等。

3）组织公民行为的形成机理

关于组织公民行为的形成主要有两个因素。一个是主观原因，如动机因素、工作满意度和组织承诺等；另一个是客观原因，如组织特征、任务特征和领导行为等。这些因素是如何作用于人的心理的，社会交换理论给出了具有说服力的理由。

社会交换理论主张人类的一切行为都受到某种能够带来奖励和报酬的交换活动的支配，因此人类的一切社会活动都归结为一种社会交换。如果别人作为报答性交换，反应就发生；如果别人不再作出报答性交换，反应就停止。人们总是倾向于帮助那些曾经帮助过他们的人，因为得到利益给予回报有利于人际关系的健康发展。组织公民行为的形成机理正是沿着这条逻辑路线展开的，如图4-6所示。

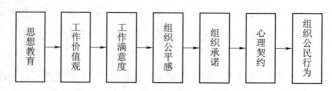

图4-6　组织公民行为的形成机理

通过思想教育使员工更自觉、更主动、更积极地朝着角色内和角色外的价值目标与行为取向而努力。在工作价值观的心理引导下，根据对工作职务或经历的实际认知与评价，员工对工作有一种情绪与情感性反应，产生对工作满意程度的心理体验，进而激发工作态度及工作满意度的问题。由组织公平的对待所产生的员工公平知觉可能激发员工回报的义务感。高公平感会促使组织承诺的提高。而员工以雇佣关系为基础，基于公平知觉、信任和承诺形成对组织责任与自身责任的信念集合就达成了心理契约。在"建立—获得"模式下，员工的组织公民行为可得到不断强化。

4）增加员工组织公民行为的策略

组织公民行为的理论研究加深了人们对其在组织中重要性的了解，而将其应用在人力资源管理实践中有助于增加组织公民行为。

（1）做好招聘和培训工作。招聘时要使用人与组织匹配的模式，强调个人价值观和组织价值观的一致性。让工作外延模糊化和扩大化，设置组织公民行为的相关测试。同时，可以将影响组织公民行为的个体要素（如人格特质、情感类型和价值取向等）纳入到考核中，以挑选出具有良好组织公民行为的员工。

（2）建设组织文化。影响组织公民行为的若干变量，如工作满意度、组织公平、组织承诺、领导行为等归根结底都是组织文化的反映和结果。因为，组织公民行为并非通过一般的奖励就可以得到激励，得到回报的速度较慢，所以只有建立长期的组织文化，传播组织价值观，使员工接受、认同组织文化，形成"我和企业是一体"的感觉，才能较好地引导组织公民行为。

（3）改进绩效评估方法。将员工组织公民行为纳入绩效管理评估体系中，这对组织成员的人际关系处理、组织忠诚，以及工作的主动性和合作性都起到相当重要的作用。在绩效评估中，如果把个人绩效和组织绩效联系起来，有助于员工之间、团队之间、员工和团队之间的合作，可以有效地激发员工的组织公民行为。员工个体的公民行为也会对其他员工产生激励作用和示范效应，从而引导越来越多的员工表现出组织公民行为，有利于组织绩效的提升和组织目标的实现。

（4）不断提高组织支持感。组织要展现支持员工的诚意，将员工视为其最大的资产，努力吸引人才、留住人才，营造一个让员工愿意主动奉献的组织环境。另外，管理者要重视员工的成就需求，给予员工关心、支持和信任，当员工切身体会之后就会产生回报组织的强烈愿望，从而产生组织公民行为。

复习与思考题

1. 人们价值观的差异在行为上有哪些体现？
2. 人的价值观是如何形成的？价值观对管理的影响表现在哪些方面？
3. 人们为什么寻求态度和行为之间的一致？这对管理有什么启示？
4. 解释工作满意度与行为之间的关系。管理者应如何看待员工的不满意行为？
5. 什么因素会影响员工的组织忠诚度？

案例阅读

J公司的员工满意度调查

1. 项目背景

作为一家国有控股、在国内具有相当知名度的房地产上市公司，J公司十年来一直具有良好的业绩，净资产和利润指标连年攀升。在2002年度中国房地产上市公司财富创造能力（EVA）排名和2003年度中国房地产上市公司综合实力（根据总市值、总资产、利润总额、主营业务收入4个指标综合评价）排名中，J公司均进入前十强；在人员素质上，公司本科以上学历的员工比例达78%，硕士以上学历的员工比例在30%以上；人员专业分布比较合理，具有相当强的技术实力和营销实力；公司领导在员工中威信很高，深受员工拥护和爱戴；员工薪酬和福利水平居于当地上游，员工满意度比较高，具有良好的敬业精神；企业管理相对规范，制度和流程比较健全……总的来说，J公司有较好的内部管理基础，发展潜力巨大。

在公司的发展战略上，由于多种因素，公司决定进行战略转移，由现有的房地产项目公司逐渐发展成为一家管理型公司。在这一转变过程中，公司高层领导遇到了一定的困惑。公司需要不断增加异地子公司，开拓异地市场，形成全国性品牌。可是，在选拔新增外地子公司的高管人员时感到无人可用；而由于房地产行业涉及资金量大，外部招聘有一定的风险；如果内部指派，就只能选派公司副总或总经理助理，可是他们现在的工作也很重要，外派后相应的职能缺位也是很严重的问题。公司也在进行员工培训，可是总感觉如同隔靴搔痒，员工迫切需要的经营管理技能和特殊技术技能并没有得到明显的提高。公司员工在满足了比较丰厚和稳定的薪酬福利需求后，普遍有着提高技能、获得晋升、承担更大责任的要求，他们希望获得更高层次的自我职业发展。可是，公司能够提供给员工的空间并不大……这些问题严重影响了J公司的战略转型。公司领导想到借助外脑解决公司人力资源管理中面临的问题，并将项目定位于人力资源规划与职业发展咨询项目。

作为在业内具有相当知名度的北森公司，通过几轮角逐，最终承担了J公司人力资源规划和职业发展咨询重任。

咨询的前期项目组进行了员工满意度调查工作：与管理诊断问卷相结合，从员工心理感受的角度反映J公司的管理现状，透视员工心目中公司的优势和劣势方面，以及不同群体员工的心理诉求，提供改进管理现状的行动建议。

2. 工作流程

（1）明确客户员工满意度调查的需求。明确写出客户的需求，以及对需求的分析；明确需要侧重考察哪些层面的问题。

（2）设计问卷。围绕关键层面所包含的内容设置问卷题目，使题目的表达简单明确不产生歧义。

（3）实施调查。在公司高层和人力资源部门的支持与配合下，实施调查。调查前，项目组对被调查员工进行了培训：主要是员工满意度理论的知识和调整员工心态。使员工以开放的胸怀和真诚的态度谈出对公司满意和不满意的信息。这次采用了在线调查的方式，保密性更强、安全性更高。并且调查结束后，立刻就能得到各个层面问题的统计图表，使整个工作过程十分高效和准确。

（4）数据分析。用选项比例、平均数、标准差、交叉分析、差异检验等手段对数据进行分析和解读。最后，提交给客户的报告中包括了需求中3个层面问题的具体分析，并由此对J公司的优势、劣势、灰色地带，以及对员工的性别、年限、学历、职位、年龄等差异进行了分析。

（5）沟通反馈。员工满意度现状及可能的结论、满意度弱项的改进，以及将涉及的资源、达到的目标和效果、预防措施等。

（6）最后将整个满意度调查的操作过程和结果在被调查员工中公布。

3. 调查结论

（1）从满意度调查结果来看，在员工心目中，J公司的优势主要体现在以下方面。（略）

（2）J公司的劣势主要体现在以下方面。

① 工作量的分配存在一定程度的不合理性。
② 招聘制度和流程存在一定程度的不合理性。
③ 员工认为能够提升职业发展的培训和锻炼机会不多。
④ 员工认为很少有人与他们提及自身发展问题，很少因工作出色而受到表扬。
⑤ 报酬相对于贡献有一定程度的不合理性。

这说明，公司在人员甄选、配置和发展上需要做很多提高与改进工作。

（3）在满意度调查中，员工对某些方面的题目没有明确表态满意或不满意，在此称之为无法清晰探视的"灰色地带"，这主要体现在以下方面。

① 绩效评估的机制。
② 薪酬和绩效之间的关系。
③ 高层与员工之间的沟通。
④ 自身能力发挥的水平。
⑤ 得到的培训、锻炼机会。
⑥ 组织结构模式的合理性。

这说明，公司需要加强与员工在人员考核和激励制度方面的沟通，以帮助员工形成更清晰的有关"我做的工作如何"和"我如何做得更好"的概念，在工作中自我提升。

（4）总体而言，J公司的员工信任公司的领导和战略，对自己的工作感到满意，并且愿意长期为J公司工作，承担更多和更有挑战性的责任。这说明，J公司员工的精神状态很好，劲头很足，尤其是新员工和年轻员工。

（5）相对地，在制度和组织层面上，员工感到存在不合理和不公平的地方，这可能与公司高层与员工的沟通力度不够有关。有关公司政策、制度的交流需要加强，需要重视并听取员工的合理意见，以形成一种持久机制来保持员工的斗志。

（6）在人力资源方面，公司需要加大管理和开发力度。员工对招聘选拔流程、绩效考核的机制和价值、薪酬福利的政策和合理性，以及自身发展、提高和价值实现的满意度低于对公司的平均满意度水平，这些方面的解决将更有利于公司人力资源的发展，从而系统地提升公司人员的整体素质，保障并推动公司战略远景的实现。

总之，现有员工认为，J公司是一个很好的平台，如果公司能够对不足的方面加以改进，会成为更强大的平台，使公司和员工共同成长与发展。

4. 解决方案

（1）将组织结构、部门职能清晰化，这是管理改进的重要基础。

（2）以公司战略、组织部门职能、岗位胜任特征需求为依据，完善招聘制度和流程，保障公司在发展中能够得到所需的人力资源。

（3）加强与员工在薪酬与绩效方面的沟通，建立富有激励性的薪酬与绩效考核制度，使人才发挥最大价值和效用。

（4）建立有效机制促进员工发展。

① 定期与员工讨论其工作表现和发展（尤其对于老员工）。

② 授予足够、充分权限，使其能力最大限度地得到发挥（尤其对于新员工）。

③ 对于优秀员工、出色表现给予及时激励和表扬（尤其对于高能力、高潜力群体）。

④ 重视员工意见，鼓励员工承受难度、责任更大和更有挑战性的工作（形成公司文化）。

5. 结束语

有不少的企业会定期进行员工满意度调查，效果各有不同。员工满意度调查结果出来后采取的一系列活动是体现调查效果的关键，是达到调查目的、找出根源、提出措施、实施改进、提高员工参与积极性的重要环节。而由客观公正的第三方来参与员工满意度调查的整个流程的好处是可以得到更为可靠的结果和专业的咨询建议，同时全程的跟踪和实施，使员工可以在一种开放、独立的环境下各抒己见，从而使回收的信息更加客观和真实。

思考与讨论题

1. 结合案例讨论为什么组织应该定期进行员工满意度调查？
2. 如何有效地进行员工满意度调查？

第 5 章

基本的激励理论

学习目标

1. 掌握激励的概念,了解激励为什么要先熟悉激励过程模式。
2. 明确需要层次理论的主要内容。
3. 掌握激励因素的概念和保健因素的概念;了解激励因素和保健因素的主要区别。
4. 掌握高成就需要者应具备的特点。
5. 掌握如何将绩效和奖酬挂钩。
6. 理解公平理论中的报酬和投入比率。

开篇案例

摩托罗拉公司的激励过程

1. 提供福利待遇

摩托罗拉公司在每年的薪资福利调整前,都对市场价格因素及相关的有代表性企业的薪资福利状况进行比较调查,以便使公司在制定薪资福利政策时,与其他企业相比能保持优势和具有竞争力。摩托罗拉公司的员工享受政府规定的医疗、养老、失业等保障。在中国,为员工提供免费午餐、班车,并成为向员工提供住房的外资企业之一。

2. 建立公正评估制度

摩托罗拉公司制定薪资报酬时遵循"论功行赏"的原则,员工有机会通过不断提高业绩水平、为公司多作贡献而获得加薪。摩托罗拉公司的业绩报告表参照美国国家质量标准制定,员工根据报告表制定自己的目标。个人评估一个月进行一次,部门评估一年进行一次,根据业绩报告表的情况,公司在年底决定员工的薪水涨幅及晋升情况。

3. 尊重个人人格

在摩托罗拉公司,人的尊严被定义为实质性的工作、了解成功的条件、有充分的培训并能胜任工作、在公司有明确的个人前途、及时中肯的反馈和无偏见的工作环境。每个季度员工的直接主管会与其进行单独面谈,就以上 6 个方面或在更广阔的范围进行探讨,谈话中发现的问题将通过正式渠道加以解决。此外，员工享有充分隐私权，员工的机密档案，包括病例、心理咨询记录等都与员工的一般档案分开保存。公司内部能接触到员工所有档案的仅限于"有必要知道"的相关人员。

4. 实现开放沟通

员工可以通过参加"总经理座谈会"、业绩报告会或在《大家庭》报、公司互联网页上畅所欲言等形式反映个人问题，进行投诉或提出合理化建议，也可以与管理层进行直接沟通。管理层也可以根据存在的问题及时处理员工事务，不断促进员工关系，创造良好的工作氛围。

5. 提供发展机会

摩托罗拉公司的经理级别为初级经理、部门经理、区域经理（总监）、副总裁（兼总监或总经理）、资深副总裁。中国公司的经理中，72%是中国员工，比5年前上升了60多个百分点。目前，女经理人数已占到经理总数的23%。

该公司亚太总部还制定了一项新规定，即女性管理者要占所有管理者总数的40%。而且，今后在中层领导招聘中每3个面试者中至少要有一个女性。在现代社会中，除极个别的行业外，绝大多数职位男女都可以胜任。在男女员工的使用上，摩托罗拉公司一视同仁。

在摩托罗拉公司，技术人员可以搞管理，管理人员也有做技术的，做技术的和做管理的在工资上具有可比性。许多公司看重职业经理人的位置，是因为薪酬高。而在摩托罗拉公司，做技术和做管理完全可以拿一样多的工资。

激励问题一直是人力资源的重要内容，如何在工作上调动员工的积极性，激发全体员工的创造力，是开发人力资源的最高层次目标。作为企业，需要塑造激发员工创造力的环境和机制，摩托罗拉公司的激励特点就是创造了一种公平宽松的组织环境，提高了员工的积极性和创造性。由此可见，对于一个企业，有效的激励是非常重要的。因此，对于激励理论的研究很有必要。

5.1　激励概述

激励是人力资源管理的核心问题之一，但人们对激励重要性的认识却是在管理实践中逐步形成的。在西方，自20世纪二三十年代以来，管理学家、心理学家和组织学家就开始从不同的角度，以不同的方法研究激励问题，并提出多种多样的激励理论。

1. 激励过程

激励是通过了解人的需要和动机，设计一定的奖励措施和工作环境，激发和鼓励员工采取朝着预定目标行动并达到目标的过程。充分调动员工的积极性和创造性，有效地利用组织中的人力资源是现代组织管理的重要职能。

研究表明，个体的工作绩效取决于他的能力和激励水平的高低。能力固然是取得成绩的基本保证，但是一个人无论能力有多强，如果激励水平低，就难以取得好的绩效。

在一般情况下，激励表现为外界所施加的吸引力或推动力，激发成为自身的动力。从现代行为学的观点来看,个体受到激励时通常表现出3个特点:① 努力,即组织成员在工作中表现出来的工作行为的强度;② 持久,即组织成员在努力完成工作任务方面表现出来的长期性;③ 与组织目标有关,即受到高度激励的组织成员会把他的持久努力引向组织目标。因此,激励作用的关键取决于个体的需要、努力和与目标的相关性。其中,个体的需要是实施激励的出发点。

激发个体动机的心理过程模式可以看做是获得满足的过程:未被满足的需要会使个体产生紧张,激发个体的内驱力,这种内驱力将导致寻求特定目标的行为。如果达到目标行为,则需要得到满足,紧张消除。激励过程如图5-1所示。

图5-1 激励过程

2. 人的行为产生的原因

行为是指人这种主体对所处环境这种客体所作出的反应。人的行为由动机驱动,动机由需要引起。人的未得到满足的需要是动机产生的主要原因,因此未满足的需要是激励过程的起点。

未满足的需要之所以是激励的起点,是因为当个体渴望某种东西或某项目标时,身体或心理就会感到紧张和不舒服,这种紧张和不舒服的状态促使人们产生满足欲望的行为,如饥饿驱动人们寻找食物,口渴驱动人们去找水源。

3. 行为方向和行为控制

个体的行为具有方向性和目的性。人的行为指向一定的目标,当目标达成之后,原有的需要和动机就消失了,一个行为过程也就结束了。而新的需要和动机的形成,又会产生新的行为。

个体的目标与组织的目标总是存在一定的偏差,这种偏差越小,个体的行为对组织绩效的贡献就越大。由于个体行为的多样性及其对目标的不同影响,组织需要对人的行为进行预测、引导和控制,从而更有效地实现组织的目标。

4. 激励过程模式

人总是具有不同强度的多种需要与愿望。当需要与愿望得到满足后,新的需要就会反馈到下一个循环中去。概括起来,可以用一个激励模式来表示,图5-2是一个7阶段的激励过程模式。

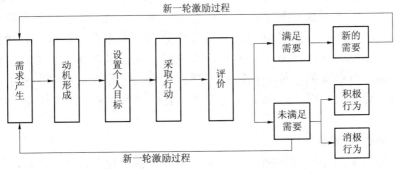

图5-2 激励过程的模式

（1）需要产生阶段。在这一阶段未满足的需要产生，引起个体内心的不平衡。

（2）动机形成阶段。在这一阶段这种心理的不平衡造成个体心理紧张和生理紧张，即形成动机。

（3）设置个人目标阶段。在这一阶段个体寻求和选择满足这些需要的对策方法，设置个人目标。

（4）采取行动阶段。在这一阶段个体采取相应的行为去实现目标，以求恢复心理和生理的平衡状态。

（5）评价阶段。在这一阶段评价个体在实现目标方面的绩效。以满足工作中内在报酬为目标的绩效，通常由自己来评价；以满足工作外在报酬为目标的绩效，通常由别人来评价。

（6）结果反馈阶段。在这一阶段，如果激励过程满足了需要，就会有平衡感和满足感，个体的紧张状态消除；如果需要未得到满足，说明个体受到挫折，心理更加紧张，激励过程还要重复。

（7）采取新的行为阶段。在这一阶段，如果个体的需要得到了满足，可能产生新的需要，新一轮的激励过程继续开始；如果个体的需要未得到满足，可能出现积极或消极行为，也可能进入下一轮的激励过程。

激励过程以人的需要开始，到实现目标和满足目标需要结束。值得注意的是，现实生活中的情况复杂、多变，激励过程并不那么清晰，这是由于以下3个原因。

首先，动机只能推断，难以直接观察。例如，两位推销员的文化程度、工作能力、工作年限、年龄、工作内容和外部条件都基本相同，但他们的工作业绩却差别很大。可以根据两个人表现出来的工作行为，来推断他们工作动机的强弱，即工作积极性的高低，但却无法直接观察到他们各自的内在动机（需要、期望）。

其次，激励过程模式的复杂性集中表现在动机的变化上。在任何时候，每个人都会有各种不同的动机，有时还会产生动机冲突。例如，一位员工如果选择加班工作，就可以获得更多的金钱收入，但这同时也意味着他会失去闲暇，此时物质需要和心理需要之间就会产生冲突。

再次，动机与行为关系的复杂性。不同的动机可能导致相同的行为，相同的动机也会导致不同的行为。究竟选择哪种动机来推断员工的行为也是不相同的。例如，几位员工同样非常努力工作，但他们努力工作的动机可能各不相同。有的是为了获得更多的收入，有的是为了建立一定的友情，有的是为了从工作中得到极大的乐趣，获得自我实现的满足。对第一位员工，采取物质激励的手段就比较有效；对第二位员工，让其获得非正式组织的接纳和承认的激励方法可能更有效；对第三位员工，采用充分授权，赋予挑战性的工作，效果可能更好。动机与行为关系的复杂性说明，人在采取某种行为时，往往是几种动机交织在一起，但总有某一种动机特别强烈，成为决定行为的主要因素，这种最强烈的动机就成为优势动机。因此，分析优势动机，有针对性地选择激励手段，才可能产生好的激励效果。

5. 努力、绩效和激励

组织激励的目的是让员工有持续、长久的工作积极性，让组织获得良好的绩效。因此，要提高激励的有效性，就要在努力、绩效和奖励之间建立相关关系。

一般来说，员工工作的动机是追求个人满足最大化。因此，员工对个人利益的关注一定会强于对企业利益的关注，因为在事关自身利益时，趋利避害的本能会使人们把面临危机的压力转变为动力。可以想象，人们在降低收入或失去关注等威胁时，定会奋发向上；人们在获得收入或取得成功面前，也会努力工作。

虽然，员工个人的需要满足与企业利益有关联，但两者之间不会自然产生密切联系。要想在企业绩效和员工个人需要之间建立某种联系，把企业的需要与员工个人的需要紧密地联系起来，就必须在激励过程模式的基础上，使努力、绩效和激励之间具有相关性。

图 5-3 表示第一个环节是员工通过努力工作，并在必要的环境条件支持下，取得预期的工作绩效；第二个环节是企业根据员工的工作绩效决定对员工的组织奖励；第三个环节是企业通过针对性的奖励来满足员工的个人需要。激励过程的有效实现，依赖于 3 个环节之间的顺利连接和整个系统过程的良性循环。

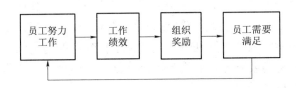

图 5-3 努力、绩效和激励的关系

值得注意的是，由于企业关心"工作绩效"，员工关心"满足个人需要"，把员工的需要和企业的需要结合起来，就必须采用"双赢"的思维，在双方的需要之间建立平衡。

 5.2 需要层次理论

美国著名人本主义心理学家亚伯拉罕·马斯洛（A. Maslow）在 1943 年所著的《人的动机理论》一书中，提出了需要层次理论。马斯洛认为，每个人都有一套复杂的需要系统，按需要的先后顺序，可排列成阶梯式的层次。需要层次论阐述了人的基本需要可以分为 5 个层次，即生理需要、安全需要、社会需要、尊重需要和自我实现需要，并把这 5 种需要从低到高，排成等级层次。

1. 需要层次理论概述

1）生理需要

生理需要是人类生存所必需的一种最基本的要求，包括食物、水、空气、住房和其他生理机能的需要。生理需要是属于最低层次的人类基本需要，它的满足是维持生命的必要条件。人类在高层次的需要之前，总要集中全力满足这类基本需要。

2）安全需要

随着生理需要的不断满足，人类越来越向往一个安全的、有秩序的、可以预测的、有组织的世界，安全需要便作为激励行为的目标被提出。安全需要的含义广泛，是对人身安全、生活稳定、免遭痛苦、威胁或病痛等方面的需要。与生理需要相比，安全需要是较高一层次

的需要，但也是人类最基本的需要。在现代社会中，科技迅速发展，竞争日趋剧烈，人类的安全需要也越来越突出，更加渴望一种安全而稳定的职业，如有医疗、保健和劳动保护；人身、家庭和住所免遭攻击；避免失业、疾病和其他各种危险；保证退休后有稳定的经济来源和生活保障等。

3）社会需要

社会需要是指个人对友爱、归属和接纳的需要。个人在生活中需要有爱人、孩子和朋友，在工作中，渴望同事之间和睦相处和对组织的归属，在生理需要和安全需要得到满足之后，社会需要就突出出来，而且社会需要如果不能得到满足，就可能影响人的身心健康。

4）尊重需要

几乎所有的人都渴望在社会中有一定的地位，个人的能力和成就能得到他人及社会的认可。尊重需要包括自尊和他尊。一方面，个人能适应不同环境，胜任工作，充满信心，有自尊心；另一方面，个人要求受到别人的尊重，有一定的地位和威望，得到别人的信赖和合理评价。尊重需要的满足能使人产生胜任、自信和肯定自我价值的情感，是每个人获得成功的一种重要激励因素；尊重需要不能得到满足，个体则会产生自卑、软弱和沮丧的情绪，甚至否认自己的价值，产生负激励。

5）自我实现需要

自我实现是指人的潜在能力得到实现的趋势，并通过自我完善使自己成为所期望的人物。在现实生活中，人的高层次需要应该是自我实现。马斯洛说："音乐家必须演奏音乐，画家必须绘画，诗人必须写诗，这样才会使他们感到最大的快乐，什么样的角色就应该干什么样的事情。我们就把这种需要叫做自我实现。"追求自我实现的人，有一种追求个人能力极限的内驱力，包括成长、发挥自己的潜能和自我实现，并全神贯注在满足这些需要上，以至于在某种程度上可能牺牲较低层次需要的满足。

马斯洛把5种需要分为高层次需要和低层次需要。生理和安全需要是较低层次的需要；社会需要、尊重需要和自我实现需要是较高层次的需要。较高层次的需要从内部使人得到满足，较低层次的需要使人从外部得到满足。

任何一种需要一旦得到满足，就不再是行为的动力，或者说不是行为的主要动力，这时下一个需要就可能成为主导需要。所以，如果要激励某人，根据马斯洛的需要层次理论，首先需要知道他处于需要的哪个层次上，然后去满足该层次的需要。

2. 需要层次理论的应用

马斯洛的需要层次理论在管理中给人们的启示是，管理者应该找出相应的激励因素，采取相应的激励措施，来满足员工不同层次的需要，这样有利于调动员工的积极性。

（1）满足员工的生理需要是激励的基本保证。如果员工还在为生理需要而奔波，他们就无法专心于本职工作，只要能谋生，任何一种工作都能接受。当然，在现代组织环境中，连生理需要都没法满足的员工毕竟是少数，但是人们的需要是不断增长、不断变化的，因此管理者可以通过增加工资，改善劳动和生活条件，给予更多的业余时间和更长的工休时间，以及更好的福利待遇等办法来激励员工，调动他们的积极性。

（2）心理上的安全期望有很重要的意义。要把满足安全需要作为激励的动力，使员工对能够提供安全、有保障、能长期从事的职业感兴趣。

（3）在组织管理过程中，当社会需要成为主要激励源泉时，一些能够为人们提供社会往来机会的职业就会产生较大的吸引力。当管理者发现员工努力追求的是这一需要的满足时，应该强调同事的共同利益，开展一些有组织的体育活动、联欢活动等，来增进相互间的感情，逐步形成集体公认的行为规范。

（4）在管理上，当荣誉成为人们的主导性需要时，管理人员可以利用这种需要作为提高对自己工作自豪感的措施。

（5）受到自我实现需要激励的人，会把他们最富有创造性和建设性的技巧融合到生产与工作中去。领导者和管理人员应很好地利用人们的创新心理与能力，吸引更多的组织优秀成员参与决策，注重民主管理，提供发挥才能的空间。

5.3 ERG 理论

耶鲁大学组织行为学教授克莱顿·奥德弗（Clayton Alderfer）根据对工人大量调查研究的结果，对马斯洛的理论进行了修改，以简化该理论的内容和响应有关该理论缺乏验证的批评。像马斯洛一样，奥德弗确实感觉到对需要进行归类的价值，以及在低层次需要和高层次需要之间存在的显著差别。

1. ERG 理论概述

奥德弗认为，在管理实践中将员工的需要分为 3 类比较合理，即生存（Existence）需要、相互关系（Relatedness）需要和成长（Growth）需要，简称 ERG 理论。

1）生存需要

生存需要是指人在衣、食、住、行等方面的物质需要，主要关注生理方面的满足。生存需要是最基本的，这种需要只有通过钱才能满足。

2）相互关系需要

相关关系需要相当于马斯洛理论中所说的友谊、爱和归属的需要。当一个人的工资已经满足他的基本需要之后，他就追求相互关系和谐的需要，希望在与上级或同级的相互关系上处理得更好。当一个人对工资不满意时，其对归属方面的需要就会较小。

3）成长的需要

当相互关系的需要得到满足后，就会产生成长的需要。这种需要是指个人在事业上和前途方面的发展需要。

ERG 理论认为，各种需要可以同时具有激励作用，这与马斯洛主张的低层次满足是高层次需要满足的先决条件有所不同。奥德弗提出的"挫折 – 退化"理论认为，如果较高层次的需要不能得到满足，人们对满足较低层次需要的欲望就会加强。

2. 关于需要关系的命题

奥德弗提出了关于需要关系的以下 7 个命题。

（1）生存需要满足得越少，人对生存需要的需求就越多。

（2）关系需要满足得越少，人对关系需要的需求就越多。

（3）成长需要满足得越少，人对成长需要的需求就越多。

(4) 生存需要满足得越少，人对关系需要的需求就越多。
(5) 关系需要满足得越少，人对成长需要的需求就越多。
(6) 关系需要满足得越少，人对生存需要的需求就越多。
(7) 成长需要满足得越少，人对关系需要的需求就越多。

通过以上7个命题可以看出，无论是生存需要、相互关系需要还是成长需要，哪一类的满足越少，就会促使人们去追求这一类需要的满足，这就激励人们执著地去追求和实现目标。奥德弗不仅认为在低层次需要得到满足后人们进而追求更高一级的需要，而且认为在低层次需要得不到满足（或满足较少）时，也会转而追求更高一级的需要；同时，在高一级需要受到挫折时，也会倒退到较低一级的需要层次。奥德弗还认为，在任何时候，人可以有一个或一个以上的需要发生作用，由低到高的顺序也不一定严格，可以越级上升。例如，生存需要在得到满足后，可以不经过相互关系需要的满足而直接上升到追求成长发展的需要。

5.4 双因素理论

双因素理论是由美国心理学家弗雷德里克·赫茨伯格（Ferderick Herzberg）于1959年提出来的，也称为激励因素、保健因素理论。赫茨伯格认为，要从人的内心和工作本身来调动人的积极性，工作对人的吸引力才是最主要的激励因素。

1. 双因素理论概述

赫茨伯格对马斯洛的理论进行了拓展，但"双因素理论"不像马斯洛的需要层次论那样是由纯理论性研究得来的，而是从调查研究开始，通过考察员工对工作的满意感和生产率之间的关系，根据调查得出的大量资料分析，发现了影响人们积极性的两类不同因素，即满意因素和不满意因素，两种因素的比较，如图5-4所示。

1）保健因素

赫茨伯格和他的同事们从调查研究中得出结论，认为造成员工非常不满的原因主要是企业的政策、行政管理、工作水平、工作环境、劳保福利、地位、安全、监督和人际关系等因素，这些因素的改善虽然不能使员工感到满意，激发他们的工作积极性，但能够消除员工的不满，起到维持工作现状的作用，因此称之为"保健因素"。

2）激励因素

赫茨伯格和他的同事们从调查研究中得出结论，导致员工满意的因素主要是工作富有成效、工作成绩得到认可、工作本身具有重要性、负有较大的责任，以及在职业生涯中能得到发展成长等。这些因素的改善不仅能让员工感到满意，而且可以给员工较高的激励，调动员工的积极性，所以称之为"激励因素"。

由图5-4可知，由保健因素造成的不满占69%，而激励因素只占31%。当保健因素得到满足后能形成的激励只有19%，而当激励因素得到满足后所能形成的激励高达81%。

2. 双因素理论的基本观点

赫茨伯格认为，统计资料表明满意的对立面不是不满意，消除工作中的不满意因素也并

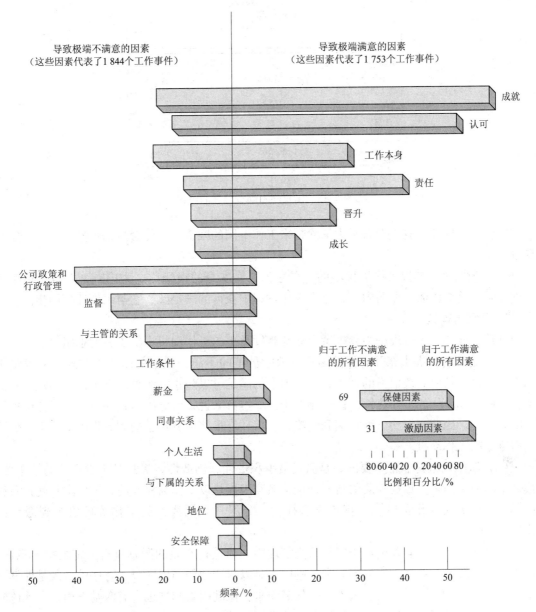

图 5-4 满意因素与不满意因素的比较

不必然带来工作的满意。满意与不满意因素的对比如图 5-5 所示。

双因素理论的基本观点可概括如下。

（1）双因素理论修正了传统的有关满意与不满意的观点。传统的满意与不满意的观点认为，满意的对立面是不满意，这是不确切的。满意的对立面应该是没有满意，而不是不满意。同样，不满意的对立面应该是没有不满意，而不是满意。例如，工作条件和薪金等保健因素既不能增进也不能减弱员工对工作的满意感，它们只能影响员工对工作不满意的程度。

（2）并不是所有的需要得到满足都能激起人们的积极性，只有激励因素的满足才能极大地调动人们的积极性。缺乏保健因素时将引起极大的不满，但具备保健因素时并不会激起

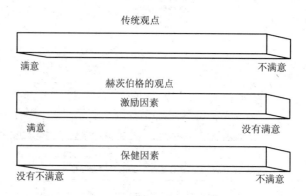

图 5-5　满意与不满意因素的对比

强烈的激励。因此，管理者若努力消除带来工作不满的因素，可能会带来平静，却不一定有激励作用。

（3）激励因素是以工作为核心的，得之于工作本身的报酬称之为内酬，发自于员工内心的激励称之为内激。所谓内酬，是在工作过程中获得的满足感，它与工作任务同步。

3. 双因素理论的应用

赫茨伯格的双因素理论为管理者更好地激发员工的工作动机提供了新的思路。

（1）管理者应提供充分的保健因素以消除员工的不满，但不能以这种方式来激发员工的工作动机。按照赫茨伯格的理论，保健因素的满足可以防止不满意的产生，却不能产生满意，不能调动个体的工作热情。由于相对于工作本身来说，保健因素是外在的，只能起安慰和防止作用。因此，提薪、增加福利设施、改善环境虽然也有短暂的刺激作用，但不能使职工有高效的工作动机。

（2）激励因素是非常重要的，是激发员工积极性和创造性，提高员工责任感的最重要、最基本的内在因素。根据赫茨伯格的理论，激励因素是以工作为核心的，工作本身就是一种报酬，所有扩大工作范围、丰富工作多样化、分派具有挑战性的工作等可以起到激励的作用。

应该指出，双因素理论对于组织行为管理中如何进行有效的激励具有一定的指导意义，但也有很多缺陷。首先，保健因素和激励因素难以很清楚的加以区分，有些因素既是保健因素又是激励因素；同时，激励因素也是保健因素，保健因素同样也含有激励作用，在具体应用中不可将激励因素和保健因素作绝对化的理解。其次，双因素理论是在对知识型员工进行调查的基础上建立起来的一种简化模型，它的普遍适用性也存在着某些值得怀疑的地方。

5.5　成就需要理论

1. 成就需要理论的基本内容

美国心理学家麦克里兰（David McClelland）从另外一个角度提出了他的工作激励理论。他认为，在人的生存需要得到满足的情况下，人的最主要的需要有 3 种：权力需要、合群需要和成就需要。其中，成就需要是麦克里兰成就需要理论的核心。他把成就需要定义为追求卓越、实现目标、争取成功的内驱力。

1）权力需要

权力需要是影响和控制他人的欲望，具有较高权力需要的人对影响和控制别人具有很大的兴趣。

2）合群需要

合群需要是指建立友谊和和谐的人际关系的欲望。合群需要较高的人努力寻求友爱，喜欢合作性的而非竞争性的环境，渴望有较高的相互理解的关系。

3）成就需要

成就需要是追求卓越以实现目标的内驱力。具有较高成就需要的人对成功有强烈的要求，并乐于接受具有挑战性的工作。

2. 具有高成就需要者的特点

麦克里兰通过对成就需要的研究，发现高成就需要者具有以下特点。

（1）具有高成就需要者更喜欢具有个人责任、能够获得工作反馈和适度的冒险性环境。当具备了这些特征，高成就需要者的激励水平就会很高。

（2）高成就需要者不一定就是一个优秀的管理者，尤其是在一个大组织中。高成就需要者感兴趣的是他们个人如何做好，而不是如何影响其他人做好。

（3）合群需要和权力需要与管理者的成功有密切关系，最优秀的管理者有高权力需要和低合群需要。有权力的职位可能会成为高权力动机的刺激因素。

最后，已经有成功的办法可以训练员工激发自己的成就需要，培训者指导个人根据成就、胜利和成功来思考问题；然后，帮助员工通过寻求具有个人责任、反馈和适度冒险性的环境，并以高成就需要者的方式行动。所以，如果工作需要高成就需要者，管理者可以选拔具有高成就需要的人，也可以通过成就培训来开发现有的下属员工。

5.6 期望理论

美国心理学家维克多·弗鲁姆（V. H. Vroom）于1964年在《工作与激励》一书中提出的期望理论，着重研究了目标与激励之间的规律。

1. 期望理论概述

期望理论认为，一种行为倾向的强度取决于个体对这种行为可能带来结果的期望强度，以及这种结果对行为者的吸引力。人总是通过选择一定的目标，然后努力去实现这种目标，从而直接或间接地满足自身的需要。人在行动之前的目标选择过程，实际上包含着对行为结果的某种预期，这种预期对于行为来说本身就是一种力量。当员工认为努力会带来良好的绩效评价时，他就会受到激励进而付出更大的努力。动力大小取决于两个因素的影响：① 效价；② 期望值。

1）效价

所谓效价，即追求目标的价值，是指个人对其所从事的工作及所要达到的目标的估价。

或者说，是被激励对象对某一目标（奖酬）重视程度及评价高低，即人们在主观上认为该目标价值的大小。由于每个人的需要、地位、性格和偏好的不同，同一目标或事物对不同的人甚至同一个人在不同的时间，都可能体现出不同的价值。但是，人们普遍的心理规律是：每当人们把目标价值看得越大时，对他们的吸引力就越大，积极性就越高。

2）期望值

所谓期望值，即追求目标得以实现的可能性的大小，是指人们对自己的行为能否导致想得到的工作绩效和目标的主观概率，即主观上估计达到目标获得奖酬的可能性。这种主观概率受到人的个性、情感和动机的影响，因而人们对这种可能性的估计也不一样，有的人趋于保守，有的人趋于冒险。一般而言，个人认为不可能实现的目标，即使价值很高，也起不到调动积极性的作用。

2. 期望理论的应用

期望理论应用的关键是了解个人目标，以及努力—绩效、绩效—奖励、奖励—个人目标满足的关系，如图5-6所示。

图5-6 期望理论应用的关键

1）努力—绩效关系

努力—绩效关系是个人认为通过一定努力会带来一定绩效的可能性。这种关系取决于个体对目标的期望概率。在现实生活中，个人往往根据过去的经验来判断一定行为能够导致某种结果或满足某种需要的概率。另外，期望概率还要受到个人气质、能力、性格，以及认识、态度、信仰等主观因素的影响。个体对目标的期望概率是一个由主观条件相互作用而决定的函数。

2）绩效—奖励关系

绩效—奖励关系是个人相信一定水平的绩效会带来所希望的奖励结果的程度。人总是期望在得到预期的成绩后，能得到适当的报酬，包括奖金、表扬、提级、晋升、荣誉、信任和感情等。如果只要求人们作贡献，而不给予一定的报酬，时间一长，被激发出来的内在动力会逐渐消退。

3）奖励—个人目标满足关系

奖励—个人目标满足关系是组织奖励满足个人目标或需要的程度，以及这些潜在的奖励对个人的吸引力。奖励与满足个人需要之间的关系，是期望理论应用中一个很重要的方面。需要是员工产生行为的内在动力，是领导者激励员工的基础。在现实生活中，个体的需要往往同时并存、相互渗透成为交织的状态。对于同一个目标，由于个人的需要不同，所处的环境不同，从而他们对该目标的效价也往往不同。而且，由于每个人的资历、年龄、性别、爱好、职业、经济条件、社会地位不同，也使他们的需要存在明显的差异。因此，对于某一种报酬，不同的人所体验的价值不同，其所具有的吸引力也就不同。需要指出的是，只有能满足人的需要的报酬才能成为动力。这就要求领导者在运用激励手段时，从了解员工的真实需要开始，选择员工最迫切、最关键的需要予以满足，才能确实调动员工的积极性和创造性。

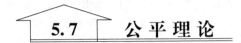
5.7 公平理论

1. 公平理论的基本内容

公平理论是美国心理学家斯戴西·亚当斯（Stacey J. Adams）于1976年在其著作《奖酬不公平时对工作质量的影响》中提出来的一种激励理论。该理论着重研究工作报酬分配的合理性、公平性对员工工作积极性的影响。

公平理论认为，职工的工作动机不仅受到其所取得绝对报酬的影响，而且受到相对报酬的影响。即个人将自己的投入与报酬之比和他人进行比较，得出反馈，影响其下一步的努力。公平理论可以用表5-1表示。

表5-1 公平理论

比 率 比 较	感 觉
$O/I_a < O/I_b$	由于报酬过低产生的不公平
$O/I_a = O/I_b$	公平
$O/I_a > O/I_b$	由于报酬过高产生的不公平

在表5-1中，O/I_a代表员工的产出与投入之比，O/I_b代表其他人的投入和产出之比。

公平理论认为，个人不仅关心自己经过努力所获得的报酬的绝对数量，也关心自己的报酬和其他人报酬之间的关系。他们对自己的投入与产出和他人的投入与产出的关系作出判断。在个人投入（如努力、经验、受教育水平和能力）的基础上，对产出（如工资水平、加薪、认可和其他因素）进行比较，当人们感到自己的产出-投入比与他人的产出-投入比不平衡时，就会产生紧张感，这种紧张感又会成为他们追求公平和公正的激励基础。

公平包括两个方面的含义：① 分配公平，即个人可见报酬的数量和分配的公平；② 程度公平，即用来确定报酬分配程序的公平。员工是否感到公平是基于以下考虑。

（1）员工对报酬的满意度是一个社会比较过程。

（2）个人对自己的报酬是否满意，不仅受到报酬绝对值的影响，而且也受到报酬相对值的影响，即个人和别人的横向比较，以及与个人的历史收入作纵向比较。

（3）人需要保持分配上的公平感，只有产生公平感时才能心情舒畅，才会努力工作。

当一个人感到自己的分配受到了不公平的待遇时，为了消除由此而产生的心理上的不公平感，有可能会采取以下方式：谋求增加自己的报酬；谋求降低他人的报酬；设法降低自己的贡献；设法增加他人的贡献；换另一个报酬与贡献比值较低者作为比较对象。前4种谋求公平的行为方式，实际上是在向组织方面施加压力，而后1种行为方式是属于心理上的自我安慰。由此可见，要增加员工的满意感，真正调动他们的积极性和创造性，分配公平，以及员工在心理上对公平的体现是十分重要的。

2. 公平理论在管理中的应用

公平理论在管理实践中具有非常重要的作用。

首先，公平理论强调组织建立和保持对待员工的公平方法的重要性。公平存在于观察者的感觉中，管理人员应该让员工充分体会到、感受到他们受到了公平的对待，而且要尽可能让员工在客观和主观上都感受到公平。

其次，公平理论还提出在以人为中心的组织行为管理中，不仅要注意组织中个人的自身感受，还要特别注意组织之间人与人的相互攀比所带来的影响，个人进行横向比较时也会带来负面影响。

公平的近期研究拓展了公平或公正的含义。从历史上看，公平理论着眼于分配公平，即个人间可见报酬的数量和分配的公平；公平也应该考虑程序公平，即用来确定报酬分配程序的公平。有证据表明，分配公平比程序公平对员工的满意度有更大的影响；相反，程序公平更容易影响员工的组织承诺、对上司的信任和流动意图。所以，管理者需要考虑将分配的决策过程公开化，应遵循一致和无偏见的程序，采取相应的措施增加公平感。通过增加程序公平感，员工即使对工资、晋升和其他人产出不满意时，也可能以积极的态度看待上司和组织。

总之，公平理论表明，对大多数员工而言，激励不仅受到绝对报酬的影响，还受到相对报酬的影响。

5.8 强化理论

1. 强化理论的基本内容

强化理论是美国哈佛大学心理学教授斯纳金（B. F. Skinner）提出来的一种新行为主义激励理论。该理论着重研究个体外在的行为表现，强调个人的行为结果对其行为的反作用，指出行为的结果如果有利于个体，则这种行为会加强并会重复出现；如果不利于个体，则这种行为会消退和终止。

强化理论认为，人的行为可以分为应答性行为和操作性行为两大类。应答性行为是由环境的刺激所引起的行为；操作性行为是由个体内在需要的激励下自身发出的行为。两者的区别可以由下列事例加以说明。苍蝇落在手臂上，挥手驱赶，这是应答性行为；安装纱窗阻止苍蝇入室和消除苍蝇的滋生地，这是操作性行为。因此，后者才是研究的主要对象。

强化是指通过外力来干预某种刺激与行为的联系，以改造人们的行为，这包括以下两个方面。

1）正强化

正强化是指通过外部刺激对某种行为给予肯定或奖励，使该行为得以巩固、保持和加强。能够起到正强化作用的因素有对工作成绩的认可、表扬、增加工资、发给奖金、提升重用、安排胜任的工作等，以及对员工某一行为的肯定，从而使员工在类似条件下重复这一行为。

2）负强化

负强化是指通过外部刺激对某种行为给予否定或惩罚，使这种行为减弱、消退或终止。由于负强化是消极的强化，应预先告知某种不符合要求的行为可能引起的不良后果，允许人们通过按要求的方式来避免不符合要求的行为可能带来的令人不愉快的处境。

2. 强化理论在管理中的应用

运用强化理论作为手段，来达到预定的行为结果，可以采用以下方法。

1）设置具有挑战性的目标

有关目标设置的研究表明，设定恰当而具有挑战性的目标能够产生强烈的激励作用。具有挑战性的目标，不仅可以激发人的动机，而且可以强化人的行为。一个组织要设置总体目标，围绕总体目标设立目标体系；各部门、团队和个人都要有明确的目标。明确了目标，员工在工作中就会时刻把行为和自己的目标联系起来。

2）及时反馈

及时进行信息反馈可以使员工尽快知道自己行为的结果和尽早得到强化，以便及时得到激励，加倍努力工作，达到修正行为的目的。

3）合理的奖酬设置

要使奖酬真正成为强化因素，使受奖者不断增加自己的行为次数，奖酬方式要新颖多样，因人而异；要多用不定期奖酬，增加强化效果。

4）奖罚结合，以奖为主

正确的行为若不给予肯定和鼓励，其行为和绩效就不能持久；对不良的行为给予适当的惩罚，可使行为者和他人吸取教训。

强化因素不同，对人行为的效果可能不同。例如，物质激励可以使一部分人努力工作，但对另一部分人而言，工作成就感可能比物质激励的强化作用更有效。因此，管理者应熟知不同强化因素的特点，因人制宜，因地制宜，因时制宜，具有针对性地进行强化。

强化和惩罚是有区别的。强化会增加良好行为发生的次数，对人具有鼓励作用。即使是负强化，只要做好工作，也可以消除副作用；而惩罚对未来行为并没有长久或确定的影响。同时，惩罚会给人带来心理上的创伤。因此，任何一个组织的领导者都必须慎重地使用惩罚手段。当然在必要时，仍须使用惩罚手段，对一个人的惩罚可以教育大多数人。从这个角度来说，惩罚也有一定的效果。

5.9 目标设置理论

人的行为是由动机引起的，并且指向一定的目标。目标是个体或群体在工作中希望达到的绩效标准。通常，目标的达成是影响个体、群体或部门及整个组织绩效水平的一个重要因素。目标设置是通过建立有效和有意义的绩效目标从而激励员工的过程。

1. 目标设置理论的基本内容

关于目标设置已经有了大量的理论研究，主要来自于爱德温·洛克（E. A. Locke）和他的同事所做的工作。爱德温·洛克于1967年提出目标设置理论（Coal-Setting Theory），该理论认为，人们为了达到目标而工作，是工作动机的主要激励源之一。设置目标是一种强有力的激励，也是提高激励水平的重要过程。外来的激励，如奖励、工作绩效的及时反馈等都是通过目标来影响动机的。也就是说，目标可以告诉员工需要做的事情及为此需要付出的努力。目标导致努力，努力创造工作绩效，绩效增强自尊心和责任心，从而产生更高的目标。管理学家休斯（C. L. Hughs）认为，成长、成就和责任感都要通过目标的达成来满足个人的需要。因此，重视目标和争取完成目标是激发动机的重要过程。

2. 目标设置的标准

要使目标能够影响员工个体和群体的行为，目标至少必须具有两个重要的标准，即目标的明确性和目标的难度。目标设置的基本模式如图5-7所示。

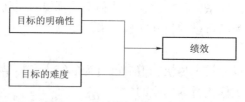

图5-7 目标设置的基本模式

该模式表明，绩效是指目标的效果，绩效主要是由目标的难度和目标的明确性形成的。

1）目标的明确性

目标的明确性是指目标必须具有明确的指向。明确的目标本身就是一种激励，因为人们都有了解自己行为结果和行为目的的认知倾向，而这种了解能够减少行为的盲目性，提高行为的自我控制。通常情况下，越具体的目标也越明确，因此能够精确观察和测量目标（如生产产品的数量单位、废品率、客户投诉率），以及规定完成时间的目标（如1个月、1个季度或1年），从而比较具体，对人的行为的影响也比较明确。

2）目标的难度

目标的难度与激励和绩效水平之间有着明确的关系。一般而言，挑战性越强的目标越能激发个体的工作动机，激励性也越高。如果目标很容易达到，则目标设置是没有意义的；如果目标难度太高，无论如何努力都无法达到，那么所设置的目标也就失去了激励作用。由此可见，绩效目标应该是具有挑战性的而非简单的和常规的。同时，目标应该是经过努力能够完成的，而不是太困难以至于追求这个目标的过程是令人沮丧的。

最近的研究指出了一些目标的难度和随后绩效之间的中介变量。两种形式的反馈能够促进目标的实现：过程反馈和结果反馈。过程反馈涉及个人或单位在朝向目标努力过程中表现如何的信息；而结果反馈涉及实际的目标本身。而其他的一些研究也探究了竞争在目标的难度和绩效关系中的调节作用，但是结果是混合的。在另外一些研究思路中，知觉到的目标难度对自我报告中的工作绩效有负面的影响。换句话说，认为工作是高度困难的员工会报告执行的水平更低。然而，目标的难度如果和目标的明确性结合起来，员工会有更多的努力，这反过来会导致更积极的自我报告绩效。

5.10 激励理论的整合

各种激励理论之间并不矛盾,因为一个理论的有效性不能自动使其他理论失去有效性。事实上,许多激励理论之间的观点是相互补充的,只有将各种理论融会贯通,了解相互之间的关系,才会加深对如何激励个体的理解。激励理论的整合如图 5-8 所示。

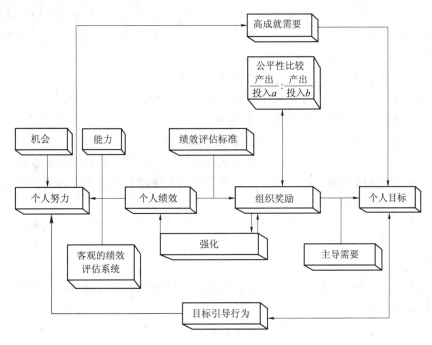

图 5-8 激励理论的整合

首先,机会是影响个人努力的一个因素,它可以促进也可以妨碍个人努力。个人努力还与个人目标密切相关,图 5-7 中的目标—努力环说明,目标是行为导向,是个人努力达到的成就和结果。

期望理论认为,如果员工认为努力与绩效、绩效与奖励、奖励与个人目标的实现之间有密切的联系,则他的努力程度就会提高。但每一种关系也会受到某些其他因素的影响,当努力程度一定时,个体的努力和绩效评价系统影响其工作绩效的高低;如果个体认识到一个人获得的奖励是由于绩效,而不是资历、个人爱好或其他标准,那么绩效与奖励的关系就会更加密切。如果奖励与目标的关系能够在较大程度上满足员工的主要需要,员工的激励水平就会提高。

图 5-7 中还很好地考虑了成就需要理论、强化理论和公平理论的整合。对具有高成就需要的人来说,从努力到个人目标的飞跃就是最好的奖励。只要高成就需要者从事的工作能给他们提供个人责任、反馈和中度的冒险,他们就能从内部受到激励。所以,高成就需要者不关心努力与绩效、绩效与奖励、奖励与个人目标的联系。

激励理论整合也考虑到强化理论，如果管理层设计的奖励体系被员工看做是对高绩效的报酬，那么奖励就会加强和鼓励持续的高绩效，组织的激励就会强化个人的绩效行为。

5.11　知识经济时代的激励手段

1. 知识经济的特征

经济合作与发展组织（OECD）在 1996 年 10 月发表的《以知识为基础的经济》的报告中，将知识经济阐释为"直接依赖知识和信息的生产、分配和使用的经济"，简称以知识为基础的经济。知识经济具有以下特征。

（1）科学和技术研究开发日益成为知识经济的重要基础。

（2）信息与通信技术在知识经济的发展过程中处于中心地位。

（3）服务业在知识经济中扮演了主要角色。

（4）人力的素质和技能成为知识经济实现的先决条件。

知识经济是以知识为基础的经济。在知识经济时代，经济发展要素的重要性发生很大的变化，知识成为经济增长的核心，知识要素成为推动经济增长的决定性因素。对知识要素的投入，会引起"收益递增"。

知识经济的到来，改变着社会经济政治生活的各个方面，也改变着人们的就业观念、工作方式和工作价值观。

2. 激励的目的

知识经济时代，激励的根本目的是把员工脑海里的知识继续充分地调动和使用，从而提高组织的应变和创新能力。

首先，要把优秀的、有价值的员工留在企业内部，为企业服务。

其次，要使员工积极主动地发挥自己的创造力和创新精神。这就要求企业在激励政策方面做好必要的安排，一方面能吸引和稳定企业优秀人员；另一方面能够给员工带来较大的物质财富，满足个人的成就感。

3. 激励方式

1）重视培训教育和能力开发

在知识经济时代，产品量的增加，或者说产品的生产已经变得非常容易。在这种情况下，管理的重点将转变为知识的研发、生产和应用。随着信息和知识发展的迅速倍增，企业业务会随之发生改变，需要更多可以转换的技能，要求员工能够不断学习新知识、新技能，了解新的信息，把握新的发展机会，养成终身学习的习惯，并能以新的思维模式来思考企业的经营与发展，将个人发展与企业发展结合起来。为此，激励的重点是员工的终身教育、培训和能力开发。

2）增加工作的自主性

在知识经济条件下，员工会更多地追求符合自己兴趣的职业发展，强调个性化工作方式，要求工作具有较多的自主性，他们对工作的时间、方式、方法、管理模式等，都会提出新的要求。现代信息技术，尤其是通信技术对人力管理产生了革命性的影响。现代信息技术的发展和办公手段的完善为人类远距离办公、经营管理和信息交流提供了便利条件,使采取在家上班等灵活的工作方式成为可能。

3) 良好的工作环境

员工需要3种不同的工作场所,以适应3个方面的工作。① 个人工作间。个人工作间是知识型员工学习和设计的场所,他们可以根据自己的需要布置家具和装饰,调整音响、照明和温度。与标准化的办公楼相比,这种做法非常适合工作的个体化特征,准确地反映了企业对知识型员工工作效率的依赖。② 项目工作间。项目工作间必须足够大,以便有足够的空间让整个小组成员在一起进行协作性工作。③ 管理中心。管理中心是同事之间切磋新想法、解决问题、参加大规模业务模拟和教育活动的地方,人们在此学习、思考、争辩并获取详尽的信息,最重要的是人们在此开创企业的未来。

4) 物质财富

科学、有效的激励机制,必须强化员工贡献与收入的挂钩关系,按工作数量和绩效的社会评价拉开绩效工资差距,把一流人才、一流业绩、一流报酬作为激励的宗旨,使创新型人才有可能获得物质财富。

5) 个体成长

实施个人发展计划,员工会更多地强调个性,要求工作具有较高的自由度,符合个人的发展。这样,随着公司业务的根本改变,要求员工能够不断学习新的技能,并能以新的模式来思考公司的运营,将个人发展与公司发展结合起来。

5.12 人性理论

1. 经济人假设

1) 基本观点

经济人假设是古典经济学家和古典管理学家关于人的本性的假设。经济人假设源于亚当·斯密关于劳动交换的经济理论,认为人的行为动机源于经济诱因,在于追求自身的最大利益。经济人假设的核心内容可以概括为以下4点。

(1) 人是由经济诱因来引发工作动机的,目的是获得最大的经济利益。

(2) 经济诱因在组织的控制之下。因此,人总是被动地在组织的操纵、激励和控制下从事工作。

(3) 人总是以一种合乎理性的、精打细算的方式行事,力图用最小的投入取得满意的报酬。

(4) 一般人宁愿受人指挥,希望逃避责任,较少有野心,对安全的需要高于一切。

2) 相应的管理方式

根据经济人假设,管理者可能作出以下判断:工人们基本上都是受经济性刺激物的影响,无论是什么工作,只要能向他们提供最大的经济收益,他们就会去干。因此,管理者必然会采取严格监督和严密控制的管理政策来控制人的行为。管理者所采用的相应的管理方式如下。

（1）管理工作的重点是提高生产率、完成生产任务，而不是考虑人的感情。管理是为了完成任务而进行计划、组织、指导和监督。管理者只注意通过制定各种严格的规章、制度和方法，建立严格的控制系统，来指挥监督员工的行为，保证组织的目标实现。

（2）管理只是少数人的事，与一般员工无关，员工的任务就是听从指挥，努力生产。

（3）在奖惩制度上，把金钱当做一种最重要的激励手段，以刺激员工的生产积极性；把惩罚作为协调人员行为的主要管制措施，同时对消极怠工者予以严厉的制裁。

2. 社会人假设

1）基本观点

社会人假设认为，人的最大动机是社会需求，只有满足人的社会需求，才会对人有最大的激励作用。其使人们注意到，人在组织中的社交动机，如想被自己的同事所接受和喜爱的需要，远比对经济性刺激的需求更为重要，或者说，社会性需求的满足往往比经济上的报酬更能激励人。社会人假设的基本观点如下。

（1）人类工作的主要动机是社会需要，不是经济需要。人们要求有一个良好的工作氛围，要求与同事之间建立良好的人际关系。

（2）工业革命和工作合理化的结果，使工作变得单调而无意义。因此，必须从工作的社会关系中去寻求工作的意义。

（3）非正式组织有利于满足人的社会需要。因此，非正式组织的社会影响比正式组织的经济诱因对人有更大的影响。

（4）员工的工作效率随着上司能满足他们社会需求的程度而改变。也就是说，人们最期望领导者的是能承认并满足他们的社会需要。

2）相应的管理方式

社会人假设得出的管理方式与经济人假设得出的管理方式完全不同。

（1）管理者的注意力应更多地放在为完成任务而工作的人们身上，即更多地关心下属的健康、归属感和地位感。

（2）重视工作小组的作用，既奖励个人，也奖励集体。

（3）实行参与管理，在不同的程度上让员工和下级参加企业决策的研究与讨论，实行共同管理。员工在这种参与模式下，感到自己被重视，体验到自我价值，促进了群体的凝聚力，从而提高了生产率。

3. 自我实现人假设

1）基本观点

自我实现人假设认为，人们力求最大限度地把自己的才能发挥出来，只有在工作中将自己的才能最大限度地发挥出来，才能获得最大的满足。自我实现人假设的基本观点如下。

（1）人的需要从低级到高级可以分为很多层次，其最终目的是满足自我实现的需要，寻求工作上的意义。

（2）人们力求在工作上有所成就，实现自治和独立，发挥自己的能力和技术，以便适应环境。

（3）人们能够自我激励和自我控制，外部激励和控制会对人产生威胁，造成不良的后果。

（4）个人的自我实现同组织的目标实现并不是冲突的，而是能够达成一致的。在适当的条件下，个人会适当的调节自己的目标，使之与组织目标配合。

2）相应的管理方式

（1）管理的重点是要创造一种适宜的管理环境和工作条件，使人能充分发挥自己的才能，达到自我实现。

（2）管理者的重要职能是要为人的才智的发挥创造条件，减少或消除员工自我实现过程中的障碍。

（3）在激励方式上注重内在奖励，强调如何使工作本身具有内在意义和挑战性。

（4）在管理方式上注重员工参与组织的决策与实施，给员工较多的工作自主权。例如，可以自主决定工作的方式和时间安排。

4. 复杂人假设

1）基本观点

复杂人假设认为，人是很复杂的，人的需要和潜在欲望是多种多样的，而这些需要的模式也是随着年龄的增长与发展阶段的变化、所扮演角色的变化、所处境遇和人际关系的变化而不断变化的，并且人们在同一组织的不同部门或不同组织中会表现出不同的需要，但人们可以在不同工作动机的基础上，成为组织中生产率很高的一员，全心全意参与到组织中去。复杂人的基本观点如下。

（1）人的工作动机是多种多样的。人们怀着不同的动机加入到组织中，而且人的动机还会随着人的自身条件和环境条件的变化而变化。

（2）一个人在组织中可以形成新的需求和动机。一个人在组织中表现出的动机模式，是他原来的动机与组织经验相互作用的结果。

（3）人在不同的组织和团体中可能表现出不同的动机模式。

（4）一个人在工作中的努力程度，决定于他本身的动机结构和他同组织的相互关系。工作性质、本人的工作能力和技术水平、动机的强弱、人际关系的好坏，都可能影响一个人工作的努力程度。

（5）人可以根据自己的动机、能力和工作性质对不同的管理方式作出不同的行为反应。

2）相应的管理方式

根据复杂人假设，人的需求和动机不仅是复杂多变的，而且还会根据自己的需要和动机对不同的管理方式作出不同的反应。由此可见，没有一种适合于任何环境和任何个体的全能的管理方式。因此，管理者要有权变的观点，根据不同的情形制定灵活的策略，管理的措施要根据具体人的不同情况，灵活地采取不同的措施，要因人而异、因事而异，而不能千篇一律。换言之，就是要根据具体情况采取适当的管理措施。

复习与思考题

1. 什么是激励？解释激励过程模式。
2. 对比马斯洛的需要层次理论、ERG 理论和双因素理论。
3. 什么是激励因素？什么是保健因素？激励因素和保健因素的主要区别是什么？
4. 解释期望理论中的变量。
5. "目标设置是强化及期望理论的一部分。"你是否同意这种说法？

6. 如何理解公平理论中的报酬和投入比率?
7. 知识经济时代的激励手段有哪些?
8. 怎样将绩效和奖酬挂钩?
9. 对比论述经济人假设、社会人假设、自我实现人假设和复杂人假设。

案例阅读

林肯电气公司的激励制度

林肯电气公司总部设在克利夫，年销售额为44亿美元，拥有2 400名员工，并且形成了一套独特的激励员工的方法。该公司90%的销售额来自于生产弧焊设备和辅助材料。

林肯电气公司的生产工人按件计酬，他们没有最低小时工资。员工为公司工作两年后，便可以分享年终奖金。该公司的奖金制度有一整套计算公式，全面考虑了公司的毛利润及员工的生产率与业绩，可以说是美国制造业中对工人最有利的奖金制度。在过去的56年中，平均奖金额是基本工资的95.5%，该公司中相当一部分员工的年收入超过10万美元。近几年经济发展迅速，员工年均收入约为44 000美元，远远超出制造业员工年收入17 000美元的平均水平，在不景气的年份里，如1982年的经济萧条时期，林肯电气公司员工收入降为27 000美元，这虽然相比其他公司还不算太坏，可与经济发展时期相比就差了一大截。

林肯电气公司自1958年开始一直推行职业保障政策，从那时起，公司没有辞退过一名员工。当然，作为对此政策的回报，员工也相应要做到以下几点：在经济萧条时他们必须接受减少工作时间的决定；要接受工作调换的决定；有时甚至为了维持每周30小时的最低工作量，而不得不调整到一个报酬更低的岗位上。

林肯电气公司极具成本和生产率意识，如果工人生产出一个不合标准的部件，那么除非这个部件修改至符合标准，否则这件产品就不能计入该工人的工资中。严格的计件工资制度和高度竞争性的绩效评估系统，形成了一种很有压力的氛围，有些工人还因此产生了一定的焦虑感，但这种压力有利于生产率的提高。据该公司的一位管理者估计，与国内竞争对手相比，林肯电气公司的总体生产率是竞争对手的两倍。自20世纪30年代经济大萧条以后，林肯电气公司年年获利丰厚，没有缺少过一次分红。该公司还是美国工业界中工人流动率最低的公司之一。前不久，林肯电气公司的两个分厂被《财富》杂志评为全美十佳管理企业。

思考与讨论题

1. 你认为林肯电气公司使用了何种激励理论来调动员工的工作积极性?
2. 为什么林肯电气公司的方法能够有效地激励员工的工作?
3. 你认为这种激励制度可能给公司管理当局带来什么问题?

第6章

激励理论的应用

学习目标

1. 了解管理者为什么采用员工参与方案。
2. 了解员工拥有股份方案如何提高员工激励水平。
3. 理解技能工资方案和激励理论的关系。
4. 懂得灵活福利方案怎样把福利转变为激励因素。
5. 掌握如何激励特殊员工。

开篇案例

以低成本赢得员工高度忠诚

美国西南航空公司是世界上最知名的公司之一,它取得成功的重要原因是其飞机从到达那一刻至起飞通常只需15分钟的周转时间,远低于同行业其他航空公司的35分钟。为什么西南航空公司能够创造这宝贵的20分钟的优势,和其他航空公司的飞行员傲慢地等待起飞命令不同,西南航空公司的飞行员会帮助打扫客舱并在登机口协助乘客登机,可以说西南航空公司的空服人员、地勤人员齐心协力地完成了飞机地面周转工作,大大缩短了飞机的周转时间。

也许有人认为,西南航空公司的飞行员一定会有额外的补助,或者他们拿到了高薪。然而,数据显示,西南航空公司的空服人员每小时收入为18美元,而大陆航空公司为每小时20美元,美国航空公司为每小时23美元。西南航空公司的薪酬并不高,甚至低于市场的平均水平,但西南航空公司的员工流失率非常低,很多跳槽到西南航空公司的飞行员拒绝了两倍于西南航空公司起薪的挽留,这些跳槽的员工说:"有竞争力的薪酬很多时候远远比不上付出得到及时认可更吸引人。"

1. 战略激励模式:员工利益第一

西南航空公司一直很好地把握了员工激励模式的变化,从战略性福利、战略性激励和战略性认可计划3个方面入手激励员工。

西南航空公司最为突出的人力资源战略是保持有价值的雇员并承诺长期雇用，把"永远不解雇员工"这一保障条款写进了劳工协议，经过谈判后员工获得的底薪与市场平均水平持平或略低，按照这种薪酬的执行办法，CEO的薪酬低于市场平均水平，其他高管人员的底薪略高于市场平均水平。

然而，雇员可以通过多种补偿方式分享企业的成功，从而提高整体的薪酬收入水平，补偿方式主要有利润和员工股票购买两种，这是可变薪酬体系的主要组成部分。利润分享计划始于1973年，员工平等分享企业利润，工作时间较长或飞行时数较多的员工有机会获得更大份额的利润分享。过去西南航空公司的利润分享主要是现金兑现。现在，在员工的要求下，新增了员工退休福利，这不仅使公司可以积极地提拔长期服务的员工，也使不少员工在退休后可以变得非常富有。

员工股票购买是指允许所有的雇员和管理人员共同分担企业的成功与风险，雇员可以通过每月扣减薪水的形式购买折扣价的股票。通过该计划，目前西南航空公司的雇员拥有企业12%的股权，飞行员在股票期权上有更大的特惠。

所以，尽管西南航空公司的员工获得的现金薪酬较低，但员工与经理人员均有同等的机会拥有股票，他们对企业的业绩也就变得非常敏感，关注企业的业绩发展，因为这对他们的收入影响非常大。

此外，西南航空公司提供了一系列的员工福利计划，如医疗保险、牙齿和视力保险、养老保险、伤残保险，以及看护、养老补助和精神健康援助等，员工及其家人免费乘坐西南航空公司的航班。重要的是，这一系列的福利计划体现的理念是西南航空公司永远把雇员的利益放在第一位，企业会尽最大的努力照顾好企业最重要的资产。

同时，西南航空公司制订了一系列的认可计划用于鼓励和嘉奖一些积极的行为，对员工具有模范性的服务和行为，以及特殊的日子给予奖励与祝贺，如员工生日、周年纪念日等，并将此作为一种可变薪酬的补充。

2. 启示一：激励模式的多元化

与西南航空公司的模式相反，由于人才供需正处于卖方市场的时期，不少用人单位采用的激励模式主要有两种：①"威胁激励"，动辄就说"你不做，好多人等着做"，员工大多敢怒不敢言；②固执地认为，钱仍然是激励员工的重要因子。这两种极端方式都忽视了激励模式的发展性，难以支持员工对企业的高度忠诚。

大量的研究表明，现金报酬对员工忠诚仍然相当重要，而且也较为有效。员工的确喜欢金钱的激励方式，仍然需要丰厚的报酬。最近，壳牌石油公司发起的员工调查显示，在1 123个员工中，36%的员工将薪酬作为影响工作满意度的重要因素。美国AON管理咨询公司也指出，薪酬与福利是候选人接受工作的两个首要因素，但仅有金钱并不能鼓励员工或推动企业绩效。薪酬与福利的吸引力只停留在招聘阶段，在员工上岗后，薪酬与福利就变成员工的权利，是公司应尽的义务。给员工提供更高的薪酬，所能起到的维持忠诚度的作用非常有限。

此外，西南航空公司的做法说明，让员工感到公司内部薪酬的公平性、比其他单位更好的福利、清晰可见的福利措施等比高薪更能保留优秀员工。

3. 启示二：不可或缺的稳定福利措施

最近两年发生在深圳的几起罢工事件，焦点指向并非全是薪酬问题。很多员工并不是因为对薪酬不满意而罢工，而是因为工厂的工作环境太恶劣，他们的工作与生活均无法得到合理的保障。

深入了解之后发现，实际上这些罢工的员工能够理解并接受一个缺乏安全感的工作环境，但他们接受不了现代社会中工作的种类与节奏已经明显改变，企业却没有跟上这个变化的步伐。工作制度比较刻板，如没有弹性上班时间，也没有重要节日的休假制度等。

在新的商业环境下，企业必须快速更新报酬体系，传统的报酬体系已经跟不上人才的需求。在一项专业调查中，当被问到喜欢什么福利计划时，员工告诉人力资源部他们喜欢体检、退休保障、假期和病假等；当问到什么福利计划与忠诚度相关时，调查数据表明，股票购买/持有计划、利润分享、现金奖励和详细的养老保险与员工忠诚度有着密切关系。可以说，详细而明确的福利与员工忠诚度之间的相关性大幅上升，员工都希望享有稳定而有效的福利。

4. 启示三：认可——不能忘了说感谢

西南航空公司的案例说明，除了薪酬，员工还希望从自己的岗位工作中得到快乐。快乐是一种心理享受，获得的答案只有两个字：赞扬。这并不是一个什么新的创意。早在1940年，劳伦斯·琳达就做过一系列的研究，证明了表扬的功效，对今天的员工来说，这是一个可以持续使用并产生良好效果的激励方式。

1991年，纳尔逊激励公司的发起人、总裁鲍勃·纳尔逊发现，管理人员认为员工最重要的东西与员工最期望得到的东西存在非常大的差距。他在《今天的雇员激励》一书中指出，企业管理者选择的那些传统激励方式，如高工资、工作安全感和晋升/发展机会等对员工非常重要，但员工却将"顺利完成工作的赞赏"、"工作过程中的良好感觉"、"对个人问题的关注"列在了最重要的位置。具有讽刺意味的是，这些都没有得到企业管理者应有的重视，而且这些激励方式并不涉及任何财务成本，仅仅需要管理者的敏感和多一点的思考时间而已。在今天，这一失误仍然存在。

目前，多数企业老板、高管都非常希望员工对企业有一种主人翁的感情。但大部分的企业经理人不懂得如何去培养员工的这种感情，只是简单地认为，提供高报酬、高福利可以得到想要的效果。事实上远非如此。

只有少数意识到认可重要性的企业采取了措施，最明显的是开始采取多样化的沟通计划，鼓励员工参与企业的管理。例如，通过电子邮件分享和认可员工的努力，对员工表示感谢，员工能够有途径了解企业的发展战略、目标，以及自己在公司发展战略中所起到的重要作用等。

西南航空公司的例子说明，光在制度层面上认可员工的工作并不足以保持员工的忠诚度，企业必须确保认可落实到每一位员工身上，形成一种文化。在国内，多数企业的管理人员花费很多时间认可组织层面的工作，唯独没有花时间认可员工个人的努力。很多时候，员工只是希望管理者了解因为他们的努力使工作产生了什么样的效果，并没有期望得到物质奖励，这或许是目前我国的企业管理人员最需要加强的激励技巧。

5. 定期检查激励效果

如果企业把福利计划作为提升忠诚的一个目标，各类福利与对员工认可也已经到位，此外还应该定期检查这些措施是否需要更新。因为，两年后企业可能会发现，原来效果显著的福利计划仅仅达到了员工最基本的期望值。企业需要更具效果的新的福利计划维持员工的忠诚。因此，人力资源管理人员需要时间保持对员工个人贡献的敏感，并及时认可员工对企业的付出。

正确运用激励使西南航空公司获取了良好的绩效水平。激励员工对于提高组织绩效具有重大作用。管理者想要通过激励使员工的行为符合组织目标的要求，就要找到员工未满足的需要，从而制订合适的激励方案，充分发挥员工的积极性、主动性和创造性。这样，研究正确地运用需要理论对组织具有十分重要的意义。

6.1 目标管理

1. 目标管理的概念

目标管理（Management By Objectives，MBO）是指管理者和员工为每一个部门、项目和个人设定目标，并使用目标来检测相应绩效的一种方法。

目标管理是由美国著名管理专家德鲁克首先提出来的。德鲁克认为，并不是有了工作才有目标，而是相反，有了目标才能确定每个人的工作。目标管理后来经过其他人的补充和发展，逐渐成为许多企业所采用的一种管理工具。

目标管理是使管理人员和员工在工作中实行自我控制，并达到工作目标的一种管理技能与管理制度。它综合了以工作为中心和以人为中心的管理技能与管理制度，能使员工发现工作的兴趣和价值，从工作中满足其自我实现的需要，从而企业的目标也同时能够实现，这样就把工作和人的需要两者统一起来。目标管理强调员工参与目标设置，这些目标必须是明确的、可检验的和可衡量的。为了保证成功地实现目标管理，需要遵守以下4个步骤。

1) 设定目标

设定目标是目标管理中难度最大的一步。设定目标涉及每一层员工并让他们从日常工作中摆脱出来以回答第一个问题：正在努力完成什么样的目标？一个好的目标应当是具体和现实的，提供明确的目标和时间框架，并指派明确的责任。目标可以是数量性的或质量性的，这取决于结果是否可以测量。目标应当由双方共同设定，员工和主管之间共同达成一致能够为目标实现创建最有力的承诺。在团队工作的情况下，所有的团队成员都要参与目标的制定。

2) 确定行动计划

行动计划定义了为实现既定目标而需要采取的行动过程。行动计划包括部门行动计划和个人行动计划。

3) 评估过程

阶段性的评估过程对保证行动计划正常执行是非常重要的。这些评估可以在管理者和下属之间通过非正式的方式进行，并且组织会希望一年中进行3、6或9个月的评估。这种阶段性的检查允许管理者和员工看到他们是否实现了目标，或者是否有必要采取一些矫正活动。管理者和员工不应当被锁定在既定的行为，并且必须愿意采取任何必要的措施以获取有意义的结果。目标管理的意义是实现目标。只要发现目标没有实现，行动计划就可以在任何时候修改。

4）总体绩效评估

目标管理的最后一步是仔细评估年度目标是否已经通过个体和部门的努力得以实现。判断目标是否成功实现是绩效评估系统的一部分内容，并且也是提高工资和其他奖金评定的一部分内容。部门和公司总体的绩效评估确定了下一年度的目标。目标管理是以年度为基础循环进行的。

2. 目标管理与目标设置理论的联系

目标设置理论表明，困难的目标比起容易的目标能够带来更高的个人绩效；与没有目标或仅有泛泛的"尽力而为"的目标相比，困难而具体的目标能够带来更高的绩效；对绩效给予反馈会带来更高的绩效。

目标管理明确提倡具体的目标和绩效反馈。目标管理中虽然没有明确说明，但它隐含的意思是目标必须被人们认可才能行得通。和目标设置理论一致，目标管理也认为，当目标足够困难、需要员工付出一定努力才能实现时，目标管理是最有效的。

目标管理和目标设置理论可能的唯一区别是有关员工参与的问题。目标管理极力主张员工的参与，而目标设置理论却认为给下属指定目标时效果常常也同样好。目标管理的基本核心是强调组织群体共同参与制定具体的、可行的并能客观衡量效果的目标。运用员工参与的主要好处是能引导员工接纳更为困难的目标。

6.2　行为矫正

1. 行为矫正的概念

行为矫正（Behavior Modification）常常被称为组织行为矫正（OB Mod）。它是基于强化理论的一种激励技术，是提供给管理者为提高员工绩效而对员工的行为进行识别、分析和矫正的一种行为管理框架。典型的组织行为矫正模式遵循的是一个解决问题的五步骤程序，其具体如下。

1）识别与绩效有关的行为事件

无论规模大小或水平高低，每个组织中时时刻刻都有大量的行为事件发生，其中有些行为对绩效有重大的影响，另一些行为对绩效有很小的影响或没有影响，组织行为矫正的第一步目标是识别与绩效有关的行为事件，确认出关键行为。

2）行为测量

第二步是要求管理者建立一些基础的绩效数据。在第一步确定绩效行为之后，就应该对它们进行测量。测量可以通过观察和计算，或者通过抽取现有记录的方式，确定绩效行为在当前条件下发生的频率。

3）确认行为的权变因素

第三步是通过功能分析鉴别工作行为的各种情景性因素，以便管理者了解出现各种行为的原因和行为的结果。

4) 开发和实施干预策略

一旦功能分析完成,管理者就要准备开发一种干预策略。干预的目的是要加强和促进绩效行为(或削弱和减少失调行为)。

5) 评估绩效改进程度

最后一步是对绩效改进程度进行评估。

2. 行为矫正的应用

大量的研究对行为矫正方法的有效性在总体上进行了评估。在非制造业、制造业和服务导向的组织中都有广泛的应用。许多年以来,大量的研究都对行为矫正在不同领域改善员工绩效的情况进行了评估,其主要包括以下方面。

(1) 员工生产力。到目前为止,行为矫正的应用多数集中在绩效产出上。大量的研究清楚地表明,员工生产力或任务完成受到行为管理技术的积极影响。在员工产出的质和量上绩效均有提高,其效果实际上是跨越了整个组织环境。

(2) 缺勤和迟到。行为矫正应用的研究通常使用小额的金钱激励或奖券激励系统作为对出勤或准时的奖励(或作为对缺勤或迟到的惩罚)。

(3) 安全和事故的预防。大多数组织特别是制造业公司及其他使用危险设备的公司都非常关注安全问题。研究表明,在该领域行为矫正技术取得了巨大的成功。一些实践方法包括没有发生过事故的员工可以抽奖;有安全习惯的员工可以获得一定的货币奖励;给予没有发生过事故的员工赠券;达到安全指标可能获得公司股票。根据报告,采取这些方法的公司都降低了事故率。

(4) 销售业绩。销售经理和培训者传统上依赖于内在激励技术从而激励销售人员提高他们的绩效。但是,当热情高涨的被培训者结束了培训计划,并开始使用培训计划中教给他们的东西时,却得不到任何反馈或强化,在随后的几个星期里,他们的这种热情开始消退。组织行为矫正方法是这种动机—技能—传授方法的另一种选择。在这种方法中,如客户取向、建设性陈述和总结性陈述等重要的销售行为被识别、测量、分析、干预和评估。在对销售人员进行的调查中发现,该方法取得了巨大的成功。一项调查还发现,该方法对零售商店中的销售、岗位缺勤和懈怠行为也有成功的应用。

尽管这些结果并非一定反映了行为矫正方法的应用成果,但是把组织行为矫正和强化理论联系起来,依靠正强化、行为塑造和确认不同的强化程序对行为产生影响的观念,给管理者提供了一种改变员工行为的强有力的、被证明是有效的工具。

6.3 员工参与方案

1. 员工参与的概念

员工参与(Employment Involvement)是发挥员工的所有能力,并鼓励员工对组织的成功作出更多的努力而设计的一种参与过程。其隐含的逻辑是通过员工参与影响他们的决策和增加他们的自主性,以及对工作和生活的控制,从而使员工的积极性更高,对组织更忠诚,生产力水平更高,对他们的工作更满意。

2. 员工参与的形式

1）参与式管理

共同决策是参与管理的一个特征。在参与式管理（Participative Management）中，下属在一定程度上分享着其直接监督者的决策权。这种分享越多，参与的程度就越高；这种分享越少，参与的程度就越低。

参与式管理有时被推崇为企业治疗士气低落和生产率低下的灵丹妙药。有的学者甚至认为，参与式管理是一种道德规则。但参与式管理并非适用于任何形式的组织。要使参与式管理更加有成效，必须满足以下条件：员工有充足的时间参与；员工参与的问题必须与其利益有关；员工必须具有参与的能力（智力、技术水平、沟通技巧）；组织文化必须支持员工参与。

管理层为什么愿意和下级分享决策，这有很多原因。① 当工作复杂性很高时，管理者通常很难了解员工所做的一切，所以允许最了解工作的人参与决策。② 员工工作中的相互依赖性要求和其他部门的人共同商议，这就增加了对团队、委员会和群体会议的需要，以解决影响他们的共同问题。③ 参与可以增加对决策的承诺。如果员工参与了决策过程，在实施决策时就不可能反对这项决策。由此可见，参与管理提高了决策的可接受性。④ 参与为员工提供了内在奖励，这会使他们的工作更有趣和更有意义。

参与主要有两种。一种是任务参与，这是鼓励和期望员工在工作中承担更广泛的任务，即个人层次上的一种直接员工参与制。例如，职务轮换是水平方式的工作再设计、工作丰富化和团队工作的一种形式。另一种是财务参与，这是把个人利益和集体或公司的利益成功连接为一个整体的一种方式。简单地说，就是个人利益和企业效益挂钩，如利益分享计划、员工持股计划和期权安排等。

2）代表参与

许多欧洲国家以立法形式规定，要求公司实行代表参与（Representative Participation）。也就是说，工人不是直接参与决策，而是由工人选举的代表参与。代表参与被认为是"世界上最广泛的以立法形式出现的员工参与形式"，代表参与的目的是在组织内重新分配权利，把劳工放在和资方、股方的利益更为平等的地位。

代表参与最常采用的两种形式是工作委员会和董事会代表。

（1）工作委员会（Works Councils）。工作委员会是由工人和管理层代表组成的委员会，在欧洲许多国家的大企业中大多有这种机构。工作委员会在员工和管理层之间建立了联系。他们是一群被任命的或被选举出来的员工，当管理部门作出人事决策时必须与之协商。

（2）董事会代表（Board Representative）。董事会代表是进入董事会代表员工利益的劳工代表。在一些国家，法律要求大公司必须确保员工代表和股东代表在董事会中有相同的席位。

3）质量圈

质量圈（Quality Circle）是由 8～10 名员工和监管者组成的共同承担责任的一个群体。他们定期会面（常常是一周一次），讨论质量问题，探讨问题的成因，提出解决建议及实施纠正措施。他们承担着解决质量问题的责任，对工作进行反馈并对反馈进行评价，但管理层一般保留建议方案实施与否的最终决定权。

有证据表明，质量圈有可能对生产力产生积极影响。质量圈对员工满意度几乎没有任何影响，并且尽管许多研究得出质量圈对生产力有积极影响的结论，但这些影响并不是一定存在的。许多质量圈方案未能带来预期的效果，从而导致大量方案停止使用。

4）员工股票所有权方案

员工股票所有权方案（Employee Stock Ownership Plans，ESOPs）是公司建立的福利方案，员工获得股票是福利的一部分。研究表明，员工股票所有权方案可以提高员工满意度，而且很可能带来更高的绩效。

员工股票所有权方案具有提高员工工作满意度和工作激励水平的潜力。为使权利成为现实，员工需要在心理上体验做主人翁的感觉。也就是说，员工除了仅仅具备财务股份外，还需要被定期告知企业的经营状况并拥有对公司的经营施加影响的机会。当具备了这些条件，员工对他们的工作会更满意，对其所在组织中的身份更满意，并积极地去做好工作。

3. 员工参与方案和激励理论

员工股票所有权方案设计，充分考虑了激励理论的应用。一般而言，Y 理论和参与式管理是一致的，X 理论与传统的专制管理方式相吻合。根据激励—保健因素理论，员工参与方案能够增加员工在工作中成长的机会和责任，并且参与工作本身就可以为员工提供内在激励。同样，由于员工股票所有权方案为员工提供了参与决策的机会，有助于员工责任、成就、认可、成长和自尊的需要，所以员工参与和 ERG 理论关于刺激员工成就需要的努力是一致的。

6.4 浮动工资方案

1. 浮动工资的概念

计件工资、工资奖励、利润分成、奖金和收入分成都是浮动工资方案（Variable – Pay Programs）的具体形式。这些报酬方式与传统的基础工资方案的区别是前者不仅仅根据工作时间或资历决定工资，并且是工资的一部分，决定于个人或组织的绩效水平。和传统的基础工作方案不同，浮动工资不是一种年金，它是没有保障的，并不因为一个人去年拿了 6 万美金，今年就还会得到这个数目。由于有了浮动工资，报酬随着绩效水平上下波动。

浮动工资对于管理人员的吸引力有两个方面。① 浮动工资的波动性。浮动工资方案把一个组织的固定劳动成本的一部分转变为可变成本，这样在效益降低的情况下可以减少费用。② 浮动工资方案能够把工资与绩效联系起来，使收入依赖于贡献的多少，这样高绩效者的工资，就会随着他们的贡献而增长。广泛使用的浮动工资方案主要有 4 种形式：计件工资、奖金、利润分成和收入分成。

1）计件工资

计件工资方案（Piece-Rate Pay Plans）是对工人完成的每一个生产单位付给固定报酬。当一名员工没有基本工资，仅仅根据他的产量付给报酬时，这是一种纯粹的计件工资方案。在棒球场卖花生和汽水的人常常以这种方式获得报酬。在实践中，许多企业使用一种经过修改的计件工资方案，员工的报酬是基本的小时工资加上计件工资。例如，一名打字员会得到每小时 6 美元加上每页 6 美分的报酬。这种经过修改的方案为员工的收入提供了一个底数，同时也提供了一种生产力的刺激因素。

2）奖金

奖金方案作为一种浮动的工资，其主要特点是能够把个体行为、群体行为和组织的绩效变量结合起来。奖金方案的实施范围正在扩大，它不仅可以支付给管理人员，也可以支付给所有的员工，甚至包括更低层次的员工。

3）利润分成

利润分成方案（Profit-Sharing Plans）是组织范围的方案，是根据公司的利润制定的并按照某一特定公式进行分配的报酬。这些报酬可以是直接的现金支付，也可以是股权，后者主要针对高层管理人员。利润分成的作用是发展雇员、管理人员、股东之间的相互关心和合作。

4）收入分成

收入分成方案和利润分成方案很相似，但有所不同。收入分成方案是根据生产收入而不是利润，对较少受到外部因素影响的具体行为给予奖励，甚至在公司不盈利的情况下员工也可以得到奖励性报酬。

浮动工资方案虽可以提高激励水平和生产效率，但也存在着不足。从员工的角度来看，浮动工资的不足具有不可预见性。在领取固定的基本工资时，员工知道他们将得到多少，考虑到工作成绩和生活费用，能相当准确地预算他们未来的收入。员工可以根据这些合理的稳定假设进行消费，如购买汽车和房屋。但是，浮动工资方案增加了员工进行收入预测的困难性，因为群体的效绩可能下滑，或者经济萧条可能降低公司的利润，这些员工个人不能控制的因素可能会使员工的工资降低。并且，这种浮动工资方案还可能存在另一个不足，随着绩效奖金的发放，人们开始把每年的绩效奖金看做是理所当然的。也就是说，一个重复发放了3年的15%～20%奖金水平，可能会成为第4年的期望水平，如果不能兑现，员工会有不满情绪。

2. 把浮动工资方案和期望理论结合起来

浮动工资方案可能和期望理论的预测最为一致，尤其是如果要使激励水平达到最高，个人应能看到他们的绩效和报酬之间有密切联系。如果报酬完全由非绩效因素（如资历、职称）所决定，员工就可能降低努力水平。

群体和组织范围内的奖励能够强化与鼓励员工为部门或组织的最大利益而工作，同时能将个人目标和团队目标结合起来。以群体绩效为基础的奖励也是那些努力形成较强团队意识的组织的一种自然延伸。通过把团队绩效和报酬相联系，员工就会被激励，从而为所在团队的成功作出额外的努力。

浮动工资方案因为具有激励作用，正在迅速替代将工资看做生活费用的概念，但也不要忽视它的潜在成本。奖金、收入分成和其他浮动工资方案避免了与绩效无关的工资的持续增长造成的组织固定费用的增加。

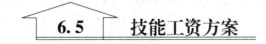

6.5 技能工资方案

1. 技能工资的概念

技能工资是根据不同岗位、职位、职务对员工劳动技能的要求，同时兼顾员工所具备的劳动技能水平而确定的工资。根据技能方案，员工掌握的劳动技能种类越多，所获得的报酬也就越多；员工掌握的劳动技能等级越高，所获得的报酬也就越高。实施技能工资方案应该充分考虑技能工资的优缺点。

1）技能工资方案的优点

（1）技能工资的灵活性和激励性。相对于传统的职位工资体系，技能工资的灵活性和激励性主要体现在两个方面：① 从员工的角度来看，以技能工资为基础的工作制度更有利于激励员工通过提升技能或能力，增加自己的收入和丰富自己的知识，为员工提供更为多样化的职业发展机会，以满足那些职务晋升机会较少的员工获得自身的发展；② 从组织的角度来看，掌握更多技能的员工有助于实现技能互换，更容易填补组织可能出现的职位空缺，降低人员招聘和培训的成本，同时培育企业的核心竞争力。

（2）技能工资方案可以提高绩效水平。《幸福》杂志对 1 000 家公司的广泛调查发现，实行技能工资方案的公司有 60% 的人认为方案在提高组织绩效方面是成功或非常成功的；只有 6% 的人认为是不成功或非常不成功的。

2）技能工资方案的缺点

相对于传统的职位工资体系，以技能为基础的工资制度也存在着一些缺点。

（1）以技能为基础的工资制把员工技能的不断提高作为加薪的依据，这在激励员工不断学习和掌握新技能的同时，也使员工面临更加激烈的环境挑战，容易遭受挫折，并且随着工资岗位要求的不断变化，也会出现员工技能过时的情况。同时，对于那些获得了与本职工作不直接相关的技能的员工，也存在着如何确定他们工资的问题。

（2）通过增加报酬的方式鼓励员工提升自己的技能，可能会大幅度地增加组织的人工成本，组织不一定能获得相应的经济价值，因为技能并不等于现实的绩效，技能水平与绩效水平之间的直接联系是不明确的。

2. 技能工资方案与激励理论

技能工资方案以多种激励理论为基础。技能工资是对岗位工资的替代。技能工资不是根据一个人的职称来确定工资级别的，而是根据员工掌握了多少技能和能做多少种工作来确定的。由此可见，技能工资方案的目的是根据组织的发展目标来指导员工的行为，激励员工学习，以拓展其技能，在那些较低层次需要得到满足的员工中，学习技能本身能够满足员工成长发展的需要，这与 EGR 理论是相吻合的。另外，技能工资方案在确定再设计过程中也考虑了期望理论。技能工资方案把员工技能水平的提高作为支付更高报酬的依据，对员工阐明了新的标准和行为期望，让员工知道，他们既要完成要求做的工作，而且要通过自身的发展，承担更为广泛的责任。

技能工资方案之所以能够成为一个强化因子，是因为这种报酬方案能够不断强化员工学习的动机，接受多方面的培训，表现出组织希望的绩效行为。

在技能工资方案中，问题的关键是每增加一种技能，员工应该根据该项技能的获得而增加多少报酬。对于这个问题通常的方式往往采用市场定价的方法，即根据市场工资方案调查的结果来断定增加何种技能会给员工带来多少报酬的增长。

6.6 灵活福利

1. 福利及其主要形式

1) 福利的概念

福利是指企业向员工提供的除工资和奖金之外的各种保障计划、补贴、服务和实物报酬。福利属于间接报酬,它不是按照工作时间支付的,只要是企业员工都有权利享受福利。与基本薪酬相比,福利具有以下两个方面的重要特征:① 不同于基本薪酬的货币支付和现期支付,福利通常采取实物支付或延期支付的方式;② 基本薪酬在企业的成本项目中属于可变成本,而福利无论是实物支付或延期支付,都可以减少企业的税收支付。

2) 福利的形式

(1) 法定福利。法定福利是根据国家的政策、法律和法规,企业必须为员工提供的各种福利,包括社会保险和各类休假制度。

(2) 企业福利。企业福利是指企业自主建立的,为满足职工的生活和工作需要,在工资收入之外,向雇员本人及其家属提供的一系列福利项目,包括货币津贴、实物和服务等形式。企业福利计划比法定福利计划种类更多,也更加灵活。

(3) 收入保障计划。收入保障计划是旨在提高员工的现期收入(利润分享和员工持股计划)或未来收入(企业年金、团体人寿保险)水平的福利计划。

① 企业年金。企业年金也称为补充养老保险、私人养老金、职业年金计划等。对企业来说,它已经成为人力资源管理战略中福利体系的一个重要组成部分,是延期支付的工资收入。一般来说,法定养老保险水平不会很高,很难保证劳动者在退休以后过上宽裕的生活。但是,员工希望退休后能过上舒适的生活,这种偏好在年纪较大的员工中表现尤其突出,因此许多企业设立年金计划,作为员工的福利。

② 人寿保险。人寿保险是由雇主为雇员提供的保险福利项目,是市场经济国家比较常见的一种福利形式。团体人寿保险的好处是,由于参与的人多,相对于个人可以以较低的价格购买到相同的保险产品。通常,团体方案适用于一个企业的所有员工(包括新进员工),而无论他们的健康或身体状况如何。在多数情况下,雇主会支付全部的基本保险费。

③ 住房援助计划。住房援助计划包括住房贷款利息给付计划和住房补贴。前者是针对购房员工而言的,是指企业根据其内部薪酬级别及职务级别来确定每个人的贷款额度,在向银行贷款的规定额度和规定年限内,贷款部分的利息由企业逐月支付。也就是说,员工的服务时间越长,所获利息给付越多;后者是指无论员工购房与否,每月企业均按照一定的标准向员工支付一定额度的现金,作为员工住房费用的补贴。

④ 健康保障计划。由于社会医疗保险保障范围和程度的有限性,客观上为企业建立补充医疗保险留下了空间。在发达国家,企业健康保险计划已经成为一种常见的福利措施。例如,在美国,企业通过至少3种方式为员工提供健康福利计划,即参加商业保险、参加健康保险组织或参加某个项目的保险。

⑤ 员工服务计划。除了货币形式提供的福利以外,企业还为员工或员工家庭提供旨在

帮助员工克服生活困难和支持员工事业发展的直接服务的福利形式。

◆ 员工援助计划。员工援助计划是一种治疗性的福利措施，针对诸如酗酒、吸毒、赌博或压力问题等向员工提供咨询和帮助的服务计划。在计划的组织和操作方式上，有3种形式，即由内部工作人员在本企业进行的援助活动；公司通过与其他专业机构签订合同来提供服务；企业福利公司通过与其他专业机构签订合同来提供服务。

◆ 员工咨询服务。企业可以向员工提供广泛的咨询计划。咨询服务包括财务咨询、家庭咨询、职业生涯咨询、重新谋职咨询和退休咨询等。在条件允许的情况下，企业还可以向员工提供法律咨询。这些咨询之所以作为福利来提供，目的是让员工在出现个人或家庭等方面的问题时，可以将工作表现在一个可以接受的水平上。

◆ 教育援助计划。教育援助计划是以提高员工素质和能力为主旨的一种很普遍的福利计划，分为内部援助计划和外部援助计划。内部援助计划主要是在企业内部进行培训，外部援助计划主要是指学费报销计划。

◆ 家庭援助计划。家庭援助计划是指企业向员工提供儿童看护帮助。一些调查显示，提供儿童看护帮助的企业，员工的缺勤率越来越低，生产率有一定程度的提高。

随着老龄化的到来，老年人的护理问题得到越来越多的关注。与照顾儿童有些类似，老年服务护理计划的目的是帮助员工照顾生活不能自理的父母。从企业角度来说，帮助员工照顾他们年迈的家人，可能会增加员工的满意感，提高员工的工作绩效。企业提供的老年照顾福利主要有弹性工作时间和请假制度；向雇员提供老年照顾方面的信息；公司资助老年人照顾中心等。

2. 企业福利的功能

1）吸引和保留人才

随着劳动力市场在人才方面的激烈竞争，企业为了吸引优秀的人才必须在报酬上具有一定的竞争优势。许多企业选择为员工提供有很大吸引力的福利项目，在其他条件相同的情况下，企业提供的福利会对求职者产生很大的吸引力。同时，对于企业内的员工也一样，优越的福利项目是保留、激励员工的有效手段。

2）税收优惠

福利相对于工资和奖金，还有一个十分重要的功能就是税收减免。无论对于企业，还是对于员工，福利都可以起到税收减免的作用。对于员工而言，以福利形式所获得的收入往往也是无须缴纳个人收入所得税的，即使需要缴税，往往也不是在现期，而是等到员工退休以后，到那个时候，员工的总体收入水平就会比他们在工作的时候低，从而所面临的税收水平也就会更低，因此员工能够享受一定的税收优惠。对于企业而言，员工福利计划所受到的税收待遇往往要比货币薪酬所受到的税收待遇优惠。用于购买或举办大多数员工福利的成本是可以享受免税待遇的。这样，企业将一定的收入以福利的形式而不是以现金的形式提供给员工更具有成本方面的优势。

3）传递企业文化，培养员工忠诚感

现代企业越来越重视员工对企业文化和价值观的认同，积极的、得到员工普遍认同的企业文化，将对企业的运营效率产生十分重要的影响。而福利体现企业的管理特色，传递企业对员工的关怀，是创造一个大家庭式的工作氛围和组织环境的重要手段，因此福利对于员工忠诚感的培养具有重要的作用。

3. 灵活福利和灵活福利计划

1) 灵活福利

灵活福利是指允许员工在各种可能的福利方案中按自己的实际生活需求进行选择。

在传统上，组织采用同一形式的福利计划，这很难满足员工多样化的需求。灵活福利计划为员工提供了自由挑选所喜欢的福利的机会，容易满足多样化的需求。推行灵活福利计划不仅能够提供最适合员工需求的福利组合，还能够更好地控制福利成本。

灵活福利允许员工从众多福利项目中进行选择，允许每名员工选择一组适合他们需要和情况的福利。这改变了传统的使用了50年的"一种福利计划适用于所有人"的现象。

2) 灵活福利计划

灵活福利计划又称自助餐式福利计划，是指企业员工可以从企业所提供的一份菜单中，在一定的金额限制内，自由选择符合自己需要的福利项目。

在传统上假设所有员工具有同样的需求，因此给予员工同样的福利，这种做法实际上是把福利作为一种保健因素提供给了员工。灵活福利计划能够与双因素理论和期望理论建立联系。一方面，灵活福利计划把福利消费转变为一种激励因素；另一方面，灵活福利计划把组织的奖励和个人的目标相联系，通过允许员工选择最能满足自己当前需要的奖励组合而使报酬个性化，从而把传统单一的福利方案转变为符合员工需要的激励因素。

企业可以采取多种方式实现从传统福利计划向灵活福利计划的过渡。简单的做法是，适当降低薪酬构成中的固定部分，增加福利待遇的可选择性；复杂的做法则可以运行设计完备的福利选择系统。无论如何，只要员工有机会在一系列的福利计划之间进行选择，灵活福利计划就能够发挥作用。选择何种灵活福利计划方案取决于企业想要从灵活福利计划中获得什么。

（1）附加福利计划。实施附加福利计划，不会降低原有的直接薪酬水平和福利水平，而是提供给员工一张特殊的信用卡，员工可以根据自己的需要自行购买商品或福利。发放给员工的信用卡中可使用的金钱额度取决于员工的任职年限、绩效水平，还可以根据员工基本薪酬的百分比来确定。虽然，任何附加福利计划都会提高组织的薪酬成本，但对那些直接薪酬低于市场水平而又想在劳动力市场上有一定竞争力的组织而言，这是一种很好的办法。

（2）混合匹配福利计划。在实施混合匹配福利计划时，员工可以按照自己的意愿在企业提供的福利领域中决定每种福利的多少，但是总福利水平不变，一种福利的减少意味着员工有权利选择更多的其他福利。

（3）核心福利项目计划。核心福利项目计划是指为员工提供包括健康保险、人寿保险和其他一系列企业认为所有员工都必须拥有的福利项目组合。企业会将所有这些福利项目的水平都降低到各项标准要求的最低水平上，然后让员工根据自己的爱好和需要选择其他的福利项目，或者增加某一种核心福利项目的保障水平。

（4）标准福利计划。在灵活福利计划下，员工面对多种不同的福利组合，虽然可以在这些组合之间自由地进行选择，但却没有权利自己制定福利项目组合。一种福利组合与另外一种福利组合之间的差异可能是福利项目的构成不同，或者是相同的福利项目构成，但每种福利项目的水平不同。如果一种福利组合的成本不同，则那些选择成本较小组合的员工，实际上会遭受利益损失。

实施灵活福利计划时需要注意，企业不会在法律允许的范围内让员工拥有最大程度的自由选择权，因为这种做法会因为个别员工的特殊福利要求而大大提高公司的福利成本。因此，在实施灵活福利计划时，除国家法律规定的特殊福利项目外，企业还应该限定某些员工必须选择一些福利项目，即标准福利，在此基础上，员工才可以作出自主的福利选择。此外，为了保证灵活福利计划的总成本不超出预算，在提供灵活福利前，需要在组织内部进行福利调查，以避免提供只有少数人才会选择的福利项目。

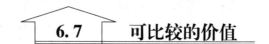

6.7 可比较的价值

两个人从事同样要求的工作，需要相同的教育和培训，承担相近的责任，一个人的工资明显比另一个人高，这公平吗？这类情况实际上并不少见。例如，在美国，女性占主导的工作（如小学教师、护士、图书管理员）的报酬低于男性占主导的工作（如卡车司机、厨师、伐木工）。即使前者与后者有同等或更大的可比较价值。这种不公平就引起了人们对可比较价值这一概念的强烈兴趣。

1. 可比较价值的概念

可比较价值（Comparable Worth）认为组织内具有相同价值的工作应支付同等的报酬，无论这些工作的内容是否相同。也就是说，如果秘书和制图员（分别被看做女性工作和男性工作）需要相似的技能，对员工提出类似的要求，那么就应支付相同的报酬，而不考虑外部市场因素。具体而言，可比较价值认为，应根据4个准则对工作进行评估和打分：技能、努力、责任和工作环境。这些标准应该加权并给定分数，然后用这些分数评估和比较这些工作。

可比较价值是一个有争议的观点。它假设完全不同的工作也可以进行精确的比较。基于工作市场供求情况的工作水平常常是不公平的和有偏见的，这样，工作等级就可以确定并能客观地评分。

2. 可比较价值和公平理论

可比较价值把"同样的工作付给同样的工资"的观念扩展到包括不相同却具有可比较价值的工作，这是对公平理论的直接应用。

只要从事低工资工作的妇女仅仅与其他从事妇女占主导地位的工作的妇女相比，她们就不可能感到性别带来的不公平。但是，当选择其他的参照对象时，不公平常常就很明显了，这是因为，所谓的"妇女工作"被低估了。

工作等级反映了传统上的性别歧视导致报酬不公平，可比较价值提供了这一潜在的解决方法。对于那些在存在性别歧视的工作中工作的妇女，可比较价值的使用应能减少不公平并提高工作的激励水平。

3. 实践中的可比较价值

性别报酬差异的部分原因可归于市场因素，除此之外，还存在着的差异正是可比较价值要研究的问题。

在美国，可比较价值的问题几乎与公共部门的全部工作有关。20个州都专门制定法律或政策在州民事服务方面实施可比较价值标准。其他一些州近期也在调查他们劳工中的性别工资不公平现象。

在私立部门,加拿大安大略省的活动最为重要和显著。安大略省在1987年通过了公平报酬法案,划分了男性和女性的工作等级,确定了工作评估标准,确保了公立和私立部门具有可比较价值工作的保护性公平。由于消除工作不公平的高成本,商业企业并不太赞成可比较价值的观点。当颁布可比较价值法规时,企业管理人员常常组织起来游说反对,他们的观点着眼于允许市场力量决定工资水平的重要性。可比较价值的支持者用统计数据说明,文化力量和社会的工资体系导致了工作中的性别歧视,只有法规才能提供直接的解决方法。

6.8 激励的特殊问题

各种群体向激励提出了挑战。本节将讨论对专业人员、临时工等,在激励中的一些特定问题。

1. 激励专业人员

1)专业人员的特定性

21世纪的劳动力队伍构成与以往的一个很大不同是蓝领工人的数量在不断下降,与此同时,具有大学文凭和训练有素的专业人员却在大幅度增加。

专业人员是指企业中有专门技术职称的工程师、经济师和会计师等,他们利用既有的知识和经验来解决企业在经营中遇到的各种技术或管理问题,帮助企业实现经营目标。

专业技术人员和非专业技术人员有显著不同。前者对自己的专业领域有强烈和持久的承诺。他们的忠诚感更多的是针对专业而不是雇主。为了和专业的发展现状保持一致,他们需要经常更新知识,对专业的投入意味着他们很少按照工作时间来定义工作。

对于专业人员而言,在很多情况下,从事同一领域而专业技术水平不同的人所从事的工作内容基本相同,但是他们在解决问题时所投入的时间和精力或所起的作用却存在着很大的差异。因此,如果简单地根据所从事的工作来确定员工的报酬待遇,可能很难反映不同的专业人员对于企业所作贡献的差异。另外,管理人员对于专业人员的活动进行监督不仅成本高,而且有些时候根本没办法监控他们的工作过程。

2)专业人员的激励问题

对于激励专业人员,金钱不是最佳的选择。这是因为专业人员一般都有较高的报酬,并且专业人员常常从他们的工作中获得大量的内部满足感。

通常情况下,专业人员因为兴趣而喜欢自己的工作。他们喜欢处理问题并找到方法;他们工作中的主要奖励是工作本身;他们想让其他人认为其正在从事的工作是重要的;他们更倾向于把工作作为生活兴趣的中心。

这样,激励专业人员的可能策略是给他们提供不断发展、有挑战性的工作;给他们一定的自主权去实现他们的兴趣;允许他们以自己认为有效的方式去工作;提供不断接受教育的机会,如培训、专题讨论会等,这可以使他们了解其专业领域的发展;提供经常性的工作反馈,并表现出对他们正在从事工作的兴趣。

2. 激励临时工

近年来，就业情况发生了很大的变化。就业组织中发生的最为复杂的一个现象就是临时工和应急工的增加。产业结构的变化、企业大规模的裁员，导致长期的固定工作在不断减少，日益增多的职位空缺主要是针对兼职工、合同工和其他形式的临时工。例如，1994年，25%的美国人是临时工。同时，组织的外部环境也发生着深刻的变化，在正规形式的就业之外出现了许多其他的就业形式，这种灵活就业表现在劳动时间、收入报酬、工作场地、保险福利、劳动关系等方面，不同于建立在工业化和现代工厂制度基础上的传统主流就业方式。

从职业保障的角度来看，临时工不像长期工那样具有职业安全感和稳定性。因此，他们往往不能融入组织或表现出其他员工对组织所具有的忠诚感。

从激励的角度来看，临时工可以划分为自愿的临时工和非自愿的临时工。对那些重视临时地位的自由少数人来说（如一些大学生、工作母亲、资深者），缺少稳定性可能不成问题。另外，那些报酬很高且对工作稳定性也有需求的医生、技术人员、会计人员和财务计划人员可能喜欢临时工。对于自愿性临时工而言，"临时"本身就是一种激励。但这种情况是例外，绝大多数临时工都是非自愿的。

如何激励非自愿的临时工，可能的答案有以下3种。

（1）获得长期工作的机会。在那些长期工是从临时工中挑选出来的案例中，临时工会努力工作以争取成为长期工。

（2）提供培训机会。临时工找到新工作的能力在很大程度上取决于他们的技能。如果员工认为他们正在从事的工作有助于他们掌握实际技能，激励水平就会提高。

（3）通过实行浮动工资或技能工资以减少长期工和临时工之间的工资差别。研究表明，当临时工在从事同样工作但收入高、有福利的长期工身边工作时，绩效水平可能会降低。

3. 激励多样化的劳动力

不是每个人都会被金钱所激励，也不是所有人都希望具有一份挑战性的工作。因此，人们工作的原因是多种多样的，是带着不同的需要和动机加入组织的。例如，妇女、单身、移民和有生理缺陷者的需要和一个需要抚养3口人的中年男性对工作的需求是不同的；参加大学学习的在职员工通常看重灵活的工作制度，这些人可能被那些能提供弹性工作时间、工作分享制或短期任务的组织所吸引。

要想使员工的激励水平最大化，管理者应该了解员工需求的多样化，并根据需求的多样化作出反应。激励多样化的劳动力的关键是灵活性，即制订适应员工不同需要的工作时间表、报酬方案、福利和工作环境；为有家庭负担的员工提供托儿所、弹性工作时间和工作分享制；对移民制定灵活的假期制度；为参加在职学习的员工改变工作时间。

复习与思考题

1. 实现目标管理的步骤是什么？目标管理和目标设置理论的联系是什么？
2. 什么是行为矫正？它通过什么途径改善员工绩效？
3. 解释管理者采用员工参与方案的意义。

4. 什么是工资浮动方案？具体有哪些形式？对比浮动工资方案与技能工资方案。
5. 描述技能工资方案和激励理论的关系。
6. 灵活福利的形式有哪些？企业福利的功能是什么？
7. 理解可比较价值的含义。
8. 如何激励特殊员工？

案例阅读

拿什么来管理你，我的80后员工

"自从80后、90后成为员工主体后，我都不想当老板了。太累了！"——A企业总经理感言。

A企业是一个知识型新兴企业，员工中75%的人员为80后。连续两年，员工离职率走高，一言不合拂袖而去是常有的事情，而管理者也满腹牢骚："为员工分配工作任务的时候，单独分给谁还好说，分给一个小组的时候，几乎是很难完成的。而且给他们开会的时候像走雷区一样字斟句酌，因为稍有错误，就会有人当场指出。"

80后一词来源于社会学家讨论社会发展一代的名词，是指国家依法执行计划生育后出生的一代人的代名词，80后的字面意思是指1980年以后出生的人群，本质是指计划生育政策出台后产生的一代人。由于有其特殊的生长环境，造就了这一群体独特的性格、价值观和行为风格，当80后人群参与到工作环境中时，也显示出其特殊的职业风格。无论这种职业风格是否适合企业环境，无可否认的是，80后已慢慢成为员工的主体，并对管理工作带来了巨大的影响。如何管理这些员工，使他们能够融入企业，承担岗位职责，进而发挥其潜力，成为管理难题。

一次，领导把一项任务交给了4个80后员工，要求他们共同负责完成。结果，没有一个人真正愿意被领导着去做事，即使要求他们开会讨论，大家也应付了事，下班时间一到，4个人就立刻回家了。后来，把任务分配给其中一位员工，结果这名员工连续两天加班到半夜，第三天就提交了工作结果。

根据80后群体的特点，考虑其需求结合工作表现，按需赏罚，以开发其工作潜能。

1. 知己知彼，了解80后员工的职业风格

笔者在参与多个咨询项目时，与多位管理者讨论80后员工群体的特点，不乏具有相当代表性的言论，根据以下几个典型评论，来分析80后群体的职业特点。

1)"有上进心，但容易不上进"

有明确的自我发展意愿，缺少清晰的发展路径。最近一项100余位80后、90后参与的调查结果显示，绝大多数调查对象对自我发展有较高要求。调查对象中有64%在找工作时更注重自身发展，有13%关注薪金，有11%关注离家远近，有8%关注公司的知名度。但是，多数人对自身如何实现职业发展，如何提升自己，并没有清晰的认识，职业生涯中的困惑与迷茫经常出现。

2)"眼高手低"

自我期望高，但缺乏顽强拼搏精神。很多80后的孩子从小就会有远大的人生目标，或者是由自己独立树立的，或者是父母帮助树立的，然而，真正用顽强拼搏的意志力去实现自己远大理想的却并不多。经常出现的状态是80后群体感到现实与期望的天壤之别。

3)"似乎合群，但团队合作不力"

愿意参与团队，但自我意识强，团队合作能力受影响。经常有的状态是，在团队中宁愿放弃团队目标的达成也要坚持个人观点，若同事代为领导，反抗情绪更强。

4)"勇于把握晋升机会，职业稳定性弱"

在公司内有晋升机会时，80后群体会积极主动争取，对公司外部的提升机会同样积极争取，对公司的忠诚度相对较低。

5)"有创新学习能力，但缺乏主动性和责任心"

工作中常有新观点、新思路，对新的业务内容掌握速度快，常常是带来新的观点和前沿思想。但是主动性弱，不吩咐到就只做交代的任务；责任心也缺乏，表现出我是打工的，拿多少钱干多少活。

6)"工作节奏快，但压力承受能力不足"

80后可以快速高效地完成工作，但是当遇到困难或领导的指责批评时，较为情绪化，往往能够承受得了工作量大，但经不起挫折和否定。

领导在了解了80后的群体特点后，开始逐个了解下属，发现其实80后不是不能吃苦，关键是激励是否到位。对于不同需求和不同想法的员工，给予不同的激励方式。例如，小刘和小王非常关注个人发展，所以与他们沟通的时候，大多指导他们如何提升自我，并告知他们公司提升和选拔的流程及步骤；而通过了解，小李对薪酬非常敏感，与他沟通时则谈及公司薪酬政策。

2. 按需赏罚，根据员工的不同需求，选择相应的赏罚方法

员工管理就是探究员工的不同需求，按需给予正向或负向刺激，以期获得相应行为的过程。了解不同员工的需求是员工管理的第一步，也是最基础的一步。

根据80后群体在职场中的需求不同，可以划分为3种类型：努力温饱型（种子型）、人际需求型（花朵型）和追求发展型（坚果型）。这3种类型并不互斥，即某些人兼备某两种类型。

(1) 努力温饱型（种子型）。赚取薪资和获得物质回报是这种类型人员参与工作的最主要动机。此类型人员像一颗种子一样，可以种植在花园、野地、高山，只要有土地和养分，可以生长在任何地方，也就是说，只要能够获得薪资和物质回报，种子型人员并不过多挑剔工作环境。

(2) 人际需求型（花朵型）。获得他人的关心、友爱和尊重是这种类型人员参与工作的最主要动机。此类型人员像花朵一样，需要从工作环境中获得情感上的满足，娇嫩的花朵无法容忍紧张的工作氛围。

(3) 追求发展型（坚果型）。获得个人能力提升、实现理想与抱负是此类型人员参与工作的最主要动机。此类型人员像坚果一样，只要能够收获果实，会努力克服各种恶劣的外界环境。

在了解的基础上，管理者对80后员工采取结果导向的管理方式，睡觉、打游戏都没问题，只要把任务完成。80后员工都比较独立，即使有人在办公室睡觉，其他人也不会觉得有什么不好。给予尊重和成就感，似乎能够让80后员工顺利完成工作任务。

思考与讨论题

根据你学过的激励理论，采取什么样的激励方式才能正确地激发80后员工的潜能，促进企业的发展？

第7章

群体行为的基础

学习目标

1. 掌握群体的概念，区分正式群体和非正式群体。
2. 了解群体发展的主要过程模型。
3. 列举影响群体行为的主要因素并对其进行分析。
4. 掌握几种常见的群体决策技术。
5. 了解高凝聚力群体的特征。

开篇案例

个体行为对群体绩效的影响

华丰建筑工程公司第五工区第三小组共有11名成员，除组长外其余10人全是二三十岁的青年工人。论年龄他们分不出辈分，论工作都是一样在脚手架上忙上忙下，论兴趣爱好更是一拍即合。工作闲暇时，大伙谈谈球赛、打打扑克，日子过得倒也蛮有情趣。

不过，这个组的工作情况却常常令工区领导担忧。他们工作中常犯"冷热病"，高兴起来活儿干得又快又好，可说不定什么时候，由于什么原因又一蹶不振，工作马马虎虎，有几次险些发生大事故。为此，工区领导几次从其他部门调来经验丰富的老工人当组长，但都未能治好他们的"冷热病"。

前后几任组长都向工区领导反映，小组中有个叫刘大勇的工人，对其他工友有很大的号召力。刘大勇活儿干得漂亮，人也很聪明，大伙都叫他"刘哥"，凡事都愿意听他拿主意。刘大勇的父母在"文化大革命"中受迫害下放到农村，他从小由奶奶带大成人，养成了孤僻的性格，时不时与组长和工区领导有些摩擦。为此，有的领导觉得他是个刺儿头，不好管。

但是，第五工区新任主任孙天明却不这么看刘大勇。他经过几个月的侧面了解，发现这个小伙子还是有很多优点的。刘大勇对老奶奶十分孝敬，在邻居中有口皆碑；工作不怕吃苦，牛劲一上来能把大家的干劲都带起来；他还乐意帮助别人，工友中谁有困难他总是毫不犹豫地慷慨解囊。

孙主任觉得，要搞好第三小组的工作，先得从刘大勇这里下手，刘大勇绝不是朽木一块，关键是当领导的如何帮助他进步。从此，孙主任经常在工余时间找他谈话聊天，同他交朋友。渐渐地，刘大勇觉得孙主任平易近人，不像别的领导老看自己不顺眼，自己应该以心换心，干出个样子来，不辜负孙主任的信任。

从此以后，第三小组的工作大有起色，"冷热病"不见了，工区交给的任务件件保质保量地圆满完成。不久，组长退休，刘大勇接任小组长。一年以后，第三小组破天荒地被评为先进工作集体。

组织中的任何人都不可能脱离群体而单独存在。群体不仅对个体行为有着调节作用，而且对其他群体、对组织运行效率和组织目标的实现都会产生影响。作为组织行为学研究的第二个层次，本章对群体行为规律、群体行为对个体行为和群体绩效的影响，以及群体决策等内容进行详尽阐述。

7.1 群体的定义与分类

1. 群体的概念

所谓群体（Group），是指为了实现某个特定的目标，两个或两个以上相互作用、相互依赖的个体的组合。工作群体必须具有以下特征。

（1）群体是由达成共同目标或谋求共同利益的不同个体组成的，群体成员在心理上都能认识到他人的存在，并以共同的群体目标和利益为其行为导向。

（2）群体成员具有明确的分工，承担不同的角色，履行不同的职责，并在行为上达到与角色的认同。

（3）群体成员之间在行为上相互作用，在工作上相互依赖，在思想和情感上彼此交流，具有群体意识和归属感。

（4）群体中的每个成员必须遵守群体的共同规范，具有群体意识、群体归属感和群体凝聚力。

2. 群体的分类

群体的结构和形式是多种多样的，根据构成群体的原则和方式，可以将群体划分为正式群体和非正式群体。

1）正式群体

正式群体是指由组织结构确定的、职位分配很明确的群体。这种群体是为了完成一定的任务，达成组织设立的正式目标而成立的，群体每个成员都有明确的分工并承担相应的职责和义务。正式群体一般有固定的结构和明文规定，一经形成就比较稳定。例如，企业中的部门、科室、车间等，都是组织中的正式群体。正式群体一般分为以下两种类型。

（1）命令型群体。命令型群体是指由组织结构确定的并直接向某个上级主管报告工作的下属组成的群体。例如，企业各科室的主管与其下属构成的群体就是典型的命令型群体。

（2）任务型群体。任务型群体是指由组织结构确定的为完成特定工作任务在一起工作的人构成的群体。在通常情况下，所有的命令型群体都是任务型群体，但任务型群体却不一定是命令型群体，任务型群体不仅仅局限于直接的上级命令关系，也可能是组织中跨部门的人员所构成的群体。例如，为了开发某种新产品，组织中不同部门、不同层次的人员可以形成一个典型的任务型群体。

2）非正式群体

非正式群体是指那些既没有正式结构，也不是由组织确定的联盟，只是为了满足社会交往的需要在工作环境或其他环境中自然形成的个体关系松散的群体。非正式群体往往是由一些有共同兴趣爱好，相似的价值观和性格一致的人自发形成的，成员间没有明确规定的权利与义务。例如，几个爱踢足球的人在平时踢球过程中形成的群体。一般来说，非正式群体在满足其成员的社会性需要方面发挥着重要的作用。非正式群体包括以下两种类型。

（1）利益型群体。利益型群体是指关心共同目标或特定事物的人形成的群体。例如，企业中的某些员工为了修改绩效考核标准，或者为了声援一名被解雇的同事，结合在一起所形成的群体。

（2）友谊型群体。友谊型群体是指具有共同特点、兴趣或爱好的人所形成的群体。例如，一起上下班、一起打乒乓球的员工所形成的群体。利益型群体和友谊型群体虽然都是非正式群体，员工之间的相互作用和相互影响也是非正式的，但对员工的行为和绩效的影响也是深远的，组织应给予特别的重视。

3）正式群体与非正式群体的区别

正式群体与非正式群体的具体区别如表7-1所示。

表7-1　正式群体与非正式群体的比较

正式群体	非正式群体
正式群体是为有效地实现共同目标而规定成员之间的相互关系和职责范围的组织体系。它的组织结构、成员的权利和义务，均由管理部门规定，组织中的各种活动必须遵循有关规章和制度	非正式群体是不确定的而且没有固定结构的分支机构，是由无意识的社会过程产生的，可以看成是一种没有固定形态的、密度经常变化的集合体
工作关系	社会关系
讲求效率的逻辑	推崇感情的逻辑
命令型的纵向沟通	非命令型的横向沟通
管理依赖的是职权	管理更多地依赖于领袖个人的人格魅力
领导者选择成员	个人自愿加入
成文的、强制性规则约束	不成文的、自我约束
管理一般都采用"经济—技术"手段，偏向于技术科学	管理一般都采用"社会—心理"手段，偏向于社会科学

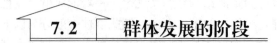

7.2　群体发展的阶段

研究人员认为，群体的发展伴随着几个阶段。但是，有关这些阶段的具体数量、顺序、期间和内容并没有达成充分的一致。在20世纪60年代，教育心理学家布鲁斯·W·图克曼（Bruce W. Tuckman）利用他在研究群体治疗方面的经历，认为群体发展有4个阶段的模型，这4个阶段是：形成、震荡、规范化和执行。后来，图克曼和一位博士生又增加了第五个阶段：中止。群体发展的模型如图7-1所示。

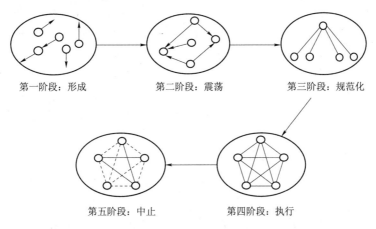

图7-1　群体发展的模型

1. 形成

形成阶段是群体形成的最初阶段。在该阶段，群体的目的、结构、领导还具有不确定性，群体成员对他们的参与也会体验出一定程度的不确定性，可能会疑惑谁会负责，以及该群体需要做哪些事情，群体成员也会各自探索群体可以接受的行为规范。

在形成阶段，群体领导往往备受群体成员的关注。一个群体可能有一位正式领导，如一个工作小组的主管。如果群体成员发现这个主管的行为不像一位领导，就会有另外一个人来担当主管的角色。当群体成员开始把自己看做是群体的一员时，这个群体就开始向下一个阶段发展。

2. 震荡

震荡阶段是群体形成后的下一个发展阶段。就群体的形成而言，该阶段是很困难的，因为群体内部充满了冲突。群体成员虽然接受了群体的存在，但对于群体对他们的约束，仍然可能产生争辩，进行抵制，甚至可能会形成子群体，以对抗有关的政策和程序；群体成员也会对群体领导和群体目标的早期假设进行验证。如果没有有效的领导，群体的发展可能滞留在这个阶段，并且随时有可能解体。在该阶段后期，群体的领导层次逐渐明确起来。

3. 规范化

从震荡阶段生存下来的群体会进入规范化阶段。通常，有一位群体成员虽然不是群体的领导，但是受到其他人的尊重，该成员能够组织整个群体取消差异并关注群体的目标。在规范化阶段，该群体研究所有的冲突并开始解决这些冲突。当冲突被有效解决时，人们就会更加清晰地定义他们的角色，群体成员之间开始形成亲密的关系，群体表现出一定的凝聚力，并获得一种团队精神感。当群体结构稳定下来，群体对于什么是正确的成员行为达成共识时，这个阶段就结束了。

4. 执行

在规范化阶段形成团队精神之后，群体的发展进入执行阶段。在执行阶段中，群体结构已经开始充分地发挥作用，群体的发展比较稳定，群体成员的注意力已经从试图相互认识和理解转移到如何完成手头的工作任务。群体的成员团结合作、有效沟通并互相帮助，使用合作精神来解决彼此之间引起的冲突，能够按照各自的能力为实现群体的目标而努力。

5. 中止

对于长期的工作群体来说，执行阶段是其发展历程的最后一个阶段。但对于如临时委员会、特别行动小组等临时性群体或其他类似的群体，在任务完成之后就会被解散，因此还存在第五个阶段，即中止阶段。在中止阶段，群体为解散做好准备，高工作业绩不再是群体及群体成员关注的主要问题，如何做好善后工作可能成为群体成员关注的头等大事。在中止阶段，群体成员的反应各不相同，有的很乐观，沉浸在群体所取得的成就中；有的很可能感到一种失落感，他们会因为这种经历的结束而感到伤心。该阶段的重要性是群体成员处在一个转变的阶段。如果组织将群体在最初阶段所学到的经验教训进行有效的沟通和强化，这种转变就会更加富有建设性。

7.3 群体行为的解释与分析

不同的群体为什么会表现出不同的行为方式，这个问题的答案很复杂，但主要原因是不同群体受到不同因素的影响，这些因素的影响使不同的群体体现出差异性。

1. 群体的外部环境条件

要理解工作群体的行为，首先应该从系统的观点来分析。工作群体不可能孤立存在，只是更大系统中的一个子系统，因此每个工作群体都要受到来自群体外部的各种因素的影响。影响群体行为的外部环境条件主要包括以下 8 个方面。

1）组织的整体战略

组织的整体战略通常由组织的高级管理层制定，它规定着组织的目标及实现这些目标的手段。不同的组织战略会引导组织朝着不同的方向发展。在任何时候，组织所追求的战略都会影响组织中各种工作群体的权利；反过来，组织的高级管理层也以此来决定如何给工作群体分配完成任务所需要的资源。例如，如果一个组织通过出售或关闭其主要业务部门来实现其紧缩战略，则也会缩减其工作群体的资源基础，并增加群体成员的焦虑感和引发群体内部冲突的可能性。

2）权力结构

任何一个组织都有其权力结构。权力结构就是组织里的权力分配体系，它规定着谁向谁汇报工作，谁有权作出决策，哪些决策权力可以下放给个体和群体。权力结构通常决定着一个工作群体在组织权力结构中的位置，决定着群体的正式领导者和群体之间的正式关系。虽然工作群体可能由一个正式的领导者率领，但组织中的非正式领导者仍然具有群体内其他成员所不具备的权力。

3）规章制度

组织通常会制定规则、程序、政策、岗位标准及其他形式的规范来使员工的行为标准化。组织对所有员工施加的正式规则越多，群体成员的行为就越一致，也就越容易预测。

4) 组织的资源

组织所拥有的资源对群体行为有重要的影响。有些组织规模较大，而且盈利丰厚、资源丰富，这些组织中的工作群体就有可能拥有更多的资源去完成工作任务。如果一个组织的资源有限，则其工作群体的行为在很大程度上就会受制于有限资源条件的约束。

5) 员工录用过程

组织的人员甄选过程影响着群体的绩效及行为。任何工作群体中的成员，首先是这个群体所属组织的一部分，因此一个组织在员工录用过程中所使用的标准，将决定该组织工作群体中成员的类型。

6) 绩效评估和奖励体系

绩效评估和奖励体系是影响群体所有成员的组织变量。组织是否能够给员工制定富有挑战性的、具体的绩效目标，组织对于成功完成任务的个体或群体是否给予奖励，由于工作群体隶属于更大的组织系统，因此组织的绩效评估方式，以及组织所给予奖励的行为，都会影响群体成员的行为。

7) 组织文化

每个组织都有其不成文的文化，这种组织文化规定了员工的哪些行为是可以接受的，哪些行为是不可以接受的。虽然，许多组织中还存在亚文化——通常以工作群体为核心产生，因而对组织的正式规章制度还有补充或修订，但这类组织中仍然有一个主导文化，它向所有的组织成员传递着这样的信息：组织所重视的价值观是什么。如果群体成员想维持较好的地位，就必须接受组织中主导文化所蕴含的价值标准。

8) 物理工作环境

群体所处的物理工作环境对群体行为有着重要的影响。一般来说，建筑师、工业工程师、办公室设计人员决定着员工工作场所的外观和设备的安排，以及照明的水平，是否需要有隔音设施来降低噪声干扰等。这些因素既可能成为群体互动的障碍，也可以为群体成员互动沟通提供更多的机会。如果员工的办公室相距较近，相互间没有间隔物，而且直接上司又在封闭办公室中，显而易见，员工之间进行相互对话或传播信息就容易得多。

2. 群体成员资源

一个群体可能达到的绩效水平，在很大程度上取决于群体中每个成员给群体带来的资源，其中人们关注最多的两类资源是：① 知识、技能和能力；② 人格特点。

1) 知识、技能和能力

通过评估成员个体的知识、技能和能力，可以部分地预测出群体绩效。虽然一个群体的绩效不仅仅是其成员个人能力的总和，但是群体成员的能力可以使人们间接地判断出群体成员在群体中能够做什么，以及他们的工作效果如何。有证据显示，在高绩效的工作群体中，人际交往技能始终很重要，如冲突管理和冲突解决、协作性地解决问题和沟通这些技能，成为群体成员有效地完成工作任务的至关重要的能力。

2) 人格特点

大量研究探讨了人格特点与群体态度和行为之间的关系。一般的结论是具有积极意义的人格特点更可能对群体生产率、群体士气和群体内聚力产生积极影响。这些人格特点主要包括社交性、主动性、开放性和灵活性；与此相对照，具有消极意义的特点，如专制、支配、不合习俗等，更可能对群体生产率、群体士气、群体内聚力有负面影响。这些人格特点通过影响群体成员在群体内部的相互作用方式,从而影响群体的行为和绩效。

群体成员某方面的人格特点能否成为群体行为的良好预测指标,答案是否定的。任何单一的人格特点的影响力都很小。但是,如果把人格特点放到一起进行综合考察,对群体行为的影响就会有重要的意义。

3. 群体结构

工作群体结构塑造着群体成员的行为,它使人们有可能解释和预测群体内大部分的个体行为及群体绩效。群体的结构变量主要有以下 7 个方面。

1) 正式领导

一般情况下,每个工作群体中都有一个正式领导者。他们的头衔通常是部门经理、一线主管、工长、项目主管、特别行动小组组长、委员会主席等。群体正式领导的领导能力和领导方式对群体绩效及群体成员的行为有重要的影响。如果正式领导者的领导行为能兼顾以工作任务和人际关系为导向,就能够统一成员行为,增强成员的责任意识和归属感,提高群体的绩效。

2) 角色

群体中每个成员都扮演着一种角色。这里所使用的角色是指人们对于在某一社会单元中占据特定位置的个体所期望的一套行为模式,是人的一系列典型的行为特征。个体的行为是否符合角色期待,在很大程度上取决于其对自身扮演角色的认知。而个体的角色认知与他的生活经历、个性、价值观和文化背景等相关,因此不同个体对同一角色的认知也会有所差异,从而导致行为的不同。

3) 规范

所谓群体规范,是群体成员共同接受的一些行为标准。这些标准使成员知道自己在特定情景下,应该做什么,不应该做什么。从个体角度来看,群体规范意味着在某种情境下群体对一个成员行为的期望。群体规范一旦被群体成员认可并接受下来,就成为影响群体成员的一种手段。虽然不同的群体、社区甚至社会,群体规范不尽相同,但所有群体都有自己的行为规范。

4) 地位

地位是指他人对于群体或群体成员的位置或层次进行的一种社会界定。地位渗透在社会的各个角落,完全可以这样说:"在有地位等级构成的生活中,没有哪些方面与地位无关。"即使在最小的群体中也会发展出用于区分成员的角色、权力和仪式。在理解人类行为方面,地位是一项重要因素。如果个体意识到自己对地位的认知与别人的认知不一致,就会促使个体作出重大的行为反应。

5) 群体规模

群体规模是否会影响整个群体的行为,回答是肯定的。研究表明,小群体完成任务的速度要比大群体更快,但就解决复杂和困难的任务而言,大群体总是比小群体做得更好。大群体(一般成员超过 12 人的群体)有利于获取各种渠道的信息。因此,如果群体的目的是搜寻和发现事实,则规模较大的群体应该更有效率;而较小的群体利用这些信息从事生产方面的效果更好。一般来说,7 人左右的群体在采取行动时效率最高。

6) 群体构成

大多数群体活动需要具备多种技术知识才能顺利进行。从这一点来看,可以得出结论:

异质性群体（由个人特点差异很大的个体组成的群体）更可能拥有多种能力和信息，工作效率也会更高。不少实证研究总体上证实了这个结论，尤其是那些需要认知能力、创造能力才能完成的工作任务。

7）群体内聚力

内聚力是指成员之间的相互吸引力及他们愿意留在组织中的程度。群体在内聚力上存在差异，研究发现，群体内聚力与群体生产率有关。

内聚力与生产率的关系依赖于群体中所建立的绩效规范。如果这些绩效规范要求很高（如高产出、高工作质量、与群体外人士保持良好的协作关系），高内聚力群体的生产率就会高于低内聚力群体；如果群体内聚力低，但绩效规范要求很高，则群体生产率也会较高，但不如高内聚力且高绩效规范的情境；如果群体内聚力低，而且绩效规范也低，则生产率更可能处于中低水平。

4. 群体行为规律

个体身处群体之中时，行为会受到群体的影响，表现出不同于个体独处情景下的行为反应，主要体现为以下3个方面。

1）社会易化

罗伯特·扎伊翁茨发现，对于那些简单的、熟练的行为，个体在有旁观者在场时或和群体中其他成员一起时的活动效率，比个体单独活动的效率高。但是，对于那些复杂的还没有掌握好的技能，个体在有他人在场或群体性的活动时，工作绩效反而下降。扎伊翁茨认为，这被称为"社会易化"的效应，至少部分地来自于他人在场或身处群体中时个体产生的唤醒状态。后来的研究则显示，即使其他人并没有实际在场，只要个体预期自己的行为会受到他人的评价，这种促进或损害的效应也会发生。

2）社会性懈怠

社会性懈怠并不是他人在场影响个体表现的唯一方式，在社会性懈怠效应被提出30多年以后，活尔瑟·莫德报告了一个事实。这个事实发现，当人们作为群体的一员做一件事情时，就不会像自己独立完成时那么努力。实验发现，与参与两人组、三人组或八人组拔河相比，当个体独自一人与对手拔河时会拉得更卖力。平均而言，两人组中的单个被试的努力程度只有单人组被试的93%，三人组中单个被试的努力程度只有单人组被试的85%，而八人组中单个被试的努力程度这只有单人组被试的49%。

艾伦·英厄姆等人在1974年巧妙地用不同的方法重复了这个实验，研究者给被试者蒙上双眼，使他们相信自己正与同组的其他成员一起与对手拔河，而实际上他们是单人应战。这种不同的实验方法却得到了与莫德的实验相同的结果。

造成"社会性懈怠"的原因目前还没有明确的答案。有些学者认为，这种效应的出现是因为处于群体中时，人们不会像独自行动时那样直接感觉到自己的努力和最终结果之间紧密相关。而且，群体活动也造成责任的分散。相比独立行动时要对结果负全部责任，群体成员所承担的少量责任就会影响他们的决策判断能力。

关于社会性懈怠和责任分散的研究都倾向于认为决策者是优秀政治家的观点。人们经常从他人身上直接获取行动的线索，并且他们非常关注他人对自己的看法。这些研究显示，人们通常也会把自己和其他人作比较来评价自己的观点与能力，从而影响个体的决策。"社会比较理论"就描述了这种决策判断模式。

费斯廷格于1954年提出社会比较理论。他认为，在缺乏客观、非社会性的标准时，人们会把自己和其他人作比较。而在面临选择时，人们更愿意与那些观点和能力与自己接近的人作比较。例如，如果是一名本科生，他很可能会与其他本科生比较学术成就，而不是与研究生或教授作比较。

3) 从众

阿施实验是最为经典的从众实验。在研究中，要求被试者对线段的长度进行视觉判断，即判断左卡中标准线段与右卡中的A、B、C哪根线段长度相等。标准答案是B线段，但被试者的反应并非如此。实验中一个被试者与6个陪试者组成一组，让陪试者逐一作出错误的判断，要求被试者最后作出反应。结果发现，被试者中有32%的人作出了与多数人一致但却是错误的判断反应。我国华东师范大学的心理系学生也曾重复了阿施的实验，他们发现随着实验的进行，从众行为和从众人次也在递增。

来自群体信息的压力和群体规范的压力导致个体作出了从众反应。他们认为，多数人选择的正确概率会高一些；而且他们的从众行为可以表明自己的行为没有与群体规范相悖，而是有与多数人合作的良好意图。关于影响从众行为的因素，至今的大量研究表明主要有以下5类。

(1) 群体的规模。规模越大，个体感受的心理压力越大，就越可能作出从众反应；反之则容易保持独立。

(2) 群体的凝聚力。在凝聚力越强的群体中个体从众的倾向就越强烈。

(3) 群体成员意见一致性程度。这有两层意思：群体成员之间的意见越一致，个体就越倾向于从众；群体成员意见前后一致程度，越一致个体越会从众。反之，群体成员若前后改变态度，就不会对个体有较大的从众压力。

(4) 群体的结构。这既是指个体在群体中的相对地位，地位低者易受群体影响而从众；也是指群体中是否出现反从众者，如果有就会大大降低其他个体的从众倾向。

(5) 个体与群体的心理关系。这主要是指个人的认知与群体行为之间矛盾冲突的程度。这种矛盾冲突若很小，个体感受不到群体压力就不容易从众；矛盾冲突程度若很大，反而促使个体怀疑群体反应的正确性，从而削弱从众倾向。一般来说，中等程度的矛盾冲突会对个体产生最大的从众压力。

7.4 人际关系

在群体中，成员之间所建立的关系都属于群体人际关系。人际关系在群体管理中起着重大的作用，若能处理好群体的人际关系，将有利于群体成员行为的管理，并提高群体的工作效率。

1. 人际关系的含义和作用

1) 人际关系的概念

人际关系是与沟通有着密切联系的概念。人与人在沟通交往的过程中相互作用，所建立的相对稳定的情感纽带就是人际关系。

人际关系不仅局限于人们的社会角色所形成的关系（如上下级关系、师徒关系、合作伙伴关系等），而且也受到人们的情感因素的影响。例如，一名员工服从上级主管的指挥，但他从情感上并不一定喜欢、接纳或满意这位主管人员。人际关系主要是在人与人之间的沟通中表现出来的，同时人际关系也是影响沟通效果的因素。例如，组织中一个人与另一个人建立了密切而又融洽的人际关系，那么他们在某些事情的沟通中就比较容易；相反，如果人际关系不太好，要解决问题时就不太容易沟通。

2) 人际关系的作用

在组织行为学的范畴中研究人际关系，首先关心的是人际关系对组织有怎样的作用和意义。人际关系对组织的影响主要有以下3个方面。

（1）人际关系对组织氛围和组织凝聚力有显著影响。在具有良好和谐的人际关系的组织中，组织成员感情融洽，能够开诚布公地进行沟通，组织的凝聚力和士气很高。而在人际关系不和谐或人际关系紧张的组织中，人们互相猜疑、戒备、敌视、争权夺利、拉帮结派，这样的组织氛围常常让人感到情感压抑、不舒畅，组织也很难形成凝聚力，成员的士气也很低。

（2）人际关系影响员工的工作满意感和心理幸福感。与他人建立良好的人际关系是人们的一种基本需要。在具有合作、友好、支持性的人际关系氛围中工作，会增强员工的工作满意感和心理幸福感；相反，在缺乏良好人际关系的组织中，员工会感到压抑，表现出敏感和自我防卫，这样他们的工作满意感和心理幸福感就会降低。

（3）人际关系影响组织的工作效率和组织目标的实现。在组织中，工作的开展和目标的实现离不开各种各样的沟通与交往。良好的人际关系有利于信息的有效传递和人与人之间的合作；而不良的人际关系则在信息沟通的过程中起到阻力作用，使组织中的信息不能得到有效传递，不同的组织成员或部门之间难以合作。因此，良好的人际关系是组织行为的润滑剂，能够提高组织的效能，有利于组织目标的实现。

2. 有关人际关系的理论解释

西方社会关于人际关系的理论观点很多，主要包括符号互动理论、印象管理理论、人际行为三维理论和社会交换理论等。

1) 符号互动理论

符号互动的概念最早是由 H. 布鲁默在《人与社会》（1973）一书中提出来的。所谓符号互动，是指人与人之间通过语言和非语言的、有声和无声的符号而实现相互交往的活动。人类不仅具有使用身体姿势进行沟通的能力，还具有使用稳定意义的语言符号的能力。

符号互动理论认为，所有社会活动都是人际符号互动的结果，人类社会最典型的特征就是符号互动。人们懂得社会交往并不是相互之间行为的简单反映，也不是纯粹按照"刺激—反应"的方式进行的，人们相互之间总是以对方的行为作出自己的解释和定义，并以此为依据而发生互动。也就是说，人际交往需要运用符号以解释或确定相互之间行为的意义，每个个体在对接收到的信息进行解释时，总是受到一些特殊因素（如文化、知识、经历、特定环境等）的影响和制约。

符号互动理论认为，人际交往是不能直接进行的，它必须通过中介物——"符号"才能实现，哪怕是最简单的交往也是如此。因为，人们的思想相互之间是看不见的，人们所看见的只是相互间表现出来的行为，所以人际交往中最重要的是正确地选择和使用符号。

2) 印象管理理论

印象管理理论又称为"戏剧"理论。所谓戏剧理论，实际上是一个比喻，它的实质是将现实生活情境完全比做戏剧演出，将现实社会的成员看做演员。这一理论认为，社会是个大舞台，每个人都在戏中扮演着一个角色。这种演出是由社会交往参加者的活动构成的，既包括自我表演、感情的表达、信息的发出，也包括周围人对这些动作、符号的理解。按照这种理论，人际关系活动同样也是一种表演。表演是按一定常规程序进行的。在表演中，演员非常关心和试图控制他们留给观众的印象。因此，这是一种对观众"印象"的管理工作。由于要实现对别人印象的有效管理，在人际交往中人们行为的目标就因此转变为为他人表演。在表演中，为了有效地实现印象管理，就要运用一些手段和工具来装点门面。这包括外部设施——布景和道具，如办公室、华丽的大厅、家具、摆设等，还包括个人的装扮，主要是指仪表和举止。

3) 人际行为三维理论

人际行为三维理论的创始人是美国人舒兹。所谓三维，是因为该理论从3个角度来考察人际行为：一个维度是背景性的，即将这些问题放在工作群体中去考察；一个维度是发展性的，即探讨人际关系的动力如何；一个维度是历史性的，即认为成人的人际关系是童年时代经验的继续体现。该理论的核心内容是以下4个基本假设。

(1) 每个个体都有3种基本的人际需要：包容需要，即与别人接触、交往、隶属于群体的需要；感情需要，即爱别人或被爱的需要；支配需要，即控制别人或被人控制的需要。

(2) 人际关系存在连续性和相对继承性，成年人的人际关系乃是童年时代经验的继续表现。

(3) 人际关系的相容性。在群体成员中有3种类型的相容：① 交换相容，是指两个人在某种需要上所表现的或希望的行为总和相等便产生最大限度的相容，总和差别越大，不相容也就越严重；② 主动相容，是指一个人常有意使自己的表现去和另一个人发生互补，如果见到对方希望拥有领导地位，就表现出顺从或愿意接受控制的行为；③ 互惠相容，是指双方都在某种需要上与对方一致，如对方需要沟通，另一方也表现出渴望沟通，使双方需要与愿望表现出尽可能的相符。

(4) 涉及群体的发展。群体的形成与瓦解总是依循着相同的顺序。每种人际关系或群体在形成过程中都要经历包容、控制和情感三大阶段。包容阶段涉及个体是留在还是离开该群体的问题。只有解决了包容问题之后，才能过渡到控制阶段，即责任和权力的分配阶段。第三个阶段则要解决情绪整体问题。在群体瓦解的情况下，则向相反的方向变化：最初情绪依恋性被破坏，随后支配关系被破坏，最后脱离群体。

4) 社会交换理论

社会交换理论属于行为主义和新行为主义学派之中，在刺激和反应之间重视人自身认知的一种理论。该理论认为，人们之间的相互作用取决于报酬及相应的成本，人们寻求报酬大于成本的行为关系，回避成本大于报酬的行为关系。

社会交换理论首先是由霍曼斯提出来的。霍曼斯认为，人们之间的关系、人们的社会行为是一种商品交换，这不仅是物质商品的交换，而且是诸如赞许或声望、符号之类的非商品交换。在人际关系、人际交往中，交换理论的原则是以最小的代价换取最多的报酬。一个人能否把同另一个人的交往继续下去，主要是由报酬减去成本是正、是负及其数量多少而确定的。总之，在霍曼斯的社会交换理论看来，人们之间的亲属关系、夫妻关系、爱情关系、朋友关系、师生关系、服务员与顾客之间的关系等，都是经过无形的、潜在的仔细衡量，讨价还价形成的交换关系。

3. 影响人际关系的因素

在社会生活中，人们总会发现自己与周围的有些人关系比较密切，而与另外一些人则比较疏远，甚至合不来。根据组织行为学家的研究，影响人际关系的亲近与好坏的因素可以归纳为以下5种。

1）距离的远近

在地理位置上接近，彼此接触机会较多的人们，容易相互喜欢、相互吸引，从而建立友谊。例如，教室里座位靠近的同学之间，同一间办公室工作的同事之间，以及住宅里的邻居之间，容易形成和谐的人际关系。

美国社会心理学家菲斯廷格等人曾以住在同一学生宿舍楼里的已婚妇女为研究对象，调查她们彼此交往的情况。调查结果表明，住在同一楼房里的邻居，地理位置越近，越容易建立友好往来；住在同一楼层上的人比住在不同楼层的人成为朋友的可能性要大；甚至住在同一层楼，两家相距22米与两家相距88米，她们交往的密切程度也存在差异。

值得注意的是，物理距离并不是形成人际吸引与排斥的决定性因素，而只是影响人际关系的各种因素之一。除物理距离外，心理距离也很重要。国外管理者很重视空间距离与心理距离的相互作用，他们在对员工的场所进行设计和安排时，常常将人际吸引的因素也考虑进去，以使工作场所的设计便于员工之间的交往，有利于形成协调一致的关系。现代公司中开放办公环境的设计就是应用临近原理，以便利员工之间的交往，提高工作群体的凝聚力。

2）交往的频率与交流内容

交往的频率是指人们互相接触次数的多少。一般来说，人们彼此之间交往的频率越高，越容易相互吸引；人们交往的次数越多，越容易形成共同的经验，越便于沟通信息，交流思想，进而联络感情，增进友谊，协调关系。

在初期交往中，地理距离和交往的频率常常起着重要的作用。但是，有些人往往过于夸大交往频率的作用，认为交往频率在某种程度上起着决定性作用，而忽略了人们之间交流的内容。其实，人们彼此交流的内容有时比交往的频率更为重要。例如，同一办公室工作的两位员工，他们平均每天接触30次，但每次几乎都是几句相互应酬的闲话；而另外两位员工，虽然平均每天接触只有5次，但谈话内容却是讨论工作中存在的问题。尽管在前一种情况下，两位员工有更多的接触机会，但并不表明他们之间有任何密切的关系；相反，在后一种情况下，两位员工的接触次数虽然不多，却表明他们之间有密切的协作关系。

3）态度的相似性

人们之间在对某种事物有相同或相似的态度，有共同的理想、信念和价值观，就容易情投意合，产生共鸣，相互喜欢。俗话说："物以类聚，人以群分。"因此，态度的相似性是建立良好人际关系的重要基础。

一位心理学家做了下述的实验：让被试者阅读一张态度调查表。这张态度调查表记录着与被试者素不相识的人们对某一事物的各种态度（实际上，调查表是由实验者编造出来的），然后，问被试者喜欢何种态度的人。统计表明，被试者都喜欢与自己态度相似的人。

4) 需要的互补性

不仅具有态度相似性的人们之间容易相互吸引,就是性格完全相反的人,如果在工作、学习中能够满足对方的需要,也会彼此吸引,形成良好的人际关系。例如,有的人愿意引导别人,有的人则愿意被别人引导,他们在一起工作,能够相互得到满足,从而形成良好的工作关系。而且,生活中也不乏脾气暴躁的人与脾气温和的人友好相处;活泼健谈的人和沉默寡言的人会成为好朋友,这是由于双方在气质、性格上都各有优缺点,彼此可以取长补短,互相满足对方的需要。由此可见,需要的互补性也是形成人们之间良好人际关系的一个重要因素。

5) 兴趣爱好的一致性

在影响人际关系的诸因素中,兴趣爱好是不可忽视的重要因素。兴趣爱好相同或一致的人们在一起,容易相互启发、相互补充,在对彼此感兴趣的问题的共同探讨中,自然而然地形成了融洽的关系。并且,对同一事物、同一工作、同一话题的兴趣越大,所形成的人际关系越容易得到巩固和加强。

除了以上 5 个方面的因素之外,人的职业、经济收入、政治地位、年龄、个性特征等等,也都会不同程度地影响成员间的人际关系。管理者在处理群体人际关系时,这些因素同样是不可忽视的。

7.5 群 体 决 策

1. 群体决策的利与弊

决策是为了解决问题。群体决策的质量将在很大程度上影响群体的绩效。群体决策是群体成员面对问题,共同参与和组织决策的过程。群体决策强调信息的对称性、决策的民主性和群体的利益等。

1) 群体决策的优点

(1) 提供更完全的信息和知识。通过集思广益,能够提供更加丰富的信息和知识,群体在决策中得到的投入也更多。

(2) 增加观点的多样性。事实证明,群体能够给决策过程带来异质性。群体决策几乎总能让卓越的个体决策者表现得更加卓越不凡,这就为多种方法和多种方案的讨论提供了机会,群体也因此可能制定出更高水准的决策。

(3) 提高了决策的可接受性。许多决策在制定以后,由于人们不接受而夭折,那些参与群体决策的成员更愿意热情地支持决策,并且鼓励别人也接受决策。

2) 群体决策的缺点

(1) 群体决策所用的时间与个体决策所用的时间相比要多一些,这在某种程度上限制了管理人员快速反应的能力;而个体决策不需要召集会议并花费大量时间来讨论各种方案。

(2) 个体决策职责清晰,知道是谁制定了决策,知道谁应对后果负责;而在群体决策中,群体成员对于决策结果共同承担责任,职责比较模糊。

(3) 个体决策的一个优点是个体持有始终如一的价值观念,而群体决策往往会由于群体内部的斗争而使其效果大打折扣。

个体决策与群体决策哪一个更好，这要视情况而定。关键是看效率与效果孰轻孰重。就效果而言，群体决策能提供更多的选择、更富有创造性、更准确并且更有质量的最终方案。但是，个体决策比群体决策更有效率。由于群体决策需要花费大量的时间和资源才能作出最终决策，其效率自然也就降低了。相比之下，当决策不是那么重要或并不需要下属对决策成功不遗余力时，决策最好由个人制定。同样，当上级掌握了足够的信息，或者即使不咨询下属，下属也将对最终结果尽心尽力时，决策由个人作出可能会有更好的效果。群体决策与个体决策的比较，可以用表7-2表示。

表7-2 群体决策与个体决策的比较

决策主体 项目	个体	群体
速度	快	慢
正确性	较差	较好
效率	取决于决策任务的复杂程度，通常费时少，但代价高	从长远来看，费时虽多，但代价低，效率高于个体决策
创造性	较大，适于工作结构不明确、需要创新的工作	较小，适于任务结构明确，有固定程序的工作
风险性	视个人气质、经历不同而不同	视群体成员（特别是领导）冒险倾向性而不同

2. 群体决策技术

由于群体决策存在着缺点，为了发挥群体决策的积极作用，很多管理学家和心理学家提出了各种有效的群体决策技术，以帮助群体消除障碍，进行更加有效的决策。

1）头脑风暴法

头脑风暴法（Brainstorming）也称为脑力激荡法，为了克服互动群体中产生的妨碍创造性方案形成的从众压力，让群体成员畅所欲言，在提出所有的观点之前，不作任何评价，以产生尽可能多的观点或想法。

在典型的头脑风暴法讨论中，6～12个人围坐在一张桌子周围，群体领导用清楚明了的方式把问题说明白，鼓励群体成员尽可能多地提出解决问题的各种新颖方案。在此过程中，任何人都不得对发言者的言论加以评论或质疑。所有的观点都记录在案，直到最后才允许群体成员来分析、评价这些观点和意见，综合集体智慧形成最终的决策意见。

采用头脑风暴法时，由于群体的每一位成员都可能受到其他成员的启发，激发他的发散性思维。并且，由于群体成员在相互交流想法的气氛中得到启发，会使个人对原本不太关注的问题产生兴趣，迫使自己去思考，从而引起创造性思维的启发工作。但也要注意一个问题，即个人会因为对别人发表意见的关注，而使自己的思维受到干扰或中断，影响新思想的产生。

2）德尔菲法

德尔菲法（Delphi Technique）又称为专家意见法，是一种更为复杂、更费时间的方法。

德尔菲法最早是在 1953 年由美国兰德公司的研究人员开发出来的，是通过反复通信的方式来解决问题的一种方法。具体做法是通过信函，将要解决的问题寄给有关领域的专家、学者，征询他们的意见或建议，待专家回信后，对各位专家的反馈意见进行归纳整理，形成若干可供选择的方案，然后再将方案反馈给各位专家，征询他们对方案的意见，这样反复几次，使方案趋于完善或意见趋于统一。

使用这种方法成功的关键是使用了匿名的方法。在德尔菲法中群体成员的反馈是匿名的，这样就不需要考虑面子的问题，可以使这些专家更加灵活地考虑问题，从别人的观点中受益。许多企业的成功都可以证明德尔菲法的有效性。这种方法除了在商业上的运用之外，也可以用来解决政府、教育、医疗和军队中的许多问题。换句话说，德尔菲法可以运用到任何一个组织中，解决大量有关计划和决策的问题。

德尔菲法的一个优点是从不让专家面对面地聚在一起，因而能够独立地思考有关问题，克服了头脑风暴法的一些缺点。但德尔菲法的最大缺点是周期太长，虽然能够最终形成比较完善的决策方案，但可能已经失去了解决问题的最好时机。

3）名义群体技术

名义群体技术（Nominal Group Technique，NGT）是指在决策过程中对群体成员的讨论或人际沟通加以限制，这就是"名义"一词的含义。与召开传统会议一样，群体成员都要出席会议，但成员首先进行个体决策。具体来说，群体领导提出问题之后，采取以下步骤进行活动。

（1）将成员组合成群体，但在进行群体讨论之前，每个成员写下自己对于解决问题的想法或观点。

（2）每个群体成员都要为群体贡献自己的想法或观点。成员们一个接一个地表达自己的观点，直到所表达的观点都被记录下来。在所有的观点都记录下来之后，才允许人们进行讨论。

（3）群体成员开始讨论每种想法，并对这些想法进行分类和评估。

（4）群体成员独自对这些观点、想法进行排序，最终的决策是排序最靠前、选择最集中的那个观点。

名义群体技术的主要优点是让群体成员正式参加会议，但同时又不像互动群体那样限制个人的独立思维。

4）电子会议技术

电子会议技术（Electronic Meeting）是一种比较新的群体决策方法，它是名义群体技术与计算机网络技术的结合，因此称为电子会议技术。它的具体做法是与会人员坐在联网的计算机终端前，通过计算机屏幕参看有关问题，然后将自己的意见通过计算机进行传输，每个人的意见都会在其他人的计算机屏幕上显示。

电子会议技术的最大优点是匿名、可靠和迅速。参加者可以通过匿名的方式，将自己的真实态度和真实想法坦诚地表达出来，而不会受到惩罚。与传统会议相比，减少了闲聊，讨论不会离开主题，因而效率极高。

专家们认为，电子会议技术比传统的面对面的会议效率高 55%。电子会议技术也有缺点，如那些打字速度快的人，与口才好但打字速度慢的人相比，能够更好地表达自己的观点，但电子会议技术在未来的群体决策中可能会得到越来越广泛的应用。

5) 群体决策技术的对比

可以看出,对不同问题的决策要选择恰当的决策技术,才能获得满意的效果。表7-3对以上4种群体决策技术的效果进行了对比。

表7-3 群体决策技术的对比

项　　目	头脑风暴法	德尔菲法	名义群体技术	电子会议技术
观点的数量	中等	高	高	高
观点的质量	中等	高	高	高
社会压力	低	低	中等	低
财务成本	低	低	低	高
决策速度	中等	低	中等	高
任务导向	高	高	高	高
潜在的人际冲突	低	低	中等	低
成就感	高	中等	高	高
对决策结果的承诺	不适用	低	中等	中等
群体凝聚力	高	低	中等	低

7.6 创建高凝聚力的工作群体

1. 群体凝聚力与群体士气

1) 群体凝聚力

(1) 群体凝聚力的概念。群体凝聚力又称为群体内聚力,是对群体成员施加各种影响,使之在群体内积极活动和拒绝离开群体的全部力量的总和,是群体对个体的吸引力。群体凝聚力是研究促进群体行为合理化和提高工作绩效所必须涉及的问题。

群体凝聚力表明群体对于成员的一种内聚作用,它含有"向心力"和"内部团结"的意思。群体凝聚力越大,其成员的归属感越强,成员越不愿意离开自己的群体,群体内部人际关系会更加和谐,群体更能显示出旺盛的活力与战斗力。

(2) 群体凝聚力的作用。群体凝聚力是维系群体的力量,是群体存在和发展的基础,会对群体行为有直接和重要的影响。

① 群体凝聚力与工作绩效的关系。一般来说,群体凝聚力肯定能够强化群体行为,即所谓的"团结就是力量",但未必能够提高群体绩效。因为,得到群体凝聚力强化的群体行为与整个的组织目标究竟是什么关系是不确定的。如果得到群体凝聚力强化的群体行为与整个组织的目标是一致的,那么群体凝聚力可以提高群体的工作绩效;如果得到群体凝聚力强化的群体行为与整个组织目标是不一致的,甚至是相反的,那么群体凝聚力不仅不能提高群体的工作绩效,反而会降低群体的工作绩效。由此可见,高群体凝聚力究竟能否带来高工作绩效并不取决于群体凝聚力自身,而取决于对群体凝聚力的导向。

② 群体凝聚力与员工满意度的关系。一般来说，群体凝聚力会提高满意程度，但满意程度最终对整个群体的工作究竟是好事还是坏事也要具体情况具体分析。因为，满意程度高可以令群体成员对群体忠心耿耿，尽职尽责，但也可能使群体成员安于现状，维护既得利益，产生惰性，拒绝改革。在我国的国企改革、国家机构改革中，这种情况都曾是非常普遍的现象。由此可见，群体凝聚力可以提高员工满意度，但员工满意的最终意义也取决于如何导向。

③ 群体凝聚力与员工个人成长的关系。群体凝聚力对于个人的成长而言也是一件利弊互参的事情。从有利于员工成长的一面来说，凝聚力强的群体使人产生安全感，在遇到困难的时候容易得到他人的支持与帮助；从不利于员工成长的一面来说，从凝聚力强的群体中成长起来的人往往依赖性较强，独立性、进取意识、主动性和创造性都比较差，而凝聚力差的群体中员工成长得更快。

（3）高凝聚力群体的特征。群体凝聚力是维持群体存在的关键。如果一个群体缺乏凝聚力，对其成员难以形成吸引力，这个群体就会像一盘散沙，难以维持下去。即便是名义上存在，而实际上已丧失了群体的力量和功能。因此，群体凝聚力是实现群体目标的重要条件，凝聚力强的群体，更容易发挥自身的功能，达到群体的目标。

一般而言，高凝聚力的群体具有以下特征。

① 成员之间信息沟通快，意见交流较为频繁，相互了解较为深刻，民主气氛好，人际关系和谐。

② 群体成员有强烈的归属感和向心力，愿意参加群体活动，无论是生产性活动还是其他有关群体目标达成的活动，都会有很高的出勤率。

③ 关心群体，维护群体的利益和荣誉。

2）群体士气

（1）群体士气的概念。"士气"原是一种军事术语，用以表示作战时的团体精神，在这里则用来表示群体的工作精神。美国心理学家史密斯（C. R. Smith）将士气定义为"对某个群体或组织感到满足，乐意成为该群体中的一员，并协助达到群体目标"的一种态度。

群体士气是群体所具有的一种高昂的意志状态，表明群体在达到目标过程中积极进取的态度和顽强奋斗的精神。因此，群体士气不仅代表个人需要满足的状态，并且表明了群体成员对所在群体的认同感和归属感，以及愿意为实现群体目标而努力的情绪。

（2）群体士气与生产率的关系。美国心理学家戴维斯（K. Davis）研究了士气与生产率的关系，并提出了以下3种情况。

① 士气高，生产率也高。员工在组织里感受到组织目标与个人需要相一致，满意度较高，员工士气高昂、全心全意地去实现组织目标，同时也满足了个人需要。

② 士气高，生产率低。这是由于员工在群体里虽然获得了满足感，但士气所向之处与群体目标不一致，缺乏紧张的工作气氛。如果出现高士气的群体与群体目标相抵触，则还可能构成工作中的障碍。

③ 士气低，生产率高。这可能是由于群体在严格的监管下，或者管理者给予了大量物质条件和金钱刺激所获得的短期高生产率。由于忽略了员工的心理需求，这种情况只能是暂时的。

（3）如何提高员工的士气。

① 个体对群体目标的赞同。当个人目标与群体目标协调一致时，员工便会产生个人成败与群体成就休戚相关的心理，并能在实现群体目标的同时满足个人需要，士气也得以提高。

② 培养组织文化，使员工能感受到自己是组织的一分子。管理者应当找到一种适合组织结构的文化，这种文化应当能体现组织的特色和发展的目标，从而也给组织员工一种心理暗示，通过这种文化能够将自己的才能发挥到极致。

③ 设计合理的薪酬体系。薪酬代表了员工在群体中的成就和贡献，能满足员工多方面的需求。公平合理、方式多样化的薪酬设计，能有效地提高员工的士气。

④ 创造良好的工作情境。一个良好的工作情境包括成员间有效沟通、和谐与合作的心理环境，以及舒适的物理工作环境等。成员间的工作互助性和协调性，可以使员工心情舒畅，进而激发高昂的士气。

⑤ 提高领导者素质，充分发挥提高员工士气的领导艺术。领导者要在组织中推行民主的领导作风，绝不搞官僚主义，乐于采纳他人的意见，关心和体谅下属，使员工能够感受到领导的重视。

2. 影响群体凝聚力的因素

群体凝聚力是一个综合指数，是多种因素的综合作用，如图7-2所示。

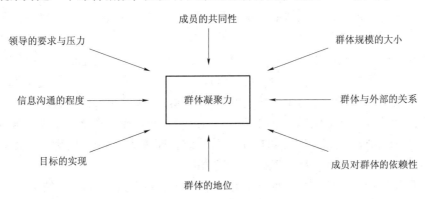

图7-2 影响群体凝聚力的因素

（1）领导的要求与压力。领导对群体凝聚力有重要的影响。当领导强制群体成员遵守组织规定时，群体成员会加强团结。一个很松散的群体原来凝聚力不高，但是如果公司领导的一项规定被员工看做是对他们的威胁时，这个群体就会增强凝聚力。

（2）信息沟通的程度。一个凝聚力高的群体，信息一定相互畅通。汉波顿在其《组织行为学》一书中认为，在一个噪声很大的工厂、一个肃静沉闷的办公室，或者在一条长装配线上的工人，由于信息不易沟通，群体的凝聚力不会很好。

（3）目标的实现。实现群体目标的情况会对其成员产生影响。例如，某群体在完成任务中达到所期望的高效率，会提高其成员的身份，成员会因为他是该群体的一员而感到自豪。成功地实现目标与凝聚力是相互关联的，实现目标会增强凝聚力，而又高凝聚力的群体又是实现目标的重要条件。但当群体的目标与组织的目标不一致时，凝聚力会产生负面的作用。

（4）群体与外部的关系。一个与外界相对比较隔离的群体，它的凝聚力较好。国外一些行为科学家认为，为什么矿厂的员工最坚韧、历时最长，其原因之一就是因为矿工是经常在一起且与外界比较隔离的。群体存在外部压力时其凝聚力增强,因为外来的威胁会增强群体成员相互间合作的需要。

(5) 群体的地位。在一个组织中各个群体往往可排列等级地位。一般来说,群体在诸群体间所处的等级地位越高,群体成员的归属感和自豪感也就越强烈,其凝聚力越强。

(6) 成员对群体的依赖性。个人参加一个群体是因为觉得群体是一个有助于满足其经济和社会心理需求的集体。一个群体对个体需求的满足程度越高,对个体的吸引力就越大。

(7) 群体规模的大小。群体之所以能存在,其必要条件之一是群体成员要相互交往和相互作用。群体规模小,则彼此作用与交往的机会多,容易凝聚。一个非常大的群体成员之间彼此若不了解,这个群体就不大可能有强的凝聚力。因此,在通常情况下,群体的大小与凝聚力成反比。

(8) 成员的共同性。群体的成员若有相同的背景、共同的爱好和兴趣、共同的利益等,凝聚力就更大。其中,共同的利益和共同的目标是最为关键的因素,一个好的群体需要一个众所一致的明确目标与利害关系。

另外,群体凝聚力还与加入群体的难度、群体成员的性别构成、以前的成功经验和群体内部的奖励方式等有关。

3. 群体凝聚力对群体生产率的影响

群体凝聚力与生产率是什么样的关系,是否群体凝聚力越高,生产率也会越高;群体凝聚力越低,生产率也会越低。心理学研究表明,群体凝聚力与生产率之间存在两种相反的关系,即高凝聚力既可能提高生产效率,也可能降低生产效率,关键是群体的规范水平,即群体共同制定的生产指标。在一个凝聚力高的群体里,要求其成员的行为高度一致,个人有较强的服从群体规范的倾向,努力维护群体的生产指标。如果这个群体的目标与组织的目标不一致,其生产指标水准规范偏低,则凝聚力与生产率之间负相关;反之,群体与组织目标一致,其生产指标水准规范高,则两者成正相关。前者凝聚力越高,生产率或工作效率就越低;后者凝聚力越高,其生产率或工作效率就越高。

社会心理学家沙赫特的实验,对于理解和分析群体凝聚力与生产率的关系具有启发意义。沙赫特等人在严格控制的条件下,检验了群体凝聚力和对群体成员的诱导对生产率的影响。实验以凝聚力和诱导为自变量,以生产率为因变量,被试者分成实验组和控制组。控制组只有1个,作为对照组使用;而实验组有4个,分别安排在4种不同的条件下进行实验,即高、低凝聚力和积极与消极的诱导组合,如图7-3所示。

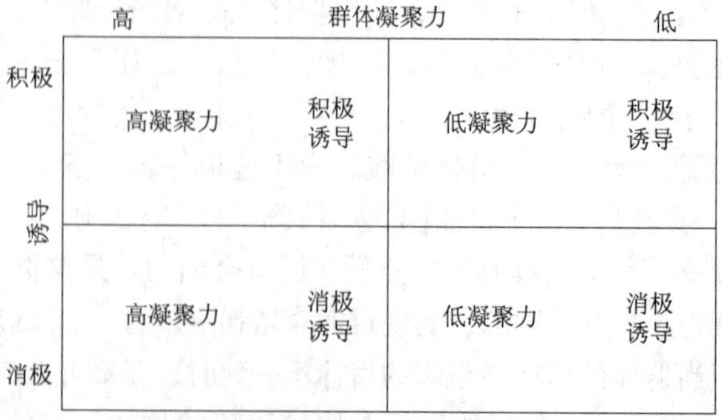

	高 群体凝聚力	低
积极	高凝聚力 积极诱导	低凝聚力 积极诱导
消极	高凝聚力 消极诱导	低凝聚力 消极诱导

图7-3 群体凝聚力与生产率的关系

在实验中，凝聚力的高低由指导语控制；诱导则主要是以群体其他成员的名义写积极的或消极的指导语的字条给被试者，其中积极的诱导要求增加生产，消极的诱导要求减慢完成任务的速度（即限制生产）。实验分为两个阶段进行，前 16 分钟没有进行诱导，被试者只收到中性的字条，后 16 分钟每组都收到 6 次诱导的字条。实验结果如图 7-4 所示，4 种不同的条件对生产率的影响不同：高凝聚力积极诱导组，生产率最高；低凝聚力积极诱导组次之；低凝聚力消极诱导组再次之；高凝聚力消极诱导组生产效率最低。

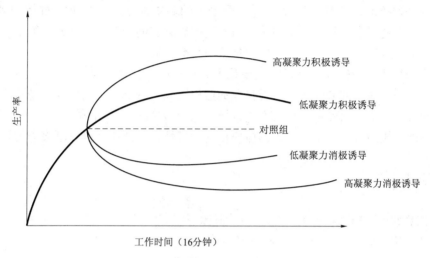

图 7-4　沙赫特实验有关凝聚力对生产率的结果

实验说明以下 3 个问题。

(1) 无论凝聚力的高低，积极诱导都提高了生产率，而且凝聚力高的群体，生产率更高；消极的诱导，则明显地降低了生产率，并且高凝聚力的群体，生产率最低。这表明，高凝聚力条件比低凝聚力条件更受诱导因素的影响。

(2) 凝聚力越高的群体，其成员就越遵循群体的规范和目标。因此，如果群体倾向于努力生产，争取高产，那么高凝聚力的群体生产率就会更高。倘若群体凝聚力很高，其规范标准很低，即倾向于限制更多的生产，甚至与其他群体闹摩擦，结果则会降低工作效率和生产率。其中，群体规范是起着重要作用的因素。

(3) 对群体成员的教育和引导十分关键。提高群体凝聚力不能单靠加强群体成员间的感情关系来解决。管理者必须在提高群体凝聚力的同时，提高群体生产指标的规范水平，加强对群体成员的教育和辅导，克服群体中可能出现的消极因素，以使群体凝聚力真正成为促进生产率提高的动力。

4. 提高群体凝聚力的措施

增强群体的凝聚力是创建高凝聚力工作群体的关键。提高群体凝聚力的措施有很多，主要包括以下 5 个方面。

(1) 设置符合群体利益的明确目标。群体目标是形成群体凝聚力的关键因素，代表群体成员利益的目标，即对群体成员具有吸引力，也能够使群体成员围绕这一目标共同努力。

(2) 加强组织核心价值观的传播和培训。牢固的群体凝聚力形成的关键是群体成员要有一致的价值观。在组织内部的不同层次传播组织的核心价值观，对群体成员进行组织使命、组织价值观、组织文化、组织战略等方面的宣传和培训，以使群体成员认同组织的价值观，对组织产生归属感和认同感。

（3）增进群体成员之间的沟通和交流。群体成员的沟通包括信息沟通与情感沟通。通过沟通，有利于信息在成员之间的传递和交流，加强成员之间的相互了解，增进群体成员之间的友谊，促进成员之间的相互接纳，提高群体成员之间的相容性，从而增强整个群体的凝聚力。

（4）加强群体制度建设。制度是群体凝聚力的基本保证。建立健全群体规范和制度，如考勤制度、奖惩制度、质量检查制度、财务制度等，有助于鼓励先进，鞭策后进。如果先进得不到奖励，后进不能受到触动，群体凝聚力就会削弱。

（5）采取民主参与的领导方式。领导是引导和影响个人或群体在一定条件下实现某种目标的行动过程，是一种借助他人实现目标的过程。领导者要在不断增强自身素质、提高管理水平的同时，善于运用民主的管理方式、恰当的授权方式，给群体成员以参与群体管理、充分展示自己才能的机会，从而调动群体成员的积极性，达到增强群体凝聚力的目的。

复习与思考题

1. 讨论哪些因素可能会激发你加入一个群体。
2. 群体发展五阶段模型分为哪5个阶段？每个阶段的特点是什么？
3. 以大学生为例，讨论群体规范对个体行为的影响。
4. 什么是人际关系？人际关系对组织有什么样的作用和意义？
5. 对比群体决策和个体决策的优劣。
6. 要预测群体绩效，既要考虑群体是组织的一部分，又要考虑群体本身所涉及的各种因素，你同意这个观点吗？为什么？
7. "群体凝聚力越高，生产率越高；群体凝聚力越低，生产率也会越低。"这种说法正确吗？为什么？

案例阅读

群体的凝聚力

1. 群体一

数据通用公司有一个集团叫爱克利浦斯，它有一个奇特的加入仪式，该集团计算机设计小组的几乎每个人都以种种方式经历了这种仪式，老员工称这种仪式为"签约参加工作仪式"。通过这种"签约"活动，使每个工程人员愿意在必要情况下牺牲个人及家庭的利益。从经理的观点来看，这种加入方式的长处是多方面的，员工不再是被强制工作，而是自愿参加工作。一旦他们签约参加了工作，那么就等于宣誓"我愿意做这项工作，并将全心全意地做好"。

该集团会给年轻的计算机工程人员提供一些非常具有吸引力的项目。一位经理曾这样描述："工程学校是准备培养大型工程项目的人才，但许多年轻人最后却变成变压器的设计者,我认为这件事非常令人遗憾……相反,成为一名新型计算机的制造者,在硬件工程人员的同行中被认为是一件好事……你可以把合同签到任何时候,并得到最好的人选。"

对于申请成为群体成员的人,进行口头审查的理想方式可以按以下操作进行。

审查员:这件事很麻烦,如果我们雇用了你,你在工作中会遇到很多难题。你将与一帮玩世不恭、自私自利的人在一起工作,他们很难与人相处。

新成员:这吓不住我。

审查员:这个组有许多出色的人,工作确实很艰苦,而且常常要花费时间。我的意思是花费很长时间。

新成员:不,那正是我想要做的,我要在新的组织中取得有利的地位,我要做一件大项目的工作,我会付诸行动的。

审查员:我们可能只招收今年最好的毕业生,我们已经招收了一些非常出色的人,我们将让你认识他们。

这些问题谈完以后,项目经理说:"这就像是招收你去执行一项自杀任务一样,你将要去死,但你将是光荣地死去。"

小组成员被招进来以后,对他们的工作有一种自豪感,感到自己的工作很受数据综合管理部门的重视,因此小组成员非常勤奋努力,按时完成设计任务,并经常通宵达旦地工作,甚至牺牲周末的休息时间。在这里,群体的凝聚力提高了生产率。

2. 群体二

有一个家具厂实行了计件工资制,其中一个生产班组是个凝聚力很强的群体。由于每生产一件产品能得到可观的报酬,这使他们常常感到,如果每小时生产太多的产品,管理部门就会降低每件产品的报酬,而其成员就会在生产更多的产品中得到与原来相同的报酬。在这种情况的威胁下,他们私下建立了一种非正式的产量标准而强烈地排斥任何拒绝遵守定额的"高效率者"。

刘某是刚加入这一生产班组的员工。一天,当他清理锯木屑时,在锯木屑里、木堆后面或是机床下面,发现一些家具木料。最初几次,他总是非常高兴地告诉李某:"我在角落里发现了一些可用的东西。"然而,李某并不在乎他的发现,刘某似乎觉得有什么问题。老张是个老实人,从不大声说话,只是埋头干自己的工作。可是这次,当刘某把在铣床后面清理出来的一堆木料给他看时,他喊道:"把它们放回去,不许你到小李的机床后面去,小李会告诉你该清理些什么……"

刘某疑惑、委屈,不知道做什么,该怎么做。他一个人回到操作台,十分气愤。这时,李某走过来说:"小刘,别生气。老张是想让你与我们保持一致,让我来告诉你这里的'规矩'。我们周围开机床的工人经过协商规定了一个协议产量来应付老板,不多生产也不少生产。现在,有的人有时的生产产量会稍微少一点,所以我们总是保留一些加工完的木料以备不时之需。"听完李某的解释,刘某恍然大悟,接着向他道歉。李某继续说:"老板总是想要更多的东西,而一旦我们拼命为他生产了那么多产品,他也不会在乎,所以我们商定了这个标准,一个也不给他多干,你明白吗?如果一直在这儿运送木料,老板就会明白发生什么事了。所以,你应该算出你运送多少木料才不会超过我们的产量,你懂吗?"刘某连忙说:"当然,我明白了。"

这时,刘某才完全明白这其中的奥妙,也得到了一个教训:除非绝对需要,不要做更多的工作。

思考与讨论题

群体一和群体二都有很强的凝聚力,为什么前者会产生很高的生产率,而后者的生产率反而下降?是什么因素影响凝聚力和群体绩效的高低?从对这两个群体的比较中,你发现了什么?

第 8 章

团 队 建 设

学习目标

1. 诠释工作团队的基本概念和主要类型。
2. 理解团队工作及影响团队工作的因素。
3. 掌握团队效能的概念及影响团队效能的因素。
4. 掌握塑造高绩效团队的技巧。
5. 了解团队存在的常见问题。

开篇案例

哈萨工业公司的落败

哈萨工业公司是欧洲一家拥有60亿欧元资产的医疗产品公司，它的3个主打系列产品是牙科类、外科类和用于诊断类的产品。从20世纪90年代初期到中期，这3个系列产品就开始败给斯堪的纳维亚地区、美国和日本的竞争对手。3个系列产品的负责人努力寻找失败的根源，最终意识到在制造成本和质量上存在根本性问题。尽管拿出整个公司层面上的解决方案并非难事，但每个产品组的总裁却说："我负责这个系列，我知道有问题，我会去解决的。"结果只出现了一些意义不大的小改变，整个公司的业绩仍然继续下滑。

在一次关于团队行为协调性的调查中，哈萨工业公司的综合评分仅为2.4分（评分标准为1~5分）。相对于接受测试的其他公司而言，这是一个非常低的分数。调查显示，哈萨工业公司的行政总裁与部分员工保持着相当紧密的联系，但上述3种产品组的总裁却彼此素未谋面，更谈不上有什么交流。他们既不合作，也不互动。

哈萨工业公司最终被接管，虽然它有一群管理精英，但没有形成一支高层管理团队。所有经理人都各有所长，却毫无集体行动的能力，导致公司损失巨大。

在当今市场竞争日益激烈，组织所处环境变化越来越快的形势下，组织目标的实现需要多种技能和经验，仅仅依靠个人的力量是不能完成的。这样，传统的组织结构受到了很大的挑战，团队逐渐成为现代企业的重要组织形式。

8.1 基本概念

1. 团队与群体的关系

1）团队的含义与特征

（1）团队的含义。任何团队都是群体，并且在许多情况下人们并不区分团队和群体，但一些团队专家对团队和传统的工作群体进行了区分。凯特然贝克（John R. Katzenback）和史密斯（Douglas K. Smith）指出，一个工作群体的业绩是其所有成员的个人业绩之和，而团队的业绩不仅包括个人的业绩，还包括"集体业绩"；集体业绩必须在多人的团结之下完成，反映了团队带来的贡献。

因此，可以把团队（Team）理解为：为了实现某一目标，由知识技能互补、相互协作的若干个体组成的正式群体，所有成员都对目标的实现负有共同的责任。当组织需要完成某项任务或解决某个问题时，可以以不同部门和岗位抽调具有完成任务所需技能的人员组成团队。在该团队中，每个团队成员和其他成员的工作都是密切相关的，彼此之间的工作绩效相互依赖，因此也需要成员协调工作。这是团队区别于工作群体的特点。因此，在团队中，协作的需要压倒一切。

（2）团队的特征。根据团队的定义，在界定一个群体是否有效地形成了一个团队时，需要判别该群体是否具有团队的以下3个特征。

① 清晰的目标。构成和维持团队的一个基本条件是所有成员有共同的努力目标。团队的目标赋予团队存在的价值和团队成员的认同感。团队的有效运作需要成员对于要达到的主要目标有清晰的了解，并坚信这一目标具有重大的意义和价值。目标的重要性有助于团队成员把个人目标升华到团队目标中去。在有效的团队中，成员愿意为团队目标作出承诺，清楚地知道自己的任务和使命。

② 成员之间相互依赖、彼此协作。在团队中，由于每个成员的工作绩效都受到其他成员的影响，因此需要成员之间的相互协作和依赖。所有成员只有通过协作才能提高绩效，并实现共同的目标。

在协作中，团队成员除了需要具备实现目标所需的知识和技能外，还要具备协作所需的个人品质。这两点缺一不可，没有必备的知识和技能，就一定无法实现团队的目标；而仅具有过硬的技术能力，却没有协调团队内部关系的技巧，也无法形成有效的团队。

③ 所有成员负有共同的责任。所有团队成员都需要共同分担在达到共同目标中的责任。当一个团队成员开始进入团队并负担一项任务时，就意味着对团队作出了承诺，而团队目标的实现就成为每一位成员的责任。

2）团队与工作群体的区别

在工作中形成的群体叫做工作群体。由于团队是为了特定的组织工作目标而构建的，因此将团队与工作群体相比较才是有意义的。通过上面的定义可以发现，团队是一种特殊的工作群体，团队除了具有一般工作群体的特性之外，还具备一些独有的特性。

（1）工作群体的绩效是群体中所有成员绩效的加总，而团队的绩效不仅依赖于个体的绩效，还依赖于所有团队成员的共同努力所产生的协同作用。这种协同作用使团队的绩效水平远远大于个体成员绩效的总和，如图8-1所示。

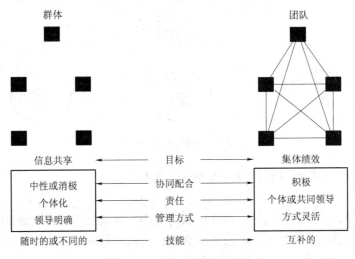

图8-1　群体与团队的对比

（2）在工作群体中，工作绩效由个体负责，成员通常不对超出自己范围的结果负责。而在团队中，成员不仅对自己的工作绩效负责，也要对整体绩效负责。因为，整体绩效的结果取决于协作的好坏，而协作是每个成员的责任。这里的关键点是：工作群体是对单个个体的管理，而团队是将所有个体看做一个整体来管理。

（3）工作群体一般具有强有力的、明确的和集中的领导，而团队的领导角色是分享的。工作群体的结构决定了其领导角色的分配，而以目标和协作为核心的团队则以绩效最大化为导向来分享领导角色。例如，美国麻省总医院组成了负责紧急外伤处理的跨职能团队，由医生、护士和技师组成了"无缝团队"。在团队某个成员的领导下，每个成员负责完成一项任务。这个领导角色通常由医生负责，但有时也可能会由一名精通相关领域的实习医生或护士担任。正如一个参加该团队的外科医生所说的，"没有人是周围人的老板，只要是好的想法，我们都欣然接受"。

2. 团队类型

每个团队都有其目标，人们通常根据团队建立和存在的目标，把团队分为4类：问题解决型团队、自我管理型团队、跨职能团队和虚拟团队。

1）问题解决型团队

问题解决型团队（Problem-Solving Teams）是团队在企业中出现的最初形式。这种团队的建立是为了解决某些具体的问题。20世纪80年代兴起的质量小组，就是问题解决型团队的典型代表。在这种团队中，来自同一个部门的员工组织在一起，每周有几个小时的时间聚集在一起，商讨组织存在的问题和探索改善组织的方法，如图8-2所示。

但是，在问题解决型团队中，成员通常来自同一个部门，技术知识面受到局限，仅能对相关程序的工作方法交换看法或提供建议，影响力和作用力受到很大的局限。团队有权执行自己的方案，但对涉及其他部门的重大变化，基本上没有权力单方面采取行动。因此，这种

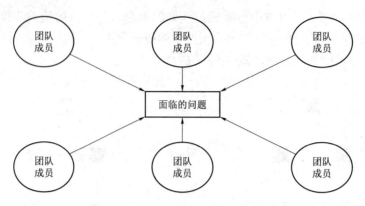

图 8-2 问题解决型团队

团队形式在调动员工积极性和作用发挥方面的力度不足。

2) 自我管理型团队

为了更好地调动员工的积极性,提高团队的效率,许多公司都在探索新的团队形式。随着平等主义文化价值观念在西方国家公司的兴起,公司开始向团队进一步授权,将原来的团队改造成为自我管理型团队（Self-Managed Teams）。

(1) 自我管理型团队的含义。自我管理型团队是真正独立自主的团队,其不仅负责提出解决问题的建议和想法,而且还负责执行解决问题的方案,并对工作结果承担全部责任,如图 8-3 所示。一般来说,自我管理型团队独立负责一种产品或服务的生产和提供,且承担以往由上司承担的一些责任。例如,在惠普公司,自我管理型团队可以在未经管理者直接同意的情况下,自主作出聘用人员、组织和购买设备的各种决策。

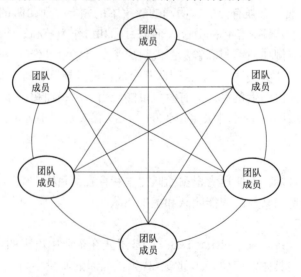

图 8-3 自我管理型团队

自我管理型团队的责任范围包括:① 制订工作计划和节奏;② 确定任务分配和实行工作轮换;③ 吸纳和淘汰团队成员;④ 决定团队领导者;⑤ 设置团队的主要目标;⑥ 团队成员相互评估绩效。

许多企业都建立了自我管理型团队,如施乐公司、通用电气公司、百事可乐公司等。在美国,大约有 1/5 的公司采用了这种团队形式。运用自我管理型团队获得成功的案例非常多,如美国完全食品超市的管理人员认为,公司的销售额之所以能翻一番,销售利润之所以能超过同类企业,主要原因就是自我管理型团队发挥了作用。

(2) 自我管理型团队面临的问题。尽管有大量的案例证明了自我管理型团队的价值,但也有组织在采用了自我管理型团队之后,发现这种团队形式并不一定带来积极的效果。与传统的工作组织形式相比,自我管理型团队成员的缺勤率和流动率偏高。一项对 500 个组织的 4 500 个团队的深度访谈调查,发现了自我管理型团队失效的一系列个体原因。

① 团队成员不愿意放弃旧的做法、权力和职位。
② 某些团队成员并不具备完成团队目标所需的技术、知识和能力。
③ 个人与团队在信念和目标上存在的冲突无法协调。

虽然,自我管理型团队并非万能的灵药,但最近的研究表明,自我管理型团队确实有助于提高组织的效率。例如,对于自我管理型团队授权的研究发现,成员的工作满意度、对客户提供的服务和团队成员对组织的承诺及投入都明显得到了提高。

3) 跨职能团队

跨职能团队(Cross-Functional Teams)是由来自不同部门和不同工作领域的专业人员组成的团队,如图 8-4 所示。其实,在组织中采取跨越横向部门界限的组织形式早已存在。在组织结构设计中,扁平化组织设计的思想,其中就涉及跨职能团队的运用。

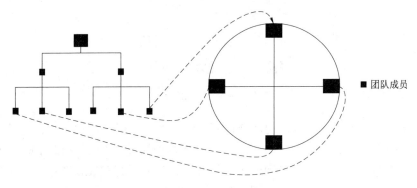

图 8-4 跨职能团队

以一家向工业公司提供工业用电的 AES 公司为例。该公司的年销售收入增长率高达 23%,年收益超过 1 亿美元,雇员超过 1 500 人。该公司采取了扁平化组织设计,组织结构只有 4 个阶层:工人、工厂经理、部门经理和公司经理。在公司职位设计中,并没有设置负责采购、财务、人事或操作的专职人员。但是,这些工作对公司的日常运作都是必不可少的。因此,作为正式结构的补充,相关员工在工厂经理的指导下,组成团队来完成这些工作。

在这家公司的成功运作中,可以发现跨职能团队在其中发挥着关键作用。跨职能团队作为一种有效的组织形式,能够促进组织内部不同部门和领域的员工之间进行信息的沟通与交流,有助于开拓组织的视角,激发出新的观点和解决问题的办法,保证复杂项目的协调和顺利运作。

但是，由于跨职能团队涉及众多的部门，团队成员具有不同的背景和观点，并且需要面对各种复杂的工作任务，因此从其最初的建立到成员之间的充分协作需要消耗大量的时间。为了提高跨职能团队成员的协调性，组织需要采取以下措施。

（1）注意选拔人员，务必保证所挑选的人员具有团队所需的业务和沟通技能。
（2）明确团队的目标，保证目标对团队成员具有足够的吸引力。
（3）确保团队成员了解团队的运作方式。
（4）进行高强度的团队建设，确保团队的协调性。
（5）使团队成员能看到取得的成果，从而激发团队的士气。

4）虚拟团队

虚拟团队（Virtual Teams）是由一些来自不同地域空间的成员，通过通信和信息技术的方式合作，以实现一个共同目标或完成特定任务的工作团队。虚拟团队不需要团队成员面对面的接触来工作，他们可以通过互联网、可视电话会议系统、电子邮件等技术联络方式来实现跨地区、跨时间的沟通与合作，如图8-5所示。

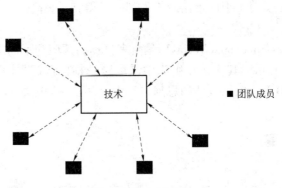

图8-5 虚拟团队

例如，在IBM、惠普、微软公司的软件开发项目中都应用了虚拟团队，它们的开发团队分布于中国、印度、欧洲和美国等多个国家，通常两地时差达到3～12小时。虚拟团队依靠信息技术实现远程沟通，提高了团队的工作效率，降低了管理成本费用，其优势是显而易见的。但由于缺乏面对面的交谈，成员之间的"线上互动"不存在语调、声音的起伏、音量等副语言线索，以及面部表情、手势及其他身体语言等非语言线索，导致沟通内容不够明确，成员对互动过程不满意。虚拟团队因为其有限的社会背景，成员间常常因缺乏社会和谐和缺乏直接交流受到不利的影响，使团队管理与协调问题更加复杂化。为了管理好虚拟团队，发挥最佳的工作效益，管理者可以考虑从以下6个方面着手。

（1）选拔相关胜任力高的领导者。
（2）塑造高素质的成员队伍。
（3）建立以信任为基础的团队文化。
（4）建立尽可能广泛的沟通渠道，提高沟通效率。
（5）采用适合虚拟团队特点的激励与约束机制。
（6）研发或引入支持团队成员合作的组件系统和工具。

8.2 团队工作

1. 团队工作的概念

团队工作是指团队成员为实现团队的目标，相互协助所开展的一系列活动。因此，团队工作代表一种价值，团队成员受到鼓励而相互帮助，听取别人的意见并给予反馈、支持和承认。团队工作的价值即使在一个团队解散之后也一直存在。

2. 影响团队工作的因素

团队工作受到多种因素的影响。一般来说，影响团队工作的因素包括外部环境、目标、团队规模、成员角色、规范、团队凝聚力和领导模式。并且，这些影响因素并不是独立的，它们之间也是相互关联的，如外部环境就会影响其他6个影响因素，如图8-6所示。

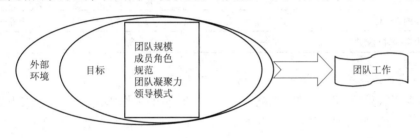

图8-6 影响团队工作的因素

1) 外部环境

所有团队都有其存在和发展的外部环境，包括团队所处的组织环境，以及更大范围的外部经济、技术和社会环境。在组织环境中，组织的工作条件、规章制度、领导框架、管理方式和奖惩措施等都会对团队工作绩效产生直接与间接的影响，而外部的经济、技术和社会环境则会对团队工作产生更为深刻的影响。例如，计算机信息技术的进步，推动了计算机支持的合作性工作和计算机支持的群体决策系统的发展，对团队成员的网络式工作产生重大影响，使团队工作不再局限于同一时间和同一地点。

2) 目标

由于团队的目标不仅会影响团队成员的态度和工作绩效，而且还会影响组织对团队的承诺和投入，因此团队目标的设定，以及团队目标与个人目标和组织目标的一致性必然会对团队工作产生影响。

在团队中，所有成员都有自己的个人目标，这些个人目标会影响组织对团队的目标。而团队又存在于组织中，组织目标也会对团队目标施加影响。而团队的目标是作为整体的团队所共同承诺的目标，因此团队的各种目标常常是一致和冲突共存的。一般来说，有效的团队把大约2/3或更多的时间用于以任务为中心的问题，把1/3或更少的时间放在以关系为中心的问题上。如果在这些目标设定上不能达到平衡，则会增加团队的不团结，甚至导致团队的解体。当团队成员的目标、团队的目标和团队所处其中的组织目标之间的冲突必须同时考虑时，目标对团队动力和绩效的影响就会更加复杂。

3) 团队规模

对大多数团队来说,并没有一个最优的团队规模。但一般来看,团队的有效规模从 2 人到正常的上限 16 人左右。随着互联网和电子邮件等技术的发展,有效团队的规模上限不断增大。研究表明,12 个成员大概是每个成员可以面对面地与其他成员顺利协作的最大规模。

在表 8-1 中可以看到,团队规模对领导行为、成员行为和团队规则产生的影响。此外,团队成员的交互作用在较小规模的团队中比在较大规模的团队中显然要大一些,而同等规模的团队,如果成员对团队目标和任务的投入程度不同,则团队的运作和表现也会不同。

表 8-1 影响团队规模的主要因素

团队规模	2~7 名成员	8~12 名成员	13~16 名成员
① 对领导的要求	低	中等	高
② 来自领导的指导	低	低—中等	中等—高
③ 成员对领导指导的容忍	低—中等	中等	高
④ 成员约束	低	低—中等	高
⑤ 规则及程序的正式性	低	低—中等	中等—高
⑥ 达成最终决策的时间要求	低—中等	中等	中等—高

4) 成员角色

为了实现团队目标、保持团队规范,必须确定成员的工作角色,也就是要对成员进行角色分工。成员角色是对团队中某一特定职位所期望的行为模式。成员角色是基于团队的利益,对成员的职责进行的确定。

在团队中,可以根据与角色相关的工作性质,把成员角色划分为以下 3 种类型。

(1) 任务中心型角色。这种角色的主要任务是与团体业绩目标相关的和与任务相关的活动。任务中心型角色的活动包括提出新的想法、观点和建议;搜集和寻找信息来协助决策;协调成员之间的工作和活动;评估团队的有效性。

(2) 关系中心型角色。这种角色强调团队的长远发展,侧重于建立团队一致性和团队共识,维护团队的内部和谐及团队成员的福利。关系中心型角色的活动包括通过表扬和接受成员的建议来激励成员的投入热情;协调和解决团队内部的冲突与紧张;鼓励成员的参与;明确团队的目标,确定成员目标的一致性;建设性地处理问题,以团队利益为重。

(3) 自我中心型角色。这种角色强调成员个人的特定需要和特定目标,这种行为很可能是以牺牲团队利益为代价的。自我中心型角色的活动包括为了提升自身的地位,以各种方式获得对自身的注意力;抵制团队其他成员已经达到一致的决定;与他人保持距离,避免协作。

5) 团队规范

团队规范是指团队成员所共同遵守的团队内部的行为规则与行为模式。为了确保团队的高效运行并确保目标的实现,团队需要对群体的行为加以控制。影响和控制团队成员行为的途径有两条:给每位成员分派角色;制定和执行团队规范。规范通常局限于特别重要的行为。

团队规范对团队工作的正常运行起非常重要的作用。下面就团队规范的作用及团队成员规范的遵守原因,分析规范对团队工作的影响。

(1) 规范的作用。

① 保证群体的生存和利益。规范能够为团队成员目标导向的行为提供基础,并能够抵制偏离团队目标的异常行为。

② 规范是对团队成员的期待行为的简化表述,从而使团队成员的活动易于预测。规范能够告诉团队成员什么是鼓励做的,什么是不可接受的,使团队成员能够预见到同事的行为,从而易于协作。这样,团队成员就会对可以被接受的角色行为有着更为确定的把握。

③ 规范有助于避免令人尴尬的人际关系。在界定了什么是可接受的,什么是不可接受的活动后,规范能够告诉成员团队的行为准则和价值观念。

(2) 成员对规范的遵守。成员对规范的遵守会产生团队的一致性和协调性。当成员由于真实或想象中的压力,而表现出团队希望的行为时,就意味着对团队规范的遵守。可是,每个成员都有自身的特点和想法,因此从表面上看并无一致的遵从,从成员个人角度可能有不同的原因,这种遵守规范的内在原因也会对团队工作产生某些影响。

第一种类型是被动遵守。当团队成员对规范并不认同但不得不遵守时,称之为被动遵守。被动遵守的原因有很多种,有可能是认为团结的外表对于实现团队目标很必要,也有可能是为了得到别人的认同和接受,也有可能是因为遵守规范的代价要低于不遵守的代价,等等。

第二种类型是主动遵守。当个人的行为和态度与团队的规范与目标相一致时,就会对团队规范表现出积极的支持。这种类型往往会比第一种类型具有更高的效率,因为个人真正相信了目标和规范,从而在团队工作中更能体现目标导向型并发挥规范的价值。

如果团队成员违背了团队规范,就产生了背离。背离表明团队不能有效控制团队成员的行为。一般而言,团队对发生背离的成员可以采取以下措施:设法改变该成员的背离行为;开除该成员;改变规范以适应成员的行为。

为了有效发挥团队的作用,提高组织的竞争优势,团队需要保持遵从与背离的适度平衡,如图8-7所示。团队成员的过度遵从可能会压抑新的思维和想法,而过度背离无疑会妨碍团队的协调运作,因此在遵从与背离中寻求一个平衡点是所有团队面临的一个重要问题。

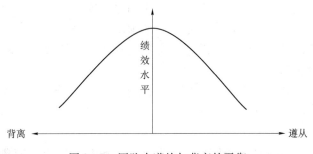

图8-7 团队中遵从与背离的平衡

6) 团队凝聚力

影响团队工作的另一个因素是团队凝聚力,它是指团队成员的吸引程度,以及成员对团队的忠诚度。如果一个团队的凝聚力较强,则成员非常在意作为团队一员的身份和资格,具有希望继续成为团队一员的强烈愿望,因此会积极参与团队工作。

团队凝聚力主要体现在以下 3 个方面。

（1）成员的参与程度。随着团队凝聚力的增强，团队成员会表现出对团队活动参与积极性的高涨。由于团队成员参与团队活动程度很高，可以推动团队工作的顺利开展，并且有助于信息共享和沟通交流。

（2）对团队规范的遵从程度。凝聚力较强的团队中，成员对团队规范的遵从程度相应也比较高。凝聚力会减少成员背离规范的行为，即使某些规范与员工的个人意愿相抵触。

（3）对团队目标的重视程度。团队凝聚力增强的一个重要标志是成员对团队目标的重视程度不断提高。但对团队目标的重视并不必然导致组织绩效的提高，如果团队凝聚力过高，可能导致团队成员过于关注和追求团队的目标，有时可能以牺牲组织目标为代价。

7）领导模式

团队的领导者对团队结构和行为的各个方面都会产生影响。由于团队这种组织形式的特点，团队的领导者是非常灵活的，在不同时期和不同领域可能由不同的领导者来承担领导角色。例如，由于团队同时肩负关系中心型目标和任务中心型目标，因此也可能同时存在两个或多个领导者，来满足团队的各方面需求。领导模式会与团队的外部环境、规模、成员角色、规范和目标发生交互作用，并最终对团队工作产生深刻的影响。

8.3 团队效能

团队效能（Team Effectiveness）的研究源于社会心理学中已有百年历史的小群体研究，被视为团队运行过程中相关因素影响的结果。团队效能一直是近年来国内外理论研究的热点问题之一。

1. 团队效能的定义

团队效能是用于说明团队工作结果和工作效果的一个概念，不同学者对团队效能的界定有不同的看法，大多数学者在定义团队效能时将团队效能的构成维度作为其考虑的重要方面。团队效能从广义上可以划分为 3 个维度：① 工作绩效，包括生产效率、生产力、反应速度、产品和服务质量、客户满意和创新等；② 团队成员态度，包括团队成员满意感、凝聚力、责任心和对管理层的信任与承诺等；③ 行为结果，包括缺勤、离职和安全等。

2. 团队效能的影响因素

团队效能的发挥受到多方面因素的影响，既有团队自身特征因素、团队内部因素的影响，也有来自团队所处组织环境的影响。

1）团队自身特征因素

（1）团队异质性。异质性是指团队成员的个性、性别、态度、背景或经验因素的混合物。Kanter（1989）研究得出，异质性的团队更有可能取得成功，不同背景的员工更易一起工作并向组织目标靠拢，绩效也越高。特别是在那些具有创造性和智力性工作性质的团队中，成员的异质性对团队绩效的影响很大。

（2）成员熟悉度。由相互熟悉的员工组成的团队总体上要比由相互不熟悉的员工组成的团队能更有效地合作。成立时间长的团队，成员间的熟悉度较高，在一定程度上其团队效能也比较高。

（3）团队规模。团队规模不宜过大，规模较小的团队更易于沟通和协作，成员满意度和参与度都较高，但过小的团队执行力相对较弱，因此团队只有在一个适中的规模上，才能获得最大的团队效能。

2）团队内部因素

（1）团队沟通。团队沟通是团队内部成员之间共享信息，共同解决问题，作出有效决策的相互过程。团队成员间的人际沟通越顺利，越有利于拉近成员间的心理距离，从而更好地合作；团队成员间的信息沟通越通畅，团队决策的有效性越高，团队效能也越高。

（2）团队气氛。当整个团队处于一种和谐、融洽的环境下，团队成员感受到团队有一种信任的氛围，信任可以增强团队成员之间的合作，提高组织的凝聚力，并减少有害冲突，这种氛围将有利于提高团队效能。

（3）目标认同。研究证明，与缺乏团队目标相比，设置具体的团队目标可以提高团队的绩效。通常，团队目标和个体目标是同时存在的。当团队成员认同团队目标并为之付出努力时，团队效能会更高。

（4）团队领导行为。团队领导作为团队的一员，应负责为团队提供指导，通过培养团队的自我管理能力、授予自我领导权力、采用分布式或轮换式领导形式，缓解团队冲突，有效处理团队运作障碍，提高团队的凝聚力，从而提高团队的效能。

3）团队外部因素

外部因素主要是指团队获得的组织支持。团队作为组织的基本结构单位，与组织有着密切的联系，组织的支持对团队效能也会产生影响。组织支持可分为组织对个人、组织对团队、团队对个人的支持，这3类支持对团队的效能都有不同程度的影响，其中组织对团队的支持与团队效能之间的关系最为密切。若组织对团队始终给予充分的技术支持、资源支持、制度支持、文化支持等，团队成员的积极性便会得以提高，进而团队工作能顺利开展，有效提高团队的效能。

8.4 塑造高绩效团队

1. 高绩效团队的特点

1）团队规模

团队的合适规模应当多大，这个问题的答案必然取决于团队的目标和工作量。但对于那种主要依靠人们的智慧而不是体力的团队，规模的大小对团队的效率是有显著影响的。

团队规模越大，团队的结构就越紧密，团队成员感受到的压力也就越大，对团队规模会表现得越顺从。但这种顺从未必会带来高绩效，因为在大型团队中成员可能会变得不成熟和消极被动。因此，高绩效团队的规模一般比较小。在没有等级差别的团队中，如果团队成员多于12个，则团队的沟通和协调就会存在困难。每个人只有不到10%的时间来表达自己的观点和主动沟通，而如果这样的团队中再出现几个控制欲较强的人，则可能每个人都不会对团队满意。

但是，团队规模也不宜太小。试想一下，3个人的团队如果与5个人的团队展开竞争，虽然3个人团队的关系很密切，协作和技能互补都做得天衣无缝，但是，3个人团队中的每一个团队成员都是至关重要的，每一位团队成员的错误都会给团队造成致命打击，因此这种脆弱的团队经受不住时间的考验。而5个人的团队虽然在协作方面表现稍逊，但其持久性和稳固性使其在竞争上具有明显优势。

因此，高绩效团队的规模可选择的范围应当是4～12人，人数的多少取决于团队的目标、成员和工作性质。

2）技能组合

高绩效团队要求完美的技能组合。首先，团队成员需要具备团队工作所需的相关技术能力，如一个开发计算机系统的团队，至少需要数名具备计算机软硬件研发经验的技术人员；其次，团队必须拥有能够解决问题和作出决策的管理人才。这些成员能够运用项目管理的相关知识和经验，使团队顺利完成任务。此外，团队还需要具有人际沟通技巧的人才。团队的协作离不开所有成员的沟通，但每个人的沟通能力存在差异，技术人才和管理人才未必一定是沟通人才。正如在群体发展阶段中所学习到的，团队在运作过程中不可避免地会产生冲突和摩擦，因此需要具有人际沟通技巧的人充当润滑剂，促进团队的和谐与发展。

3）成员行为

团队规范和团队角色确立后，团队成员开始在团队中活动，即团队行为。这些行为可能对团队有害或有益。

在高绩效团队中，团队成员大多表现出有益的团队行为。这些行为包括以下方面。

（1）在合适的时机做合适的事情。团队成员知道在什么情况下应当以何种团队角色出现，也知道在什么时候应当保持沉默。这种沉默是为了进行主动的思考，来决定自己表现和行动的最佳时机与方式。

（2）在各种角色中变化自如。团队成员能够根据情况的需要迅速转换角色，同时还能以各种方式把这种信号传递给其他成员。例如，有的经理为了缓和气氛，会在与同事讨论技术问题时脱去外套；而当需要发挥管理权威时，又会把外套穿上以恢复自己的权威。

（3）团队成员自我克制。高绩效团队的成员为了使团队整体效益最大化，懂得限制自己的团队角色，给其他人以发展空间。这是为了协作而作出的个人牺牲，使团队能充分发挥每个成员的潜能。

（4）维护团队的目标。高绩效团队的成员对团队的目标有着明确的认识和热切的追求。如果团队最初的目标不够具体，高绩效团队的成员会将其转化为更加具体、实际和可衡量的目标。为了实现该目标，在团队的运作过程中，优秀团队成员还会为其他人创造团队角色。

4）管理部门的支持

研究发现，团队的有效性在很大程度上受到团队成员对组织所持态度的影响。如果团队成员感到团队的运作得到上级领导的支持和帮助，则团队的运作效率就会较高；如果团队成员感受不到来自组织的支持，他们就会消沉甚至愤怒，进而会限制自己的努力。

高绩效团队往往都受到上层管理部门的有力支持，这种支持不仅体现在对团队发展过程方面，还表现为对团队会取得成功的信任和信心。因此，组织如果期望团队取得成功，就必须对团队表现出毫无保留的公开支持。

团队不能仅仅依靠自己来创造奇迹。如同个体一样，团队需要管理层的培养和支持。为此，有效的团队需要具备以下条件。

(1) 强烈的信念与明确的目标。高水平组织的领导者对团队的概念具有很强的认同感。通过投入的时间、注意力和其他行为，领导者不断地表达和强化这样的观念：采用团队是成功的唯一方法。真正具有使命感的领导者善于激发人们对团队的信念，这是实现经济化和个人成就的最佳途径。因此，工作业绩高的团队对组织的目标有清晰的认识和理解，并试图通过团队实现执行目标，这些目标的重要性鼓励个体将他们自己的注意放到团队的目标上。

(2) 管理层与员工间的相互信任。高层管理者必须相信只要给予充分的时间，团队的成员会积极地支持大范围的责任变动和对他们的授权。总之，员工需要知道，并且相信管理层对让团队成员承担风险、表达他们的观点是很认真的，团队的形成并不仅仅是为了增加员工的工作。

在团队水平上，团队成员之间必须相互信任。成员们必须相信彼此的完整性、特征和能力。相互信任需要较长时间来建立，一次粗心大意的行为就会破坏这样的信任感。团队内部相互信任的氛围在很大程度上取决于团队成员对管理层信任的知觉，因此管理层信任的程度能够提高或降低成员的信任。真诚、开放、相互协作和让员工更多地参与的组织就有可能激发团队管理层与员工间相互信任的氛围。

(3) 愿意承担风险与信息共享。团队必须认识到他们的存在必然要承担风险，并且能够对他们的行动承担责任。员工和管理者必须愿意在安全的、传统的工作与不明确的、需要付出更多努力的、耗时的和挑战性的任务之间进行平衡。管理层必须承认这样的概念：他们的日常活动和工作可能由于团队对组织的运行承担了更多的责任，而发生了永久性的改变。换言之，改变一旦开始就很难逆转。

同样，如果团队承担责任和决策风险，他们需要有关组织总体运行的详细信息，包括有关个体成员和部门的经济信息。团队需要的信息对管理者而言可能过去对其他人是不公开的。要掌握这些信息，团队就不可避免地要向管理者提出问题，这又会揭示出更敏感的、更详细的信息。在团队发展的过程中，可能达到这样一个程度，就是团队可能认识到自己在组织运作的某些方面可能与管理层方面一样重要，或者更加重要。团队如果要取得成功，管理层必须愿意接受和积极地鼓励这种平等。

(4) 时间、资源和对培训的承诺。成功的工作团队需要几个月甚至几年的时间才能达到与他们承担的责任相匹配的程度。管理层需要承认对自我指导和自我管理的奖励取决于大范围的计划、对资源的接近（经济和其他的）程度、对工厂和办事处的重新定位。从内部来说，团队需要提供一个有效的测评系统，能够对团队成员的工作业绩进行评价，一个激励系统能够奖励团队的活动，以及支持管理层对团队建设活动的鼓励。

并且，自我指导的工作团队的成功或失败取决于他们所受到培训的程度、持续的时间。个体作为一个团队成员开展工作，就必须把个人的特权和利益放在一边，需要对团队的成就作出贡献。对很多个体而言，这表明需要从只是简单地接受或发出命令的工作方式进行很大的转变。因此，团队成员需要有关人际关系技能、管理技能、技术技能等方面长期和适当的培训。

2. 发展高效团队的原则与步骤

1) 原则

高绩效团队的关键是团队成员之间的兼容性。但是，人与人之间的兼容性远不如技术之间的兼容性容易衡量和把握。因此，在构建高绩效团队时，必须从团队成员的角色和团队的目标入手，把握实现兼容性的一些原则。

（1）团队的管理人员需要扮演两种角色：① 职位所赋予的管理角色，他们应当根据情况的需要，利用自己的专业特长来成功地履行职业角色；② 团队成员的角色，作为团队的一员与其他成员为实现团队的目标而通力协作。

（2）与管理人员相同，其他团队成员也应当在职能角色和团队角色之间实现平衡。

（3）所有团队成员都应当正确认识自己对团队的价值和在团队中的相对优势，并据此调整自己的行为。

（4）团队角色应当符合个人的性格特征，否则会在团队协作中事倍功半。

2）步骤

（1）获取信息。组建团队的首要工作是获取相关人员的详细信息，常用的方法是心理学测试。一些大公司在招聘时就收集好相关人员较为全面的信息，在录用和日后职务轮换及提升时可以用来参考。另一种获得信息的方式是对公司员工开展内部培训，在培训中完成的调查问卷可以被用于组建团队时参考。

（2）招聘新人。如果通过信息的搜集，发现组织内部的人选不能完全满足组建团队的要求，则有必要从公司外部招聘新人。招聘的对象不一定必须锁定于与公司文化完全一致的人选，因为从团队需求的角度来看，公司最根本的需求是招聘一个能够填补团队角色空缺的人。

（3）确定团队结构。什么样的组合能使团队的绩效最大化，组建团队是一个需要仔细衡量的过程。团队需要互补型人才，需要技术人才和管理人才的协调配合。一般的建议是先挑选最好的专家或技术高手，然后再确定团队领导。

（4）制定团队规则。所有的团队都需要制定规则来进行自我控制。规则对于团队的成功起着关键作用，如果团队的规则不明确，则不利于团队成员感到权利平等，因为规则会对某些成员缺乏控制力。规则一般在团队发展的最初几个月便确定下来。规则一旦被确定，就不会轻易更改。因为，团队规则的变更会引起成员的不安，导致成员角色的调整。

（5）建立团队的初步工作模式。建立团队即为团队成员分配任务，安置所有的团队成员。一般来说，团队中的任务包括团队主管、主持会议、专家职责、联络人职责、成员职责和过程观察员等。

（6）团队成员角色的形成与运作。在团队成员明确之后，每个成员都会根据自己在团队中的职能和特点来对自己的角色进行审视、试探和最终确定。团队的形成过程中不可避免地会发生冲突。冲突可能是有利的实质性冲突，也可能是不利的情感冲突。在协作过程中发生的实质性冲突和冲突的解决过程会推进成员彼此之间的了解，从而使协作进一步深化，使团队得以顺利运作。

8.5　团队存在的问题

随着团队在组织和企业中的盛行及广泛应用，团队存在的问题也逐渐凸显。若得不到妥善的管理，团队则发挥不了其有利作用，甚至给组织带来负担而面临解散。团队中比较常见的问题有以下4类。

1. 社会性懈怠

随着团队人数的增加，团队成员的个人努力程度下降。这可能是因为成员对团队目标实现的个人绩效难以考核，给了每个成员减少付出而坐享他人劳动成果的机会。同时，个体履行的团队责任随着人数的增加而减少，团队成员更有可能产生"搭便车"的动机和行为。社会性懈怠普遍存在于各种类型的团队和组织中，它会导致团队生产率的下降，甚至阻碍团队目标的实现，是团队最突出的弱点。

可以通过以下4个方面努力减少社会性懈怠。

（1）缩小团队规模。缩小团队规模能有效解决因团队规模过大而无法衡量个体绩效的问题，人数减少后每个成员的贡献变得更明显，个人绩效也更容易考核。

（2）细化分工，明确成员角色。每位成员进行不同的工作活动时，个人的贡献更容易识别。

（3）完善工作设计。当工作对成员具有激励性，工作内容丰富度高，团队成员的工作动机水平也会得到提高，可以减少员工的社会性懈怠。

（4）选拔合适的团队成员。在挑选团队成员时，选拔具有高责任感、以集体主义价值观为导向的成员来规避社会性懈怠。

2. 团队冲突

冲突问题普遍存在于团队管理中，这些问题如果处理不好，会影响团队的有效运作，甚至导致团队解体，因此管理者应及时发现和妥善处理团队冲突。团队中常见的冲突有以下2种。

1）目标冲突

团队目标和个人目标的冲突是较常见的一种冲突，原因可能是有的团队成员对团队目标不明确，没有参与团队目标的讨论，还可能是团队目标或个人目标发生了变化导致两者的不一致。团队成员之间有时也存在目标冲突，每个成员的目标都会有所差异。

为了解决目标冲突，管理者应充分聆听团队成员的观点和建议，重视成员的个人动机和态度，冲突双方要及时沟通以调整目标，尽量使团队目标、个人目标保持较高的一致度。

2）人际冲突

基于个性差异、人际失调、关系紧张，以及对他人的误解和仇恨造成的冲突属于人际关系冲突，这种冲突往往带有破坏性。要解决这类冲突，首先应找出冲突的根源。若冲突是因成员个性差异所致，管理者应与双方进行沟通，必要时可将他们分派到不同团队，另外，团队成员必须学会与他人进行开诚布公的交流，学会面对差异并解决冲突；若冲突是由于信息传递错误所致，管理者就应该及时纠正错误信息，尽量消除误解。

为了更好、更有效地处理冲突，通常组织还可以通过选拔、培训和奖励等方式来塑造团队成员的合作性，缓解团队冲突。

3. 团队信任

信任是团队合作的重要前提，是形成团队凝聚力的重要基础，高度信任的团队一般有着更高的团队绩效。团队信任非常脆弱，它需要长期时间才能建立，却极易被破坏。团队成员间若不正确对待，往往使长期建立的信任毁于一旦，并影响团队的绩效结果。

组织文化和领导行为会对团队内部的信任产生较大的影响。如果组织崇尚开放、忠诚与合作的组织文化，鼓励员工的主动参与性，就较容易形成信任的环境。在团队中可采用以下方法培养信任。

（1）积极地沟通交流，倾听他人意见并给出自己建设性的观点，将有助于建立信任。

（2）开诚布公，乐于分享。团队成员间交往要真诚，具有合作精神，乐于分享自己的观点和知识。

（3）保守秘密。当一个人知道他人的秘密时，就应承担保守秘密的责任，透露他人秘密的人很容易失去信任。

（4）树立双赢观念。当成员之间的利益或个体与团队之间的利益相互依赖时，团队成员之间的信任度会增高。

4. 团队领导问题

团队建立以后，其发展状况、绩效结果与团队领导人的领导方式有很大关系。许多团队领导人是团队成立时由企业组织任命的，他们缺乏领导应具备的相关素质与经验。高速发展的企业在不断地进入全新的境界，与企业的发展相匹配，必然是那些能够带着团队共同协调发展以适应新环境的领导者。而在构建人才队伍的过程中，一个真正高效的领导队伍也是关键的组成要素。毫不夸张地说，缺乏能胜任的领导者对团队的发展是一种巨大的威胁。

提升团队领导的能力可以从以下4个方面入手。

（1）选择具有良好知识结构的团队领导者。对于一个团队领导者而言，广博的知识是领导素质不可或缺的一部分，是一个团队领导者成功的基础。

（2）团队领导者还应具有创造性的思维。面对日益变化的团队环境，没有创造性思维的人，很难处理团队出现的新问题，更不可能取得卓越的领导成绩。

（3）团队领导还应该具有良好的心理素质、语言素质和道德素质。

（4）领导者要学会向团队其他成员授权，这样能更好地调动成员的工作积极性。

复习与思考题

1. 什么是团队？团队与群体在组织工作中最显著的不同体现在哪些方面？
2. 讨论成功的自我管理型团队应具备的特点和要素。
3. 根据你的实际体会列出影响团队工作各因素的相对重要性程度，并作出合理的解释。
4. 如何创建高绩效团队？研讨你身边的高绩效团队的特征。
5. 结合平时参加的各种团队活动，分析如何改善团队存在的问题？

案例阅读

斯德恩斯公司的虚拟团队

斯德恩斯公司是美国一家税务会计公司，主要为个人提供税务服务。公司的优质服务建立在优质建议和出色服务上。得到这些声誉的关键是公司拥有不断更新的计算机资料和分析工具，员工们都是运用这一工具为客户提供咨询服务的。而编写这些程序的员工都受到过相关专业的培训。他们编写的程序技术含量很高，无论是设计的税务法律内容，还是使用的编程语言。

完成这项工作需要高超的编程技能，以及对法律的透彻理解。它要求人们迅速整合新的法律内容并对已有法律作出解释，然后准确无误地把它们编入已有规则和分析工具中。

这些程序的编写由4名分布在大波士顿地区的成员组成的虚拟团队完成。4个人都是在家里工作，相互之间及与公司的联系通过电子邮件、电话和会议软件进行。所有程序员之间的正式现场会议一年之中只有几次，但是他们有时会在工作之余进行非正式的见面。以下是这4个人的背景资料。

安德鲁是一名税务律师，缅因大学毕业生，曾是学校棒球队队员，单身，35岁。安德鲁从事该项目已经6年，是小组里工作时间最长的成员。除了编写程序的责任外，他主要担任与公司的联络工作，还负责对新成员进行培训。安德鲁在南新罕布什尔自己的农场里工作，业余时间喜欢打猎和钓鱼。

克兰是一名税务会计师，毕业于麻省理工大学计算机系，32岁，已婚，有2个孩子，分别是4岁和6岁。他的太太在波士顿一家法律公司全职工作，克兰在业余时间喜欢骑车和钓鱼。

玛吉是一名税务律师，毕业于宾州大学，38岁，已婚，有2个孩子，分别是8岁和10岁。她的先生在当地一家国防部指定公司做电子工程师，玛吉最大的爱好是高尔夫和冲浪。

迈根是一名税务会计，毕业于印第安纳大学，26岁，单身。她最近搬来波士顿，并在一所公寓里办公。

4个人每天交换大量邮件。事实上，对他们来说，为了登陆和查询邮件而不见客人或家人是正常的事。他们的邮件里除了工作相关的内容之外，还有一些有趣的事。有时，如果工作的最后期限临近，而玛吉的孩子却生病了，那么其他人会帮助她完成工作。安德鲁也会偶尔邀请其他成员来自己的农场。玛吉和克兰好几次带着家人共进晚餐。差不多一个月1次，小组成员会在一起共进午餐。

在薪酬方面，与公司惯例一样，每个人需要单独而且秘密地和管理层谈判。尽管在工作日每个人都会受到定期检查，但他们在受雇时就被告知，他们可以在任何时间里工作。显然，工作弹性是这些人工作的优势。当4个人聚在一起时，他们常常开那些办公室里的管理人员和员工的玩笑，称那些定点上班的人是"面部计时器"，而自己是"自由代理人"。

因为被要求对程序进行更大改动，他们开发了一种名为"macros"的编程工具。这个工具可以极大地提高程序编写方面的速度，尤其是克兰，他非常喜欢使用macros。例如，在最近一个项目中，他非常着迷于使用这一工具来节约时间。1周之后，他交给公司他的编程及编程记录。克兰向安德鲁夸耀说，他编写了一个新版的macro，可以在1周节省8个工作时。安德鲁半信半疑，不过试用之后，他发现确实节省了很多时间。

斯德恩斯公司有一个员工建议方案，对那些可以节省公司资金的革新建议进行奖励。公司将革新项目在3个月内为公司产生效益的5%作为给提出建议的员工的收入提成。公司还有一个利润分成计划。但安德鲁和克兰都觉得公司奖励的钱太少了，还不够抵消他们使用这一工具节省的时间。他们希望把时间用于休闲或咨询。他们还担心，公司管理层如果了解了这项革新后会对小组不利，说不定会让3个人来工作，1个人可能会失去工作。所以，他们并没有将这项革新告诉公司。

结果安德鲁和克兰没有与管理层分享这个革新,但他们知道马上要进入紧张的工作季,而且小组中的所有人都会承受巨大压力,他们觉得应该告诉小组其他成员这一工具,但要求他们保密。

一天午餐过后,小组共同确定了一个生产能力水平,这样不至于引起管理层的怀疑。几个月过去了,他们利用更多的时间改进工作质量,还可以花费更多时间在个人兴趣上。

戴夫是这个小组的管理者,在这项革新项目实施的几个星期后看到了它的成果。他很奇怪,为什么团队的工作时间在减少,但工作质量却在提高。当他看到玛吉给克兰的一封邮件时,他有点明白了。戴夫不想让团队成员尴尬,于是暗示安德鲁他希望知道所有的事,但是他什么也没有得到。戴夫没有向自己的上司报告这一情况,因为这个团队无论是工作质量还是效率都很不错,他没有必要进一步深究。

但是,戴夫不久听说克兰向公司中另一个虚拟团队成员夸耀自己的技巧。突然,情况失控了。戴夫决定请克兰吃午餐,吃饭时,戴夫请克兰解释一下所发生的事情,克兰只是说有一些革新做法,但他坚持指出团队决定保密。戴夫知道,自己的老板很快会听说这件事,而且会询问他。

思考与讨论题

1. 在这个案例中有人做得不够道德吗?
2. 戴夫是一个有效的团队领导吗?他现在该怎么做?

第 9 章

沟 通

学习目标

1. 理解沟通的含义及其在组织中的重要性。
2. 理解沟通的过程及构成要素。
3. 列举正式沟通和非正式沟通网络,并能简要分析各自特点。
4. 了解沟通的障碍及改善沟通的技巧。
5. 掌握积极倾听的技巧。
6. 了解有关沟通的当前问题。

开篇案例

中美文化的沟通问题

华立集团进军美国时,收购了飞利浦在美国的 CDMA 研发中心,当时最大的挑战之一是收购后双方出现的跨文化沟通问题。华立集团董事长汪力成承认,最开始对改变肯定有些抵触,但现在大部分员工还是接受了。因为我告诉他们,这是一个中国人控股的美国公司,所有的运作都将按照美国的程序,今后我们请的 CEO、CTO 也都会是美国人,而不是从中国派过来的。

在华立集团收购的研发中心里,有一名美国员工负责某核心技术的研发,汪力成为了表示对其工作的重视,按照中国人的习惯,每隔两天就给这位员工发一封电子邮件,询问工作进展。然而没过 10 天,该员工就向他提交了辞职报告。他对此大惑不解:"我如此关心你,你为什么还提出辞职?"该员工说:"你每隔两天就发邮件给我,说明你对我不信任;如果信任我,我会按时完成任务;如有问题,我自然会向你报告。"经过再三解释,才与这位员工消除了误解。中国管理者表示关心,美国员工却可能视为越权或不信任。此后,双方不得不对沟通方式进行了调整,汪力成不再发邮件,这位员工定期向他汇报工作。

华立集团的案例只是跨文化下沟通差异的一个缩影,在当今全球化的时代,企业中不同文化背景的个体有着相异的价值观和行为习惯,企业也因此而面临各种各样的沟通问题。沟通是组织生存和活动的基础,一个组织是否能取得良好绩效在很大程度上取决于有效的沟通。正因为如此,沟通成为组织行为学研究的重要课题。

9.1 沟通概述

1. 沟通的含义

沟通(Communication)是为了设定的目标,人们在互动过程中,发送者通过一定渠道(也称媒介或通道),以语言、文字、符号等表现形式为载体,与接收者进行信息(包括知识和情报)、思想和情感等交流、传递和交换,并寻求反馈以达到相互理解的过程。

沟通包括信息传递和信息理解两个过程。

1)沟通首先是意义的传递

如果信息和想法没有传递到接收者,或者说话者没有听众,或者写作者没有读者就不能构成沟通。沟通中传递的信息包罗万象,包括事实、情感、价值观和意见观点。沟通既可以是单纯的信息交流,也可以是思想、情感、态度和价值观的综合交流。一个良好的沟通者会谨慎区别基于推论的信息和基于事实的信息。

2)信息不仅要被传递到,还要被充分理解

在沟通过程中,由于所有传递于沟通者之间的只是一些符号,而不是信息本身。发送者要把传递的信息翻译成符号,接收者则要进行相反的翻译过程。由于每个人的"信息-符号"储存系统各不相同,对同一符号常常存在不同的理解,由此导致了不少的沟通问题。因此,在信息传递过程中,还必须注意所传递的信息能被理解,这样才能达到沟通的目的。

2. 沟通的重要性

1)沟通是个人事业成功的重要因素

从个人来说,人类最古老的努力之一是和其同类缔结友谊,实现共同合作,因此人人都需要沟通技能。

(1)人际沟通有助于心理健康与自我完善。人只有置身于社会环境中,通过社会获得支持性的信息,才能不断得以修正错误和发展。心理学家从不同的角度进行了大量研究,结果都证明,心理健康水平越高,即个性越健康,与人交往就越积极主动,人际关系也越融洽,越符合社会期望,其工作绩效也越大。

(2)事业成功需要沟通及人际交往能力。只有与人良好的沟通,才能为他人所理解,才能得到必要的信息,才有可能在事业上成功并获得社会的认可。沟通能力是人际交往的工具和桥梁,也是一个人综合素质的外在表现。有效的沟通是在工作上取得成功的关键。

(3)合作需要沟通。只有与人良好的沟通才能获得他人的鼎力相助,要想顺利地实现目标,必须具有有效的沟通和良好的合作。

(4)沟通是个人价值得到确认的最关键因素。从个人来看,一个人的价值能否得到确认、地位能否得到提升,除了自身所具备的知识素质和业务技能外,有效沟通能力往往是一个起决定作用的最关键的性格特征。

2) 沟通是提高组织管理效率的重要因素

组织成员之间的有效沟通是组织效率的切实保证，高效率的管理在于高效率的沟通。从组织方面来说，沟通是组织效率和绩效提高的途径。管理沟通对于组织管理中的作用具体表现在以下5个方面。

(1) 对变革的支持。企业的管理过程，可以说就是企业的变革过程，在变革过程中必然有误解、冲突和矛盾，而解决这些问题的关键是有效的沟通。管理沟通的目的是消除管理中的各种障碍，实现变革。

(2) 创新。沟通管理是组织创新的重要来源，有效的沟通机制能使组织上、中、下层次实现有效沟通。在沟通过程中，沟通者相互启发、相互讨论、共同思考，往往能迸发出新的创意。

(3) 激励作用。激励是管理永恒的话题，管理沟通是实施有效激励的基本途径。实施有效沟通的组织，能使员工自由地与领导交谈，表达自己的看法和建议，满足员工自我实现的需求，从而激发他们的积极性和创造性。

(4) 交流。管理沟通的一个重要职能是交流信息。管理沟通既是指组织信息的正式传递，又包括人员、群体间的情感互访。

(5) 联系和协调。在管理和商务活动中，关系的复杂性是众所周知的。目标的实现、资源的调配、变革的有效进行均离不开对各种关系的协调。管理沟通的联系协调作用使组织内外部环境形成了有机的整体。

3. 沟通的类型

组织的沟通形式多种多样，按照不同的分类标准，可以分为不同的类型。每种类型都具有各自不同的功能和特点，在管理实践中，应根据实际情况选择适当的沟通形式。常见的分类方法有以下5种。

1) 根据沟通的组织系统分类

根据沟通的组织系统分类，沟通可以分为正式沟通和非正式沟通。

(1) 正式沟通。正式沟通是指组织中依据规章制度明文规定的原则进行的沟通。例如，组织间的公函来往、组织内部的文件传达、召开会议等。正式沟通渠道的建立是以组织结构为依据的，信息沟通只能纵向逐级进行，严格来说不允许越级命令或报告。正式沟通的优点是沟通效果好，有较强的约束力；缺点是沟通渠道长，信息传递速度慢。

(2) 非正式沟通。非正式沟通是指在正式沟通渠道之外进行的信息传递和交流。非正式沟通和正式沟通不同，它的沟通对象、时间及内容等各方面都是未经计划和难以辨别的。其沟通途径是通过组织成员的关系，这种关系超越了单位、部门和级别层次等。其优点是沟通方便，沟通速度快，且能提供一些正式沟通中难以获得的信息；缺点是容易失真。

2) 根据沟通的方向分类

根据沟通的方向分类，沟通可以分为上行沟通、下行沟通、横向沟通、斜向沟通和外向沟通，如图9-1所示。

(1) 上行沟通。上行沟通是指自下而上的沟通，即下级向上级反映情况，汇报工作进度，并对当前存在的问题提出建议。通过上行沟通，管理者能及时、准确地掌握组织情况，了解下级员工的需求和愿望，作出更合理的决策。上行沟通的方式有汇报会、员工意见箱、员工座谈会、接待日和信访制等。

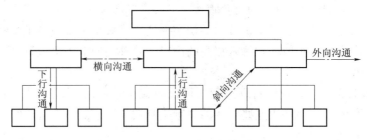

图 9-1 组织沟通方向的类型

(2) 下行沟通。下行沟通是指自上而下的沟通，如领导作指示、下达文件、向员工作工作报告等。下行沟通主要是使下级员工熟知组织的规章制度及工作程序，明确工作任务和目标。下行沟通常用的方式有指示、会议、广播、公司政策声明和员工手册等。

(3) 横向沟通。横向沟通也称为平行沟通，是指组织内平行机构之间或同一级别、同一层次人员之间的沟通。例如，领导班子成员之间、各科室之间、职工之间的信息沟通。横向沟通能加强各平行机构之间的联系和团结，减少各部门之间的冲突，有助于彼此间的协作与配合。

此外，还有同一个组织中的不同层次部门或个人之间进行的斜向沟通，组织中的人员与组织外部人员进行的外向沟通。在管理过程中，要实现管理的协调一致与人际关系的和谐，这些沟通方式都是不可或缺的。

3) 根据信息载体的异同分类

根据信息载体的异同分类，沟通可以分为语言沟通和非语言沟通，其中语言沟通又可以分为口头沟通和书面沟通，如图 9-2 所示。

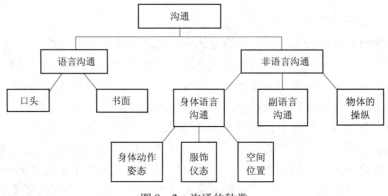

图 9-2 沟通的种类

(1) 口头沟通。口头沟通是以口头交谈的形式进行的沟通，包括人与人之间的面谈、电话、开讨论会和发表演说等。口头沟通的特点是信息传递快，双向交流，信息能够立即得到反馈，是最常见的一种沟通形式。口头沟通也常常具有感情色彩，其规范性方面不及书面沟通。

(2) 书面沟通。书面沟通是以书面文字的形式进行的沟通，信息可以长期得到保存。在组织中，一些重要文件，如合同、协议、规章、制度、规划等都要运用书面沟通。文字上要求准确、简练，避免在解释上出现二义性。

(3) 非语言沟通。非语言沟通包括声调、音量、手势、体语、颜色、触摸、时间、信号和实物等,内容十分丰富,一般可分为身体语言沟通、副语言沟通、物体的操纵。身体语言沟通是通过动态无声的目光、表情、手势语言等身体动作,或者是静态无声的身体姿势、空间距离和衣着打扮等形式来实现沟通的;副语言沟通是通过非语词的声音,如重音、声调的变化、停顿、哭、笑来实现的。例如,在说话过程中需要着重指出内容的重要性时,可以采取有意的加重语气或停顿来进行暗示。除了运用身体语言外,人们也能通过物体的运用、环境布置等手段进行非语言的沟通。

近几年来,一些以电子设备为媒介的沟通被不少企业和组织广泛使用。电子媒介沟通是指运用各种电子设备进行的信息传递,如电视会议、电子邮件等。尤其是电子邮件的运用已经全球化,使信息传递速度大大加快。管理者应学会运用这些现代信息沟通媒介。

4) 按沟通网络的基本形式分类

按沟通网络的基本形式分类,沟通可以分为正式沟通网络和非正式沟通网络。

(1) 正式沟通网络。正式沟通网络是指通过正式沟通渠道建立起来的联系,可分为链式、轮式、Y式、环式和全通道式沟通,这5种沟通的形态如图9-3所示。

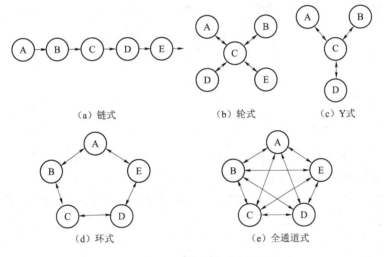

图9-3 5种沟通形态图

① 链式沟通。链式沟通属于控制型结构,在组织系统中相当于纵向沟通网络。网络中每个人处在不同的层次中,上下信息传递速度慢且容易失真,信息传递者所接受的信息差异大。但由于结构严谨,链式沟通形式比较规范,在传统组织结构中应用较多。

② 轮式沟通。轮式沟通又称主管中心控制型沟通。在轮式沟通网络图中,只有一名成员是信息的汇集发布中心,相当于一个主管领导直接管理几个部门的权威控制系统。这种沟通形式集中程度高,信息传递快,主管者具有权威性。但由于沟通渠道少,组织成员满意程度低,使其受到较大的影响。

③ Y式沟通。Y式沟通又称秘书中心控制型沟通。Y式沟通网络相当于企业主管、秘书和下级人员之间的关系。在图9-3(c)中,秘书(C)是信息收集和传递中心,对上接受主管(D)的领导,这种网络形式能减轻企业主要领导者的负担,解决问题速度较快。但除主管人员以外,下级人员的平均满意度与士气较低,容易影响工作效率。

④ 环式沟通。环式沟通又称工作小组型沟通。在环式沟通网络图中，成员之间依次以平等的地位相互联络，不能明确谁是主管，组织集中化程度低。由于渠道少，信息传递较慢；但成员之间相互满意度和士气较高。

⑤ 全通道式沟通。全通道式沟通是一个完全开放的沟通网络，沟通渠道多，成员之间的地位平等，合作气氛浓厚，成员满意度和士气均较高。全通道式沟通与环式沟通的相同之处是网络中主管人员不明确，集中化程度低，一般不适用于正式组织中的信息传递。

上述 5 种正式沟通网络均有各自的优缺点，不同的网络方式对群体行为会造成不同的影响，管理者应根据组织的结构和实际需要选择合适的沟通网络。正式沟通网络方式的比较如表 9-1 所示。

表 9-1　正式沟通网络方式的比较

比较内容	网络类型				
	链式	轮式	Y 式	环式	全通道式
解决问题的速度	较快	快	较快	慢	最慢
信息精确度	较高	高	较低	低	最高
组织化程度	慢、稳定	快、稳定	不一定	不一定	最慢、稳定
领导人的产生	较显著	显著	会易位	不发生	不发生
士气	低	很低	不一定	高	最高
工作变化弹性	慢	较慢	较快	快	最快
集中化程度	中等	很高	高	低	最低
群体平均满意度	中等	低	低	中等	高
成员满意度	中等	高	高	低	最高

（2）非正式沟通网络。在群体或组织中，除了正式沟通网络，还有非正式的沟通网络系统。非正式沟通网络是以一定的社会关系为基础的、与组织内部明确的规章制度无关的沟通方式。它存在着一种"葡萄藤"式的沟通形式，即"小道消息"传播的一种渠道与方式，如图 9-4 所示。尽管小道消息是非正式的，但并不意味着它不重要。小道消息的传播可能给群体行为和

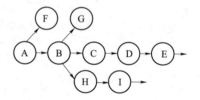

图 9-4　葡萄藤式沟通网络

工作目标带来不良甚至是破坏性的后果，但有些小道消息能真实反映成员的需要、意见和思想动向，管理者应妥善处理，以使它为组织或群体的目标服务，减少由于小道消息的传播所造成的消极影响。

5）根据沟通时是否出现信息反馈分类

根据沟通时是否出现信息反馈分类，沟通可以分为两种：单向沟通和双向沟通。

（1）单向沟通。单向沟通是指在沟通过程中，信息发送者与接收者之间的地位不变，一方主动发送信息，另一方只被动地接收信息，没有反馈发生。例如，报告、发布指示和命令等。这种沟通方式速度快，发送者不受接收者的挑战，能保护和维持尊严。因此，当遇到工作性质简单而又急需完成，或者遇到紧急情况不需要或根本不允许商讨时，采用单向沟通方式效果很好。但由于接收者对信息内容的理解没有机会表达，单向沟通有时准确性较差。另外，单向沟通缺乏民主性，容易使对方产生抵触情绪，心理效果较差。

（2）双向沟通。双向沟通是指在沟通过程中，发送者和接收者的地位不断变换，信息在双方之间反复流动，直到双方对信息有了共同理解为止，如讨论、面谈等。这是有信息反馈的沟通：在双向沟通中，沟通者可以检验接收者是如何理解信息的，也可以使接收者明白其理解的信息是否正确，并可要求沟通者进一步传递信息。其优点是沟通信息的准确性高，接收者有反馈意见的机会，双方可以反复交流磋商，增进彼此的了解，加深感情，建立良好的人际关系。其缺点是沟通过程中接收者要反馈意见，有时使沟通受到干扰，影响信息的传递速度。另外，由于要时常面对接收者的提问，发送者会感到心理压力。

单向沟通与双向沟通的比较如表 9-2 所示。

表 9-2 单向沟通与双向沟通的比较

沟通方式	速度	准确性	传递者	接收者	干扰	条理性	反馈
单项沟通	快	低	压力小	无信心	小	有条理	无
双向沟通	慢	高	压力大	有信心	大	无条理	有

管理者在促进双向沟通时，要注意以下两点。① 平衡心理差异。上下级之间由于权力的差异导致心理上的差异有可能严重影响双向沟通的效果，下属不敢在主管面前畅所欲言，战战兢兢地说出自己的想法，担心自己的语言可能会损害自己在领导心目中的形象。作为管理者应努力消除下属的心理不适，创造一种民主、和谐、轻松、随便的沟通气氛，这样才能得到下属的真实看法和意见。② 增加容忍度。双向沟通时，不同意见、观点、建议的出现是正常现象，作为管理者不应该因反面意见的猛烈而大发雷霆、恼羞成怒，而应该心平气和地与员工交换自己的思想与看法，以求达成共识，共同做好工作。

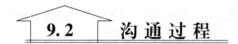

9.2 沟通过程

1. 沟通的过程

任何沟通都是一个复杂的过程，沟通过程中主要有十大要素，如图 9-5 所示。

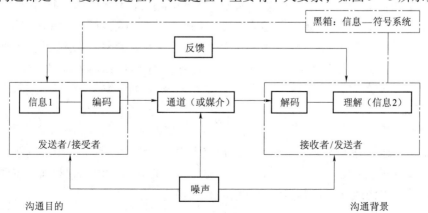

图 9-5 沟通的过程与要素

信息沟通过程涉及发送者（信息源，Source）、接收者（听众，Receiver）、编码（Encoding）、解码（Decoding）、目标（目的，Goal）、背景或环境（Setting）、信息（Message）、通道或媒介（Channel）、反馈（Feedback）和噪声（Noise）十大要素，以及两个黑箱操作过程：一个是信息发送者对信息的编码过程；另一个是信息接收者对信息的解码过程。这两个子过程之所以被称为黑箱过程，是因为人们无法检测而且也难以控制这两个过程，这是人脑的思维和理解过程。前者是反映事实、事件的数据和信息如何经过发送者的大脑处理、理解，并加工成双方共知的语言的过程，而后者是接收者如何就接收到的数据和信息经过搜索大脑中已有的知识，并与之相匹配，从而将其理解、还原成事实与事件等的过程。

2. 沟通的基本要素

1）*发送者*

发送者的动机、态度及其可靠性对沟通效果有重要作用。

2）*接收者*

对于接收者要考虑的问题包括是什么促使他们接收和理解这些信息；分析听众的态度——积极听众、中性听众还是消极听众，关键听众还是次要听众（各是谁），直接听众还是间接听众，潜在听众还是现在听众，是否有还没有被考虑到的听众。

3）*编码和解码*

编码是发送者把自己的思想、观点、情感等信息根据一定的语言与语义规则编成可以传递的符号形式的过程，发送者的词汇和知识在这里起到重要的作用。解码是信息接收者的思维过程，是信息接收者根据自己已有的经验和参考框架把所接收的符号进行翻译、解释的过程。这个过程不能保证在图9-5的黑箱过程中信息1和信息2完全吻合。

沟通的编码和解码过程是沟通成败的关键。完美的沟通应该是发送者的信息经过编码和解码两个过程后，接收者形成的信息与发送者的信息完全吻合，即编码与解码完全"对称"。"对称"的前提条件是双方拥有类似的知识、经验、态度、情绪和情感等。如果双方对信息符号及信息内容缺少共同经验，则容易缺少共同语言，那么就无法达到共鸣，从而使编码、解码过程不可避免地出现误差和障碍。

编码是信息交流和人际沟通及交往极其关键的一环。一个人所拥有的知识水平、表达能力和知识结构，对于将自己的思想、观点、感情等进行编码管理，起着至关重要的作用。评价发送者的编码能力有3个标准：① 认知，即"对不对"的问题；② 逻辑，即"通不通"的问题；③ 修辞，即"美不美"的问题。也就是说，发送者在编码过程中，必须系统分析，充分考虑接收者的情况，注重内容、符号对其的可读性。接收者在编码过程中，也必须考虑前者的背景，这样才能准确地选择和分类，准确地把握对方想要表达的真正意图。

4）*目标*

目标是指沟通想寻求的结果是什么，分析整个沟通过程所要解决的最终问题。在沟通之前要对目标及其实现的成本进行比较。然后，思考目标是否有价值，它和同等重要或更重要的目标是否冲突，沟通双方将怎样评价其风险和成果。

5）*背景或环境*

沟通总是在一定的背景下发生的，任何形式的沟通都要受到各种环境因素的影响，如内部环境（包括组织文化、组织历史和竞争状况等）和外部形势（如客户、潜在顾客、当地媒体等）。在制定沟通之前，要确保了解这些背景。

一般认为，对沟通过程发生影响的背景因素包括以下4个方面。

（1）心理背景。心理背景是指沟通双方的情绪和态度。它包括两个方面的内涵。其一是沟通者的心情、情绪，处于兴奋、激动状态与处于悲伤、焦虑状态下，沟通者的沟通意愿、沟通行为是截然不同的，后者往往沟通意愿不强烈，思维也处于抑制或混乱状态，编码、解码过程受到干扰。其二是沟通者对对方的态度。如果沟通双方彼此敌视或关系淡漠，沟通过程则常由于偏见而出现误差，双方都较难准确地理解对方的思维。

（2）社会背景。社会背景包括两方面的含义。一方面，是指沟通双方的社会角色关系。对不同的社会角色关系，有着不同的沟通模式。上级可以拍拍你的肩头，告诉你要以企业为家，但你绝不能拍上级的肩头，告诫他要公而忘私。因为，对应于每一种社会角色关系，无论是上下级关系，还是朋友关系，人们都有一种特定的沟通预期方式，只有符合这种预期的沟通方式，才能得到人们的接纳。但是，这种社会角色关系也往往成为沟通的障碍，如下级往往对上级投其所好，报喜不报忧等，这就要求上级能主动改变、消除这种角色预期带来的负面影响。另一方面，社会背景还包括沟通情境中对沟通发生影响但不直接参加沟通的其他人。例如，自己配偶在场与否，人们与异性的沟通方式是不一样的。当妻子在场时，丈夫与异性保持的距离会更大，表情也更冷淡，整个过程变得短暂而匆忙。

（3）文化背景。文化背景是指沟通者长期的文化积淀，也是沟通者较稳定的价值取向、思维模式、心理结构的总和。由于文化背景已转变为人们精神的核心部分而自动保持，是思考与行动的内在依据，因此通常人们体会不到文化对沟通的影响。实际上，文化影响着每一个人的沟通过程，影响着沟通的每一个环节。当不同文化发生碰撞、交融时，人们往往能发现这种影响。合资企业和跨国公司的管理人员，可能对此深有体会。例如，由于文化背景的不同，东、西方在沟通方式上存在着较大的差异。东方重礼仪、多委婉，西方重独立、多坦率；东方多自我交流、重心领神会，西方少自我交流、重言谈沟通；东方和谐重于说服，西方说服重于和谐。这种文化差异使不同文化背景下的管理人员在沟通时遇到不少困难。

（4）物理背景。物理背景是指沟通发生的场所。特定的物理背景往往造成特定的沟通气氛。在一个千人礼堂演讲与在自己办公室里慷慨陈词，其气氛和沟通过程是大相径庭的。

人们的任何活动都不是发生在真空中的，环境或背景对沟通效果能产生重大影响。正式的场合适合于正式的沟通，而在非正式场合人们的言语交谈则要随意得多。在很多情况下，当环境变化时，沟通也随之变化。众所周知，大公司和小公司由于规模和结构上的差异，组织沟通的方式和风格也大相径庭；而一个组织处在稳定发展阶段时的信息沟通，与处于变革时期的信息沟通，无论在内容和手段上都会有很大的区别。

6）信息沟通

信息沟通是指沟通主体（发送者和接收者）要分享的思想和感情。这些思想感情通过语言和非语言两种符号来表达。要考虑的问题是针对特定的听众提供什么信息，多少信息可以实现沟通目的，他们可能会产生何种疑虑，谁是信息的受益者，信息将会对他们产生何种意义，如何组织信息才具有最好的说服力和被接收者牢记在心中。

7) 通道或媒介

通道或媒介是指信息得以从发送者到接收者所凭借的手段，如面谈、书面告知、电报、电话、E-mail、会议、传真、录像和记者招待会。在各种方式的沟通中，影响最大的还是面对面沟通方式，除了词语本身的信息外，还有沟通者整体心理状态的信息。这些信息使发送者和接收者可以产生情绪上的相互感染。

8) 反馈

反馈是接收者对于发送者传来的信息所作出的反应。如果接收者能充分解码，并使信息真正融入信息交流过程中，则会产生反馈。

反馈是沟通体系中的一个重要方面，反馈使发送者可以发现信息是否被正确接受并理解了每一个信息的状态。在没有得到反馈之前，无法确认信息是否已经得到有效地编码、传递和解码。如果反馈显示，接收者接收并理解了信息的内容，这种反馈称之为正反馈；反之，则称之为负反馈。通过反馈，个人之间的信息交流变成一种双向或多向的动态过程。

反馈可以检验信息传递的程度、速度和质量。相比之下，面对面的沟通使沟通主体有最大的反馈机会，而在公众面前的演说，无论演说者还是听众，其反馈都十分有限。总之，交流中包含的人越少，反馈的机会越大。

9) 噪声

噪声是指通道中除了所要传递的信息之外的任何干扰，即影响接收、理解和准确理解信息的任何障碍因素。根据噪声的来源，可以将其分成3种形式：外部噪声、内部噪声和语义噪声。外部噪声来源于环境，它阻碍人们听到和理解信息，如课堂外的嘈杂声音。但噪声并不单纯是指声音，也可能是刺眼的光线，过冷或过热的环境。有时在组织中，人们之间不太友好的关系、过于强调等级和地位的组织文化等也是有效沟通的障碍。内部噪声发生在沟通主体上，如注意力分散，存在某些信念和偏见等。语义噪声是由人们对词语情感上的拒绝反应引起的，如许多人不爱听带有亵渎语言的讲话，因为这些词语是对他们的冒犯。噪声的主要来源如下。

(1) 情绪状态与环境情境对正确发送或接收信息形成的障碍。
(2) 双方个性特点，如气质、性格、能力等都会影响沟通的顺利进行。
(3) 价值标准和认知水平的不同导致无法理解双方真正的意思。
(4) 地位级别造成的心理落差和沟通距离。
(5) 编码和解码时所采用的信息符号系统的差异。
(6) 信息通道本身的物理性问题。

总之，噪声作为一种干扰源，无论产生于交流过程的哪一个层次、哪一个环节；无论有意或无意，其本质也是一种信息。只不过这种信息通过增加信息编码和解码中的不确定性，导致信息传递和接收时的模糊与失真，并将进一步干扰沟通主体之间的信息交流。一般可以借助于重复传递信息或增加信息的强度（如提高音量）来克服。

有关沟通的大量术语来自信息论。按照美国数学家、信息论的创始人申农（C. E. Shanno）的理论：信号 = 信息 + 噪声。按照信息加工论的理论，信号减去噪声就是信息。信息不是物质，也不是能量，它只能传递而不能分配。信息论在研究信息传递中主要解决的问题是如何做到无论在什么条件下，都使信息的传递保持高保真（把噪声减到最低限度）。

9.3 沟通的有效性

沟通在整个组织活动中起到重大的作用,而组织沟通的效果往往会因沟通中出现的障碍大打折扣。在管理中,只有有效的沟通才能提高组织的效率和竞争力。

1. 有效沟通的障碍

在信息沟通过程中,常常会受到各种因素的影响和干扰,使沟通受到阻碍。沟通障碍主要来自3个方面:发送者的问题、接收者的问题和信息传播通道的问题。

1)发送者的问题

在沟通过程中,信息发送者的情绪、倾向、个人感受、表达能力和判断力等都会影响信息的完整传递。这种障碍主要表现在以下5个方面。

(1)表达能力不佳。发送信息方如果口齿不清、词不达意或字迹模糊,就难以把信息完整地、正确地表达出来;如果使用方言,会使接收者无法理解。

(2)信息传送不全。发送者有时缩减信息,使信息变得模糊不全。

(3)信息传递不及时或不适时。信息传递过早或过晚,都会影响沟通效果。

(4)知识经验的局限。信息发送者与接收者如果在知识和经验方面水平悬殊,发送者认为沟通的内容很简单,不考虑对方,只按自己的知识和经验范围进行编码;而接收者却难以理解,从而影响沟通效果。

(5)对信息的过滤。过滤是指故意操作信息,使信息显得对接收者更有利。例如,管理者向上级传递的信息都是对方想听到的东西,这位管理者就是在过滤信息。过滤的程度与组织结构层次与组织文化有关。组织纵向管理层次越多,过滤的机会也就越多。组织文化则通过奖励系统鼓励或抑制这类过滤行为。如果奖励只注重形式与外表,管理者便会有意识地按照上级的品位调整和改变信息内容,现实生活中"报喜不报忧"就是典型的信息过滤行为。

2)接收者的问题

从信息接收者的角度看,影响信息沟通的因素主要有以下6个方面。

(1)信息译码不准确。接收者如果对发送者的编码不熟悉,有可能误解信息,甚至理解得截然相反。

(2)对信息的筛选。受知觉选择性的影响,接收者在接受信息时,会根据自己的知识经验去理解,按照自己的需要对信息进行"选择",从而可能会使许多信息内容被丢弃,造成信息的不完整甚至失真。

(3)对信息量的承受力。每个人在单位时间内接收和处理信息的能力不同,对于承受能力较低的人来说,如果信息过量,难以全部接收,就会造成信息丢失而产生误解。

(4)心理上的障碍。接收者对发送者不信任、敌视或冷漠、厌烦,或者心里紧张、恐惧,都会歪曲或拒绝接受信息。

(5)过早地评价。在尚未完整接收一项信息之前就对信息作出评价,将有碍于对信息所包含意义的接收。价值判断是对一项信息所给予的总价值的估计,它是以信息的来源、可靠性或预期的意义为基础的。过于匆忙地进行评价，会使接收者只能听到其所希望听到的那部分内容。

（6）情绪。在接收信息时，接收者的感觉会影响其对信息的理解。不同的情绪感受会使个体对同一信息的解释截然不同。狂喜或悲伤等极端情绪体验都可能阻碍信息沟通，因为此种情况下人们会出现"意识狭窄"现象，而不能进行客观的和理性的思维活动，而代之以情绪的判断。因此，应尽量避免在情绪很激动的时候进行沟通。

3）信息传播通道的问题

信息传播通道的问题主要有以下4个方面。

（1）选择沟通媒介不当。例如，对重要事情的口头传达效果较差，因为接收者会认为"口说无凭"、"随便说说"而不重视。

（2）几种媒介互相冲突。当信息用几种形式传递时，如果相互之间不协调，会使接收者难以理解传递的信息内容。例如，领导表扬下属时面部表情很严肃甚至皱眉头，会让下属觉得迷惑。

（3）沟通渠道过长。组织机构庞大，内部层次多，从最高层传递信息到最低层，从低层汇总情况到最高层，中间环节太多，容易使信息损失较大。

（4）外部干扰。信息沟通过程中经常会受到自然界各种物理噪声、机器故障的影响或被另外事物所干扰，也会因双方距离太远而沟通不便，影响沟通效果。

2. 提高沟通有效性的策略

在管理活动中，人们都希望准确无误地正确传递信息，克服沟通的障碍，提高沟通的有效性。根据沟通的基本过程，要提高沟通的有效性，应当从以下3个方面入手。

1）信息发送者

信息发送者是信息沟通中的主体因素，起到关键性作用，要想提高信息传递的效果，必须注意以下因素。

（1）要有认真的准备和明确的目的性。信息发布者首先要对沟通的内容有正确、清晰的理解。在沟通之前，要进行必要的调查研究，收集充分的资料和数据，对每次沟通要解决什么问题，达到什么目的，不仅自己心中有数，也要设身处地地为信息的接收者着想，使他们也能清晰地理解信息。

（2）正确选择信息传递的方式。信息发送者要注意根据信息的重要程度、时效性，以及是否需要长期保存等因素，选择不同的沟通形式。例如，对于有重要保存价值的文件、材料，一定要采用书面沟通形式，以免信息丢失；而对于时效性很强的信息，则要采用口头沟通，甚至运用广播、电视媒体等形式，以迅速扩大影响。

（3）沟通的内容要准确和完整。信息的发送者应当努力提高自身的文字和语言表达能力，沟通的内容要有针对性，语义确切，条理清楚，观点明确，避免使用模棱两可的语言，否则容易造成接收者理解上的失误和偏差。此外，信息发送者对所发表的意见、观点要深思熟虑，不可朝令夕改，更不能用空话、套话、大话对信息接收者敷衍搪塞。若处理不好，常常会引起接收者的逆反心理，形成沟通中的壁垒和障碍。

（4）沟通者要努力缩短与信息接收者之间的心理距离。沟通是否成功，不仅与沟通的内容有关，而且也与信息发送者的品德和作风有很大的关系。一位作风民主、密切联系群众的领导者，常常会被下属看成是"自己人"，而愿意与其沟通，并自觉地接受他的观点和宣传内容。所以，信息发送者在信息接收者心目中的良好形象是至关重要的因素。

（5）沟通者要注意运用沟通的技巧。沟通的形式要尽量使用接收者喜闻乐见的方式，必要时可运用音乐、戏剧、小品等形式，寓教于乐，达到让对方接收信息的目的。根据心理学中"权威效应"的概念，尽量使各个领域的权威、专家、名人参与信息发布，通过他们的现身说法，往往可以使信息传递更具影响，达到事半功倍的效果。

2）信息渠道的选择

（1）尽量减少沟通的中间环节，缩小信息的传递链。在沟通过程中，环节和层次过多，特别容易引起信息的损耗。从理论上分析，由于人与人之间在个性、观点、态度、思维、记忆、偏好等方面存在巨大差别，因此信息每经过一次中间环节的传递，将丢失30%的信息量。所以，在信息交流过程中，要提倡直接交流，作为领导者要更多地深入生产一线，进行调查研究，对信息的传播和收集都会有极大的好处。

（2）要充分运用现代信息技术，提高沟通的速度、广度和宣传效果。随着现代科学技术的进步，以及广播、电视与现代通信技术的发展，为管理沟通创造了良好的外部条件和物质基础。在沟通过程中，应该充分利用这些条件，提高沟通效果。例如，运用电话或可视电话召开各种会议，既可以克服沟通活动中地域和距离上的障碍，快速传递信息，又可以减少与会者旅途时间和财力上的损失。此外，利用广播、电视进行广告及新闻发布与传统的沟通手段相比，在速度和波及范围等方面也有无可比拟的巨大优势。

（3）避免信息传递过程中噪声的干扰。组织中要注意建设完全的信息传递系统和信息机构体系，确保渠道畅通。无论是信息的发送者还是接收者，都要为沟通创造良好的环境，使信息发送者有充足的时间为信息发布做好充分的准备，也使信息接收者有更多的时间去收集、消化所得到的信息，真正做到学以致用。

3）信息的接收者

（1）信息的接收者要以正确的态度去接收信息。在管理活动中，作为领导者应当把接收和收集信息看成是正确决策与指挥的前提，也是与下属建立密切关系、进行交流与取得良好人际关系的重要条件。而对于被领导者，应当把接收信息看成是一次重要的学习机会。社会的发展要求人们不断地进行知识更新，而沟通就是一种主要手段。通过沟通可以更好地理解组织和上级的决策、方针和政策，开阔视野，提高工作水平和工作能力。如果人们都能正确认识接收信息的重要性，沟通的效果就会大大提高。

（2）接收者要学会"听"的艺术。在口头传递信息的过程中，认真地"听"，不仅能更多、更好地掌握许多有用的信息和资料，同时也体现了对信息传递者的尊重和支持，尤其是各级领导人员在听取下级汇报时，全神贯注地听取他们反映的意见，并不时地提出问题与下属讨论，就会激发下属发表意见的勇气和热情，把问题的探讨引向深入，并进一步密切上下级之间的人际关系。

3. 倾听的艺术

1）倾听的定义

国际倾听协会认为，倾听是接收口头和语言信息，确定其含义和对此作出反应的过程。也可以理解为，倾听是指主体行为者通过听觉、视觉等媒介，接收和理解沟通对方的思想、信息和情感，并作出适当反馈的过程。倾听区别于一般的听，是一种通过积极的听来完整地获取信息的方法。

理论与经验说明，是否善于倾听是衡量一个管理者水平高低的标志。一般来说，成功的管理者大多是善于倾听的人。

日本松下电器公司的创始人松下幸之助创业之初只有3个人，因为注意征询意见，随时改进产品，确立发展目标，才使松下电器公司达到今天的规模。松下幸之助把自己的全部经营秘诀归结为一句话：首先细心倾听他人的意见。松下先生是用他自己的实际行动来证实倾听的重要性的。在商品批量生产前，他要充分倾听各方面人员的设想和意见，所以在处理问题时总是胸有成竹，当机立断，表现出敏锐的判断力。

2）积极倾听的技巧

积极倾听的技巧是每一名管理者必须具备的管理技能之一。积极倾听的技巧可以分为以下5种。

（1）解释。倾听者要学会用自己的语言解释讲话者所述内容，从而检查自己的理解是否正确。举例如下。

讲话者：我觉得很压抑，因为我自愿加班加点，尽最大努力按时完成了项目，可是好像人人都不赞同我。

听者：看上去你很失望，你没有得到足够的支持。

讲话者：是的，正是这样，并且……

（2）向对方表达认同。当有人表达某种情感或感觉很情绪化时，对对方的感受表示认同，能够帮助对方进一步表达他的想法。举例如下。

讲话者：我真是厌烦极了。这项预算非常不精确。他们希望我严格管理。我花费了大量的时间来熟悉它们、发现错误，却耽误了我的正常工作。

听者：是的，这真是够烦的。

讲话者：就是啊！关键是我还有很多其他的事要做，而且我的大脑还需要休息。

听者：听起来你确实烦恼极了，这怎么办呢？

讲话者：我想建议……应该……就好了。

（3）简要概括对方表达的内容。将对方所说的内容进行简要的概括，表明确实了解对方所要表达的内容，并促使对方进一步说明他的观点，将谈话推向更进一步的话题。举例如下。

讲话者：你不在时发生了许多事情。李某撞了车，需要好几天才能治好；王某患了流感；张某扭伤了脚。此外，我们的一份重要文件还莫名其妙地丢失了，我正在找一个替代的文件。这一切真是糟透了，你回来了我真高兴。

听者：看来这段时间你做了大量的工作，一直忙到现在，是吗？

讲话者：是呀！如果由我安排，我会让一切都井井有条的。当然，现在我已经在做了。

（4）还可以形成一个结论性的观点，以便话题能够得到进一步的展开。举例如下。

讲话者：有这么几个问题。首先，没有人能够预言政策的改变；其次，我们最好的一个技术员刚刚辞职了，而这个项目的最后期限就在眼前。我想我们该考虑怎么应付这些问题了。

听者：你是说，这一系列的障碍使完成这个项目成为一件十分困难的事？

讲话者：是的，我认为最关键的是要掌握政策变化的动向，如果政策不变，我们还会有机会。

(5) 站在对方的角度进行大胆的设想。举例如下。

讲话者：我真不知该如何抉择，每项议案都有人提出赞成和反对的意见，而且反应都相当强烈。

听者：如果我处在你的位置上，我宁愿慢些作出决定，以免得罪某一方。

讲话者：是的……我想我需要更多的信息，或许应该再收集一些意见，向在这方面有经验的所有人请教一下。

9.4 有关沟通的当前问题

1. 跨文化沟通

跨文化沟通是指组织中拥有不同文化背景的人所进行的信息、知识和情感的交流与沟通。随着经济全球化进程的加速，跨国、跨文化的交流活动日益频繁，不同文化背景员工之间的跨国往来与日俱增，大量跨国公司的出现使劳动力的文化背景更加多元化。很多跨文化因素增加了沟通困难的潜在可能性，语义和词汇内在的含义、语调差异与认知差异都会在沟通过程中造成障碍。例如，美国人和日本人在商务会谈中存在很多沟通障碍，日语中"hai"被翻译为"是"，但它的意思是"是，我正在认真听"，而不是"是，我同意"。

要想更好地理解文化障碍，以及它们对于沟通的意义，了解沟通的文化情境是十分必要的。任何沟通都是在一定的文化和情境中进行的，不同文化中，情境的重要性存在差异。例如，中国、日本、韩国、越南和拉美文化被看做高语境文化。在高语境文化中的人们会话交流较为间接和含蓄，他们善于用表情、手势等来传递隐含的信息，他们没有说出的内容可能比说出的内容更重要。相反，德国、北美、瑞典及北欧文化被看做是低语境文化。低语境文化中的人们主要依赖沟通过程中使用的词汇，他们往往习惯把所要传递的信息直接用语言表达出来，身体语言的重要性位居口头语言和书面语言之后。在这两类文化中，语境和语言所充当的作用是不同的，同样的语言在不同国家达到的交际效果也不同。关于高低语境文化特点的对比如表9-3所示。

表9-3 高低语境文化特点对比

高语境文化	低语境文化
内隐，含蓄	外显，明了
暗码信息	明码信息
较多的非语言编码	较多的语言编码
反应很少外露	反应外露
圈内圈外有别	圈内圈外灵活
人际关系紧密	人际关系不密切
高承诺	低承诺
时间处理高度灵活	时间高度组织化

跨文化沟通问题产生的原因是多方面的，在与来自不同文化背景的人交往过程中，若要实现有效的跨文化沟通，首先应该正视文化差异，建立适当的沟通途径，采取正确的策略，具体可参照以下建议。

（1）在没有证实相似性之前，先假定是有差异。大多数人常常自认为别人与自己非常相似，但实际情况并非如此。来自不同国家的人常常是非常不同的。因此，在未得到证实之前，应先假定你们之间有差异，这样做会减少犯错误的可能性。

（2）重视描述而不是解释或评价。相对描述来说，对某人言行的解释和评价更多是在观察者的文化与背景基础上进行的。因此，要留有充分的时间根据文化因素调整自己的角度进行观察和解释，在此之前不要过早作出判断。

（3）设身处地。传递信息之前，先把自己置身于接受者的立场上。发送者的价值观、态度、经历、参照点是什么，你对他的教育、成长和背景有什么了解，试着根据别人的原本面貌去认识他。

（4）把你的解释作为工作假说。当对新情境提出一种见解，或者站在对方一国文化的角度上思考问题时，把你的解释作为一种工作假说对待，它还有待于更进一步的检测。仔细评价接受者提供的反馈，看看他们能否证实你的假设。对于重要决策，还可以与文化背景相同的同事一起分析检查，以保证你的解释是准确的。

2. 异性间的沟通障碍

随着组织中员工性别结构的变化、管理层性别结构的变化，性别差异给人际沟通和组织沟通的过程中带来了障碍。研究表明，两性在语言沟通和非语言沟通方面都存在着差异。

对于语言沟通风格的性别差异，德博拉·泰南（Deborah Tannen）认为，女性使用的语言是建立联系和亲密性的语言；男性使用的语言是建立地位和独立性的语言。因此，对于大多数男性来说，交谈是保护独立性和维持自己在社会格局中等级地位的主要手段；对于大多数女性来说，交谈则是寻求亲密关系的谈判，每个人在谈判中都作出承诺与支持。男性常常抱怨女性总在不断谈论自己的问题，女性则责备男性从不认真倾听。事实上，这是因为男性听到一个问题时，他们要维护自己的独立性，并通过提供解决办法来维持自己的控制力。女性却把提出问题作为一种加强亲密感的手段，并不是为了获得男性的建议。相互理解是一种平等关系，但提供建议却是不平等关系，它使提供建议的人处于上风，因为提供建议者显得更有知识、更符合情理和更有控制力。这导致了两性在沟通过程中存在差异。在交谈中，男性通常比女性更直截了当。男性可能会说："我想你在这一点上是错的。"女性则可能会说："你看过市场部在这一问题上的调查报告吗？"（言下之意是，这份报告会指出你的错误所在）。男性常常把女性的拐弯抹角视为"遮遮掩掩"或"鬼鬼祟祟"，女性则不像男性那样直接对地位和高人一等表现出关心，因此不会发布太多的指令。关于男女常见的语言沟通风格差异如表9-4所示。

表9-4 男女常见语言沟通风格差异

女 性	男 性
通过交谈来建立联系	通过交谈来强调地位
使用亲密性语言	使用独立性语言
强调融洽和共性	强调不同和差异

续表

女 性	男 性
在交谈中表现得比较合作	在交谈中表现出较强的竞争性
通常是大家轮流说	由自己来控制话题的选择与说话的机会
注重话题的连贯性	话题转换较突兀，跳跃较多，连贯性不强
注重他人的反馈，并对其进行积极的回应	不太注意其他人的反应与参与
很少打断别人的说话	比较注重保持自我身份，具有很强的排他性
表述不同意见时，说话会较委婉、犹豫	表述不同观点时，说话会直截了当

对于非语言沟通方式的性别差异，研究者认为，女性比男性更善于用非语言符号表达自己的情绪和感受，并且对非语言符号有着更强的洞察力，更善于判断和评价他人的非语言符号；女性的感觉较男性敏锐，比较能"察言观色"，甚至能从对方的语调中听出弦外之音。男性的非语言符号表示着权力，女性的非语言符号代表着服从。从个人空间方面来看，女性所占空间一般比男性少，其身体行为通常比男性更受限制和约束，这通常与服从地位相关；男性倾向于控制更多的领地和个人空间，这与支配地位相关。从身体位置和姿势看，男性更多的是采用放松的姿势，女性更多的是比较拘束的姿势。在交谈中，男性打断女性谈话的次数高于女性打断男性谈话的次数。专家们认为，插嘴也是权力支配的表现之一，因为插嘴的人获得了交谈的控制权。这些都表明，在沟通中非语言符号的使用上，男性表现出的权力欲和支配欲远远超过了女性。

3. 电子沟通

20 世纪 90 年代以来，随着信息通信技术的飞速发展，人类迈入了网络时代。目前，全球绝大多数组织都已经与互联网连通。组织中的管理者通过互联网络和电子设备作为沟通媒介，实现组织对内和对外的沟通。这些电子设备和技术手段有电子邮件、语音邮件系统、电子会议、传真机、视频工具、便携式移动电话等，它们大大提高了管理沟通范围和沟通速度，使管理沟通更加频繁顺畅。

毫无疑问，基于网络和电子设备的沟通方式提高了信息传播速度，满足了管理沟通在效率方面的要求。例如，通过电子邮件的发送，人们可以非常迅速地传递事实、图表和说明，并可以及时反馈。电子沟通还使员工的办公地点有了更多选择，人们不必总坐在固定的办公桌前。无论是在家还是在度假胜地，手机等个人通信装置都能使员工与组织保持联系，员工的工作生活与非工作生活之间的界限越来越不明显。

然而，这种效率和便利也产生了一些弊端。电子沟通不能像面对面的会议那样提供非语言沟通线索，电子邮件也不能像电话交谈那样在传递语言意义的同时传递细腻的情感差别，录像会议和电子会议虽然都能提供工作支持，但它们不能满足群体归属感的需要，对于在社会交往方面有较高需要的人来说，过分依赖电子沟通可能会导致工作满意度的降低。另外，电子沟通还可能存在信息过载、有害信息和负面信息传播快等问题。

因此，管理者要想利用网络电子技术进行有效沟通，应注意结合传统沟通的优势，合理选择、运用沟通方式，防止新技术带来的不良影响。管理者对网络沟通方式要进行有效管理，新型沟通技术有时可能会不够正式，只能作为正式沟通方式的一种补充，在沟通之后还要采用传统的正式沟通手段进行确认。不同员工对不同沟通方式的偏好不同，管理者需要及时了解员工的沟通感受、及时调整沟通方式，为工作中的群体或社会互动提供机会。另外，管理者还应对沟通信息进行实时监控，及时掌握员工在网上发表的需求、建议信息，并与之沟通处理，保持沟通信息与沟通目标的一致性。

案例 9-1

使用 QQ 引发的沟通障碍

网络时代，不仅办公实现了"无纸化"，很多工作上的事务也不用当面谈了。QQ 等聊天软件已走进企业的日常办公环境，无论生脸熟脸，寒暄之后，一句"Q上聊"马上拉近了彼此的关系。

但 QQ 上似乎也蹿着一股"邪火"——有人和你热火朝天地聊了半天，事后一问他却摇头三不知；有时你几次三番地和他说话，人家却总是爱答不理……耽误了工作不说，还得罪了领导、朋友，自己全身是嘴也说不清。

赵先生是一家周报记者，这两天正在家忙着赶稿子，突然接到领导的一个电话，一向温文尔雅的领导竟然火冒三丈，责怪赵先生为什么当天不去完成他布置的外出采访。赵先生丈二和尚摸不着头脑，反问领导何时通知他去采访，领导更加生气了："一天到晚挂着你的QQ，交代你的工作你却不做，你是不满意我的领导还是不想在这干了？去查你的 QQ 聊天记录，上面一清二楚的！"接着是"嘟嘟嘟"的忙音。

第二天，赵先生一大早就赶去报社，经过一番长时间深刻的检讨和申辩，领导终于相信前一天在网上见到的确实不是他。至于为何 QQ 上一直显示他为在线状态，其实很简单，老板跟他交代工作的时候，可能是别人在使用他的计算机，而他的 QQ 设置的是"开机启动 + 自动登录"，结果老板当然以为是他在线了。

复习与思考题

1. 按沟通的网络形式划分，沟通分为哪几种类型？各有什么特点？
2. 结合生活中的一个沟通例子，描述沟通过程并指出其关键要素。
3. 举例说明语言沟通和非语言沟通的形式与特点。
4. 管理人员应如何有效地与员工进行沟通？
5. 沟通中应如何有效地倾听？描述几个关键的方法能使对方更好地理解自己的想法，同时也能使自己更好地参与倾听。
6. 互联网对你生活中的沟通产生了哪些具体的影响？
7. 根据自己的经历，列举出一次无效沟通的例子，并加以分析。

案例阅读

迪特尼·包威斯公司的企业员工意见沟通制度

　　迪特尼·包威斯公司是一家拥有12 000余名员工的大公司，早在20年前公司就认识到员工意见沟通的重要性，并且不断地加以实践。现在，公司的员工意见沟通系统已经相当成熟和完善。特别是在20世纪80年代，面临全球性的经济不景气，这一系统对提高公司劳动生产率发挥了巨大的作用。

　　公司的员工意见沟通系统是建立在这样一个基本原则之上的：个人或机构一旦购买了迪特尼·包威斯公司的股票，他就有权知道公司的完整财务资料，并得到有关资料的定期报告。本公司的员工也有权知道并得到这些财务资料和一些更详尽的管理资料。迪特尼·包威斯公司的员工意见沟通系统主要分为两个部分：① 每月举行的员工协调会议；② 每年举办的主管汇报和员工大会。

1. 员工协调会议

　　早在20年前，迪特尼·包威斯公司就开始试行员工协调会议，员工协调会议是每月举行一次的公开讨论会。在会议中，管理人员和员工共聚一堂，商讨一些彼此关心的问题。无论在公司的总部，还是各部门、各基层组织都举行协调会议。这看起来有些像法院结构，从地方到中央，逐层反映上去，以公司总部的首席代表协调会议为最高机构。员工协调会议是标准的双向意见沟通系统。

　　在开会之前，员工可事先将建议或怨言反映给参加会议的员工代表，代表们将在协调会议上把意见转达给管理部门，管理部门也可以利用这个机会，同时将公司政策和计划讲解给代表们听，相互之间进行广泛的讨论。以下摘录一些在员工协调会议上的讨论资料，可以看出协调会议的大致情形。

　　问：新上任人员如发现工作与本身志趣不合，该怎么办？

　　答：公司一定会尽全力重新安置该员工，使该员工能发挥最大的作用。

　　问：公司新设置的自动餐厅的四周墙上一片空白，很不美观，可不可以搞一些装饰？

　　答：管理部门已拟好预算，准备布置这片空白。

　　问：公司的惯例是工作8年后才有3个星期的休假，管理部门能否放宽规定，将限期改为5年？

　　答：公司在福利工作方面作了很大的努力，如团体保险、员工保险、退休金福利计划、增产奖励计划、意见奖励计划和休假计划等。我们将继续秉承以往精神，考虑这一问题，并呈报上级，如果批准了，将在整个公司实行。

　　问：可否对刚病愈的员工行个方便，使他们在复原期内，担任一些较轻松的工作。

　　答：根据公司医生的建议，给予个别对待，只要这些员工经医生证明，每周工作不得超过30个小时，但最后的决定权在医师。

　　问：公司有时要求员工星期六加班，是不是强迫性的？如果某位员工不愿意在星期六加班，公司是否会算他旷工？

　　答：除非重新规定员工工作时间，否则，星期六加班是属于自愿的。在销售高峰期，如果多数人都愿意加班，而少数人不愿意加班，应仔细了解其原因，并尽力加以解决。

要将迪特尼·包威斯公司12 000多名职工的意见充分沟通，就必须将协调会议分成若干层次。实际上，公司内共有90多个这类组织。如果有问题在基层协调会议上不能解决，将逐级反映上去，直到有满意的答复为止。如果事关公司的总政策，则一定要在首席代表会议上才能决定。总部高级管理人员认为意见可行，就立即采取行动，认为意见不可行，也得把不可行的理由向大家解释清楚。员工协调会议的开会时间没有硬性规定，一般都是一周前在布告牌上通知。为保证员工意见能迅速逐级反映上去，基层员工协调会议应先行召开。

同时，迪特尼·包威斯公司也鼓励员工参与另一种形式的意见沟通。公司安装了许多意见箱，员工可以随时将自己的问题或意见投到意见箱里。

为了配合这一计划实行，公司还特别制定了一项奖励规定，凡是员工意见经采纳后，产生显著效果的，公司将给予优厚的奖励。令人欣慰的是，公司从这些意见箱里获得了许多宝贵的建议。

如果员工对这种间接的意见沟通方式不满意，还可以用更直接的方式来面对面和管理人员交换意见。

2. 主管汇报

对员工来说，迪特尼·包威斯公司的主管汇报和员工大会的性质，与每年的股东财务报告、股东大会相类似。公司员工每人可以接到一份详细的公司年终报告。

这份主管汇报有20多页，包括公司发展情况、财务报表分析、员工福利改善、公司面临的挑战，以及对协调会议所提出的主要问题的解答等。公司各部门接到主管汇报后，就开始召开员工大会。

3. 员工大会

员工大会都是利用上班时间召开的，每次人数不超过250人，时间大约3小时，大多是在规模比较大的部门里召开，由总公司委派代表主持会议，各部门负责人参加。会议先由主席报告公司的财务状况和员工的薪金、福利、分红等与员工有切身关系的问题，然后便开始问答式的讨论。

这里有关个人问题是禁止提出的。员工大会不同于员工协调会议，提出来的问题一定要具有一般性和客观性，只要不是个人问题，总公司代表一律尽可能予以迅速解答。员工大会比较欢迎预先提出问题的这种方式，因为这样可以事先充分准备，但是大会也接受临时性的提议。

下面列举一些讨论的资料。

问：本公司高级管理人员的收入太少了，公司是否准备采取措施加以调整？

答：选择比较对象很重要。如果选错了参考对象，就无法作出客观评价，与同行业比较起来，本公司高层管理人员的薪金和红利等收入并不少。

问：本公司在目前经济不景气时，有无解雇员工的计划？

答：在可预见的未来，公司并无这种计划。

问：现在将公司员工的退休基金投资在债券上是否太危险了？

答：近几年来，债券一直是一种很好的投资方式，虽然现在有些不景气，但是如果立即将这些债券脱手，将会造成很大损失。为了这些投资，公司专门委托了几位财务专家处理，他们的意见是值得我们考虑的。

迪特尼·包威斯公司每年在总部要先后举行10余次的员工大会，在各部门要举行100多次员工大会。那么，迪特尼·包威斯公司员工意见沟通系统的效果究竟如何。

在20世纪80年代全球经济衰退中，迪特尼·包威斯公司的生产率每年以平均10%以上的速度递增。公司员工的缺勤率低于3%，流动率低于12%，在同行业最低。许多公司经常向迪特尼·包威斯公司要一些有关意见沟通系统的资料，以作为参考。

思考与讨论题

1. 迪特尼·包威斯公司是怎样具体实施员工沟通制度的？
2. 根据迪特尼·包威斯公司的员工沟通制度取得的效果，谈谈沟通的重要性。

第 10 章

领 导 行 为

学习目标

1. 掌握领导和领导者的概念。
2. 理解正式领导与非正式领导之间的联系与区别。
3. 掌握有效领导的基础。
4. 了解有关领导的主要理论。
5. 了解领导班子的合理结构。
6. 了解人际导向型和任务导向型的领导风格。
7. 理解领导决策的原则、客观依据与程序。

开篇案例

女性 CEO：从优秀到卓越的突破

2013 年初，生产简餐、烘焙小食品和健康饮品的全球制造商金宝汤公司（Campbell Soup Company）推开了中国市场的大门。1 月 9 日在北京举行的"金宝汤国际名厨交流峰会"上，金宝汤公司 143 年历史上的第一位女性 CEO 墨睿思（Denise Morrison）首次出现在中国媒体和消费者的视野中。这位留着传统法式发型的女 CEO 自如地摆出各种姿势配合媒体拍照，并且脸上始终保持着她标志性的亲切笑容。

从 2003 年加入金宝汤公司担任全球销售总监和首席客户官到 2011 年就任 CEO，墨睿思一直在按照自己的规划向前迈进。见证了她"成功之路"的金汤宝公司前任 CEO，也是墨睿思多年良师益友的道格·康纳特（Douglas Conant）评价她："Denise 绝对拥有成为首席执行官所需要的特质：谦逊和坚持。"2012 年，墨睿思被美国《广告时代》杂志评为"突破性人才"，并被列为全球 100 位最有影响力的女性之一。她认为，领导者要想获得更大的成功需要不断突破自己，"小时候，父亲就教育我们不能说'I can't'，只能说'how can'"。

1. 将目标公布于众

当墨睿思刚开始规划自己的职业生涯时，她就有意地培养自己的战略意识。"领导者，要敢于给自己定高的目标和详细的计划，我们给自己定位什么样的战略，就会影响我们最终能够取得的成就。"墨睿思说。2007年，当墨睿思担任金宝汤美国公司总裁的时候，就大胆地对采访她的媒体宣称，她要成为一家500强企业的首席执行官。她的朋友在看到报道后曾表示不理解："你说那些干什么？如果达不到目标，你怎么办？"然而，墨睿思却从没有考虑过这个"假设"："我相信，当你有目标的时候就要说出来，而且我主张设定长期目标，并且努力实现它们。我始终有一个长远的职业计划，我愿意在拓展不同技能的过程中，担任不同的职位，这不仅仅能帮助我获得这份工作，还能提高我的能力。所以，我将目标公之于众。"

2. 冲破保守的"偏见"

通常，在人们的印象中，女性领导者风格偏保守谨慎。但性格严谨的墨睿思却有喜欢"冒险"的一面。面对瞬息万变的外部市场形势，墨睿思发现金宝汤公司两年推出一个新产品的创新力度显然不足。为此，她专门跑去创新型的小企业学习。她发现，这些企业往往是一个个的小团队，利用大公司创新的资源进行创新。于是，墨睿思回到金宝汤公司后在组织架构和流程上进行了变革以加快创新的速度。她将一些高潜质的人员组成像小公司一样的团队，建立新产品库，平均每10个新产品概念就会诞生一个具有商业推广价值的创新产品。在这其中，墨睿思亲自参与过100个新产品的研发，推出30多种新型汤品，而这也突破了金宝汤公司创新产品数量的历史记录。"企业创新就像打出很多小子弹，说不定什么时候就能打出一颗大炮弹。大胆推出很多新产品，从消费者的反馈判定市场是不是喜欢这个产品。这就是我们现在做的。"墨睿思说。

除此之外，为了满足消费者对健康产品的需求，金宝汤公司还斥资15.5亿美元收购了位于加利福尼亚州的美国最大的胡萝卜生产商Bolthouse Farms，同时金宝汤公司也开始涉足高利润的冷冻食品行业。"仅实现汤品的增长是不够的，"墨睿思说，"我们的产品远远不止这些。"

从金宝汤公司的案例中可以看出，墨睿思以其高瞻远瞩的领导思维、突破常规的领导风格带领着金宝汤公司取得了丰硕的成果。她让人们深刻地感受到领导在企业成败中的重要性。成功企业与失败企业的一个重要区别就是前者是以卓越有效的领导为特征的。任何一个优异的团队和组织都离不开有效的领导。正如彼得·德鲁克所说，企业领导者是任何企业最基本而又最难得的资源。因此，通过研究领导行为及其有效性，提高领导工作效能就显得十分必要。

10.1　领导概述

1. 领导的概念

1）领导的定义

有关领导的含义可以从多种关于领导的定义中得到理解。

"领导是一种影响力，或者叫做对人们施加影响的艺术或过程，从而可以使人们心甘情愿地为实现群体或组织的目标而努力。"

"领导是对人们施加影响并把他们的努力引向某个特定目标的过程。"

"领导是影响他人的能力。领导者具有权力和影响力。领导人可能有一定的职权,也可能没有什么职权。"

"领导是一种影响过程,即领导者和被领导者个人作用及与特定环境的相互作用的动态过程。"

"领导是领导者影响其下属的行为及态度的方法。"

"领导是一种能够影响一个群体实现目标的能力。"

从上述各种定义中可以看出,对领导这个概念的认识很不一致。领导的定义从来就没有统一过,每个研究者都试图阐明领导的定义,并在其定义的规定下研究领导行为。但深究各种描述,又不难发现其共同之处。很显然,每个定义都从不同角度说明了领导的特征,可以归纳如下。

(1)从领导的地位和作用来看,领导是能够决定组织生存和发展的职位特征。任何一项领导工作和组织目标都处在特定的环境之中,而领导行为是这一环境的重要组成部分。

(2)从领导的行为来看,领导是组织发展方向的指引者和人际行为的协调者,其本质是一种人与人之间的关系,这种关系就是领导与被领导、控制与被控制、指挥与被指挥的关系。

(3)从领导的个性特征来看,领导者的行为始终要受到领导者个体的心理特点和行为特征的影响。领导就是要通过其行为的示范性建立良好的人际关系和心理环境,激发每一位员工的积极性、主动性和创造性,使人力资源得到充分利用,进而实现组织目标。

综合以上3个方面的特征,本书把领导定义为:领导是领导者影响和指引个人或组织在一定条件下实现其目标的行动过程。领导的有效性是领导者、被领导者和情景因素的函数。领导效能是随着以上几个因素之间的相互关系的变化而变化,而不是由领导者单方面决定的。这种函数关系用公式表示为:

$$领导 = f(领导者,被领导者,情境因素)$$

领导者是组织的"关键角色",是领导行为过程的核心,也是组织中工作关系、人际关系和多种社会关系的中心。领导者的核心功能是根据一定的环境条件,通过影响和组织他人的行为,最终实现组织的目标。

2)领导者的含义

(1)领导者。领导者是指在一定的组织体系中处于领导地位并承担决策、组织、指挥和协调等职责的个人或集体。领导者是领导活动的主体,在组织中居于首脑地位。任何一种领导活动,都必须具备领导者、被领导者和客观环境这些基本要素,其中领导者是构成领导活动三要素中的关键要素。可以说,没有领导者就没有领导活动。

(2)领导者的作用。领导者在组织中起着关键的作用,是群体内举足轻重的人物,其主要功能体现为两个方面:① 采取一定的手段激励个体或群体做好本职工作,并引导组织成员的行为,以实现组织的目标;② 协调群体内成员之间的关系,促使各成员之间保持和谐。要实现这两个功能,必须具备两个先决条件:① 领导者要有决定权,能够决定组织的结构,以及为实现组织目标所采用的手段;② 领导者要能获得组织成员的拥护,组织成员对领导者发起的号召能积极地响应。

3）领导与领导者的区别

对领导和领导者进行区别具有现实意义。在汉语中，领导既是名词又是动词。在现实生活中，人们往往认为二者表达相同的意思。实质上，领导和领导者是两个不同的概念。

（1）领导是领导者的某种行为。领导是领导者所表现出的行为，领导者是领导活动的主体。领导是引导和影响个人或组织，在一定条件下实现目标的行动过程，而致力于实现这个过程的人则为领导者。

（2）领导的本质是一种人与人的关系。领导的作用是要通过这种人际关系，激发个体或群体的积极性，以实现企业的目标。领导者是组织中的一个角色，是一个比一般员工的作用和影响要重要得多的关键角色。领导者本人与领导人的行为密切相关，领导人是实施领导行为的人。

（3）一个组织可以按照一定程序、以一定方式选择一个领导者，如任命或选举，但不能任命或选举出领导行为，因此对领导者的选拔和监督显得特别重要。

（4）领导者是指组织中负责管理、决策和解决管理问题的人。人的管理是管理者、被管理者和环境三者相互作用的活动过程。因此，要成为领导者必须具备这样的条件：① 从事领导工作的；② 必须直接参与解决管理问题并作出决策；③ 至少有个下属来贯彻他的设想并向他汇报工作。

4）正式领导与非正式领导

按领导的权威基础可分为正式领导和非正式领导。

（1）正式领导。正式领导是指领导者通过组织所赋予的职权来引导和影响所属员工实现组织目标的活动过程。正式领导的主要功能是带领下属完成组织任务，实现组织目标，包括确定目标与使命，建立组织机构，制定工作程序，授权下属承担部分任务，对下属实施奖惩，沟通上下关系等内容。

正式领导者的功能是组织赋予的，常常必须依赖其在组织结构中的正式职位、权力与地位来发布指令，因此正式领导对下属实施领导的程度，要看领导者本身的能力素质和领导者是否为其下属所接受，以及成员对领导者的信任和支持程度。

（2）非正式领导。非正式领导是指领导者不是靠组织所赋予的职权，而是靠其某种优越条件而产生的实际影响力进行的领导活动。非正式领导的主要功能是满足组织中某些局部的、特殊的需要，如为组织提供情报资料或咨询，进行决策分析；借助于个人的威望协调正式领导与下属的矛盾、正式领导成员之间的矛盾；用于为他人承担责任，帮助他人排忧解难等。

非正式领导者虽然没有组织赋予其的职位与权力，但由于个人的条件优于他人，如知识丰富，能力技术超人，善于关心别人或具有某种人格上的特点，或者其有感人的超凡魅力，令员工佩服，因而具有实际的影响力，往往起到实际领导者的作用。

就组织目标的实现而言，非正式领导者通常具有重要的影响作用，应引起高度的重视。如果非正式领导者赞成组织的目标，则有利于员工执行组织的任务；反之，如果非正式领导者不赞成组织目标，则可能引导员工阻挠组织任务的执行。

（3）正式领导者与非正式领导者的关系。

① 正式领导者一般是工作领袖，非正式领导者往往是情绪领袖。

② 正式领导者和非正式领导者可以集于一身，也可以分离。

③ 一个真正有作为的领导者，必须同时将工作领袖和情绪领袖两种角色集于一身。

（4）正式领导者对待非正式领导者的态度和方法。从正式领导者和非正式领导者的关系中可以看出，一个有效的领导者，既要是正式的领导者，在组织结构中拥有法定的职位和权力，也要能对组织成员产生现实的由人格魅力带来的影响力，具有较高的被组织内部成员所接受的感情。

但是，现实生活中的大量事实表明，大多数组织中的领导者并没有集正式领导者和非正式领导者两种角色于一身。这样，就必然涉及正式领导者如何对待非正式领导者的关系问题。

正式领导者应借助于非正式领导者在组织中具有的实际影响力，为实现组织目标服务。如果非正式领导者的影响方向与组织目标相悖，主要采取激励手段加以规范。

2. 领导的特点与功能

1）领导的特点

领导行为作为一种动态的活动过程，具有以下特点。

（1）示范性。领导活动实质上是一种"投入"，其"产出"是被领导者个体、群体或组织的行为。领导结果的好坏虽然是由被领导者的行为效率来评定，其影响因素主要有动机、福利待遇、工作能力和工作条件。但领导者的行为却起着示范性作用，他是下属行为的楷模，无论领导者是否意识到，他的一举一动对被领导者的工作态度和行为都具有导向作用。

（2）激励性。人际关系学说认为，人们在组织中各自所处的地位决定了人们之间的感情和联系方式。领导者通过领导与被领导、控制与被控制、指挥与被指挥的关系实现领导。通过这些关系，可以激发每个人的积极性和创造性，使人力资源得到充分发挥，以实现组织的目标。

（3）互动性。领导者的工作在影响下属行为的同时，也必然不同程度地受到下属某些方面的影响，这就是领导作用的"互惠效应"。由于知觉效应的作用，领导作用的结果可能是正面的、积极的，也可能是负面的、消极的；对领导者的评价也因此有好坏之分。

（4）环境适应性。任何一个组织都处在特定的环境之中，而环境常常对人们的行为有很大的影响。领导行为发生的环境是一个受时间、空间限制，而又具有成就导向的复杂的组织环境。领导行为是适应市场和外部环境的要求，并尽可能地改变组织内部的环境。对于被领导者来说，除了其他因素之外，领导行为也是一个重要的环境因素。

2）领导的功能

领导活动的目的是实现组织的目标，领导功能是领导活动的重要组成部分，领导者通过实现以下功能来完成领导的基本任务。

（1）创新功能。在现代社会中，组织的外部环境时时刻刻都处在变化发展之中，进行有效创新的能力，已经成为事业成功的决定因素。为了适应外部环境的变化，获得生存和发展的机遇，组织需要不断地进行变革，进行组织设计和制度创新。只有这样，才能提高组织的竞争能力。创新作为领导活动的重要功能包括以下两个方面。

① 组织领导方式的创新。在竞争日趋激烈的国际环境中，领导者仅凭个人直觉、经验和个性进行领导的家长制，以及仅以职能、职位分工和管理规则为中心的科层制，已不能适应知识社会中组织管理的要求，组织领导方式的创新已迫在眉睫。便于知识信息迅速传播、

共享和创新的网状组织结构富有弹性与灵活性,有利于组织对市场变化作出迅速反应,也有利于提高组织绩效,是组织结构变革的方向。

② 组织成员的创新活动。组织中被领导者之所以重要,并不是因为他们已经掌握了某种秘密,而是因为他们拥有不断创新和创造新的有用知识的能力,他们是组织创新的主体。知识经济条件下,组织与组织之间的竞争取决于组织的整体创新能力,即运用集体的智慧,提高应变力和创新力。因此,有效的领导要求组织的领导层重视对被领导者的精神激励,重视知识的共享和创新,引导组织成员积极从事创新活动,搞好研究开发,把知识共享和创新视为组织赢得竞争优势的支柱。

(2) 激励功能。激励的目的是要调动组织中全体员工的积极性。人们在社会经济活动中有不同的目的、需要和态度,他们不单纯地只对组织目标感兴趣。通过领导的激励功能,可以把因需求不同而产生的组织成员的行为导向组织目标,对偏离组织目标的行为,利用正式权力的强制力实施负激励,以减弱、消除或改变他们的工作行为,促进组织目标的实现。并且,在有效地实现组织目标的同时,也使员工的合理需求得以满足,从而把组织目标与个人目标结合起来。

在知识社会中,激励的内容、范围、手段和方式都发生了重大变化,如何采用适当的激励机制激发被领导者的创造性更加重要。在传统领导过程中,虽然也有精神激励,但更多的是物质激励。在知识经济时代,知识型员工成为组织创新的主体,他们的劳动特点要求赋予更大的权力和责任,使被领导者意识到自己也是组织中重要的一员,这有利于他们发挥潜能,实现自身的人生价值。这就要求领导者在素质上也应能适应。激励功能的内涵主要表现在以下 4 个方面。

① 提高被领导者接受和执行目标的自觉性。在通常情况下,满足个体行为活动需要的目标,往往与群体或组织的目标不能完全同步。个体的积极性和创造性的发挥程度与个体和组织目标的一致程度成正比。因此,作为领导者,就要千方百计地营造一种环境,把实现组织目标与满足员工的需要在合理利益分配机制的前提下有效地协调起来,培养员工利益双赢的意识,从而提高员工对组织目标的认同感。

② 激发被领导者实现组织目标的热情。领导者与被领导者之间不仅存在一般的组织关系,而且存在一种相互影响的感情关系。在这种相互影响中,领导者一方起主导作用。因此,注意满足被领导者的心理需要,是激发他们实现组织目标的热情的关键措施。

③ 提高被领导者的行为效能。员工的行为效能是指为实现组织目标所作贡献的大小或能力才干的发挥程度。它是鉴定领导行为水平的直接依据之一。一个有效的领导者,应当通过自己的领导行为创造良好的环境条件,使被领导者有用武之地,展示他们的才能,为实现组织的目标作出最大的贡献。

④ 完善激励机制。知识的共享和创新往往是一种不自然的行为,原因是拥有知识就拥有某种"权力",分享权力则意味着将自己的职位置于风险之中;知识创新要承担风险,这是以人力资本为代价的。因此,要实现知识的共享与创新,就需要有适应于知识经济时代的激励机制。除了奖金、工作丰富化、职位晋升等,激励手段还包括激励作用更大的产权和知识产权。领导者要抛弃工业经济时代"谁投资,谁受益"的唯一原则,因为知识(智力)在当今时代也是一种资本,而且是一种更为重要的资本。就企业而言,产权激励是配给员工以本企业股票,从而将员工利益与企业利益紧密联系起来。知识产权激励是授予知识创新者

以专利权，通过保护创新者的利益来调动他们的积极性和创造性。

（3）组织功能。组织功能贯穿于领导活动过程的始终，它要求领导者做到根据组织生存和发展需要，结合组织内外部环境条件，制定组织的目标和决策；为实现组织的目标和决策，合理地配置各种资源，做到人尽其才，物尽其用；建立科学有效的管理系统，协调组织内部的各种关系，仲裁内部的各种纠纷。

（4）沟通协调功能。沟通协调的目的是为了提高被领导者的行为效率，更有效地实现组织的目标。

① 组织目标是靠人来实现的，而组织中人们对目标的理解、对技术的掌握、对客观环境的认识，以及组织成员个人的知识、能力、信念等都存在着差异，从而在各自工作中自觉不自觉地采用不同方法，用不同标准进行评价，这理所当然地存在沟通协调问题。

② 员工的有效行为总是与他们本身的需求结构、认识结构、技术能力构成，以及组织内部的人际关系、规章制度、领导方式和个人地位密切联系，而这一切都要求组织有一个良好的组织心理环境。领导工作的作用就是建立有效的信息沟通渠道，协调组织中各部门、各级、各类人员的活动，引导组织中的全体人员有效地领会组织目标，步调一致地加速组织目标的实现。

（5）服务功能。服务是权责统一的基础。即权、责都是建立在服务基础之上的。从这个意义上，领导职务是由职位所确定的服务范围和内容。

服务功能是现代领导者的基本功能之一，它包括以下3个方面的内容。

① 工作服务。领导者要改善员工工作的环境，提供必要的设备和工作条件。

② 心理咨询服务。组织成员会因为各种原因受到压力，遭受挫折，产生冲突，造成心理上的不平衡，进而直接或间接地影响组织成员的工作积极性，甚至危害组织成员的身心健康。这时，领导者应采取适当的方法，帮助员工解决心理上的问题。

③ 信息服务。在信息的利用上，必须把信息与信息，信息与人，信息与过程联系起来，以便任何一名被领导者的信息、意见或建议都可以通过简化了的组织结构直接传递到组织的最高层领导者。

3. 有效领导的基础

领导者的权威是有效领导的基础。西蒙认为，权威是"作出指引另一个人的行动决策的权力。"领导者应拥有一定的权威，即权力加上威信。对被领导者来说，领导者一方面应具有权力的影响力，另一方面也应具有威信的影响力。权力是由上级根据领导者所担负的职务和职位而赋予的，具有法定性和强制性。一个领导者如果单凭手中握有的权力来影响被领导者，往往给人以权压人的被迫感。要使下属自觉自愿地接受领导者的领导，最重要的是领导者要拥有威信这种影响力。威信是要靠领导者的主观努力取得的，如高尚的品格使人产生敬爱感，优异的才能使人产生敬佩感，丰富的知识使人产生信赖感，良好的人际关系使人产生亲切感。领导者靠威信施加的影响力，才能使下属真正心悦诚服地接受领导。因此，一个领导者要有效地实施领导，必须把权力的影响力与威信的影响力相结合，而且应该尽量多地运用威信的影响力。

权威还表现在心理方面。通过权威来分派权力，意味着处于组织较下层的人员可能会感到较多地依赖于处于组织上层的人员，而处于组织高层的人员则感到较少地依赖于组织下层的人员。所以，在致力于达成组织目标时，这种阶梯式的权威系统也会引起依赖感。

1）权力

（1）权力的概念。权力是一种能够以一定形式影响他人的活动，并代表某种资格的影响力。自从人类社会有了等级观念和意识，权力就作为社会生活和组织运转的核心而普遍存在着。

领导是指影响一个群体实现目标的能力。权力是影响他人行为的能力。在组织中，领导者和权力密不可分，群体目标的实现需要权力，领导者把权力当做促成目标达到的一种手段。

（2）权力的性质。正确理解和使用权力必须首先认识权力的性质。

① 权力的情景性。权力的有效使用会受到情景因素的制约，在一定情景中有效的权力在变化了的情景中就可能失去效力。而且，权力必须在两个人或两个人以上之间产生。即甲能控制乙，乙接受甲的控制或影响，这样，甲对乙便具有某种权力，而乙则成了甲的权力的接受对象。

② 权力的依赖性。权力的使用效果有赖于下属对权力拥有者的尊重和信任程度。下级对领导者的接受程度、上下级之间关系的融洽与否，影响着领导者运用权力时下级的配合情况。

③ 权力的不确定性。事实上，权力的边界很难界定。领导者除了依法获得的职位权力之外，还会因为其他品质获得职位之外的影响力，这种影响力的大小有时很难确定。

④ 权力的资源性。权力是为了实现资源的有效配置而调动这些资源的能力，其本身也是一种稀缺的资源。权力既是用以描述个人所能够获得的物质、精神和合作资源，而其本身又是想要获得更多这些资源的人员的渴望，因而也是有计划行为的目标。

（3）权力的作用。权力是有效领导的生命线，它具以下作用。

① 权力的影响作用。权力是一种影响力，可以影响他人的行为。使用权力的目的是为了影响、控制或改变他人的行为。

② 权力的双重作用。权力本身并无好坏之分，权力的运用结果却有积极和消极的影响。

③ 权力的潜在作用。权力具有强制性，它的客观存在会对下级的行为产生强化作用，起到潜移默化的作用。

④ 权力是构成组织有效运行的必要条件。正式组织都是建立在合法权力基础上的。正式组织要对其成员产生种种约束力，没有合法权力作为基础或纽带是很难想象的。

（4）权力的构成。领导的权力一般由以下3种权力构成。

① 资源控制权。资源控制权包括人力、资本、设备等资源的决定权和否定权两个方面。决定权又包括决策权、人事权、指挥权、财务审批权和物资分配权等，这些权力是领导对组织及其下属人员控制活动经常而又必要的手段；否则，权力就无法正常发挥作用。另外，领导还具有否定权，对上述方面的意见给予否定。

② 奖惩权。奖惩权是领导者强化下属行为，调动下级积极性的重要手段。当下级人员按照组织目标或领导意图行动并取得积极成果时，领导者能够运用其奖励权使下级人员获得满足或感到愉悦，从而保持这种行为。当下级人员违抗领导者意图或拒绝服从其工作安排时，领导者能够运用其惩罚权，在不违背劳动合同规定的双方权利与义务的情况下，剥夺下级人员获得某种重要需要的满足机会，减弱、抑制或改变下属的行为，使其行为符合组织的需要。

一般来说，奖励权和惩罚权的目的是一致的，二者的作用相辅相成、互为补充。但是，奖励能够使下级获得心理上的某种满足，有利于调动积极性；而惩罚则容易造成对下级情感上的伤害，引起反感和不满，应当慎用。

③ 专长权。专长权来自下级对上级的信任和尊敬，即下级相信领导者具有所需要的智慧和品质，具有某种专门的知识、技能和专长，能为他们的工作指明方向，实现组织和个人的共同愿望与利益。专长权能使下级人员感到满意，由此而来的影响力也比较持久。

(5) 领导权力形成的机制。领导权力来源于以下3个方面。

① 传统因素。传统因素是指被领导者对领导者的一种传统观念。这是指人们对领导者的一种由历史沿袭而来的传统观念。权力的传统基础是以一种对古老传统的神圣不可侵犯性及对根据这种传统行使权力者的地位的合法性的既定信念作为基础的。几千年的社会文化生活背景，使人们对领导者形成了这样一种传统的观念看法：领导者掌握了职位所提供的法定权力，他们有权、有能力，不同于普通人。这种传统观念不断得到强化予以确认，于是这种传统观念就强制人们对领导者产生了服从感，同时也使领导者的言行增加了影响力。一个人一旦正式担任了领导职务，就自然获得了这种传统所附加给领导者的力量。

② 职位因素。职位因素是指个人在组织中的职位和地位，居于领导地位的人，组织赋予其一定的权力，而权力使领导者具有强制下属人员的力量，凭借权力可以支配被领导者的行为、处境、前途，乃至命运，因而使被领导者产生敬畏感。职位因素对权力的形成作用，是以法定为基础的，它与领导者本人的素质没有直接联系，它是社会赋予领导者的一种力量，任何人只要居于这样的职位，就会获得这种力量。

③ 资历因素。资历是领导者的资格和经历，由资格和经历产生的增强领导者权力的作用，就是资历因素。资历是个人历史性的东西，是反映一个人过去的生活阅历和经验，但过去与现在有着内在的联系，一个人如果担任过较多的职务并取得成功和作出过较多的贡献，人们对一位资历较深的领导者会产生一种敬重感。

总之，由传统观念、职位、资历所形成的权力都不是领导者实际行为造成的，而是外界赋予的。由这些因素所形成的权力，使被领导者对领导者产生服从感、敬畏感和敬重感，从而影响和改变被领导者的心理和行为。

(6) 领导权的分配。领导权的分配是领导权力分配的形式和方法。一般来说，有两种基本的分配方式：一种是先确定等级层次，然后按等级层次进行分配的结构权力方式；另一种是先划分专业、部门，然后按其特殊要求进行分配的功能权力分配方式。在现实生活中，这两种基本分配方式与各种组织形式相结合而形成各种具体的权力分配形式。

领导权的分配应坚持以下原则：职权一致、责权对等原则；层次分明、权责明确原则；分配适度、系统优化原则；因事设人、量才授权原则。

领导权分配在领导活动中具有现实意义，是实现有效领导的重要手段，有利于提高领导者的权威，体现领导者的用人艺术。

授权是一种特殊的权力分配形式。授权是将权力和责任授予下级，使下级在一定的监督下，有相当的行动自主权。有效的授权对组织和领导都具有重要的意义。① 可以使领导者从程序化的事务工作中解脱出来，以更多的时间集中精力抓好非程序化的有关全局的大事，集中主要精力完成重要职能。② 可以弥补自己能力和知识方面的不足，并通过发挥下属的专长，促进他们的成长和发展，开发领导人才资源。③ 可以激发下级的工作动机、事业心和成就感，调动他们的工作热情。

(7) 权力的运用。在组织中，处于同样职位和权力的不同领导人，他们的领导效果迥异。不善于运用权力往往是造成这种差异的重要原因。权力是领导进行管理的生命线，是实现领导功能的主要手段。在组织内，要实现组织的目标，强有力的权力是非常必要的。但是，滥用权力，一方面会使组织的利益受到损害，严重的甚至威胁组织的生存；另一方面，会损害员工的切身利益，引起下级和员工的反感，造成人际关系恶化，组织凝聚力下降。由此可见，正确使用权力，对组织目标的实现具有特别重要的现实意义。

① 正确运用权力性影响力。根据韦伯的观点，法定权力是最基本的权力，其他权力都不能与其相提并论。因为，法定权力是领导权的基石，领导者必须首先依靠并正确运用法定权力才能实施有效的领导。

运用法定权力要做到两个方面。首先，审慎用权。法定权力的运用，更多地带有执法的性质。法定权力运用不当，会造成负面影响，甚至严重的后果。为此，领导者要严格按照规章制度办事，严格遵守法定权力的运用程序，不能越权。其次，善于授权。授权是指领导者把一部分法定权力按照某种程序，以一定的方式赋予下属，使其在领导者的监督之下，有相当的工作自主权和行动权。领导者的权力总有一部分要授予下属，将监督和指导结合起来，做到大权集中、小权分散，便于有效地发挥权力的作用。善于授权有3个方面的积极意义：领导者从有限的时间中脱身；培养下属成为接班人；有利于沟通关系，获得更多的支持。

② 正确运用非权力性影响力。对被领导者来说，权力性影响力和非权力性影响力的分离，只能起到奖赏和强制作用。而各种非权力性影响力构成的权力，更能激发下属工作的自觉性。在某种意义上，非权力性影响力在整个领导权力的构成中占有主导地位，起着决定性作用。一个领导者如果他的非权力性影响力较大，则其权力性影响力也会随之增大；反之，则降低。由此可见，非权力性影响力能够促进权力性影响力的运用效果。

(8) 领导权的监督。实践证明，没有监督的权力必然导致腐败和效率低下。权力过分集中或权力没有约束，都会产生种种弊端。在计划经济体制下，我国企业组织中长期存在的单向走向的权力结构，在实际工作中遇到了不少矛盾和问题，不利于调动各方面的积极性和主动性，也不利于提高工作效率。单向走向的权力结构还会造成权力和责任分离，即有权的不负责任，负责的没有权力，这当然是极不合理的。因此，需要完善监督机制，把组织内部监督和外部监督结合起来，建立股东、工会和社会舆论等多种渠道的监督。

2) 威信

(1) 威信的含义。威信是领导者在被领导者心目中的威望和信誉。它表现为被领导者对领导者的尊重、信赖、钦佩、崇敬，以及心甘情愿的服从、追随、仿效的精神感召力。

(2) 领导威信的特点。

① 非强制性。威信所带来的精神感召力来自领导者自身的因素，这些因素包括道德品质、文化知识、工作能力和交往艺术。它不是来自职位的正式权力，所产生的力量不具有强制性。

② 持久性。威信由于不具有命令与服从关系，其效果往往显著而持久。它使被领导者对领导者心悦诚服，并接受其影响力，缩小了领导者与被领导者之间的心理距离。

（3）领导威信的作用。

① 决定领导者影响力的强弱。领导者的威信越高，其与被领导者之间的心理距离就越小，其影响力就越强。威信高的领导者能使群体对组织产生较大的吸引力和向心力，这是领导有效与否的关键；反之，则产生排斥力和离心力。领导实践表明，没有威信的领导者，即使大权在握，也不能很好地调动下属的积极性，反而会使员工敬而远之，产生一种离心力。由此可见，脱离威信的权力是难以发挥理想作用的。这是因为威信是比权力更为重要的因素。如果一个管理者的威信高，则其运用权力的效果就好，权力的作用就会得到充分的发挥。缺乏威信的领导者，下属人员是不会从内心佩服、理解和拥护的，这势必造成领导者有权力而不能正常行使的局面。

② 提高领导效能的条件。有威信的领导者能够带领被领导者自觉地实现组织的目标。领导者的根本任务是实现组织管理目标。在实现组织目标的过程中，领导者的威信起着巨大的激励作用。有威信的领导者对员工形成强大的吸引力和向心力，从而产生巨大的工作动力，激励被领导者追随领导者去实现目标，并可使被领导者不假思索地去执行领导者的指示，做到没有威信的领导者花几倍的努力也不可能做到的事情。

③ 有利于推进组织改革。现代组织要适应市场经济的发展，就必须进行改革。无论是产品或技术的更新，还是用人制度或组织结构的改革，都会触犯一些人的既得利益。在组织变革过程中，领导者的威信对推进改革具有很大的作用。威信高的领导者，其改革主张容易被下级理解和接受；相反，缺乏威信的领导者，即使提出正确的改革措施，也容易被下级所误解，甚至会引起反对和抵制。

④ 有助于融洽领导者与被领导者的关系。在一个组织内，领导者与被领导者之间由于所处的地位不同，所扮演的角色不一样，因此，他们思考和处理问题的角度与方法也就不同，矛盾和分歧是难免的。有威信的领导者与下级之间的关系是融洽的，即使产生矛盾，出现分歧，甚至出现过失时，与没有威信的领导者相比，更容易得到下级的谅解。

⑤ 有利于吸引人才。人才是决定组织生存和发展的竞争优势，广泛招揽人才对领导者实现其领导职能非常重要。广泛招揽人才除了靠物质待遇和工作条件之外，还有领导者的威信问题。与缺乏威信的领导者相比，拥有威信的领导者对人才具有更大的吸引力。如果领导者有较高的威信，大批人才就会聚集在其周围；相反，人才就会敬而远之。各种人才，尤其是具有特殊能力的人才，更期望有支持自己把聪明才智发挥出来，干出一番事业的有威信的领导者。

（4）提高领导威信的方法。权威 = 威信 + 权力，但威信与权力之间的关系是比较复杂的。有威信可以提高一个领导者的权威，有助于其权力的使用效力。但是，有权力并不能说明一个领导者有威信。威信的形成主要不取决于职位权力的影响力，而在很大程度上依赖于形成非权力性影响力中的诸要素，如品格、感情、知识和能力等。因此，可以通过提高领导者品质中的这些因素建立领导者的威信。这是因为优秀品质是领导者建立威信的第一要素；渊博的知识和专业特长是领导者建立威信的基础；以身作则、干出实绩是领导者为下属作出的示范榜样。

10.2　领导素质理论

领导者和领导深刻影响着人类活动的过程，但直到20世纪以来领导才真正成为学者们关注的重要问题。由于领导和领导者在组织管理中的重要作用，对如何才能成为一个有效的领导者，组织行为学家们进行了多方面、多角度的研究。早期的领导理论以探讨领导者的素质为主，称为素质论。

1. 领导者应有的素质

领导素质一般是指领导者自身的内在条件，即在领导过程中表现出来的气质、能力、品质等个人特征。但由于领导者是决定组织事业成败的关键角色，所以领导者的个人素质对领导活动的有效性至关重要。关于有效领导者应具有哪些方面素质的问题，中国和西方有许多不同的描述。

1）我国古代关于领导素质的观点

中国古代的领导思想十分丰富。我国作为一个历史文化悠久的文明古国，在两三千年的文化史中，虽然没有形成"领导学"这样一门独立的学科，但在众多思想家遗留下来的著作中，却有大量关于领导素质的光辉思想，值得人们去发掘和利用。

中国古代管理思想遗产极为丰富。许多流传下来的历史典籍中记载的管理思想，就蕴含着关于领导素质的观点，其中以孙武、荀子和韩非的论述最为引人注目。

（1）《孙子兵法》中有关领导素质的论述。孙武字长卿，春秋时期齐国人，具体生卒年月不详，约是孔子同时代人。孙武所著兵书《孙子兵法》，今存本13篇，约6 000多字。《孙子兵法》是中国也是世界最古老的军事理论著作。全书内容丰富，论述精辟，文笔精妙。《孙子兵法》问世以来，对中国古代军事思想的发展产生了重大影响，在世界军事史上也有重要地位，被誉为"东方兵学鼻祖"、"世界古代第一兵书"和"兵学圣典"，充分说明了《孙子兵法》所具有的重要价值。

在《孙子兵法》的13篇中，篇篇都有为将之事和对将帅的要求。孙子把将帅看成是掌握民众生死的人，是国家存亡的主宰者，强调将帅应有优良的素质。孙武的兵法主要是给将领用的，对将领要求甚多。孙武把对将领的基本素质要求归纳为"将者，智、信、仁、勇、严也"。五德具备，方能成为大将。其中，孙武把"智"放在五德的第一位。

（2）荀子关于领导者素养的论述。荀子名况号卿，战国时期赵国人，具体生卒年月不详。现存的《荀子》32篇，主要部分出于荀子的手笔，少数为其弟子记述或附加，是研究荀子领导思想的可靠资料。

荀子是一位儒家思想家，但对于其他学说，尤其是法家的思想主张也颇有批判吸收。他的这种儒法合流的思想特点在其领导思想中同样有所反映和体现。荀子关于领导者素养的论述是他全部领导思想中内容最为丰富的一部分。对于领导者的素养问题，荀子根据领导者的不同层次分别作了论述，主要可以分为君的素养和臣的素养两大方面。

① 君的素养。荀子认为，君是一国之中至高无上的领导者。君的这种地位，决定了他个人对国内人民的巨大影响力和对国家政治的巨大决定作用。据此，荀子十分严肃而庄重地

提出了君的素养问题，主张"君国长民者……必先修正其在我者"，"修志意，正身行"。在荀子看来，一个合格的君主必须具备遵礼、贵法、亲贤、爱民、纳谏和谦诚恭信等方面的素养。

② 臣的素养。臣处于君之下，民之上，是沟通君和民的中间环节。人臣素养如何，对国家的政治形势影响极大：素养好，"上则能尊君，下则能爱民"，易于造成安定和乐的好局面；素养不好，则上无补于君，下有害于民，社会就免不了陷于混乱和无序的状态。基于此，荀子对臣的素养做了大量论述，提出了作为人臣应该具备忠顺、从道、智慧和端正等方面的素养。

③ 荀子还就人的素质的形成进行了论述。他认为，人的素质是基本相同的，但是有的人成为尧禹，有的人成为桀跖，有的人成为工匠，有的人成为农贾，其情况都是由习惯而形成有异，由习惯而形成了为工匠的技能，与为农民、为商贾的行为了。他说："可以为尧禹，可以为桀跖，可以为工匠，可以为农贾，在执注错习俗之所积耳。"

总之，荀子是在批判地继承前人的思想成果的基础上提出了他的领导思想。从总体上看，荀子的领导思想代表了战国时期儒家领导思想的最高成就。在荀子的领导思想中，还有不少新见解、新主张，如对于相的地位和重要性的认识、关于领导者应坚持公开性原则的主张，以及设官分职、专人专职的设想等，值得人们重视。

(3) 韩非关于领导者决策素质的论述。韩非，战国晚期韩国人，约生于公元前280年，死于公元前233年，是法家思想的集大成者。现存《韩非子》55篇，除个别篇外，均可认定为韩非亲作。韩非的领导思想较为丰富，主要集中在领导者的守职之道、领导者的用人和领导者的决策3个方面，下面就其决策思想进行简要概述。

决策一词首先见于《韩非子》。他说："智者决策于愚人，贤士程行于不肖，则贤智之士羞而人主之论悖矣。"当然，韩非所说的决策与这里所讲的决策在含义上还有很大的区别。尽管如此，类似的决策思想火花，在韩非那里却也是屡有闪烁的。韩非有关决策的思想集中表现为：利大害小原则；臣议君裁办法；"讽定而怒"的实施要求。

2) 我国现代关于领导素质的观点

我国学者对领导素质也进行了许多研究，从各个角度阐明了有效领导者的特征，包括政治素质、思想素质、道德素质、知识素质、能力素质和身体素质等各个方面。

企业家的能力素质是企业家整体素质体系中的核心素质，从实践的角度看，它表现为企业家把知识和经验有机地结合起来运用于经营管理的过程。在经营管理活动中，企业家的能力素质主要包括以下方面。

(1) 决策能力。按照西蒙的观点，企业家可以看做是企业的决策者，因此企业家的决策能力就构成了企业家的核心能力。企业家的决策能力集中体现在企业家的战略决策能力上，即企业家在对企业外部经营环境和内部经营能力进行周密细致的调查与准确而有预见性分析的基础上确定企业发展目标、选择经营方针和制定经营策略的能力。虽然，企业家有时也进行一些战术性决策，但更多的能力是用于战略决策。企业家能否作出这种决策，以及决策正确与否，关系到企业的经营方向和发展全局。因此，在实践中往往要求企业家具有极强的决策力。

(2) 组织能力。企业家的组织能力是指企业家设计组织结构、配备组织成员和确定组织规范的能力。显然，拥有较高组织能力的企业家能够运用组织理论原理，建立科学的、分工合理的、配套成龙的和高效精干的组织结构，合理配备组织成员，确定一整套保证组织有效运行的规范；反之，则是组织能力不佳的企业家。

（3）协调能力。企业家作为企业组织中的最高领导者，必须具有良好的协调能力，而且企业组织的规模愈大、愈复杂，对企业家协调能力的要求愈高。企业家的协调能力是指企业家正确处理企业内部和外部各方面关系，解决各方面矛盾的能力。从企业内部来说，企业家的协调能力是把企业中所有的部门、所有的成员行为都统一到企业的总体目标上来，保证各个部门、各类人员的活动，在时间、空间和质量上达到和谐统一。从企业与外部环境的关系来说，企业家的协调能力还包括协调企业与政府、社会、公众和协作者之间的关系，尽可能地为企业创造有利的外部条件，避免或减少各种不利因素的影响，以争取建立一个有效的外部支持系统。

（4）创新能力。企业家必须具备创新能力，这是由经营管理活动的竞争性质所决定的。在经营管理中，如果总是使用同样的工作方法，维持现状，就不能提高劳动生产率，增强竞争能力。提高竞争力的关键是发挥企业家的创新能力。只有不断地使用新的思想、新的产品、新的技术和新的工作方法来替代原有的做法，才能使企业在竞争中立于不败之地。

（5）激励能力。企业家的激励能力可以理解为调动下属积极性的能力，即使下属积极、主动地进行工作。从组织行为科学的角度看，企业家的激励能力表现为企业家所采用的激励手段与下属士气之间的关系状态。如果采取某种激励手段未导致下属士气提高，则认为该企业家激励能力较低。

（6）应变能力。企业家的应变能力是指企业家不断地调整既定的目标、方针、策略和管理方式，以适应不断发生变化的环境的能力。衡量企业家应变能力的基本标准是企业家所制定的目标、方针、策略和管理方式与企业内外部环境的动态适应性。因此，不断了解企业内外部环境对经营管理的影响和要求，自觉调整经营策略，对于企业家来说是至关重要的。

（7）社交能力。从一定意义上，企业经营管理活动也是一种社会活动。因此，领导企业经营管理活动的企业家也应该是一个社会活动家。在现代经营管理活动中，企业家仅仅与内部人员进行交往是远远不够的，还必须善于同企业外部的各种人员和机构交往，这种交往不应是一种被动行为或单纯的应酬，而是在外界树立企业的良好形象，这关系到企业的生存和发展。

3）国外有关领导素质的观点

（1）传统素质理论。传统素质理论认为，领导者的特性是生而具有的，生而不具有领导特性的人就不能成为领导者。亚里士多德是这种观点的杰出代表。他认为，人从出生之日起就已注定属于治人或治于人的命运。

沿着亚里士多德的思路，一些心理学家对历史上成功的和不成功的领导者进行了深入调查，在个案的基础上归纳整理出优秀的领导者所具有的品质，试图从有成就的领导者身上提取天才基因，以培植未来的领导者。在这些心理学家的观点中，吉普在1969年的研究结果有着重要的影响。吉普认为，有效的领导者应该具有的素质是：善言；外表英俊潇洒；智力过人；有自信心；心理健康；有支配他人的趋势；外向而敏感。斯托格狄尔等人还考虑了责任心、革新精神和组织能力等因素。

研究传统素质的心理学家所提出的领导者的个性特征范围广泛，多达几百种，是一个重要的进步，但在现实中无法找到这样十全十美的"伟人"。事实上，许多具有天才领导特性的人并不是一个成功的领导者；而杰出的领导人也并非个个英俊潇洒，能言善辩。而天生不具备领导品质的人，在环境和教育实践中也能逐渐锻炼成为一名有效的领导者。

(2) 现代素质理论。20世纪70年代以来，组织行为学家从注重企业管理人员训练开发的新方法中得到启示，逐步认识到，领导者的个性品质是在组织管理实践中形成的，后天的培养可以造就有效的领导者，从而形成了现代领导素质理论。

现代素质理论对领导者素质的研究主要表现在两个方面。① 识人方面。用现代心理学的方法，主要是心理测试，对领导者的个性性格进行测试，并通过心理咨询进行领导行为的矫正。② 育人方面。适应现代组织的特点要求，提出不同组织领导者应具备的能力、品质标准，并通过专门化职业培训和开发加以培养。组织行为学家认为，前者在某种程度上受到遗传因素的影响，应注重优选和改善；后者则完全是在管理实践训练中形成的，应注重学习提高和考评配置使用。

比较两种素质理论，现代素质理论的实践观比传统素质理论的天才观有更加科学的理论基础，这使前者的研究方法和成果为企业所广泛采用。但是，领导素质理论也存在着某些缺陷，就是孤立地研究领导者的个人素质，忽视了被领导者和环境对领导有效性的影响。

(3) 美国学者的领导素质观。在美国，由于特殊的历史原因，形成了自身的文化传统。美国人推崇个人成就，敢于冒险，注重实用和效率。反映在领导素质观上，强调两点：实际能力和创业精神。

美国著名管理学家杜拉克把领导者的素质看成一种后天的习惯，是一种务实的结合，是可以学到的。他认为，有效的管理者都具有以下5个方面的共同点。

① 善于处理和利用自己的时间，把认识自己的时间花在什么地方作为起点。了解时间是一项限制因素，时间的供给永远没有弹性，时间永远是最短缺的。他们记录自己的时间，管理自己的时间，减少非生产性工作所占的时间，善于集中自己的零星时间。

② 注重贡献，确定自己的努力方向。他们并非为工作而工作，而是为成果而工作。

③ 善于发现和用人之长，包括他自己的长处、上级的长处和下级的长处。

④ 能分清工作的主次，集中精力于少数的主要领域，在少数的主要领域中，如果能有优秀的绩效就可以产生卓越的成果。

⑤ 能作有效的决策。他们知道一项有效的决策必须是在"议论纷纷"的基础上作出的判断，而不是在"众口一词"的基础上作出的判断。

长期研究领导行为的学者斯多塞尔从1948年到1970年，在22年中写了163篇文章。通过大量的研究工作，他于1974年对领导者的素质作了一个概括，认为领导者的共同品质是才智、强烈的责任心，并有完成任务的内驱力、坚持追求目标的性格、大胆主动的独创精神、自信心、合作性、乐于承担决策和行动的后果、能承受挫折、社交能力和影响别人行为的能力、处理事务的能力。

(4) 日本企业界对领导素质的认识。日本的管理思想源于中国的儒学，吸收了美国管理科学的有关理论，并结合自身的文化传统，在企业管理实践中形成了独特的领导素质标准。这种标准既体现在能力品质方面，又注重气质性格的作用。

日本企业界要求领导者应该具有下列10项品德和10项能力。

10项品德为：使命感、责任感、信赖感、积极性、忠诚性、进取心、忍耐性、公平性、热情、勇气。

10项能力为：思维决策能力、规划能力、判断能力、创造能力、洞察能力、劝说能力、对人理解能力、解决问题能力、培养下级能力、调动积极性能力。

美国和日本相比，美国由于在地理环境、文化传统和社会机制诸方面与日本存在着较大的差异，因此更突出精英的作用，强调领导者个人的素质。美国、日本企业对领导者的素质要求如表10-1所示。

表10-1 美国、日本对领导者素质的要求

序号	日本		美国
	品德	能力	
1	使命感	思维决策能力	合作精神
2	责任感	规划能力	决策能力
3	信赖感	判断能力	组织能力
4	积极性	创造能力	授权能力
5	忠诚性	洞察能力	应变能力
6	进取心	劝说能力	勇于负责
7	忍耐性	对人理解能力	创新能力
8	公平性	解决问题能力	承担风险
9	热情	培养下级能力	尊重他人
10	勇气	调动积极性能力	品德超人

2. 不同层次领导者应具有的素质结构

组织领导层次一般分为3级：最高领导层、中间领导层和作业领导层，其结构特点属于金字塔形。与上述3个层次的领导结构相适应，组织内的领导人员也划分为3个层次，即高层领导者、中层领导者和基层领导者。通常情况下，不同层次领导者所需要的领导能力存在着结构上的差异。

能力是领导素质的核心。一般认为，完成领导工作至少需要有3个方面的能力，即技术能力、交际能力和行政管理能力。技术能力是领导者完成某种特定业务所必备的知识、技能、方法和技巧。交际能力是领导者与人共处时，善于通过各种措施，对下级人员实施有效指挥的能力。行政管理能力是领导者把握整个组织系统内部相互关系，适应外部环境形势，作出正确决策，指出组织发展方向的能力。这3种能力对不同层次领导者的有效性都具有十分重要的影响。但是，经验表明，这些能力的重要性是相对的，它们随着领导者所处的领导层级和承担的职责范围的不同，其相对重要性也会不同。

一般而言，技术能力与领导层次成反比关系。基层领导者的技术能力是最重要的。当一个领导者上升到较高的领导层级时，技术能力的重要性便趋于下降，而对行政管理能力的要求则逐步上升。交际能力对各级领导者都是重要的，但对中、低级领导者更为重要。因为，中层和基层领导者要与直接上级、下属人员，以及同级领导人员直接打交道。在组织高层，领导者处理人际关系的频率趋于下降，因而交际能力的重要性相应减弱。

3. 领导班子的素质结构

全球一体化的趋势，使社会经济生活的各个领域都发生着日新月异的变化。新问题的不

断出现，单靠某门学科或某个人的某项能力是不可能解决的，它需要许多学科的"会诊"。而一个人也不可能具备多种知识和才能，因此建立具有合理智力结构的领导集团十分重要。

领导班子的合理结构是一个多序列、多层次、多要素的动态综合体。经验表明，经营管理的全才是极其罕见的，绝大多数人都是"偏才"，即具有某一方面的才能。但"偏才"组合得好，却可以构成真正的、更大的全才。在任何一个组织中，人的行为都是互相影响、互相制约、互相补充和互相适应的，因此每个组织的领导班子都应有一个合理的结构。

一个结构合理的领导班子不仅能使每个领导成员人尽其才、才尽其用，而且还可以通过有效的组合，形成领导成员素质的相互补充，能够产生整体优化效能，发挥出新的巨大能量。一般而言，领导班子的合理结构主要包括以下方面：年龄结构、智能结构、专业结构、知识结构和个性性格结构。

1）年龄结构

不同年龄的人在体力、智力、经验、应变适应程度和创新能力方面存在着显著差异，因此领导班子的年龄构成十分重要。总体来说，领导班子应是老、中、青三结合的，发展趋势是年轻化。这是因为现代社会是知识社会，知识经济时代的到来和全球一体化的趋势，一方面使新知识、新技术不断涌现；另一方面使知识陈旧、过时、老化的周期越来越短。而且，人的知识水平的提高与人的年龄的增长不具有正相关关系。现代生理科学和心理科学的研究表明，一个人的年龄与其心理特征有一定的定量关系。在知觉方面，最佳年龄是 10～17 岁；在动作和反应速度方面，最佳年龄是 15～25 岁；在记忆方面，最佳年龄是 18～29 岁；在比较和判断能力方面，最佳年龄是 30～49 岁。

我国企业领导班子中的突出问题是，创造欲望强的年轻领导者大多居于低级职位，年长而创造欲望衰退了的领导者，多居于高级职位。结果是年轻人缺乏从事创造性领导工作的机会，年长的领导者有创造机会却缺乏激情和动力。随着改革开放的深入发展，这一问题得到了一定程度的解决，但仍应引起高度的重视。

在解决领导班子的年龄结构方面，应防止片面地理解为年轻化，只计较年龄。正确的理解应该是：年龄结构是指一个领导集体合理的老中青比例，有一个与领导层次相适应的平均年龄界限；对不同组织、不同领导层次应有不同的年龄或年轻化程度方面的要求；年轻化的目的是既要防止领导老化，又要保证领导的继承性和连续性；领导层次、职能不同，最佳年龄结构标准也不相同，需酌情而定。

2）智能结构

智能是人们运用知识的能力。领导班子成员既要包括创造能力强的思想家，又要有高度组织能力的组织家，以及具有实干精神的实干家，以发挥最优的智能效应。

现代心理学认为，人的智能主要包括学习能力、研究能力、表达能力、逻辑思维能力、分析判断能力、创造想象能力、组织发动能力、自我意识能力、指挥控制能力等，但智能的核心主要是人的逻辑思维能力。从智能结构来说，一个领导班子应包括具有不同突出能力类型的领导者。这是因为在领导工作中，常常遇到下列情况，即水平相当、智能特点相同的人往往合作不好，而水平不同、智能特点不同的人反而能同步协调共事。一般来说，一个领导班子内，既要有创造能力超群、长于观察、善于思考、富于想象、能够构思出新的思想，创造、设计出新的计划与方案的思想家和战略家；也要有组织才能出众、长于指挥调度、精于组织安排、善于随机应变、能够审时度势、深思熟虑的组织家；还要有精明干练、精通业务、熟悉技术、任劳任怨的实干家。这样,将不同智能类型的领导成员组合起来,就可以形成一个多功能、高效率的领导团体。

3) 专业结构

专业结构是指在领导班子中,按其专业和职能的不同,形成一个合理化的比例结构。列宁说:"要管理就要内行,就要精通生产的一切条件,就要懂得现代高度的生产技术,就要有一定的科学修养。"所以,领导群体要率领组织成员适应现代社会经济的迅速发展,就必须把具有不同专业特长的内行、专家进行合理的配置。

合理的专业结构应考虑3个方面的问题:判断内行的主要标志是看其是否具有现代科学管理的才能和专长;根据组织的性质和任务合理地确定专业结构;处理好专业化、职业化和专家化的关系。

4) 知识结构

知识结构是指领导班子成员在知识上的构成。现代领导集体注重个体的不同知识素养和各有侧重的知识组合。就领导集体中的个人而言,可能每个人都有不足,但就整个领导集体而言,它的知识应广博而精深。

随着知识社会的到来,领导思想和领导方式都将发生根本性革命。知识经济条件时代,知识和信息已经成为与人力和资金并列的第三大战略资源,知识对经济和社会发展的贡献和作用日益突出。由此,知识领导被提上议事日程,而且即将成为领导科学研究中的一个前沿课题。这就要求现代组织的领导班子成员,必须具备足够高的知识水平,在整个社会知识结构中,他们至少处于平均知识水平之上。但是,应当正确处理知识与学历的关系。学历是受教育水平的标志,考察组织领导班子的知识结构,虽然要看学历,但更要注重其实际知识水平。

5) 个性性格结构

个性性格结构是指具备不同个性性格的领导者在领导班子中的组成配合情况或结构比例。一个合理而完整的领导集体,应该把不同性格气质特点的人科学地组合起来,发挥互补制约作用,才可以扬长避短。完全由情绪型、外倾型和独立型性格的人组成的集体,会热情有余,冷静不足,导致过于冲动,缺乏沉稳,甚至往往因为各自的固执己见而发生内部纠纷;完全由理智型、内倾型或顺从型性格组成的领导集体,可能过分谨慎、拘泥,缺乏创新精神,难以承担领导职责。

因此,领导班子合理的个性性格结构应该是性格气质具有多样性、互补性。这样,才有利于成员之间心理协调、配合默契,提高整个领导集团的凝聚力和影响力。

10.3 领导行为理论

在领导素质理论产生的同时,关于领导行为类型的研究就已经开始了。领导的素质理论只说明一个人成为领导者的可能性和基本条件。依照素质要求和条件选拔、评价领导者,可能选择出一些具有优秀品质的人,但并不能保证这些人一定能够成为有效的领导者,领导素质理论在解释领导的有效性问题上出现了困难。为了寻求最佳的领导行为,许多研究机构将研究的重点转向领导者的工作行为本身,试图从工作行为的特点来说明领导的有效性。

1. 领导行为二元四分论

1) 领导行为二元论

任何领导者在工作中都有其一贯的行为倾向。研究表明,这种工作行为倾向通常是在两个维度上展开的,即以工作为导向和以人为导向。

以工作为导向的领导方式是指领导者的行为核心是工作,领导者努力使自己和下属的角色都服从于完成组织的工作目标。在领导过程中,他们强调以工作任务为中心,注重关心工作,健全规章制度,照章办事。基于这种导向,领导者通常采用告诉下属去干什么的单向指令性方式,下属不参与决策。在这种情况下,人的因素、人际关系等处于次要位置,绩效评价只能是以工作完成的质量和水平为标准。

以人际关系为导向的领导方式是指领导者的行为核心是关心人,关心他们工作中的满意度,以建立良好的人际关系和合作关系为基点,激发员工的工作动机,从而提高工作绩效。他们强调人是领导者的首要考虑因素,注重在工作中以人为中心、关心人,实行双向沟通,鼓励下属参与和协商办事。

很显然,以工作为中心和以人为中心是两种截然不同的领导方式。到底哪一种领导方式更有效,正是领导行为类型理论所要回答的问题。

2) 领导行为四分论

(1) 俄亥俄州立大学的研究。首先研究领导行为类型的是俄亥俄州立大学教授 R·斯托蒂尔(Ralph Stogdill)、E·弗莱西曼(Edwin Fleshman)、J·海普尔(John Hemphill)和他们的同事。研究认为,领导者的工作行为有两个导向:工作构成导向和关心人的关系导向。按照这两种行为导向在领导和群体中的表现程度,他们把领导行为分为 4 种类型,如图 10-1 所示。

		关心工作 ←	
		工作导向	
		高	低
人际关系导向	高	高绩效 低不满 低流动	低绩效 低不满 低流动
	低	高绩效 高不满 高流动	低绩效 高不满 高流动

图 10-1 俄亥俄州立大学的研究成果

① 低规章、低协商。低规章、低协商的领导者,对组织、对人都不关心。一般来说,这种领导方式效果差,会导致低绩效、高不满和高流动。

② 低规章、高协商。低规章、高协商的领导者,大多较为关心领导者与下属之间的合作,重视互相信任和互相尊重的气氛,容易产生低绩效、低不满和低流动。

③ 高规章、高协商。高规章、高协商的领导者,对工作、对人都比较关心。一般来说,

这种领导方式效果好,会产生高绩效、低不满和低流动。

④ 高规章、低协商。高规章、低协商的领导者,最关心的是工作任务。这种领导方式容易产生高绩效、高不满和高流动。

当然,4 种领导行为哪种最好、哪种最差,不能一概而论,要根据具体情况而定。

(2) 密执安大学的研究。在同一时期,美国密执安大学的 R·莱克特(Rersis Likert)教授也在进行着相同性质的研究。他和他的同事们同样按照两个方向来研究领导行为,把领导者划分为关心生产和关心人两种行为导向。在进行领导行为类型划分的同时,他们还研究了不同工作绩效、不同工作群体的管理方法问题。

莱克特的研究认为,高工作绩效群体的领导者要把管理的中心转向员工,尽可能减少对工作的指导;而工作绩效不理想群体的领导者则应该更多地关心人的工作和生产。对于不同的部门,管理方式也要有所不同。因此,领导方式要根据实际工作的要求来选择。

莱克特的研究暗示这样一个问题:人们只能选择一种相对有效的管理方式。在同一组织或群体中,不同类型领导的搭配是十分重要的。

(3) 领导二元四分图模式。领导二元四分图是从关心工作和关心人两个维度,用四分图的形式把领导行为分成 4 个区域,以鉴别领导方式的模式。现代管理提出要由以工作为中心转向以人为中心。用四分图从两个角度考察领导方式的尝试,为研究领导行为开辟了一条新的途径。

2. 领导行为方格论

1) 方格图模式

沿着俄亥俄州大学和密执安大学的研究路线,R·布莱克(Robert Blake)和 J·莫顿(Janie Mouton)把领导行为类型理论的研究推向了高峰。在俄亥俄州立大学四分图的基础上,根据多年的研究成果,他们于 1964 年总结出了著名的"方格图模式"。图 10 - 2 是方格图模式的图解。

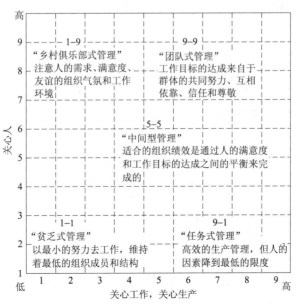

图 10 - 2 管理方格理论图

图 10-2 中两个坐标分别表示组织中的领导者关心人和关心工作的程度，9 是最高等级，1 是最低等级。在这两个维度上，产生了 5 种典型的领导管理方式。

2) 5 种领导行为类型

布莱克和莫顿用一张 9 等分的方格图组成 2 个两维矩阵。纵横组成 81 个小方格，每一小方格代表一种领导方式，评价领导者时，按照其两方面的行为，寻找交叉点，这个交叉点就是领导者的类型。其中有 5 种典型的领导行为类型。

(1) 1-1 型："贫乏式管理"。对人和对生产都很少关心，是回避责任、缺乏志向或不称职的领导者，注定会失败。

(2) 1-9 型："乡村俱乐部式管理"。对人高度关心，友善待人，认为只要人们心情舒畅，工作就一定会搞好，很少关心工作控制、监督和规章制度。

(3) 9-1 型："任务式管理"。对工作高度关心，但对人则很少关心。领导者通常用工作条件来提高效率，而没有充分利用人力资源因素，短期内可能有效，但不能长期保持下去。

(4) 5-5 型："中间型管理"。领导者折中地在关心人和关心工作两者之间求得平衡，不求做出什么成绩，但也不会出大的差错。

(5) 9-9 型："团队式管理"。领导者对工作和人的关心都有高标准的要求，认为员工利益与组织目标是相容的。这是一种团结协作的最有效的领导方式，工作任务完成得好，员工关系协调，士气旺盛，每个人都能在实现组织目标的过程中发现自己的成就感。

管理方格理论应用于组织管理中，为领导者正确评价自己的领导行为，掌握最佳领导方式提供了有效的指南。

3. 领导作风论

领导者的工作作风是指领导者在领导活动中比较固定和经常使用的行为方式与方法的总和。领导者的工作作风体现出领导者的个性，而且每一位领导者都有自己固定的领导方式。

领导方式是领导过程中领导者、被领导者及其作用对象相结合的具体形式。组织管理的成效如何，取决于领导者的领导方式是否得当。领导方式是决定管理绩效的一个重要问题，领导者应予以高度重视。尤其是在知识经济时代，需要让每个被领导者都有参与领导的机会，这就要求知识型领导采用有效的领导方式。

组织行为学家研究过许多领导者的领导方式，不同的学者从不同的角度对领导方式进行了不同的划分，下面就通常的和影响较大的领导方式加以讨论。

1) 集权型领导

(1) 集权型领导方式。所谓集权型领导方式，是指领导者个人决定一切，然后布置下属执行的管理方式。集权型领导方式的主要特征表现为以下 3 个方面。

① 独揽决策权。领导者作决策，下属执行决策。组织决策权完全掌握在领导者个人手中，各种决定都由领导者单方作出，不征求、不吸收下属意见。

② 单纯命令主义。领导者认为没有必要与下属讨论执行命令的理由，也没有商量或讨价还价的余地。领导者发布指令，用命令的方式强制下属贯彻自己的指示。

③ 个人包办一切管理权。领导者把管理权力全部掌握在自己手中，大事小事一起抓，忙于事务。

(2) 集权型领导方式产生的原因。

① 社会历史原因。从我国的情况看，封建专制延续几千年，缺乏民主传统，专制式、家长式的领导方式很容易产生并拥有市场。并且在小生产条件下，生产指挥和专业技术要求不严，凭领导者个人的聪明往往可以取得成效。这样，下属便把领导者捧为"圣人"，从而滋长了个人专断行为的发展。

② 领导者个人性格特质。运用集权式管理的领导者，往往有强烈的优越感、权力欲、独立欲，对下属不信任，大权独揽，不愿适当分权。这种人属于支配型性格，有强烈控制他人的愿望和要求，在领导活动中，追求个人说了算，要求下属绝对服从。

③ 下属的助长。管理者能力强，下属成熟度低，对领导者依赖性强，从而助长了领导者的独断作风。

④ 知觉效应。领导者认为，下属天生懒惰，是典型的"经济人"，只有通过强制和必要的物质刺激，才能使下属努力工作。

集权型领导主要依靠领导者个人的能力、经验、知识和胆略来指导群体或组织的活动。这种领导者大多独断专行，而且缺乏对下属的尊重，除了特定环境外，他们是不适合现代组织发展要求的。

2）民主型领导

所谓民主型管理方式，是指领导者发动下属讨论，共同商议，集思广益，然后作出决策的领导方式。民主型领导方式的特征表现如下。

（1）在决策过程中，领导者鼓励下属参加集体讨论，参与制定有关政策，决策权上下分享，领导者在其中加以诱导、激励，经过讨论之后解决问题，发布指令。

（2）在领导过程中，领导者向下级公开信息资料，把尽可能多的问题交给自己的下属机关去集体解决，实行双向沟通，帮助克服工作中的困难。

（3）工作的分工由群体决定，工作的合作成员由自己选择，依据客观标准奖惩工作人员，但以表扬和鼓励为主。

（4）领导者对被领导者的控制方式是民主的，上下级心理相容，领导者关心被领导者的需求，尊重他们的人格和权益。

民主型领导以平等原则为指导，尊重下属成员的不同能力与资历，要求上下融洽，合作一致，使下属由衷地愿意追随并接受其领导，是现代组织领导方式的趋势。

3）放任型领导

所谓放任型领导方式，是指管理者听之任之，撒手不管，不加干预，下级爱干什么、想干什么都可以，是完全自由的管理方式。放任型领导方式表现出以下特点。

（1）决策多由下级自行决定，领导者不参与，不插手工作方针和政策的制定，任由群体或个人自行决定。

（2）在工作中，领导者只负责给下属提供工作所需要的条件，当下属请示工作或与其商量问题时，领导者只做简略回答，而不作指示，任凭下属自行其是。

（3）任务需要分工或合作时，领导者不给予具体安排，表现出任其自流的状态。

（4）对工作的成绩或今后的工作设想，除非下属成员主动要求，否则不给予任何评价或指示，也不实行奖惩。

4）评价应用

集权式领导由于压制工作人员的积极性，群体内部没有活力，组织目标往往难以实现。

但在特定情况下，如新建组织、变革中的组织、成员工作成熟度很低的组织，或者全是新员工的组织，采用这种领导方式可能是有效的。

民主型领导是现代组织广泛采用的领导方式，尤其在创新型组织、高新技术组织、以知识型员工为主导的组织更为普遍。在超大型组织、跨国公司或无国籍企业中，也适用于那些任务复杂、内容带有创新性的工作领域。

放任式领导由于强调活动自由，很少约束，适用于各种学术团体、协会或咨询机构，但对国家行政部门和现代化的大型组织来说，这种领导行为是不适宜的。

10.4 领导权变理论

领导的有效性是领导水平和效果的重要标志，而领导是否有效不仅与领导者的素质和行为有密切关系，而且与领导者所处的环境密切相关。领导权变理论正是着重研究领导者行为在一定条件下受环境变量影响的理论。

1. 权变理论和权变因素分析

权变理论又称应变理论或情景理论。20世纪40年代以来，人们逐渐开始认识到，领导是一种动态过程，领导的有效性除了领导者个人的素质和领导行为对下属的影响之外，还应随着被领导者的特点和环境的变化而变化。没有一种能适应任何情况的领导模式，只能提出在特定情况下相对来说最有效的领导模式，这就是权变的观点。

权变理论认为，领导的有效性主要取决于以下3类因素。

1）领导者自身特点

领导者是实施有效领导行为的关键力量。领导者自身的特点包括领导的素质、能力、人格特征、领导者的态度与需求、工作的激励水平、工作的行为类型、领导的权力类型和对下属行为的影响力等多种因素。这些领导特征构成了领导者实施管理的个人基础和出发点。

2）被领导者的特点

被领导者是指在一定的组织体系中，在领导者的率领和指引下，为实现领导目标，从事具体实践活动的个人或集体。被领导者是领导活动的客体，是实现领导目标的基本力量，没有被领导者的领导活动是不存在的。领导的有效与否可以直接从被领导者的工作绩效水平中反映出来。在领导过程中，每时每刻都会从被领导者身上反映出领导的管理特征，因此研究被领导者的特点对领导有效性的影响无疑成为权变理论的核心内容。

被领导者的特点可以从两个方面来分析：① 被领导者个体的特点，包括个体的动机与需求、职业能力和心理素质的构成及水平、工作经验和工作成熟度，以及员工对领导的行为期望等；② 被领导者工作群体的特点，包括群体的构成、特点、人际关系和工作关系等。

3）领导的情景

领导的情景是领导有效性中最重要的权变因素。情景是领导者和被领导者共同作用的客观对象，领导者和被领导者只有正确地认识和利用客观情景，并且按照客观规律办事，才能达到领导活动的预想目标。权变理论的核心思想就是明确指出，没有任何一种管理方式是绝对有效的，在不同的情景里，选择适宜的管理方式才是最有效的领导。这里，领导的情景因素是确定领导问题的关键。领导的情景变量既包括领导者和其下属的人的因素，也包括组织特点、工作特性和一些物化因素。因此，领导的情景表现出多重、复杂、多变的特征。这就需要有多变的领导方式，以此来保证管理的有效实施。

2. 菲德勒的权变领导论

菲德勒（F. Fiedler）经过长达15年的调查研究，于1967年提出了"有效领导的权变模型"，通常称为菲德勒模式。菲德勒重点做了两个方面的研究工作：采用问卷测量领导者的性格特征和情景因素的分类。

1）基本原理

权变领导论认为，领导者的领导是否有效是在领导者行为与某种组织因素相互作用的形势下决定的。一些领导者在一种形势下或在一种组织内可能有效地领导，而在另一种形势下或另一种组织内却无效。因此，任何领导类型既非十全十美，也非一无是处，而应与环境相适应。

领导方式的选择要考虑各种变量间的影响和可能产生的效果。为此，菲德勒强调领导者对情景的适应能力，提出领导的效果取决于3个条件。① 领导者与被领导者的关系。这是指领导者对被领导者的吸引力和为他们所接受的程度，表现为对领导者信任、喜爱、忠诚和愿意追随的程度。② 任务的结构。这是指工作任务是否明确，被领导者对组织任务是否理解。③ 职位的权力。这是指与领导者职位相关的正式职权及领导者从各方面所取得的支持的程度。职位权力是由领导者对其下属的实有权力所决定的。

2）测定领导者习惯采用何种领导行为方式的LPC量表

菲德勒的研究开始于"LPC"量表。所谓"LPC"量表，是一种反映人的行为类型的心理测量量表。菲德勒试图从领导者人格特性和情景的关系中找出有效的领导方式。他设计了一种"最不受欢迎的同事"问卷，来测量一个人对他人的态度，通过确定一个领导者对其最不喜欢的同事的评价，从而说明领导者属于何种行为类型。

"LPC"量表包括18条测量条目，要求受试者主观上确定一位最难相处的同事，并依据表中的内容对其进行等级评价。受试者在评价过程中，自然地反映出其自身的行为类型特点。这种行为类型表现在两个维度上：① 工作关系导向，即其行为以工作为核心；② 人际关系导向，即表现出高度的关心人的因素在管理中的作用。在"LPC"量表评价中，高LPC得分的人是以人际关系为导向的领导，低LPC得分的人是以工作为导向的领导。菲德勒认为，LPC的得分不是用以说明一个人工作的好坏，只是说明他们的工作方式。表10-2是"LPC"量表的内容。

表10-2　LPC量表

请想出一位最难相处的同事，而不是您最不喜欢的同事，按照下列内容给出适当的得分。									得分
令人愉快的	8	7	6	5	4	3	2	1	令人不愉快的	_____
友好的	8	7	6	5	4	3	2	1	不友好的	_____
拒绝的	1	2	3	4	5	6	7	8	接受的	_____
紧张的	1	2	3	4	5	6	7	8	放松的	_____
疏远的	1	2	3	4	5	6	7	8	接近的	_____
冷漠的	1	2	3	4	5	6	7	8	温暖的	_____

续表

										得分
支持的	8	7	6	5	4	3	2	1	敌对的	_____
厌烦的	1	2	3	4	5	6	7	8	有趣的	_____
争论的	1	2	3	4	5	6	7	8	幽默的	_____
郁闷的	1	2	3	4	5	6	7	8	欢乐的	_____
开放的	8	7	6	5	4	3	2	1	防御的	_____
背后说坏话的	1	2	3	4	5	6	7	8	忠诚的	_____
不值得信任的	1	2	3	4	5	6	7	8	值得信任的	_____
考虑他人的	8	7	6	5	4	3	2	1	不考虑他人的	_____
粗俗的	1	2	3	4	5	6	7	8	高尚的	_____
合作的	8	7	6	5	4	3	2	1	不合作的	_____
虚假的	1	2	3	4	5	6	7	8	诚实的	_____
友善的	8	7	6	5	4	3	2	1	恶意的	_____
									总分：	_____

表 10-2 中共有 18 条测量内容，每 1 条有 8 个等级，如友好的 87654321 不友好的，其中 8 级是最友好的，1 级是最不友好的，中间是过渡等级。在受试者确定了一个最难相处的同事之后，把对他的评价得分写在表中得分一栏，最后把所有的得分相加求和，即是受试者的 LPC 位。LPC 得分最低是 18 分，最高是 144 分。18～58 分是低 LPC，属于工作导向型；64～144 是高 LPC，属于人际关系导向型；中间得分是混合型。

3) 情景因素与领导行为方式的配合关系

由于这 3 类情景均有肯定与否定两种评价形式，菲德勒依据上述 3 个条件，把领导者所处的环境从最有利到最不利分为 8 种组合。他认为，3 个条件同时具备是最有利的领导环境，三者具备一项或两项是领导的一般环境；三者都不具备是最不利的领导环境。菲德勒通过对 1 200 个群体的调查分析，得出以下两个结论。

(1) 在团体情况极有利和极不利的情况下，任务导向型是有效的领导类型，效果较好。

(2) 在团体情况一般的情况下，关系导向型是有效的领导类型，效果较好。

按照菲德勒模式，要提高领导的有效性，或者改变领导者的领导方式，或者改变领导者所处的环境。所以，领导者的选择要视环境因素而定。如果一个单位的环境因素最好或最坏，就要选择以关心工作任务为中心的领导者；反之，应选择以关心人为中心的领导者。

3. 途径—目标理论

途径—目标理论是由加拿大多伦多大学教授埃文斯于 1968 年提出，后由他的同事豪斯教授在 1971 年给予补充和发展而形成的，是近年来在国外颇受重视的理论。

1) 基本原理和指导原则

途径—目标理论的基本含义是领导的管理行为应该以关心下属和组织指引为基本出发点，并以此帮助下属建立明确的工作目标和实现目标的途径，其中还要考虑诸多因素的影响。简而言之，即领导者应指明达到目标的途径。

目标—途径理论实现了领导行为两维理论和弗罗姆的期望理论的结合。它要求领导者阐明对下属工作任务的要求，帮助下属排除实现目标的障碍，使之顺利达到目标。当下属目标明确时，达到目标的激励程度则成为重要因素。在实现目标的过程中，领导者要创造条件，清除工作障碍，提高工作满意度，满足下属的需要和给下属成长发展的机会。领导者在这两方面发挥的作用越大，越能提高下级对目标价值的认识，激发下属积极性。

途径—目标理论认为，领导的有效性取决于领导者能激励下属达到目标并在其工作中得到满足的能力，为此领导者应该做到：阐明对下属工作任务的要求；用抓组织、关心生产的方法帮助员工扫清达到目标的道路。

2) 领导行为方式的选择

豪斯认为，既关心工作又关心人的"高工作、高关系"不一定是最有效的领导方式，一个领导者应根据不同的情况选择不同的领导方式。豪斯认为，有4种领导方式可供同一领导者在不同的环境下选择使用。

（1）指令型领导。领导者让下属明确他们应该做什么和如何去做，并对下属提出期望和具体的工作指导，同时要求按时和保质保量地完成工作。

（2）支持型领导。领导者态度友好，关心下属的需求、福利等行为目标。

（3）参与型领导。领导者有事与下属共同协商，在决策时总要倾听下属的意见。

（4）成就型领导。领导者树立挑战性的工作目标，期望下属高质量地完成任务，对下属的努力程度有较高水平的信任。

究竟如何选择领导行为方式要考虑两方面的因素。① 下级的个性特点，如员工的领悟能力、受教育程度、责任心和各种心理上的需求。② 环境因素，包括工作性质、权力结构、班组的情况等。一般来说，对于常规性的任务，工作内容非常明确，如果领导者仍然事必躬亲，不肯放手，员工就会感到厌烦，感到不满意；对于多变的任务，工作内容模糊不清，员工无所适从，如果领导者能够适时作出明确规定和安排，员工的满意程度就高。

4. 领导生命周期理论

自从权变理论的思想深入管理理论及其实践的深层思考之中，对领导问题的研究开辟了多维思考的方向，人们不再局限于孤立的、单一的因素分析，而是试图从多方面的影响变量来解释领导的有效性。何塞和布兰卡特认为，领导方式的选择取决于工作中被领导群体的成熟度，领导者要根据被领导群体工作成熟度的变化来调整和改变领导方式，以达到较好的管理绩效水平。领导的进程如同生命一样，逐步发展、变化，从而求得领导方式的权变统一，创造了三维空间领导效率模型，这就是领导的生命周期理论。

1) 领导生命周期理论

领导生命周期理论也叫领导行为权变理论。这个理论是俄亥俄州立大学心理学家卡门（Kaman）首先提出的，后由何塞（Paul Hersey）和布兰卡特（Ken Blanchard）予以发展。它的特点是在管理方格论的理论基础上，又增加了被领导者的工作成熟度这一权变因素。领导生命周期理论认为，工作中的群体成员在大多数情况下呈现出逐步成熟的变化。其工作成熟的含义是群体成员有能力设置较高、但又可能达到的目标；他们愿意和能够胜任工作，并表现出应有的责任感。由此可见，工作成熟度的主要标志是群体或个体的能力、经验和教育水平，体现生理变化的年龄则是一个次要的因素。从成熟度的表现来看，它是一个由低到高的发展过程。随着被领导群体或个体成熟度的提高，领导的行为方式相应地进行适当的移动性改变，图10-3是领导生命周期理论模型。

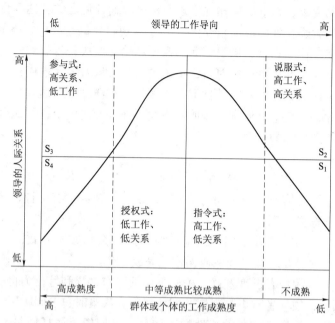

图 10-3　领导生命周期理论模型

图 10-3 中领导者的行为方式按照关心工作和关心人这两个维度划分为四大类型，构成图 10-3 中的 4 个象限。图 10-3 的下方是群体或个人的工作成熟度显示。曲线是领导行为选择的运行轨迹。根据图 10-3 可以分析 4 个象限领导类型的特点。

（1）象限 1（S_1）：指令式领导。此象限被领导群体或个体的工作成熟度较低，需要领导给予较多的工作指导，适宜的领导方式是以工作为导向。

（2）象限 2（S_2）：说服式领导。被领导群体或个体在某些方面表现出较高的成熟度，适宜的领导方式是工作导向和人际关系并重。

（3）象限 3（S_3）：参与式领导。群体成员已经表现出相当程度的工作成熟度，适宜的领导方式是较高的人际关系导向和较低的工作导向。

（4）象限 4（S_4）：授权式领导。被领导者群体和个体的工作成熟度已发展到高层次水平，逐步把两种导向行为都降低到适度的水平是有效的领导方式。

从图 10-3 还可以看出，随着被领导者从不成熟到比较成熟、中等成熟、高度成熟的过程，领导者随之调整、变换适宜的领导方式，最后达到理想的参与式管理，完成了领导生命周期的基本循环，进入更高的层次。

2）应用

领导生命周期理论强调被领导者的特点对有效领导行为方式选择的影响，因此在应用中，领导者应根据被领导者的成熟度的变化来选择领导方式。随着被领导者由不成熟逐步走向成熟，领导者应随之变化来调整和改变领导方式，沿着领导生命周期理论中领导方式改变的轨迹运行，以提高管理绩效水平。

5. 领导有效性的评价

领导类型权变理论、领导途径—目标理论和领导生命周期理论研究的侧重方面虽然有所不同，但都一致认为，在管理中没有最好的领导方式，只有权变因素决定最适宜的领导方式，代表了现代领导权变理论的核心思想。因此，领导有效性的评价也要考虑权变的思想。

1） 领导有效性的评价体系

领导有效性的评价涉及许多方面，在这里试图描述领导评价应该从哪些方面入手。

（1） 领导有效性评价的理论依据。

① 权变理论是领导有效性评价的核心。任何一种权变理论说明，离开了领导的权变因素讨论领导的有效性是没有意义的。无论评价领导的能力、素质，还是行为方式，都要在领导的实际工作情景中进行。单纯的素质评价或行为评价没有任何的操作价值。一个好领导的含义是在一定的条件下讨论领导的工作绩效评价。

② 从领导的素质理论出发，对领导的能力、个性特征和基本素质进行评价。虽然许多研究对从领导者素质来推断领导有效性的做法提出异议，但对现代领导必备的素质范围作出规划描述可能仍然是有益的。领导素质理论的研究成果可以作为领导素质评价的参考。心理测评技术是进行领导素质评价必备的工具，它为领导的评价提供了实在的操作内容。

③ 应用领导行为理论对领导的类型、方式进行评价。现代管理强调领导的行为对组织、群体和个体的影响。领导的行为特征在某种意义上可以说明其管理的特征，并影响整个组织的管理。行为评价的意义是使领导的行为方式适合管理的需要。在选拔领导时，人们不仅关心领导者具有什么样的素质，更关心其行为方式。由工作导向和人际关系导向两个维度可以分化成为不同类型的领导。领导类型的有效组合成为领导工作绩效的又一保障。有时，领导的行为方式在一开始就决定了工作的成败。

（2） 评价的主要方面。

① 领导的工作绩效评价。领导的工作绩效不仅是指其工作的数量和质量，这些评价都可以规定出硬性的指标。现在的领导绩效评价还包括领导对下属的培训、对员工需求的把握和员工对工作的满意度等方面内容。由此可见，领导的工作绩效标准已经大大地超出以往的认识。

② 领导功能的组织评价。领导者是组织行为管理的核心，其最终目的是完成组织的绩效目标。因此，把领导者放在组织的角度进行评价也是领导评价的内容。这里主要关心的是领导者作为个人在组织中的成长和发展评价、领导者帮助组织达到目标和在组织中的作用评价、领导者的工作目标评价等问题。评价的目的是为了更好地从组织的宏观角度控制和指导领导行为。

2） 影响领导效能的因素

领导有效性评价往往集中在与领导者有关的工作绩效评价，因此人们习惯于从领导者身上寻找失败或成功的因素。事实上，影响领导效能的因素是多方面的，归类列述如下。

（1） 领导者自身的因素。领导者自身的因素包括领导者的基本素质、能力和知识水平；领导者的行为方式、工作类型；领导者的权力基础；领导群体的特征、年龄结构和构成。

（2） 被领导者方面的因素。被领导者方面的因素包括被领导者的素质、工作技能水平、群体或组织的构成和规模；群体和组织的历史状况、运行知识；组织成员的动机、需求和期望水平；成员的一般心理状况、个性因素。

（3） 领导环境方面的因素。领导环境方面的因素包括组织与周围的组织、环境之间的关系；组织或群体的人际关系、工作关系；组织、群体、个体和领导之间的合作程度；管理和决策系统的执行情况；组织的激励系统和领导的激励水平；组织的结构、设计、变革和发展状况。

从这里可以看出，领导的有效性评价绝不是一件简单的事情，它是由一系列相关因素决定的，单纯从任何一个方面去评价领导的有效性，或者思考领导的工作效能都是不全面的。

10.5 领导决策行为

决策是领导的重要职能。从某种意义上，管理过程就是领导的决策过程。在现代社会中，决策的优劣关系到组织的兴衰成败。因此，提高决策的科学性和准确性，对组织的经营和发展至关重要。

1. 领导与决策

1）领导决策的特点

关于决策的概念及其覆盖范围，学者们的说法不完全一致。国外决策理论学派认为，管理就是决策，决策就是管理，从而把决策和管理完全等同起来。而另外一些学者则认为，管理不能等于决策，因为管理中除了决策，还有如何核算、统计、监督、考核、资料收集等，它们并不表现为决策活动。西蒙等人认为，组织就是作为决策者的个人所组成的系统。决策贯穿于管理的全过程，管理就是决策。贝阿认为，决策是在一定的环境条件下，从若干可行的备选方案中选取实现既定目标的最佳方案。

决策作为领导活动过程的重要组成部分，具有以下特点。

（1）决策的目标性。决策的目的是为了实现一定的目标，任何决策都有明确的目标。从治理国家的政治、军事、文化、外交政策，到各种组织的具体工作决策，直至一个家庭、一个个体的行为活动的决策，无一不是为了实现一定的目标。没有目标的决策是不存在的。

（2）决策的选择性。决策是针对未来的，未来有两种情况：可能性和必然性。人们只能对各种可能性进行比较选择，以便使决策结果达到或接近必然性。可供选择的多种方案构成了这种可能性。决策通常是对两个以上的可行性方案进行的择优活动。如果只有唯一方案，就不存在优劣比较，只能对要不要这种方案或怎样调整这种方案进行决策。择优的标准是根据方案目标的实现程度与付出的代价来衡量的，没有统一的、固定的标准。因此，"优"的标准是相对的，是与其他方案相比较而言的，因此最优方案实际上只是一种比较满意的方案。

（3）决策的关键性。一切决策都是关于一定事物发展的最后判断和决定，即俗话所说的"拍板"。由于事物在发展中受到多方面因素的影响，常常表现出不同的取向和结果，所以决策所作出的最后决定，对事物的发展起着关键性的影响作用。决策的关键性要求决策要有合理的程序和法律依据。

（4）决策的创新性。任何组织在为实现其目标的过程中，都要谋求发展。这种发展是不断地追求更高目标的过程，是解决不断出现的新问题、新情况，创造出新成果、新水平的过程。一个组织的活动，如企业的生产经营活动，正是通过一系列的决策过程，使其调整内部条件、适应外部环境，使企业在适应市场需求，进行市场竞争的过程中，得到创新和发展。所以说，组织的生命力就在于其创新力，而创新力又在于其不断进步的决策过程。

(5) 决策的层次性。从决策所承担的风险对组织未来的影响程度来看，具有长期影响的决策可以认为是高层决策；反之，一个短期决策可以在低得多的层次作出。从决策的稀有性来看，稀有的决策是高层次的决策，而经常性的决策则是低层次的决策。战略决策是一种长期性的对组织产生深远影响的决策，战术决策是一种常规性的、与组织内单个部门的日常运作相联系的决策。

2) 决策对实现领导有效性的意义

在任何情况下，无论是个人或组织，还是管理过程，其成功的保证都依赖于决策的有效性。领导与决策的关系十分密切，其原因如下。

(1) 决策是领导过程中最主要的职能。决策贯穿于整个领导过程，领导活动的一切方面和一切环节，包括组织管理的计划、组织、领导、控制等职能都离不开决策。可以说，领导过程是否有效取决于决策的正确与否。

(2) 领导者权力的实现要依赖于领导者制定决策。决策作为一种领导活动，普遍存在于组织生产经营管理的各个方面和整个过程。决策的正确性是领导者取得成功的关键所在。领导者要行使权力，必须首先制定和选择目标，然后选择适当的方法和手段来实现目标，这正是领导者决策的内容。

(3) 科学决策是提高领导效能的根本措施。决策的科学化程度直接决定领导的效能和组织的发展未来。现代管理的大量事实表明，决策正确会带来比较好的效益；相反，则会造成难以估量的损失。因此，领导者通过科学决策避免战略决策失误，是领导行为有效性的重要保证。

(4) 决策是竞争形势的需要。当今世界，科学技术发展日新月异，市场风云不断变化，国际竞争日趋激烈，任何一个组织要在激烈的市场竞争中获得生存和发展，必须迅速正确地作出反应和决策。

(5) 决策决定组织运行的方向。在组织运行的所有方面都包含着这样或那样的决策过程，事实上正是决策形成了所有领导活动的基础。决策之所以必要，是因为在组织运行过程中，有着许多变化，其可能是外部变化，它们是由政府政策、立法、技术或竞争所导致的；也可能是内部变化，起因于新的目标，不同的管理结构，或者是以前的外部因素所产生的间接影响。由于这些因素的存在，组织必须而且经常要作出相应的决策，以保证组织沿着目标方向运行。

2. 领导决策的原则

领导决策的原则是指决策形成过程中所必须遵守的基本规则。这些决策的基本规则决定着决策活动的方式和方法，使决策活动沿着正确的途径进行。

1) 信息健全原则

信息是包含新知识、新内容并可以进行传递的消息。它常以数据、图表、凭证指令、时间、地点等有关知识内容的形式表现出来。信息是人类生存和发展不可缺少的宝贵资源，是知识经济社会的重要支柱。在以信息为主导产业的知识经济和全球一体化时代，信息健全原则应成为决策科学化的基础。其原因如下。

(1) 信息是领导决策的依据和基础。管理信息是反映领导活动和领导对象的特征及其发展变化情况的各种消息、情报、资料、数据等的统称。信息既是决策的基本依据，又是决策活动的基本投入和加工的原料。对领导决策而言，信息工作的首要作用是服务于决策，因而信息调研是决策程序的起步。

(2) 领导决策离不开准确的信息。在现代管理中，信息+经营=财富。领导者在进行决策时，不但需要掌握大量的信息，而且这些信息必须全面、准确。只有依赖准确和迅速的信息传递，才能增强决策的科学性，提高管理成效。决策必须建立在准确的信息基础上。

现代决策科学认为，信息是决策不可缺少的一个环节。只有掌握了全面而准确的信息，决策才有可能。要通过信息健全为决策提供足够的信息，必须健全向领导部门提供决策所需要信息的管理系统。情报信息管理系统的主要职能是决定情报信息的需要量；通过信息的评估、摘要、索引和处理，改善信息的质量，及时把必要的、可靠的信息提供给决策部门，使情报信息能被有效地使用；情报信息系统能把各种资料加以描述、解释、整理、组织、比较和分析，使之成为有意义或有用的信息，从而起到顾问协调和管理控制的作用。

2) 可行性原则

可行性原则要求一项正确的决策必须在现有的主客观条件下能够顺利实施。决策是否具有可行性，也是衡量决策正确性的标志。领导制定决策是要实施的，而每一个决策的实施，都一定要有人力、物力、财力、科学技术和时间作保证。同时，决策实施的手段和结果也要与当时的法律、人们的习惯与观念相适应。

需要强调的是，决策是否可行还要充分考虑人员素质的影响，与组织中人员的素质要适应。在组织决策中，外部环境和内部条件是十分重要的，是决策的前提，但人的作用更加重要。从企业管理实践中可以看出，外部环境和内部条件大致相同的企业，其经营状况和经济效益往往差别很大，主要原因就是人的作用发挥的程度不同。人的素质影响着领导决策。

(1) 领导者的素质。领导者是企业的决策者和指挥者，他们的观念、作风、品格、知识、能力、专业水平和开拓创新精神等，直接影响决策的水平和效果，最终影响组织的前途和命运。

(2) 职工的素质。职工的思想道德水平和科学文化、业务技术水平是组织内部条件中最能动与最活跃的因素，决定着其他的内部条件。因此，组织的决策必须充分考虑人的因素，重视人的作用，发挥人的积极性和创造性。

3) 系统分析原则

系统分析原则要求把决策对象看做是一个完整的系统，研究其在整个大系统中的地位和作用，弄清系统中各部分、各层次的主次关系和先后关系，达到系统完整与系统平衡。任何一项决策都不是孤立的，都会牵涉其他的因素和方面。这就要求领导在制定决策时必须要有系统观念，运用系统分析的方法对决策活动进行系统分析、系统设计和系统选择。因为，组织相对于国家是一个局部，而相对于组织内部各部门、各群体和个人则是一个总体。总体与局部在目标、利益活动性质等方面有共同的一面，也有相互矛盾的一面，它们之间的联系和制约关系错综复杂。因此，领导决策必须有全局观念，强调整体优化，从组织的战略目标和利益出发，协调好总体与局部、局部与局部的关系，使之相互适应、相互配合，共同适应最优的总体目标。

4) 对比择优原则

对比择优原则要求领导者进行决策时必须对各种备选方案进行比较，在分析比较多个方案的基础上择优选用。对比选择，就是把若干个方案分别进行评估，然后以一定的衡量标准，择其优者而取之。在对比时，有时很难找到一个统一的标准，这就需要在综合评估的基础上，按照利大害小原则，趋利避害，选择最佳方案。

5）时效原则

时效原则要求领导决策的效力必须有一定的时间期限。一项决策只有在一定的时间内作出，并得到执行，才是有效的。过了这个时间限制，它就会丧失其效力。时效原则说明任何领导者都应把握时机，当机立断，及时作出决策。

时间对任何人来说都是一种特殊的资源，买不到，租不到，因为它没有弹性，没有替代品。对于领导者来说，更要善于运用时间。坚持时效原则，必须树立时效观念。时效观念包括3个方面的内容。① 时间观念。时间就是生命，就是财富，要重视时间的科学利用。② 时机观念。一切事物都是以特定的时间、地点、条件为转移的，机会是一种特殊的时间，领导者必须把握时机，利用变化，为组织创造价值。③ 效率观念。提高效率既是领导的目的，也是管理必须遵循的重要原则。

6）集体决策原则

集体决策原则要求决策的形成一方面必须实行民主集中制，另一方面要发挥参谋咨询机构的作用。在现代管理中，组织实施个人决策而成功的可能性已大为减少，群体决策已成为必然趋势。市场经济条件下，组织的一切活动都要通过市场来实现。集体决策也要面向市场，适应市场要求和社会需要。市场观念是组织的全部活动要立足于市场需要，以实现组织整体经营为手段，从而实现组织的长远利益。

3. 领导决策的客观依据

决策的客观依据是对影响有效决策的主客观因素进行分析，从客观实际出发，明确决策问题的背景。领导者在决策过程中，必须了解决策对象有哪些特点和规律、发展前景如何、社会是否需要，以及现行政策法律所允许的范围等。从这些方面确立决策的必要依据，才能使决策有一个明确的指导思想。

1）对决策对象本身的特点和规律进行研究

对决策对象本身的特点和规律进行充分研究，是领导决策有效性的重要内容。

（1）决策对象的特定性。决策对象的特定性可以从两个方面来考察。① 决策对象本身的固有属性。事物本身的固有属性是一事物区别于其他事物的矛盾特殊性。事物本身的重要性、紧迫性和特殊性对决策的议事日程安排，以及决策方案的拟订和选择都有重要的影响。② 决策目标之间的相关性。各种目标之间存在着不同性质的联系，某一目标是否有必要，在什么程度上先于或迟于另一目标，可以根据目标之间的轻重主次确定目标优先顺序，把重要目标作为决策的首选对象。

（2）决策对象的运动规律。决策对象的运动规律是伴随时间的推移和空间的拓展而出现的规律性变化。它包括两个方面：决策对象的相对静止状态和决策对象的动态变化状态。

2）对未来发展趋势的研究

决策是面向未来的事先安排。领导者要判断未来、适应未来，并努力去实现其所需要的未来。这就要求对事物的未来发展趋势进行研究，提出预测从而为决策提供依据。

（1）未来发展趋势对决策的影响。社会发展趋势对领导者的决策具有重要影响。近20年来，科学技术迅猛发展，特别是信息技术的发展、知识经济的来临、全球一体化和区域经济一体化的趋势，正在改变着世界经济增长的方式、生产的组织方式和人们的生活方式。所有这些使现代组织的决策结果变得更加重要，也使决策在更大程度上受到未来发展的影响。

在这种趋势下,领导者制定决策不仅要防备可能发生的变化,更要利用可能发生的变化,因为变化既对组织的生存形成挑战,也预示着新机会的来临。领导者应利用变化,适应预期的未来需要,把握时机,才能作出有效的决策。例如,近年来,人口结构出现了一个重要的演变趋势,这就是老龄化。这一变化预示着一个潜在的、广阔的老年市场正在形成。针对老年人的保健、娱乐和衣食住行进行决策,是一些企业新的盈利机会。

(2) 预测是决策的前提。决策是对具有许多不确定因素影响的未来行为进行事先安排。决策所处理的是可能性的问题,是未来的事情。已经成为现实性的东西,人们只能承认它、了解它和利用它,却无从决策它。所以说,决策是一种立足于现实而规划未来的活动,必须以预测为基础。预测的核心任务是将未来不确定因素的变化趋势用概率方式加以确定,以构成决策的前提假设。科学的预见性是领导决策的基本条件和素质,预见性强的领导者有更多的机会去获得成功。

3) 对社会发展的研究

决策要充分考虑社会发展的需要,以需要为出发点和依据。有效的决策应建立在客观的社会需要之上。一个组织只有不断地满足社会上某种持久的、日益增长的需要,才能存在和发展。因此,满足社会需要应当作为领导决策的一个基本指导思想。

(1) 宏观需要。在宏观上,任何一个组织要生存和发展,就要顺应社会发展潮流和趋势,考虑市场经济环境和现代社会新兴产业的竞争压力,适应社会现实发展和未来发展的需要。在知识经济和全球一体化时代,组织的决策受到信息产业和生命工程等的影响。这就要求组织在追求自身价值目标的同时,还要追求整个社会的发展目标。因为,组织是在与社会的相互促进中发展壮大的,社会环境的改善有利于组织的发展。

(2) 微观需要。在微观上,领导者的决策要考虑是否有利于组织的生存和发展。制定决策要避免这样一种错误认识,即把眼光局限于现有的产品和服务上,认识不到产品只是一种满足顾客需要的形式,而形式是可以改变的。任何产品都有它的生命周期,但顾客的基本需要却是永存的。因此,领导者在制定决策时,要根据科学技术的发展、社会的变迁,以及顾客价值准则和需要偏好的变化,采用不同的形式满足顾客的需要,从而制定出正确而有效的决策。

4) 决策要符合政策和法律规范

"环境条件是指在计划范围内现实存在的不受决策者影响或控制的客观事实"。一切与决策具有重大关系的环境条件,都会使决策活动受到约束,因而也影响备选方案的选择结果。而环境条件的类型和规模取决于各自的决策状况,尤其是决策的既定范围。一般条件下,环境条件不是静止的,会随时间的推移而变化。这种变化具有独立性,即不受决策者的行动支配。

现行国家政策和法律是领导者进行决策的重要的外部环境,它们构成决策的约束条件。领导者在进行决策时,并不是自由的,而是要受到一系列因素的制约。

(1) 企业内部的因素。① 要素供给能力,如劳动力、财力和设备等的限制;② 个人的看法。

(2) 企业外部的因素。① 法律,如环境保护法、劳动法等;② 自然特征,如气候、土壤等;③ 政治原因或政策可能带来的组织决策风险。

① 政策对决策的影响。政策是最广泛的持续性计划,是组织行为的一般指南。政策通

常为组织今后的计划活动确定出大前提和限制条件。国家和地方政府的政策是组织进行决策所要考虑的重要的外部环境，政府重大经济政策的改变可能给组织带来新的发展机会。

大多数国家都有4种相同的宏观经济目标：充分合理的就业；相当稳定的价格水平；稳步的经济增长和一个"满意"的对外贸易地位。为了达到这些目标，每个政府都制定和执行一些政策，并以特定的方式影响各个经济变量。这些政策的性质和强度构成决策的外部环境，领导决策要适应这些政策，评估经济行为中可能产生的变化，并将之运用于组织决策过程，才能更好地把握盈利机会。例如，政府开支的增加将首先使那些和国营部门签订合同的企业受益；政府降低企业所得税能刺激企业增加用于再投入的利润，有利于提高企业效率。国际经济中的企业决策还有更多的因素需要考虑，组织必须随时对国际经济环境的变化进行监测、估计并作出及时反应。

② 法律对决策的影响。现代社会中任何组织的决策活动都要受到法律的制约。法律因素在领导拟订和选择决策备选方案时具有特别重要的影响，也是组织决策可行性评估分析的首要因素。只有符合法律的决策才能实施，违背法律的决策，其实施必然招致惩罚。随着我国法律制度的健全和完善，法律已经逐渐深入到社会经济生活的各个方面，领导决策的活动过程始终要受到法律责任的约束。

法律对决策的影响表现为3个方面。首先，法律是领导者进行决策的外部先决条件。如与企业经营活动有关的工商业立法可以保护组织、团体和个人在组织活动中的权利，决策不能损害这些权利。其次，立法给决策范围带来了外部限制。例如，税法领域中可能发生的变更，会使决策范围发生显著变化，如果把未来税收负担考虑进去，会降低企业经营活动的利润。最后，在法律允许的范围内，企业可以在许多可能性中进行选择。

4. 领导决策的程序

决策程序是根据模式、模型的特征编制出的实施决策的步骤顺序，它是科学决策的一个重要组成部分。在现代决策科学中，决策程序的划分不尽相同，或粗或细，或多或少，但目前比较盛行的是把决策划分为8个阶段，可以把处理决策问题看成是一个八阶段的行动。

1) 发现问题

决策过程的第一个阶段是发现问题，即找出并选择那些值得处理的关键或要害问题的过程。决策是为了解决问题而作出的决定性选择，而发现问题是决策的前提，只有发现了问题才能进行决策。美国著名管理学家杜拉克曾经指出，管理人员作决策时，最常见的毛病是过于寻求正确"答案"而忽略寻找正确"问题"。由此可见，在决策过程中，发现问题有时候比解决问题显得更为重要。只有找出为什么要针对这个问题而不是针对其他问题进行决策的理由，抓住关键问题及其要害，所作的决策才可能是合理而有效的。领导者的重要责任是通过敏锐的观察力和职业直觉，在众多的问题中，发现并找到关键问题，集中主要时间和精力解决好这些问题。

发现问题是领导者创造和选择问题的过程，其实质不是得到答案，也不是得到结果，而是得到问题。对于有效的领导决策过程来说，发现问题是指怎样发现组织的需要，这是一种创造性工作，应得到足够的重视。

在决策过程中，发现问题是一个关键因素。这是因为尽管发现问题不是什么硬性的工作，但却是非常活跃的因素。领导者正是通过及时正确地发现问题，才成为变革并促进组织发展的一种动力。在变革的时代，只有富有判断力和创造性的领导者，才能善于判断未来、适应未来，带领组织努力实现所需要的未来。

组织的问题往往不止一个。发现问题之后，要通过信息输入和情景监督，对所发现的问题进行识别，以判断需要决策的问题到底是否存在。通过识别问题，要区分不同问题的性质、重要性和迫切性，按轻重缓急的顺序加以排列，明确哪类问题需要领导者进行决策，分辨哪类问题应由领导者与技术专家共同决策，哪类问题只需要由下属自己讨论协商解决。

2）确定目标

"目标就是对作为决策结果的期望描述"。确定决策目标是要明确解决问题要达到什么样的结果，这是领导决策的出发点。决策的目标正确与否是领导决策有效与否的前提。无效或失败的决策，首先是因为决策的目标不正确或不明确。一般来说，好的目标应具备以下条件：有明确的目标内容；有清楚的时间规定；有准确的计量标准；有确定的实现目标的责任。

决策目标的确定必须重视组织成员个体或群体之间的利益冲突。西尔特（Cyert）和马奇（March）在1963年就帮助人们进一步理解了企业的目标。他们论证道："企业是个人的简单的联合，每个人都属于不同的利益集团。因此，不存在企业整体的目标，而只有组成企业的各个利益集团的目标。各个利益集团的方向和目标不可能完全一致。"依据西尔特和马奇的论证，多种多样利益集团的存在，几乎必然导致目标间的冲突（目标冲突）。例如，股东追求最大限度的投资回报，提高价格、降低成本、解雇冗员；雇员要求高工资和良好的工作条件；顾客要求物美价廉。很显然，利益集团之间的目标方向并非完全吻合。因此，确定目标时应注意，除非群体的目标和个人的目标相互补充促进，否则难以保证成员们会有效地共同工作。

3）核定价值准则

价值准则是为了落实目标，并作为价值评价和选择方案的依据。价值包括学术价值、经济价值和社会价值。不同类型的组织有不同的核心价值准则，企业组织的决策应以经济价值为中心，兼顾其他价值。确定价值准则的科学方法是在充分掌握历史情况和国内外情况的条件下，进行环境分析，利用成本—收益曲线，首先对有关问题和所要达到的目标有一个初步的认识与判断，然后作出最终决策。领导者不仅要作出正确的决策，而且要以最少的费用及时地作出决策。

决策理论常常假定决策，至少经营决策是建立在边际经济学的基础之上的。因此，决策者作为一个经济人，在其能力、政策法令和个人道德标准既定的情况下，要努力追求最大的利润。现代企业理论认为，决策者并不是追求利润最大化，而仅仅是寻求能满足总决策其他方面要求的"适当的"利润。而"适当的利润之说"实际上是长期的利润最大化。这种观点考虑到追求短期的最大利润，可能会违反法律规定，引起竞争或丧失顾客的好感。此外，某些决策者可能不愿冒代价太高的风险。

4）拟订方案

确定决策目标之后，拟订决策方案是推进决策过程的基础性工作。对于一般性的、常规性的或较为简单的问题或工作任务，往往只有一个决策方案；而对于特殊的、非常规的或较为复杂的问题或工作任务，至少需要拟订两个以上的决策方案供领导者选择。

拟订决策方案时，应根据要解决问题的目标和组织的价值准则，设想尽可能多的行动方案。一般备选方案数量越多，决策者选择范围越大，越有可能选出最优方案。"一个备选方案就是实现既定目标的一种行为方式"。由此可见，凡是没有受到法律限制或因技术障碍而排除了可能性的一切行为措施都可能成为备选方案。但是，组织的各种约束条件会使备选方案的数量大为减少。所有的备选方案构成领导决策选择的空间，只有决策者在几个备选方案之间进行选择时，才会出现决策问题。

此外，拟订方案也可以通过向社会公开招标的形式或交给咨询服务性组织来承担。

5）方案评估

对备选方案进行科学的评估是方案选择的先决条件。所提供的备选方案能在多大程度上有助于目标的实现需要进行检验，然后再从实现目标的角度对备选方案加以评价。因为，目标在决策求解范围内是评价备选方案的标准。

在方案评估过程中应注意两个因素的作用。①"关键因素"。在若干个备选方案中，决策要解决问题的核心内容是否得到反映，并利用成本—效益分析，从正反两个方面来比较每个决策方案可能带来的后果，分清各个方案的利弊。②"共同因素"。多个备选方案中必然存在共同的东西，评估过程中应暂时假定不存在"共同因素"，以便侧重寻找不同方案之间的"差异"。

可行性分析是进行方案评估的主要方法，它包括以下4个方面。

（1）法律可行性分析，分析决策方案是否符合法律、政策、行业道德规范，是否在法律所允许的范围，如果不具备实施的法律依据，就一定是不可取的。

（2）经济可行性分析，分析决策方案是否具备实施的经济条件及其费用与效益的关系。

（3）技术可行性分析，分析决策方案是否具备实施的技术条件。技术条件是决策实施的保障。

（4）环境可行性分析，分析决策方案是否具备实施的环境条件。环境条件不仅包括社会心理环境，也包括社会伦理、道德观念和个体心理承受等因素。通过一系列的可行性分析与决策技术，力求使评估工作达到计量化和科学化。评估分析的结果最终可能从多种备选方案中选定一个相对来说是最佳或最优的方案。

6）方案选择

拟订和评估决策备选方案可以说是领导决策的准备阶段，真正的"决策"阶段是选择和决定决策方案。方案选择是在既定的来自不同方面的集中方案中进行利弊、优劣比较，然后选取其一或综合成一。任何决策实质上都是选择取舍的过程，无选择余地的特殊情景意味着只能采取一种选择，绝对排除相反的选择。没有比较就没有选择，也就不能达到"最佳"。一般的决策理论所说的选择，通常是指在两种或多种备选方案中作出抉择，选出最佳或最优方案。

为一个复杂问题找到圆满解决的方案，往往是一个困难的过程。选择最佳方案的主要困难有以下两个方面。

（1）目标冲突。组织经营管理要实现的目标往往不止一个，而目标之间可能存在着因权力、资源或利益分配而产生的冲突。因此，方案选择实质上成为对利益目标的选择。这样，备选方案的目标总是不能确定得那么准确。

（2）未来的不确定性。社会经济环境的不断变化，使组织的未来发展具有很大的不确定性，针对未来的决策往往也具有很高的风险。这就要求领导者凭借自己的才能和经验，充分发挥各方面专家、智囊的作用,综合评估,使方案有更加科学的基础。

常用的解决办法是根据目标的相对重要性排出先后次序,然后通过加权求和的方式将其综合为一个目标;或者将一些次要目标看做决策的限制条件,而按其主要目标达到最大(或最小)来选择方案。同时,备选方案执行的时间序列可以用决策树的方法予以形象化的描述,再现各个不同时间点上所作决策的情况。在方案选择空间里包含了所有可行的行动方案,借助于决策树可以在各种不同备选方案中寻找到最佳方案。

需要指出的是,管理中的问题处理是在高速中进行的,管理过程中不可能有很多时间供领导者考虑或分析各种可能的备选方案。因此,领导者在作选择时,应明确最低限度的决策目标,主要应考虑决策是否合理、正确,而不必过多地考虑能否为他人所接受,以及如何才能为他人所接受,顾虑太多反而会坐失良机。

7) 实验实证

实验实证是在决策方案选定后,采用先局部试验后普遍推广的做法。在处理一些较为复杂或较为重大的问题或工作任务时,通常采取实验实证的方法。实验实证的目的是为了验证决策方案试行的可靠性,有计划地修改完善既定的决策方案,以减少具体行动中可能出现大的偏差而带来不利的社会经济影响和决策后果。

实验实证阶段主要有3个任务:验证方案是否可行;个别地方是否需要修改;根据试验的反馈信息判断决策方案的有效性和可靠性。通过验证,当方案具有较高的可靠性时,即可进入普遍实施阶段。另外,当具体行动中发现某些不利情况时,可以进行二次决策或多次决策,对原有的决策方案进行修正和完善。在极端情况下,甚至可能会出现推翻既定方案,并对原有的备选方案重新进行评估、选择,或者重新收集信息、拟订决策备选方案的现象。

8) 组织实施

组织实施是决策程序的最后阶段。在此阶段中要化决策为行动,把蓝图变成现实。领导者需要好的决策,但还需要将决策投入实施。通过实验实证效果良好,即应拟订实施计划,合理组织力量,协调关系,安排进度,把决策具体化,转入普遍实施阶段。在实施过程中仍然可能发生与目标偏离的情况,因此还必须加强信息反馈,采取一套追踪检查和决策修正的方法。同时,要将实施的结果与最初的意愿加以比较,以保障在动态的实施中最终达到目标。

对领导者而言,实施阶段是绝对重要的。在某些职业中,能发现问题就足够了,在另外一些职业中,能找到问题的答案也就等于取得了辉煌的战果。而在领导职业中,为找到答案而采取某些行动才是最重要的。

组织实施作为决策过程的一个部分,涉及面很广。在理论上,实施可以是领导决策问题之外的一个独立过程,即实施出现在问题解决之后,决策者和执行者是可以分离的。领导者可以找出解决问题的方法,下属则可以付诸实施。实践证明,成功的实施需要实施者参与解决问题的过程,即把问题解决者和实施者结合起来。如果一个人作决定,另一个人去执行,后者不会全心全意地去执行,而且实施中的各种潜在问题还未充分考虑。因此,有效的实施过程必须与决策过程密切联系起来。

5. 领导决策的民主化、科学化和有效性

决策是领导者管理能力的重要内容,也是领导职能的主要内容。组织领导层的决策与一个组织的前途和命运休戚相关。决策的民主化、科学化是社会发展的客观要求和有效决策形成的重要保证。

1) 决策的民主化

(1) 决策民主化的原因。在现代经济社会中，决策民主化被提到了前所未有的高度，这主要取决于两点。① 决策民主化是调动员工积极性的必由之路。调动员工积极性的方法很多，除了利益原则外，民主参与决策是尊重员工，发挥员工潜能，提供自我实现机会的有效途径，是调动员工积极性的关键。② 决策民主化是组织决策的未来趋势。在知识经济时代和全球一体化趋势的影响下，跨国公司规模越来越大，无国籍企业数量越来越多，企业内部员工之间的文化差异或文化习惯冲突日趋明显，决策民主化的重要性也为人们所重视。

(2) 领导决策民主化的特征。

① 决策观念的民主化。决策观念的民主化关键是领导者思维方法和观念的更新。管理机制和模式创新的核心是思维方法与观念的创新。创新思维有利于打破僵化、陈腐和落后的旧观念，建立一系列适应和促进社会主义市场经济及知识经济发展的新观念。现阶段，我国经济正面临着三大转变，即计划经济向市场经济转变，粗放型经济向集约型经济转变，工业型经济向知识型经济转变。改革发展的实践呼唤领导决策观念的变革和创新。领导者要认清世界发展的新趋势，从传统思想观念中解放出来，建立走向知识经济的新观念和加入国际竞争的意识。

② 决策体制的合理化。决策体制是指组织决策系统的内部结构。它涉及3种关系：各种功能角色之间的关系；决策者与决策服务者之间的关系；决策权力的分配关系。如何协调决策行为过程中信息、参谋与决断3种功能承担者之间的关系也是决策体制要解决的主要内容。

决策体制的合理化要求做好3项基础性工作。首先，建立科学的信息系统。当一个决策任务提出之后，决策者首先需要了解有关信息，如何把有用的信息组织起来，为其他决策环节服务，建立科学的决策信息服务系统，专门承担信息的获取、加工、传输和储存功能，是完善决策体制的重要环节。其次，建立合理的参谋系统。当决策者掌握了必要的基本情报信息后，需要对有关信息进行分析和处理，以形成基本的问题判断，提出各种解决的决策方案，并对各种方案进行分析论证。再次，合理的决断系统。谋略工作完成后，继而需要决断，即选择和确认最终的解决方法。现代社会生活的高度复杂性决定了现代决策活动实行高度的功能分化，并在此功能分化的基础上重新组建相应的决策体制。围绕信息、谋略、决断这3项决策活动中的基础性功能，建立3种对应的系统，协调好彼此之间的相互关系，是健全与完善科学化决策体制的重要组成部分。

③ 决策研究的公开化。现代管理的发展，往往强调吸收更多的人参与决策过程，以广泛地吸收各方面的意见，使决策方案更加完善。这就要求决策研究，一方面要重视组织内部员工的民主参与；另一方面也要重视参谋咨询机构的作用。

④ 决策的法制化。决策的法制化是决策民主化的先决条件。决策法制化是决策体制合理化的重要条件，如果没有健全的法制，好的决策体制也会被破坏。同时，决策法制化是决策公开化的重要保证。如果没有健全的法制，决策的公开研究只能流于形式，表达意见的渠道难以保证。因此，通过法律条文规定组织成员参与组织决策的形式、条件和责任，创造民主决策的条件，是决策民主化的真正体现。

2）决策的科学化

决策的科学化是组织发展的内在要求，是社会发展进步的必然趋势，也是领导有效决策的根本。

（1）决策科学化的原因。

① 组织超大型的需要。现代科学技术发展和全球一体化的趋势，使现代社会组织呈现出日益扩大的趋势。其表现为跨国公司、无国籍企业等一系列超大型组织的出现。而且，随着知识经济时代的来临和国际竞争的加剧，这一类超大型组织还会不断增加或扩大。这种超大型组织的突出特点是规模庞大、功能综合、信息量大、结构复杂。可以想象，单凭领导者个人的经验要领导好这样复杂的组织是不现实的，必须利用科学的理论和方法进行决策才是明智的选择。

② 决策科学化是现代经济社会发展多变性的需要。现代科学技术的发展使社会处于日新月异的发展变化之中，集中表现在两个方面：现代科技的发展十分迅速；从科技发明到产品生产和社会应用的周期越来越短。现代社会发展的这种多变性，使现代领导者时时刻刻都可能面临层出不穷的新问题。突发性事件的概率明显提高，非程序化决策的重要性日趋增加。显然，领导者必须由经验决策上升到科学决策。

③ 决策科学化是现代社会活动联系的广泛性和影响后果的严重性的需要。现代科学技术的发展及其应用，已经把一个地区、一个国家，甚至整个世界都连接成一个整体。这使组织决策后果的严重性达到了前所未有的程度。因此，要求领导者必须采取科学的态度，进行科学决策。

（2）决策科学化的特征。

① 决策思想科学化。领导者是否按照科学思想进行决策，是决策科学化的决定性因素，因为领导者在决策过程中居于举足轻重的地位。决策思想科学化包括合理的决策标准、有效的信息系统和系统的决策观念。

② 决策程序科学化。其主要含义有两层：首先决策程序是一个科学系统，其每一个步骤都有科学含义，相互之间又是相互联系的；其次有一整套科学技术作保障，使每一个步骤达到科学化。

③ 决策方法科学化。这有两类相互区别、相互补充的"软"技术和"硬"技术。决策的软技术主要是依靠大量专家的知识、经验和智慧，运用社会学、心理学等理论作出判断。决策的硬技术主要是依靠数学模型、电子计算机技术等科学手段，运用定量分析、系统分析等方法作出科学的判断。这两种方法各有所长、各有所短，在具体决策中应根据实际情况相互结合、灵活运用。

（3）决策民主化与决策科学化的关系。

① 决策民主化是决策科学化的重要保证。决策科学化对决策民主化的依赖关系十分明显，没有健全的民主决策体制，决策科学化就不能实现。

② 决策民主化是决策科学化必不可少的前提条件。在知识经济时代，领导者个人的知识显得十分有限，只有靠大多数人，尤其是被领导者发挥各方面的积极性，才能提高决策的可行性和有效性。

③ 决策民主化和决策科学化是任何有效决策都必不可少的基础与先决条件。

3) 提高领导者决策水平的方法

（1）选准决策目标。有效的决策必须具有明确的目标，但事物的复杂性往往使决策的目标不限于一个，如何选准目标，尤其是组织的战略目标，是提高决策水平的关键。战略决策注重于组织的长远发展，对组织的生存有着至关重要的影响，对企业组织而言，其战略决策可能从下列战略中进行选择：产品战略、质量战略、管理战略、人才战略、科技战略、投资战略、商标战略和市场营销战略。

（2）提高执行者对决策的认可水平。执行者对决策的认可水平关系决策的执行效果，可以通过以下方法提高对决策的认可水平。

① 通过一定的程序和步骤使决策执行者能够参与决策的制定。

② 说明决策执行结果对组织和执行者的利益关系。

③ 执行者参与执行过程中的信息反馈和决策的修订，并享有执行决策必须具备的权力。

（3）发挥外脑的作用。为保证决策的合理性和正确性，应充分发挥外脑的作用。

① 发挥智囊团的作用。智囊团是一种在组织系统中独立于决策者之外，但要站在决策人立场上进行研究的决策参与团体。在研究和论证决策方案时，智囊团能够从科学的角度出发，指出应该怎么办，怎么办最合理或最符合课题交办组织的真正利益。因此，应当允许智囊团违背课题交办人的偏好，提出不同的意见，进行反面的和批判性的论证，并提出其他的政策方案。

② 发挥思想库的作用。思想库是在与决策者的关系上比智囊团显得更超脱、更独立，甚至与决策人之间没有课题交办关系的决策参与团体。这种决策参与团体往往不就现实中的具体问题发表意见，不搞对策研究和方案论证，而是对某些影响组织未来长远发展的深层次的战略性问题进行思考。人们可能一时看不到这些问题的现实功用，但正是这些问题的探讨会对以后长远的重大发展产生决定性影响。

（4）善于运用逆反意见。不同意见对决策的有效性意义重大，运用逆反意见有利于领导者提高决策水平。不同意见实质上提出了更多的可供选择的方案；不同意见之间的争论能使各方案的利弊得以充分显示，有利于取长补短，深化思路；不同意见的存在，可以提高决策的可靠性；不同意见的讨论是领导者避免受人愚弄或左右的最有效措施，善于吸取不同的意见进行决策的领导者，能够抓住问题的核心，促进决策行为科学化。

复习与思考题

1. 什么是领导？领导在组织中的功能是什么？
2. 权力与权威的区别是什么？你认为在组织中哪个更有效？
3. 假如你是公司的职员，你更倾向于任务导向型的领导还是人际导向型的领导？提出你的看法并说明理由。
4. 目前领导魅力理论备受关注，然而其也存在一些问题，利用所学讨论它的局限性。
5. 结合实际，谈谈你身边的领导者与追随者，他们最大的差别是什么？
6. 从领导素质理论的角度出发，谈谈你心目中的领导者应具备哪些素质？

案例阅读

为葛多特当餐厅服务员

放暑假了，大学生丹妮没有回家和父母一起度假，而是留在波士顿，在一处高档的法国饭店当餐厅服务员。丹妮非常幸运能找到这样的工作。在这里，每小时工资为2.35美元，还有小费。每天两顿正餐中，她的客人所点的菜和酒平均起来达90美元，如果能好好干，争取拿到15%～20%比率的小费，则一天下来她能挣得一笔可观的收入。饭店老板葛多特在雇用丹妮时强调，他希望他的员工表现出色，并且谈到公司的将来和大家齐心协力像团队一样工作的重要性。丹妮受到鼓舞，下定决心要竭尽全力做好工作。葛多特工作得非常投入和勤奋，但也容易大发雷霆。当餐厅变得拥挤起来，客人等着上菜的时候，葛多特会冲着厨房对厨师们用法语大声叫喊："快点，慢吞吞的像蜗牛一样，连我的老祖母也比你们做得快！"前几周，葛多特从来没有注意丹妮的存在。听到他对厨师们那样训话，丹妮反而庆幸不被老板注意，不过她还是有点纳闷，为什么几周过去了，他还是没有跟她讲一句话，丹妮的确干得很出色，她的小费不断增加，平均达到20%。客人们称赞她服务快速和高效，因为她已经学会一手托起好几个盘子的本领，这样做可以使她减少在厨房内来回跑动的次数，确保服务质量。她非常明白，想要提供真正的优质服务就意味着要比常人付出更多的努力。丹妮的热情服务，帮助餐厅从每个客人那里多挣了不少钱。通过学习，丹妮掌握了向客人推荐佐餐酒的技巧。她总是不停地穿梭于餐厅之中，看看客人是否需要添加各种饮料，她还能绘声绘色地向客人描述各种高档点心，邀请客人购买。偶尔有法国人或法裔加拿大人光顾该店的时候，她能用娴熟的法语与他们交谈。她的记忆力非常好，总是能记住谁点了什么菜并且能及时送到。客人们走的时候，她总是不忘记与他们道别，并欢迎他们再来。

尽管这样，葛多特还是很少注意她。每天当她主动与他打招呼时，他只是敷衍了事。然而，有一天晚上，他终于和她说话了。更确切地说，当她把手中的一碗浓味炖鱼掉在地毯上时，他开始向她咆哮。丹妮感到非常抱歉，并立刻拿来海绵擦拭，但葛多特还是怒气冲冲地用法语向她叫嚷，并且告诉她，要从她的工资中扣除8.95美元，这包括浓味炖鱼的鱼加上5美元清洗地毯的钱。那天晚上，在回家的路上，丹妮感到非常愤怒和不解。当然，也许她不应该试着一次端4盘菜，但这不过是一个临时工的偶然失误而已。她为客人做的那些热情服务，老板到底注意到了吗？葛多特似乎从来没注意过这样的事。期待葛多特的赞扬比等待天上掉下百万美元还要难呀！丹妮决定第二天晚上谨小慎微地悠着劲干，以免再一次招致老板的狂怒。这是一个星期五的晚上，餐厅非常拥挤，丹妮每次上菜不敢超过两盘，不过她的小费也随之降到15%，比她上一个晚上得到的23%要低许多，虽然她没有摔坏什么东西，但葛多特对她和其他员工仍然感到不耐烦。他的餐厅服务员几乎是用小跑代替走路从厨房进出，葛多特还是在不停地嘟囔："快！快！难道你们的鞋里有铅吗。"后半个晚上，丹妮对他的牢骚十分反感，她的速度明显地降下来。不幸的是，她的小费也跟着往下降。她的确很需要钱,以接济下一学期的费用。丹妮迫使自己恢复原来的速度,否则挣不到足够的钱,下学期只好用米饭和面条来充饥了。丹妮祈祷千万别再打破什么东西了,她盼望 9 月份的来临,她等待着葛多特能从只知道工作和冷酷无情的状态中摆脱出来。

思考与讨论题

1. 葛多特的领导方式存在什么问题?
2. 如果你是餐厅经理,如何激励像丹妮这样的优秀员工?如何更好地经营餐厅?

第 11 章

冲突与冲突管理

学习目标

1. 了解冲突的特性及观念的变迁。
2. 了解冲突形成的过程模型。
3. 识别冲突产生的根源。
4. 列举处理冲突的 5 种策略。
5. 掌握冲突管理的具体方法。

开篇案例

人际关系的变化对工作的影响

自从明娟第一天到公司上班,她就注意到了阿苏,阿苏总是表现得冷漠疏远。开始,她认为阿苏是憎恨她的工商管理硕士学位,以及她在公司的快速提升,或者是她的雄心壮志。但是,明娟下决心同办公室里的每一位同事都处好关系,因此她邀请阿苏出去吃午饭,一有可能就表扬他的工作,甚至还同他的儿子保持联络。

但随着中西部地区营销主管的任命,所有这一切都结束了。明娟一直盯着这个职位,并认为自己有很大的可能得到这个职位。她和与她同一级别的另 3 位管理人员竞争这个职位。阿苏不在竞争者之列,因为他没有研究生文凭,但是阿苏的意见在高层被认为有很大的影响力。明娟的资历比其他的竞争者要浅,但是她的部门现在已成为公司的核心部门,而且高层管理多次对她进行褒奖。她相信,若阿苏好好推荐的话,她能得到这个职位。

但马德最后得到了提升去了陕西任职,明娟十分失望。她未能得到提升就够糟的了,使她无法忍受的是选中的竟然是马德。她和阿苏曾戏称马德为"讨厌先生",因为他们都受不了马德的狂妄自大。明娟觉得马德的中选对自己来说是一个侮辱,这使她对自己的整个职业生涯进行了反思。当传言证实了她的猜测——阿苏对作出的决策施加了重大影响之后,她决定把她同阿苏的接触降至最低限度。

办公室里的关系冷了下来,持续了一个多月,阿苏也很快就放弃了试图同明娟修复关系的行动,他们之间开始互不交流,仅用不署名的小便条进行交流。整个办公室也因为这二人的关系变得紧张起来,并在很大程度上影响了工作的效率。

11.1 冲突概述

1. 冲突的概念及特性

1) 冲突的概念

在组织中,人与人、人与群体、群体与群体之间必然会发生这样或那样的交往和互动关系,在这些错综复杂的交往和互动中,人们会因为各种各样的原因而产生意见分歧、争论、竞争和对抗,从而使彼此之间出现不同程度、不同形式的紧张状态。这种紧张状态被交互双方意识到时,就会发生组织行为学称之为"冲突"的现象。

有关冲突的定义很多,但人们更偏向于从社会心理学的角度来定义冲突。我国学者俞文钊将冲突(Conflict)定义为由于群体或个人试图满足自身需要而使另一工作群体或个人受到挫折时的社会心理现象。

美国学者布朗等在对冲突与组织绩效的研究中,发现了冲突水平与组织绩效之间的关系主要表现为:当冲突水平过低时,组织对外部环境反应迟钝,成员关系冷漠缺乏创新观念,组织绩效水平较差;当冲突水平过高时,组织会陷入混乱、对抗,甚至分裂、瓦解状态,从而破坏组织绩效;只有当冲突水平达到最佳程度时,它可以阻止迟滞,解除紧张,激发创造力,并有不断的革新,促进组织绩效的改善。另外,张刚等学者通过对知识冲突与忠诚度和满意度的实证研究,指出了知识层面的冲突能够在激发争辩、对抗的同时,发现并修正个体和组织现存知识体系中的漏洞与错误,提升知识水平及运用能力,从而提高个体的忠诚度和满意度。此外,有些学者对冲突与决策绩效(包括决策质量、决策共识和情感接受)进行了研究,发现了关系冲突对决策绩效有负向影响,适度的任务冲突对决策绩效有正向影响。

2) 冲突的特性

(1) 客观存在性。冲突的客观存在性是指任何组织、群体或个人都会遇到形形色色的冲突,冲突是一种不以人们意志为转移的社会心理现象,是群体或组织管理的本质内容之一,是任何社会主体无法逃避的客观现实存在。

(2) 主观知觉性。冲突是否存在是一个知觉问题。冲突必须是双方感知到的,如果人们没有意识到矛盾的存在或感知到由矛盾所带来的心理压力,则常常认为冲突不存在。客观存在的形形色色的冲突必须经过人们自身去感知、内心去体验。当客观存在的分歧、争论、竞争、对抗等现实状况的反映成为人们大脑或心理中的内在矛盾争斗,导致人们进入紧张状态时,人们才能意识到冲突、感知到冲突。

(3) 二重性。冲突的二重性是根据冲突的相互作用观念,从冲突作用影响角度对其一般特性的概括。抽象而言,冲突是对组织、群体或个人既具有建设性和有益性,有着产生积极影响的可能性,又具有破坏性和有害性,有着产生消极影响的可能性。以前者特性为主的冲突,人们称之为"建设性冲突"或"功能正常冲突";而以后者特性占上风的冲突,人们称之为"破坏性冲突"或"功能失调冲突"。

2. 冲突观念的变迁

人们对于冲突的观念随着社会实践的发展和认识的提高而逐步变化，概括起来分为 3 种观点，即传统观点、人际关系观点和相互作用观点。

1）传统观点

在 20 世纪 30—40 年代，传统观点在冲突管理理论上占主导地位。这种观点认为，所有的冲突都是不良的、消极的、有害的，势必会造成组织、群体和个体之间的不和、分裂和对抗，从而降低了工作效率，影响了组织目标的实现。在这种观念的指导下，许多组织的管理者努力寻找冲突的起源及其解决方法，认为避免冲突便可增进组织绩效。

2）人际关系观点

在 20 世纪 40 年代末到 70 年代中叶，人际关系观点在冲突管理理论中占据统治地位。这种观点认为，对于所有群体和组织来说，冲突都是与生俱来的、不可避免的。由于冲突无法避免，人际关系学派提倡接纳冲突，适当地控制和利用冲突。这段时间的研究重心是如何管理冲突。

3）相互作用观点

20 世纪 70 年代中叶以后，相互作用观点成为当代冲突理论的主流学派。这个观点认为，冲突对于组织、群体和个人既有建设性和推动性的一面，也有破坏性和阻碍性的一面。没有冲突，组织或群体将会失去活力和创新；相反，保持适当的冲突水平，可以促进组织变革，使组织保持旺盛的生命力。所以，组织中管理者的主要任务就是维持冲突的最低水平，使团体保持足够的活力、创造力、批判及反省能力。

3. 冲突的类型

1）依据冲突对组织的作用性质划分

依据冲突对组织的作用或功能的性质不同，可以将冲突分为以下两种类型。

（1）建设性冲突。建设性冲突（Constructive Conflict）又称为水平适当冲突，是指在目标一致的基础上，由于观点或方法的不一致而产生的冲突。它的发生和结果对组织有积极的意义。这些积极的意义主要表现在以下方面：① 部门之间的分歧与对抗能形成部门相互支持的体系；② 冲突的暴露提供了很好的出气孔，能使对抗的成员采取联合方式发泄不满；③ 冲突可以促进更好的沟通，增强内聚力；④ 冲突可以改进决策的进程。

（2）破坏性冲突。破坏性冲突（Destructive Conflict）又称为功能失调冲突，是指在目标不一致的基础上，各自为本群体的利益采取错误的态度与方法而发生的冲突。这类冲突对组织会造成不良后果。这些不良后果主要表现在以下方面：① 使人力、物力分散，造成资源浪费；② 造成组织内的凝聚力下降；③ 造成人与人之间的紧张与敌意，从而降低了士气。

例 11-1

高管离职对公司业绩的影响

2006 年 12 月 31 号，谷歌全球副总裁大中华区联合总裁周韶宁正式离职。周韶宁此次离职，在很大程度上与他和公司高层的矛盾有关。据了解，周韶宁几个月前向总部提交了一份本地化方案，该方案对中国公司的具体架构进行了设计，并提出一些有较强针对性的策略。但是，这并未得到谷歌两位创始人谢尔盖·布林和拉里·佩吉的认同。11月就有消息报道，谷歌内部已经透漏了周韶宁离职的消息。并称周韶宁的离职可能与其向总部提交的一份本地化方案未被接受有关。

高层管理团队的矛盾，对公司的业绩带来了冲击。根据中国互联网网络信息中心2006年9月发布的报告，谷歌虽然居于中国网络搜索市场的第二位，但实际首选市场份额在下降。与此同时，其主要竞争对手百度将会获得喘息的机会，而且很有可能借机占领谷歌的高端市场。据相关数据显示，25岁以上月入超过3 000元的用户中，谷歌高于百度8个百分点。如果百度此时悉心研究攻略，加上对本土市场的充分了解，很可能会争取一部分高端用户。

2）依据冲突是否与工作相关划分

依据冲突是否与工作相关的观点来讨论，可以将冲突分为以下3种类型。

（1）关系冲突。关系冲突（Relationship Conflict）是聚焦于人际关系的，与工作任务不相关，是指群体内部成员之间存在的人际矛盾，通常包含紧张、敌意和厌恶等情绪成分。Robbins整理相关研究指出，关系冲突都是恶性的，因摩擦与人际间的敌意很自然存在关系冲突中，使得彼此信任感下降，阻碍组织任务的完成。对于关系冲突与绩效之间的关系，目前较为一致的结论是承认关系冲突与组织绩效之间的负相关关系。王国峰等人通过研究发现，增加员工的归属感有利于减少组织内的关系冲突。

（2）任务冲突。任务冲突（Task Conflict）是指团队成员有关任务的观点和看法存在的分歧，包括关于（数据、证据支持的）事实或意见的争论。实际上，反映出团队内部就任务本身而言存在的意见冲突。对于任务冲突与绩效之间的关系，目前没有一致的结论。一些研究者认为，对于非常规性的任务，一定的任务冲突能够发挥其正面效用，而对于常规的任务，任务冲突通常是有害的。

（3）过程冲突。过程冲突（Process Conflict）是指团队成员有关任务进程如何推进并取得进展方面存在的分歧，包括关于责任和资源分配问题的争论。因为过程冲突通常涉及有形或无形资源的分配问题，所以有时也被等同于资源冲突（属于利益冲突的一种）。和任务冲突一样，对于过程冲突与绩效之间的关系，目前理论界也无定论。一些研究者认为，对于非流程性的任务，一定的过程冲突能够发挥其正面效用，而对于流程性的任务，过程冲突通常会影响组织的绩效。

3）依据冲突发生的范围划分

依据冲突发生的范围，可以将冲突分为以下3种类型。

（1）个体心理冲突。个体心理冲突是指当一个人面临两种互不相容的目标时，感到左右为难的一种心理体验。一种情况是单一角色内部的冲突，如在矩阵型组织中，一名员工往往有两个直接上司，当这两个上司对该员工的角色期望不一致时，就可能发生角色内冲突；另一种情况是当角色指派者对扮演特定角色的某个个体的期望破坏了个体价值观时，就会出现个人角色冲突。例如，某化工企业员工是环保主义者，而经理却授意他超标排放污水，这就与该员工的价值观相违背，将会出现个体角色冲突。

（2）群体间冲突。当冲突发生在群体或团队之间时，就称之为群体间冲突。群体间冲突有时会对每个群体都产生积极影响，如提高群体的凝聚力，增加对任务的关注，以及提高成员对群体的忠诚度。当然，也可能产生负面影响，如冲突中的群体会产生一种"势不两立"的状态，彼此都把对方当成敌人。

（3）组织间冲突。不同组织之间发生矛盾往往会产生组织间的冲突。组织间的冲突有时是有利的。例如，企业为了战胜对手，会不断地提高产品和服务的质量，这对企业和消费者来说都是有益的。但组织之间的冲突有时也是有害的。例如，前几年中国的彩电企业之间为了扩大各自的市场份额，不去共同努力扩大整个彩电市场，而是采用竞相压价的方式从竞争对手那里抢夺市场份额，这不仅损害了企业的利益，而且阻碍了整个行业的发展。

11.2　冲突分析

1. 冲突的系统分析

美国行为学家杜布林运用系统的观点观察和分析冲突问题，构建了由输入、干涉变量和输出3类要素组成的冲突系统分析模型，如图11-1所示。

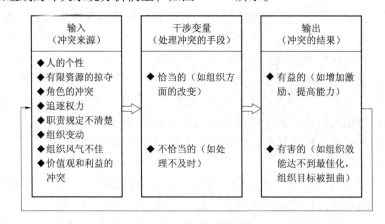

图11-1　杜布林冲突系统分析模型

1) 输入要素

输入要素即冲突的根源。在冲突系统分析模型中，冲突的根源被分为以下8个方面。

（1）人的个性。在一个群体或组织内，不同的人之间的性格差异使他们解决问题的作风和行事方式不同。群体内的个性差异越大，共性则越小，组织成员合作的可能性就越小，存在的分歧、矛盾就越普遍，工作和交往中的阻碍、争执和冲突也就越频繁。

（2）有限资源的掠夺。资源总是有限的，资源的有限性和资源需求的无限性之间的矛盾是导致冲突的普遍根源之一。美国一家著名公司财务副总裁说，在他的工作中，棘手的问题是如何分割一块馅饼，以避免某些贪吃者吃得过饱。在企业中，不同部门或群体常常因为争夺原料、资金、人员、设备、信息、时间等而发生冲突，因为任何企业在资源分配方面，几乎都不可能做到谁要就分配给谁，要多少就给多少。

（3）角色的冲突。企业中的个人和群体，由于承担的角色不同，在履行职责、承担任务、从事活动、进行交往时，常常不得不扮演两种或两种以上相互矛盾的角色，并因此发生冲突。

（4）追逐权力。有时，冲突是因为人们的权力欲望而引起的。例如，为了获取某项权力而攻击对方，抬高自己，打压别人。

（5）职责规定不清楚。职责规定不清楚意味着在一个组织或群体中，谁来干，干什么，怎么干，以及如何评价等规定不清楚，就容易造成相互推诿或争相插手，从而引发冲突。

（6）组织变动。组织需要经常变革以适应不断变化的外部环境。组织实施改革、精简、重组或兼并时，必然会打破原有部门界限和利益格局，给相关的利益主体带来恐慌和焦虑。

（7）组织风气不佳。冲突还与组织风气有关。功能正常的建设性冲突在组织中的维持，往往得益于健康的组织文化和组织风气；功能失调的破坏性冲突在组织中的传播，也往往会助长组织的不正风气，使冲突进一步加剧。

（8）价值观和利益的冲突。价值观的不同和利益的不一致，也是引起冲突的根源之一。企业是由不同利益主体组成的，不同个体或群体由于具有不同的价值观和利益追求，在错综复杂的交往过程中不可能协调一致，从而导致彼此之间发生冲突。

此外，冲突的程度还与人的互依性、目标差异性和知觉差异性有关，相互依赖程度越高，目标差异性和知觉差异性越大，冲突的机会就越多。

2）干涉变量

干涉变量即处理冲突的手段。对冲突处理手段的加工将影响冲突处理的结果，如组织方面的一些改变就是恰当的处理，若处理不及时则是不恰当的处理。

3）输出要素

输出要素即冲突的结果。恰当的处理会导致有益的结果，而不恰当的处理会导致有害的结果。同时，冲突的结果又会反馈作用到冲突的根源影响到新一轮的冲突。

2. 冲突的过程分析

冲突是一个动态的过程。实际的冲突一般是从冲突相关主体的潜在矛盾映射为彼此的冲突意识，再酝酿成冲突的行为意向，然后表现为现实的冲突行为，最终造成冲突的结果与影响，这是一个逐步产生、发展和变化的互动过程。

美国行为学家庞地（Louis R. Pondy）将冲突形成的全过程划分为5个阶段：潜伏期、认知期、行为意向、行为和结果。图11-2描述了这一全过程。

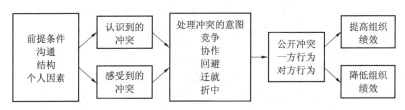

图11-2 冲突过程

1）阶段Ⅰ：潜伏期

潜在冲突阶段是冲突的萌生阶段，又称为冲突的潜伏期，主要表现为发生交互关系和互动过程的不同主体，彼此存在和积累了可能引发冲突机会的前提条件。虽然，这些条件并不一定必然导致冲突，但却累积了可能冲突的根源，是冲突产生的必要条件。这些产生冲突的可能条件主要分为 3 类：沟通、结构和个人因素。

（1）沟通。沟通不良可能成为冲突的潜在原因。研究表明，语义理解困难、信息交流不够充分，以及沟通通道中的"噪声"，这些因素都构成了沟通障碍，并成为冲突的潜在条件。

（2）结构。事实上，有些冲突是"结构"造成的，这里的"结构"主要包括的变量是群体规模、分配给群体成员的任务的专门化程度、管辖范围的清晰度、员工与目标的匹配性、领导风格、奖励系统、群体间相互往来的程度。其中，群体间的目标差异是冲突的重要原因之一。

（3）个人因素。个人因素也可能成为潜在的冲突源。某些人格类型和价值观差异有可能引起冲突。

一旦这些产生冲突的潜在条件具备时，冲突过程就开始了。当冲突处于潜伏期时，可以称之为潜在的冲突。只要社会活动主体之间发生互动活动，彼此间存在差异和相互依赖关系，就必然存在潜在的对立或不一致，构成潜在的冲突和冲突的可能性。至于潜在冲突能否转化为显在的冲突，则取决于诸多的主客观因素的作用和"催变"过程。

2）阶段Ⅱ：认知期

知觉冲突阶段又称为冲突的认知期，是冲突主体对冲突的条件和根源——潜在冲突的认识和感觉阶段。在阶段Ⅱ，潜在的对立和失调会显现出来。只有当冲突的一方或多方意识到或感受到冲突时，阶段Ⅰ的潜在条件才会导致冲突。也就是说，在冲突的这一阶段，可能产生冲突的双方在主观上意识到客观存在的双方对立或不一致，产生了相应的知觉，开始推测辨别是否会有冲突、是什么类型的冲突、是什么性质的冲突等。一方或双方对冲突已经体验到紧张或焦虑，此时冲突问题已经明朗化了，但这时冲突还没有造成实际的危害。在这一过程中，双方将决定冲突是什么性质，这一点很重要，因为定义冲突的方式将会对冲突的可能解决办法产生极大的影响。

3）阶段Ⅲ：行为意向

行为意向（Intention）介于人的认知和外显行为之间，是指采取某种特定行为的决策。在行为意向阶段，冲突主体主要是在自身的主观认知、情感与外显行为之间，作出究竟应采取何种行为的决策或特定行为意图取向的选择，即在冲突主体知觉冲突的基础上，依据自己对冲突的认识、定义和判别，开始思考、判断和选择冲突处理中的行为策略。

很多冲突之所以不断升级，原因就是一方对另一方进行了错误的归因。由此可见，只有判断出一个人的行为意向之后，才能知道其会作出怎样的行为选择。

按照合作性（一方愿意满足另一方愿望的程度）和自我肯定（一方愿意满足自己愿望的程度）这两个维度，能够确定出以下 5 种处理冲突的行为意向。

（1）竞争。当一个人在冲突中寻求自我利益的满足时，不考虑冲突对另一方的影响，就是采取竞争的做法。

（2）协作。当冲突双方均希望满足各方利益时，就可以进行相互之间的合作，并寻求相互受益的结果。

（3）回避。当意识到冲突时，采取漠然或逃避的行为，与他人保持距离划清界限，固守领域；如果无法采取退缩行为，就压抑、掩饰存在的差异。

（4）迁就。如果一方为了安抚对方，则可能愿意把对方的利益放在自己的利益之上。

(5) 折中。当冲突各方都寻求放弃某些东西，从而共同分享利益时，则会带来折中。

行为意向界定了冲突各方的目标，为冲突情境中的各方提供了总体的行为指南。但是，人们的行为意向并不是固定不变的。在冲突的过程中，由于人们的重新认识，或者由于另一方对行为的情绪反应，行为意向也可能发生改变。研究表明，在上述5种处理冲突方式的选择中，人们总有一种基本的行为倾向。换句话说，在处理冲突方式的选择中，各人有各人的偏好，而且各人的偏好总是相对稳定一致的，如果结合个人的智力特点和个性特点，就可以比较有效地预测人们的行为意向。

4）阶段Ⅳ：行为

在行为阶段，冲突表面化，显现的行为是阻止对方实现目标。此时，冲突已经到了非解决不可的地步。

冲突行为通常是冲突各方实施行为意向的公开尝试，但有时外在行为会偏离原本的行为意向。一般而言，不同的冲突主体在自己的行为意向的引导或影响下，正式做出一定的冲突行为，来贯彻自己的意志，试图阻止或影响对方目标的实现，努力实现自己的愿望。也就是说，在此阶段冲突的主体会自觉或不自觉地采取了公开的冲突处理行为，从而使潜在的冲突演变为明显可见的公开冲突。

图11-3是冲突行为的连续体，所有的冲突都处于这个冲突连续体的某个位置上。在连续体的低端，冲突以微弱、间接、节制为特点；在连续体的高端，冲突以直接、粗暴、不可控制为特点，并且具有极大的破坏性。在通常情况下，处于连续体高端位置的冲突常常是功能失调的，功能正常的冲突一般位于冲突连续体较低端的位置。

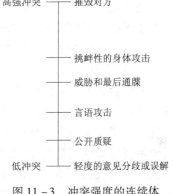

图11-3　冲突强度的连续体

5）阶段Ⅴ：结果

在结果阶段，冲突主体间的行为导致了冲突的最后结果，冲突的最后结果又会间接或直接影响冲突的主体，并经过反馈形成新冲突的前提条件，酿成新一轮的"潜在冲突"。

冲突的最后结果一般表现为性质不同的两种冲突结局。

(1) 功能正常的建设性冲突，即冲突提高了群体的工作绩效。有大量的事实表明，较低或中等水平的冲突有可能提高群体的有效性。由于冲突允许百家争鸣，使一些不同寻常的建议或由少数人提出的建议会在重要决策中增加权重，从而提高决策的质量。此外，冲突还向现状提出了挑战，鼓励人们采用革新的解决办法，并且与生产率之间也存在着正相关。以上这些使冲突可以提高决策的质量，激发变革和创造，调动群体成员的兴趣和好奇，提供问题公开、紧张解除的渠道，培养自我批评和变革的环境，提高群体对变革的迅速反应力。

(2) 功能失调的破坏性冲突，即冲突降低了群体绩效。

单就冲突双方的关系来看，冲突的结果可以归为胜—胜，负—负，胜—负这3种形式。这样3种形式的冲突后果说明，冲突主体在冲突结果中会有不同的损益（只有少数冲突结果使双方满意，多数冲突结果是后两种形式），冲突主体在一场冲突结束后由于面对的结局不同，从而会出现不同的反应或后续行为，所以冲突的结果并不一定意味着冲突的终结。

一般认为，在冲突中获胜或从冲突结果中获益的冲突主体，会增强满意度和强化自我肯定，并可能带来以下变化：进一步强化自信，加强对失败方的否定看法；减弱对有关工作和任务的关心程度（至少在短期内），放松对自己工作的自检和改进。在冲突中失败或在冲突结果中受损的冲突主体，往往难以接受失败的事实，替自己开脱责任，片面地强调各种客观条件的影响，把自己失败归因于第三者或"不可抗力"的作用，力图否认冲突的结果，从而会波及自身的心态和以后的行为。

11.3 冲突管理

1. 冲突管理的原则

1）适度原则

适度原则是倡导建设性冲突，避免破坏性冲突，将冲突水平控制在适当的水平。西方的现代冲突理论认为，冲突对于组织既有积极的方面，又有消极的方面，冲突水平过高或过低都会给组织和群体带来不利的影响。因此，在冲突管理中应当注意，对于引起冲突的各种因素、冲突过程、冲突行为加以正确处理和控制，努力把已经出现的冲突引向建设性轨道，尽量避免破坏性冲突的发生和发展，适度地诱发建设性冲突并把冲突维持在适当的水平之内，以便达到"弃其弊而用其利"的冲突管理目标。

2）全面控制原则

全面控制原则是实行全面控制的冲突管理，而不是局限于事后的冲突控制与处理。传统的冲突管理把工作的重点放在冲突发生之后的控制与处理上，比较被动。实际上，冲突的形成、发展和影响是一个系统的过程，现代冲突管理理论认为，冲突管理不仅仅是公开冲突发生后的事情，而应当是潜在冲突、知觉冲突、意向冲突、行为冲突（公开冲突）、结局冲突等所有冲突阶段的事情，必须对冲突产生、发展、变换、结果的全过程，以及所有因素、矛盾和问题进行全面管理，才能把原则落到实处，尽量减少破坏性冲突的消极作用，充分发挥建设性冲突的积极作用，最大限度地减少冲突管理的成本。

3）权变原则

权变原则是指对冲突的管理要随机应变，具体问题具体分析。也就是说，不存在一成不变、放之四海而皆准的冲突管理理论和方法。因此，必须针对具体的情况，根据所处的环境条件、实事求是地分析问题和认识问题，灵活采用适宜的策略和方法随机应变地处理冲突。

2. 冲突管理的模式

1）托马斯的二维模式

过去，社会心理学家用一维空间来表述人们冲突中的行为。这一维空间是从竞争到合作，认为有的人倾向于强制，有的人倾向于合作，有的人介于两者之间。近年来，许多研究表明，这种看法不能全面反映冲突行为。托马斯提出的二维模式，以沟通潜在意向为基础，以试图使他人的关心点得到满足为横坐标，以试图使自己的关心点得到满足为纵坐标，定义冲突行为的二维空间，并组合5种冲突处理策略。托马斯二维模式如图11-4所示。

（1）竞争。竞争是只满足自身的利益，为达到目标而无视他人的利益，常含有权力因素。这就是"我赢你输"的策略，常常通过施加压力，迫使另一方放弃，所施加的压力可

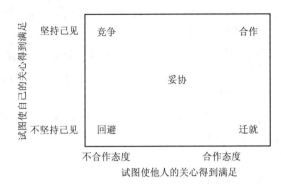

图 11-4 托马斯二维模式

以是威吓、处罚,很少有解决冲突的最佳方法,但在应付危机或双方实力相差很大时往往有效。

(2) 回避。回避既不满足自身的利益也不满足对方的利益,试图置身于冲突之外,无视不一致的存在,或者保持中立。以人际冲突为例,当两个人有矛盾时,一个人跳槽到另一个企业,或者离开原部门,到与另一个人无关的部门工作,或者仍留原职位,但不与另一个人发生工作或私人联系。当冲突双方依赖性很低时,回避可避免冲突,减少消极后果;但当双方相互依赖时,则会影响工作,降低绩效。

(3) 迁就。迁就是只考虑对方的利益或屈从于对方的意愿。表现形式为传递愿意改进关系的意思;赞扬、恭维对方;不指责、评论、贬低对方;提供帮助。假设是情绪的冲突,迁就能避免冲突升级,改善双方的关系;但当冲突是实质性的,涉及合作、资源共享、责任共担时,迁就并不能解决问题,反而会被视为软弱。

(4) 妥协。妥协实质上是一种交易,双方的目标都是在现有条件下获益最大。为避免僵局,双方可能会作出一定的让步,但不会一开始就这么做,以免给人以实力不强的印象,在讨价还价中失去主动性。帕雷特提供了某些讨价还价的技巧:表明灵活的立场,但不做实际的承诺;作很小的让步,但在对方作出反应之前,不会有任何进展;提供对你有利,对方也能接受的具体的交易条件;非正式地暗示对对方的让步会有所报答。

妥协在双方都有达成一致的愿望时会很有效,但让步的前提是在满足对方的最小期望的同时,双方都必须保持灵活应变的态度,相互信任。其消极影响可能是双方为了满足短期的利益,但牺牲了长期的利益。

(5) 合作。合作是尽可能地满足双方利益。其观点是冲突是双方共同的话题;冲突双方是平等的,应有同等待遇;每一方都应理解对方的需求,以找到对方满意的方案;双方应充分沟通,了解冲突情景。

布莱克和莫顿、沃顿和麦克西提出了合作的具体步骤:① 双方共同定义问题,有足够的时间讨论,不急于下结论;② 问题应加以具体陈述,而非抽象原则,对目标先后次序上的异同,必须一开始就加以界定;③ 合作双方找出可行方案,若不可行,每一方提出一个可接受范围,而不是先假定一个最佳方案;④ 假如某一方案能使双方利益最优化,但对某一方更有利,该方应提供补偿,以使双方获益均衡。

合作策略能否成功,取决于冲突的具体情况,以及双方同样获利的可能。某些用该策略应付劳资谈判的做法是资方增加工人的工资和福利，工会也要与资方合作，修改工作计划与程序逻辑，以降低成本，提高质量和生产率。

上述5种策略中，竞争、迁就都是一输一赢，回避是双输，合作是双赢，妥协介于输赢之间。

有一种意见值得重视。该意见认为，合作性协商有下列主要好处：坦率和真诚的互动（相互作用）有助于关系真正的改善，使冲突成为革新和改善关系的动力；合作过程能增加沟通，扩大信息流；解释争端可能增进趋同情感和信任气氛。

2）布莱克和莫顿模式

布莱克（Robert. R. Blake）和莫顿（Sane S. Mounton）根据原先的"管理方格"（Managerial Grid）模式，修改后设计出另一个冲突方格（Conflict Grid）模式，可以用来分析管理者在处理冲突时的态度与风格的参考。冲突方格模式如图11-5所示。

图11-5 冲突方格模式

图11-5中的冲突坐标显示，当管理者面对组织的冲突问题时，大多数要考虑面对冲突事件中的人的问题和工作的问题两个方面，从而寻求适当解决冲突的方法与策略。管理者在处理冲突与冲突管理体制上较常见的5种风格如下。

(1)（1,1）方式：回避。采用此种方式，管理者需要保持中立态度，把逃避或回避冲突的可能性视为借以舒缓冲突矛盾的有效方法，但冲突的基本根源问题仍然未解决或积极面对。

(2)（1,9）方式：缓和。管理者采用这种方式，是认为冲突双方的分歧可以通过缓和紧张气氛，或者维持表面的和谐关系使矛盾双方和平共存。同样，冲突的双方根源问题仍未彻底解决。

(3)（9,1）方式：压制。管理者采用这种方式时，大多数会认为，冲突可以通过权力迫使冲突双方服从。例如，由高层判决谁胜谁负，全面压制冲突行动。

(4)（5,5）方式：妥协。管理者若采用这种方式，冲突双方需作出妥协或谈判，结果是无人赢，也无人输。在大多数情况下，这种方式虽不能说是最理想的解决方式，但仍可视为较为切实可行的方式。

(5)（9,9）方式：正视。管理者采用此种方式，大多数认为可以通过积极面对的方式来解决冲突问题。例如，经过客观的讨论和分析，各方面的意见和观念都已经深入分析思考，从而提出与达成冲突双方皆同意或接受的解决问题的方法。一般而言，积极面对冲突的管理方式较为有效，并且能彻底解决冲突。

3. 冲突管理的方法

1）预防有害性冲突

冲突管理应该以预防为主，预防对群体有害的冲突或破坏性冲突为主，可以采取以下4种策略。

（1）信息共享，加强交流。研究表明，很多冲突的产生是由信息传达的渠道不同、掌握信息的程度不同，以及对信息的理解不同造成的。因此，必须在组织内建立充分、合理的信息沟通网络，实现信息公开和共享。

（2）建立合理的评价体系，防止本位主义。不同的群体往往从本部门利益出发来考虑问题，这是造成冲突的根源之一。例如，销售部门倾向于满足顾客需求，希望品种多样。而生产部门从生产效率和成本出发，希望生产种类少样，并且尽量标准化。不同的评级标准会加剧这种冲突，因此建立整体一致的评价体系，有益于统一思想、纠正行为。

（3）明确责任和权力。冲突有时是由于组织对群体和个人的责任与权力界限不清造成的。职责和权力规定不清，使两个群体对工作互相推托或争相插手。

（4）进行工作轮换，加强换位思考。不同的个体在组织中承担的职责和任务不同，因而需求和利益也不同。通过工作轮换可以加强组织成员对不同角色的理解，从而减少冲突。

2）管理破坏性冲突

破坏性冲突的管理是指当有害性冲突不可避免地出现后，有效地对其加以处理或缓解，从而控制或减少其破坏性。破坏性冲突管理的过程主要有4个步骤，如图11-6所示。

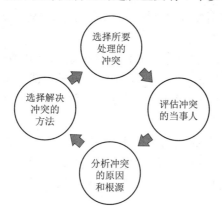

图11-6 破坏性冲突管理的过程

（1）选择所要处理的冲突。群体和组织中的冲突不会简单、孤立地存在，总是多种多样、复杂关联的。管理者并不能解决每一个冲突，应该区分冲突的不同类型和处理价值，审慎地选择处理那些有价值、有意义，自己又有能力处理的冲突，只有这样才能提高冲突处理的成效。

（2）评估冲突的当事人。当管理者开始处理某一冲突时，要花费时间仔细地了解和研究冲突的当事人。有什么人卷入了冲突，冲突双方各自的兴趣是什么，双方各自的价值观、人格特点，以及情感、资源因素如何，他们基本的冲突处理风格是什么，各方最有可能采取何种行动，习惯采取什么样的冲突处理方式，管理者如果能站在冲突双方的角度上看待冲突情况，则成功处理冲突的可能性会大大提高。

（3）分析冲突的原因和根源。对冲突产生的原因进行分析，不仅要了解公开的表层冲突原因，还要了解深层的没有说出来的原因，甚至要从个人和群体发展的角度去把握冲突的原因。只有先找到冲突的根源，才可能找到解决冲突的办法。

（4）选择与冲突特点相适宜的解决方式。冲突中双方的行为可能是互为因果的，因此任何方法都会随着冲突的发展发生改变甚至转变。以下讨论只是为冲突的解决提供一些基本思路。① 冲突双方自助式解决冲突。即冲突双方各自代表自身的利益，面对面地采取讨论、谈判、磋商、沟通等方法解决冲突的方式。② 冲突双方代理式解决冲突。即冲突双方委托代理人来解决冲突的方式。③ 第三方调停式解决冲突。即当冲突双方无法自行解决冲突时，双方共同邀请非当事人的第三方或上级来加以调停解决。④ 强制式的解决冲突。即当前3种方式都不奏效时，由权威或执法部门强行制止和处理双方的冲突。

3）激发建设性冲突

根据分析冲突水平对组织绩效的影响可以发现，建设性的冲突可以对组织绩效产生积极的影响。因此，在管理过程中，不仅要掌握解决破坏性冲突的技能，而且要掌握建设性冲突的方式。激发建设性冲突的方法主要有以下5种。

（1）鼓励建设性冲突的价值观。公开鼓励那些敢于向现状挑战，倡导新观念，质疑现行政策和制度的员工，并通过委以重任、加薪等奖励制度，奖赏那些致力于激发冲突而卓有成效的管理人员，以此在整个组织内建立建设性冲突的价值观。

（2）变革组织结构。组织结构的变革是激发冲突的重要手段，增加或削减部门，改变各部门的工作性质、工作范围和权力分配，可以使原有的权责关系发生变化，因而可能激发创意和改变，给组织注入新的活力。

（3）制造内部刺激。在公司散布一些模棱两可或具有威胁性的信息会促进组织的冲突水平。例如，宣布有些部门可能会合并，公司将被迫进行裁员这些信息的时候，会使组织成员减少一贯的冷漠态度，对现状提出积极的反思和意见，从而增加新的思想，提高冲突水平。

（4）引入新的成员。长期的共同生活中，在组织的价值观和行为准则的影响下，员工的行为方式和思维结构会逐渐趋于一致，这会降低组织的活力。适时引进一些在个人背景、知识体系和处事风格等方面与当前员工不同的成员，可能对群体原来的规范形成冲击，激发出更多的创意。

（5）树立对立面。在群体层面，可以树立群体的竞争对手，以激发群体的斗志。在个人层面，可以有意提出一些与大多数人背道而驰的观点或做法，故意对那些自己实际上赞同的观点提出反对意见，以有效地阻止小集体思想，提高群体决策的质量。

复习与思考题

1. 冲突具有哪些积极作用？具有哪些消极作用？
2. 冲突的过程模型中有哪些要素？举例说明某个冲突是如何经历冲突形成的5个阶段的。
3. 请说明激发适度的建设性冲突对于组织的重要性。
4. 分别举例说明，在何种场合下你会选择竞争、合作、妥协、回避或迁就的冲突处理方式。

5. 结合实际讨论你所在的学校中学生和教师之间存在冲突吗？你觉得应该如何解决？

案例阅读

并购引发的团队内讧

近日，AG 集团的总经理李君很是烦恼，半年前他所管理的 A 公司并购了最大的竞争对手 G 公司，原本想雄霸市场，岂知却遇到了麻烦。

A 公司是一家国际型大公司，拥有几十年的历史，主要产品为 digital PF。公司中国区的总部位于北京，辐射全国。在北方地区的市场做得尤为出色，南方稍差。A 公司拥有高质量的市场和销售团队，在 digital PF 行业中位于领导者的地位。特别是在 G 公司涉足该行业以前，A 公司在 digital PF 行业的市场占有率高达 40%。

A 公司团队成员一般为 23～35 岁的青年，学生毕业后即加入公司，一般供职年限为 5～8 年。本科以上学历占 90%，硕士以上学历占 20%，基本为高素质、高学历的团队。

A 公司的销售模式以渠道分销为主。基本没有自己的生产线，产品研发以 OEM、ODM 等代工的形式为主。

而 G 公司是国内土生土长的民营企业，主要产品为 digital PF。由南方地区的电子产品代工厂转化而来。公司成立 5 年左右，拥有自己的工厂和生产线。3 年前主要盈利模式为替海外品牌代工。

2008 年经济危机以来，海外市场急转直下，G 公司转而将盈利重心转为国内市场，以海外代工的规模化优势带来的低成本产品很快杀入了竞争激烈的 digital PF 市场，并在 2 年内做到了市场第二，占有率 28%，仅次于 A 公司的 31%。

因为有自己的生产线，G 公司在生产和交货周期的安排上更加灵活，所以区别于 A 公司的渠道营销模式，G 公司主要走大订单销售的路线，但在渠道销售方面也给 A 公司很大打击。G 公司团队成员主要以当地渠道销售人员和车间人员为主，一般为大专或普通本科毕业。

2010 年，在某国际投资银行的推动和撮合下，A 公司实现了对 G 公司的并购。两公司重组后，成立了 AG 集团。

成立后的 AG 集团成为了 digital PF 行业中占有率最高的公司，销售量节节攀升。但是，问题也接踵而至。因为，A 公司和 G 公司多年来一直是最大的竞争对手，而在并购前后双方公司都没有给各自员工时间做好思想上的准备。所以在 AG 集团成立后，来自两家公司的成员都互相不愿意接受对方。具体表现在以下方面。

（1）合并初期，来自 A 公司的员工和来自 G 公司的员工都分别只与自己原公司的同事合作交流，除了寒暄之外很少有深入的交流和活动。而且两个公司原本员工来源就不同，更出现了互相鄙夷、背后轻视的情况。

（2）合并 3 个月后，AG 集团开始整合两公司的销售渠道，继续保持了双品牌运作，原来各自负责 A、G 公司产品的人依旧负责原来的区域产品线，这使得来自 A、G 两公司的员工矛盾更加明显，双方不仅暗中较劲，更是直接在工作中相互争夺渠道控制权，甚至在公司内部发生争执。

（3）本来想强强联合，结果由于团队之间的矛盾，AG集团成立后半年，集团总销量并没有一个大的提升，反而在两个月里的销量还不如从前两个公司的总和。

思考与讨论题

1. 你觉得AG公司存在冲突的根本原因是什么？

2. 请提出一套合适的方案或措施，能够让AG公司的两个团队更好地融合起来，从而实现共赢。

第 12 章

组织结构基础

学习目标

1. 理解组织结构的概念及内容。
2. 了解组织结构的理论演变过程。
3. 掌握影响组织结构设计的因素与原则。
4. 列举组织结构类型，分析其各自的优、缺点。
5. 了解几种常见的新型组织设计方案。
6. 解释不同的组织设计对员工行为的意义。

开篇案例

教授的建议

H 市宇宙冰箱厂近几年来有了很大的发展，该厂厂长周冰在前几年"冰箱热"的风潮中已预见到今后几年中冰箱会变畅销为滞销，早已要求新产品开发部着手研制新产品。果然，不久冰箱市场急转直下，宇宙冰箱厂立即将新研制生产出的小型冰柜投入市场，这种冰柜物美价廉且很实用，一问世便立即受到广大消费者的欢迎。宇宙冰箱厂不仅保住了原有的市场，而且又开拓了一些新市场。但是，近几个月来，该厂产品销售出现了一些问题。刚刚从 H 市二轻局调来的主管生产的副厂长李英工作勤恳，口才好，有一定的社交能力，但对冰箱生产技术不太了解，组织生产能力欠缺，导致该厂所需零部件供应不上而停产，加之质量检验没有严格把关，尤其是外协件的质量常常不能保证，故产品接连出现问题，影响了宇宙冰箱厂的销售收入和产品形象。周厂长为此很伤脑筋，有心要把李英撤换下去，但又有些为难，因为李英是市二轻局派来的干部，和上面联系密切，并且她也没犯什么错误，如硬要撤换，搞得不好，也许会弄僵上下级之间的关系（因为该厂隶属于市二轻局主管）。不撤换吧，厂里的生产又抓不上去，长此以往，企业很可能会出现亏损局面。

周厂长想来想去不知如何是好，于是就去找该厂的咨询顾问某大学的王教授商量，王教授听罢周厂长的诉说，思考后对周厂长说："你何不如此如此呢……"周厂长听完，喜上眉梢，连声说："好办法！好办法！"。于是，周厂长便按王教授的意图回去组织实施。果然，不出2个月，宇宙冰箱厂又恢复了生机。

王教授到底是如何给周厂长出谋划策的，原来他建议该厂再设一个生产指挥部，把李英升为副指挥长，另任命一名懂生产、有能力的赵翔为生产指挥长主管生产，而让李英负责抓零部件、外协件的生产和供应，这样既没有得罪二轻局，又使企业的生产指挥的强化得到了保证，同时又充分利用了李、赵两位同志的特长，调动了二人的积极性，解决了一个两难的问题。

小刘是该厂新分来的大学生，他看到厂里近来一系列的变化很是不解，于是就去问周厂长："厂长，咱们厂已经有了生产科和技术科，为什么还要设置一个生产指挥部，这不是机构重复设置吗？我在学校里学过有关组织设置方面的知识，从理论上组织设置应该是因事设人，咱们厂怎么是因人设事，这是违背组织设置原则的。"周厂长听完小刘一连串的提问，拍拍他的肩膀关照说："小伙子，这你就不懂了，理论是理论，在实践中并不见得都有效。"小刘听了仍不明白，难道是书上讲错了吗？

该案例中周厂长和小刘所面临的困惑是组织结构中常见的问题。组织结构是企业的骨架，一个合理、完善的组织结构能给企业带来蓬勃的发展生机；相反，一个臃肿、混乱的组织结构很可能会让一个企业走向灭亡。随着组织内外部环境的不断变化，如何选择合适的组织结构，如何适时、适度地调整组织结构，使之适应战略、规模和环境的变化等众多难题已然摆在了大多数企业家的面前。因此，了解组织结构的相关理论，学习组织设计的影响因素，熟悉常见的新型组织结构就显得十分必要。

12.1 组织结构概述

1. 组织和组织结构

组织（Organization）是由一些功能相关的群体组成的有共同明确目标的人群集合体。工厂、商店、社会团体、学校、医院、军队等都是组织。

组织具有整体性，任何组织都是由许多要素、部分、成员，按照一定的连接形式排列组合而形成的。一般来说，目标、职能和职权、信息及人员是构成现代组织的四大要素。而人员又是四大要素中最主要也是最基本的要素。

一个组织，除了上面所说的四大要素外，在各构成部分之间，实际上还存在着一些相对稳定的关系，即纵向的等级关系及其沟通关系，横向的分工协作关系及其沟通关系。这种关系构成了无形的构造——组织结构，它涉及组织的管理幅度的确定、组织层次的划分、组织机构的设置、各单位之间的联系沟通方式等问题。因此，组织结构也可以理解为一种组织形式，这种形式是由组织内部的部门划分、权责关系、沟通方向和方式构成的有机整体。

根据以上对组织结构含义的界定，可以把组织结构的具体内容概括为以下4点。

（1）组织的正式关系与职责的形式——组织图加职位说明书。组织图是组织结构简化了的抽象模型，它通过能表明组织的正式职位系统和联系网络的图表来描述组织结构。职位说明书解释各职位的任务及职位间的关系，有时还可附以组织手册加以详细说明。

（2）向组织的各个部门或其工作人员分派任务和从事各种活动的方式，适应组织的差异化特征形象。任务分派是由社会分工所引起的。组织向各个部门或其工作人员分派任务是组织结构精密化的标志。活动方式与任务分派有着十分密切的关系，后者对前者有制约作用，不同的活动方式形成组织的差异化。这种差异表现在两个方面：垂直差异（纵结构）和水平差异（横结构）。垂直差异形成了组织的层级差，而水平差异确定了组织的部门差。

（3）协调各个分离的活动和任务的方式，适应组织的一体化特征形象。要使组织作为一个整体来行动，需要进行活动的协调。事实上，活动的差异化越大，工作的专业化越强，协调的问题就越突出和越重要。

（4）组织中权力、地位和等级关系，即组织结构中的职权系统。组织中的权力有一种是职权。职权是以其正式职位和奖惩的控制为基础的，要求下级服从的权力。组织中的权力还有一种，这种权力是以其自身的品德、专长等获得同事们的尊敬而具有的影响力和控制力。地位就是位置状况。现代组织研究表明，低效的组织结构中，存在着大量的名义地位和实有地位差别很大的人。这说明，地位不但与所拥有的权力有关，尤其与其参与组织的活动程度和所起作用的大小有取向一致的关系。等级关系是由一定的等级原则构成的，是指将组织的职、权、责的分派按等级链进行垂直的划分，其基本的着重点是上下级关系。等级原则是统一指挥的补充。

2. 组织结构理论演变

1）20 世纪 70 年代中期以来，组织结构理论发展的主要趋势

20 世纪 70 年代中期以来，组织结构理论有了新的长足发展，除了在这之前已经出现的组织结构理论的发展外，还出现了 4 个与结构权变理论分庭抗礼的新范式：制度组织理论、总体生态理论、资源依赖理论和组织经济学。从 20 世纪 70 年代中期到 90 年代中期，组织结构理论的发展呈现出以下 5 个主要趋势。

（1）在古典组织结构理论开创的道路上继续发展组织结构理论。泰耶尔（Thayer）的非层级结构模型和黑格（Hage）的组织控制理论对组织结构的权责结构进行了更为深入的分析。

（2）在人际关系和行为科学的组织结构理论方面，进一步发展了传统意义上的组织结构理论。斯梅尔斯克（Smircich）的组织符号主义、费恩（Fine）的组织文化理论、费古逊（Ferguson）的男女平等主义组织理论、沙通（Sutton）和拉发里（Rafaeli）的情感主义组织理论，进一步从情感和人性复杂性的角度分析了非正式组织结构的运作过程与功能。

（3）结构权变理论有了进一步的发展。结构权变理论产生于 20 世纪 60 年代，在 20 世纪 70 年代中期以后受到各种新的组织理论的冲击，逐渐失去其支配地位。尽管如此，在 20 世纪 80 年代和 90 年代，它仍然为许多研究者所推崇，并有很大的发展。权变要素的研究范围扩大，如将任务相互依赖和产品生命周期作为权变要素加以研究，对信息处理模型和网络组织的研究也取得了一些成果。

（4）社会学继续为组织结构理论的发展提供新的理论工具。20 世纪 70 年代中期以来，呈现了 3 个新的以社会学为基础的组织结构理论，它们是汉南（Hannan）和弗瑞曼（Freeman）的总体生态理论、迈耶尔（Meyer）和罗万（Rowan）及祖克尔（Zucker）的制度理论、帕弗尔（Pfeffer）和沙兰西克（Salancik）的资源依赖理论。这 3 个理论范式的一

个共同观点认为，组织环境是组织结构的主要决定力量，而不是管理者主导了组织结构的变革，因此这3个理论范式属于环境决定组织结构理论的类别。

（5）20世纪70年代，经济学开拓了组织理论新的发展空间，并且在20世纪80年代和90年代，经济学对组织理论的影响进一步扩大。巴尼（Barney）和大内（Ouchi）在1986年出版的《组织经济学：理解和研究组织的一种新的范式》一书中，明确提出了组织经济学的概念，用于说明经济学对组织理论的贡献。经济学对组织理论的贡献主要包括以下3个理论：① 詹森（Jensen）和麦克林（Meckling）的代理理论；② 威廉姆森（Williamson）的交易费用理论；③ 波特（Porter）在1985年提出的比较优势理论。在这3个理论中，代理理论对组织结构的研究影响最大，詹森曾宣称要以代理理论为基础进行"一场在组织科学中的革命"。

2）20世纪90年代中期以来，组织结构理论发展的主要趋势

随着知识经济时代的到来，组织结构理论在以上5个类别的基础上得到进一步发展。20世纪90年代初英国管理学会（BIM）做了一次题为"扁平组织"的调查，结果显示包括英国石油公司、英国电信电报公司在内的90%的英国企业正在进行组织结构精简和扁平化。企业的组织结构由传统的等级制发展到扁平式是信息技术和市场竞争发展的必然结果。相关的研究成果比较多，现将主要代表人物和他们提出的观点总结如下。

（1）当代最伟大的管理宗师彼得·德鲁克早在1988年就提出了基于知识经济下企业的组织变革问题。他说："20年后的典型大企业，其管理层级将不及今天的一半，管理人员也不及今天的1/3。在这样的企业中，工作将由跨部门的专家小组来完成，协调与控制将更多地依赖雇员的自律意识。为什么会发生这样的变化？根源在于信息技术……在我的脑海里，未来的典型企业应该被称为信息型组织。它以知识为基础，由各种各样的专家组成。这些专家根据来自同事、客户和上级的大量信息，自主决策、自我管理。"

（2）彼得·圣吉（Peter Senge）认为，要使企业能适应不断变革的未来环境，要求企业的成员和企业本身要不断地学习，成为学习型的组织。他提出通过系统思考、自我超越、改善心智模式、建立共同愿景和团体学习的5项修炼的融合，把企业缔造成一个学习型组织。

（3）哈佛商学院的罗莎贝恩·莫斯·坎特（Rosabeth Moss Kanter）认为，未来的组织变革应当恢复以人为本。他认为，未来组织的变革将由6个重要的转变组成，而每个转变都包括重要的人文因素，这6个转变是在人员配备原则上，从臃肿到精简的转变；在组织结构形式上，从垂直到水平的转变；在劳动力的使用上，从一统化到多样性的转变，即工作中使用越来越多的不同社会和文化背景的人；在权力的源泉上，从以职务或职位为基础向专家和专业知识为基础的转变；在员工的忠诚感上，从对公司的忠诚转向对价值流小组的忠诚；在企业成员的职业财产方面，从组织财富向名誉财富的转变，即个人的成功及对组织的适应不是依靠自己在制度化的企业中的经验和关系网，而是依靠可移动的技能及信誉。

在以上理论的指导下，20世纪90年代以来，西方企业尤其是大型工业企业纷纷加强了组织结构变革的力度，掀起了组织结构变革的一轮热潮。把这次组织结构变革的特点总结如下。

① 目标长远而深刻，带有明显的战略性。
② 企业规模缩小，员工裁减成为组织结构调整的重要手段。
③ 管理层次大幅度减少，重心由基层移向中高层。

④ 对传统的作业流程进行重新设计和安排。
⑤ "网络制"组织模式大量出现。
⑥ 母子公司之间的组织关系正在发生实质性的变化。

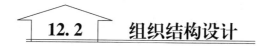

12.2 组织结构设计

1. 选择组织结构的方法

在讨论组织结构时，必须同时考虑需要的是哪一种结构，以及应该如何建立这种结构。只有系统地回答这两个问题，才能建立健全、有效而持久的组织结构。

首先，必须弄清企业需要哪一种结构。

组织本身不是目的，而是达到经营绩效和成果的手段。组织结构是不可或缺的工具，错误的结构会严重伤害，甚至摧毁企业经营绩效。但是，任何针对组织的分析，都不应该从讨论结构开始，而必须先进行经营分析。讨论组织结构的第一个问题应该是：组织的事业是什么，组织的事业究竟应该是什么，组织结构的设计必须能达到未来5年、10年，甚至15年的企业经营目标。

可以用以下3种方法找出经营目标所需的结构：活动分析、决策分析和关系分析。

1) 活动分析

企业应该先弄清究竟需要哪些活动才能达到经营目标，这似乎是天经地义的事情，几乎不值得一提。但是，传统理论对于如何分析这些活动却一无所知，传统的理论权威大都假定企业已经有整套"典型"职能，不经过事先分析，就可以放之四海而皆准，这样的结果是事倍功半。

通过细致的活动分析，企业会知道哪些问题在企业中悬而未决，哪些活动很重要，而且可以找出没什么实际意义的、应该取消的活动。刚起步的企业更应该进行这样细致的思考。

2) 决策分析

企业需要哪些决策以达成绩效、实现目标，企业需要的决策属于哪一类，应该由组织中哪个层级来制定决策，其中牵涉哪些活动，或者会影响哪些活动，哪些管理者应该参与决策，至少在决策前应征询他们的意见，决策制定后应该告知哪些管理者。

要区分各种决策的权责，首先必须根据决策的种类和性质加以归类，有4种基本因素决定了企业决策的本质。

（1）决策的未来性。这个决策需要企业承诺多遥远的未来，在多短的时间内能扭转决策。

（2）这个决策对企业其他职能、其他领域或企业整体的影响有多大，如果决策只会影响一个部门，那么可以把它归到最低的决策层级。

（3）决策的性质是由其中包含多少质的因素来决定，如基本行为准则、伦理价值、社会和政治信念等。

（4）可将决策分为经常性决策和偶尔性特殊决策。两种决策的层级都必须与决策的未来性、影响及物质相适应。例如，员工违纪处分是属于前者；而改变产品性质或公司业务性质则属于后者。

  3）关系分析

  负责某项活动的管理者必须和谁合作，其必须对负责其他活动的管理者有什么贡献；反之，这些管理者又必须对他有什么贡献。在界定管理者的职务时，不仅要预先分析和建立下对上的关系，而且要分析横向关系。

  管理者对其他单位管理者的贡献一直都是管理工作的重要部分，还可能是其中最重要的一部分。不仅在决定组织结构时必须分析关系；在有关人员配置的关键决策上，分析关系也非常必要。只有好好分析工作中的各种关系，才能作出明智而成功的人事安排。以下将详细地讨论如何建立适合组织的结构及组织结构的类型。

2. 组织结构设计的影响因素

  组织结构设计是为了合理有效地组织管理人员朝着企业既定的目标工作。而组织的活动总是在一定的环境中利用一定的技术条件，并在组织总体战略的指导下进行的，因此组织设计不能不考虑这些因素的影响。此外，组织的规模及其所处阶段不同，也会要求与之相应的组织机构形式。所以，不同的企业要根据自身的特点选择适合自身的组织结构。

  1）战略

  由于组织目标是由组织的总体战略决定的，因此组织战略与组织结构的关系很密切。具体来说，组织战略在两个层次上影响着组织结构：不同的组织战略要求开展不同的业务和管理活动，由此影响部门和管理职务的设计；组织战略重点的改变，会引起组织业务活动中心的转移和核心职能的改变，从而使各部门、各职务在组织中的相对位置发生变化，相应地要求对各部门及管理职务之间的关系作出调整。现在，大多数组织战略集中在3种战略选择上：创新、成本最小化和模仿。组织战略与结构方案如表12-1所示。

表12-1 组织战略与结构方案

战略	结构方案
创新战略	有机结构：结构松散，工作专门化程度低，正规化程度低，分权化
成本最小化战略	机械结构：控制严密，工作专门化程度高，正规化程度高，高度集权化
模仿战略	有机—机械结构：松紧搭配，对于目前的活动控制较严，对创新活动控制较松

  2）组织规模

  组织规模对组织结构的影响很大。根据布劳（Peter Blau）等人对组织规模与组织设计之间关系的研究结论，认为大规模会提高组织的复杂性程度，并连带提高专业化和规范化程度。也就是说，在组织不断成长、壮大的过程中，组织结构会从简单、灵活、集权向复杂、正规、分权转化。可以想象，当组织规模不断扩大时，组织的复杂化程度也会随之不断提高，这必然会给组织在协调管理方面带来相当大的挑战，而随着内外环境不确定因素的增加，管理层也越难把握实际情况的变化并迅速作出正确的抉择，组织进行分权式变革成为必要。需要注意的是，组织规模与组织结构之间的关系不是线性的，随着组织规模的进一步扩大，规模对结构的影响强度在逐渐减弱。

  3）环境

  任何组织都是在一定的环境下生存和发展的。外部环境的发展和变化必然会对组织结构产生重要的影响。外部环境对组织结构的影响主要体现在环境的不确定程度上。具体来说，机械式组织比较适合简单、稳定的环境，有机式的组织则与复杂动态的环境更匹配。然而，在全球化的背景下，竞争日趋激烈，环境不确定性日益增强，这就要求组织结构要更具有机性，以适应不断变化的动态环境。因此，面对复杂多变的动态环境，适时地对组织结构进行调整是应对环境不确定性的重要举措。

组织的外部环境包括许多要素，其中最主要的是人力、物质、资金、市场、文化、政府政策和法律等。这些要素几乎包罗了各种组织的环境要素，当然有些组织对其中几种要素依赖的程度大些，而对其他要素的依赖程度小些，这是因为各种组织对环境的要求不同。

4）企业技术水平

企业技术水平是指组织把投入转化为产品的手段。每个组织都至少拥有一种技术，从而把人、财、物等资源转化为产品或服务。企业技术水平对组织结构的影响主要表现在以下两个方面。

（1）企业技术水平与正规化程度相关。常规性技术任务通常与各种操作规则、职务说明及其他正规文件分不开。

（2）技术与集权化之间存在一定的关系。逻辑上常规性技术应与集权化结构相关，非常规性技术更多地依赖专家知识，应与分权化结构相关。但一般的结论认为，技术与集权化之间的关系受正规化程度的影响（正规化与集权化都属于控制机制，二者可以相互取代）。如果正规化程度低，常规技术与集权化相联系；反之，如果正规化程度高，常规技术则可以与分权化相联系。

3. 组织结构的设计原则

1）任务目标原则

任何一个组织都有特定的任务和目标，每个组织及其每一个部分，都应当与其特定的任务目标相关联；组织的调整、增加、合并或取消都应以是否对其实现目标有利为衡量标准。没有任务目标的组织是没有存在价值的。

根据任务目标原则，在进行组织设计时，首先应当明确该组织的发展方向，确定经营战略是什么，等等，这些问题是组织设计的大前提。这个前提不明确，组织设计工作是难以进行的。

首先，要认真分析为了保证组织任务目标的实现，必须办的"事"是什么，有多少，设置什么机构，什么职能才能办完、办好这些事。然后，以事为中心，因事建机构，因事设职务，因事配人员。根据这一原则，就要反对简单片面地搞"上下对口"，即不顾企业实际工作是否需要，下级设立什么部门，企业就设立相应的科室；也要反对因人设岗、因人设职的做法。

目前，国内一些企业在组织结构设计中存在着因人设岗、因人设职的现象。最典型的就是部门副职的设置。例如，企业中的一些管理人员从事多年的管理工作，创业激情在衰退，工作技能在下降，因此在部门优化或内部竞聘时他们很容易丢掉原先的岗位；但是，考虑到他们为公司所作的贡献，企业为了照顾他们，就把他们从原岗位调离到别的部门担任副职。

为什么会出现以上的现象，究其原因是没有遵循任务目标原则。首先要问每个部门的负责人，本部门的目标是什么，本部门的目标与企业的大目标是一个什么样的关系，怎么完成这些目标。回答完这些问题以后，再根据需要完成的目标和任务设置岗位。这样每个人的目标明确，最重要的是紧紧抓住了企业的大目标，为企业大目标的完成奠定了坚实的基础。因此，在分解企业战略目标的前提下，确定各部门目标，对部门设置进行优化合并。

在实际中，有些部门对以上问题答不上来，即自己部门的指标不是很清楚。这就需要通过工作分析来确定本部门的目标。具体的做法是首先每个岗位把每天的工作内容进行描述，汇总成本部门的工作内容集合，然后从中审查自己部门的职责。哪些是应该做却没有做好的，哪些不是本部门的工作职责，（那么应该属于哪个部门），哪些是部门应该强化的职责，最终汇总的职责就是部门职责。然后，再将部门职责优化合并分解到各个岗位。

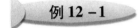
例 12-1

工厂管理层级的扩充

史密斯是一家工厂的经理，他在工厂经理职位上做得非常出色，但是还没有达到升迁标准。他的属下布朗是个振翅待飞的一流人才，但是他能飞到哪儿去，公司不可能把他升到和史密斯差不多的职位上，即使公司愿意让他越过上司跳级升官，也没有适当的工作给他。为了避免布朗受挫离开，管理层把史密斯升到新职位上，让他担任制造经理的特别助理，专门负责工具的供应，这样就可以名正言顺地让布朗担任工厂经理。史密斯很懂得怎么把新工作弄得忙碌不堪，他的办公室很快就不断涌出大量油印文件。当史密斯终于退休时，公司不得不派一个能干的年轻人去接手这个原本为了解决人事问题而虚设的职位。而不久新的史密斯又出现了，必须想办法创造新职位，于是他变成一个"协调者"。这样，公司就创造了两个新的层级，这两个层级很快就变得不可或缺，成为公司传统的一部分。

案例中的史密斯所在的这家工厂，存在明显的因人设职现象，这使得该工厂机构臃肿，工作效率低下，而且造成了公司资源的极度浪费，增加了公司的负担。其主要原因是在机构设置时没有遵循任务目标原则。因此，要提高组织的运行效率，必须从任务和目标的角度出发，砍去"旁枝"，优化组织机构。

2）分工与协作原则

分工与协作是社会化大生产的客观要求。组织设计中要坚持分工与协作的原则，就是要做到分工要合理，协作要明确。对于每个部门和每位职工的工作内容、工作范围、相互关系、协作方法等，都应有明确的规定。

根据分工与协作原则，首先要搞好分工，解决干什么的问题。分工时，应注意分工的粗细要适当。一般来说，分工越细，专业化水平越高，责任越明确，效率也越高，但也容易出现机构增多，协作困难，不易培养全才管理者等问题；分工太粗，专业化水平和效率比较低，容易产生推诿责任的现象。二者各有千秋，具体确定时，就要根据实际，如人员素质水平、管理难易、繁简程度等来确定。从目前我国企业的情况来看，在分工中要强调的是，必须尽可能按专业化的要求来设置组织结构；工作上要有严格分工，每位员工在从事专业化工作时，应力争达到较熟悉的要求，同时要注意分工的经济效益。

其次要处理好协作，在协作中要强调的是，要明确各部门之间的相互关系，寻找容易发生矛盾之处，加以协调，如协调搞不好，分工再合理也不会获得整体的最佳效益；对于协调中的各项关系，应逐步走上规范化、程序化，应有具体可行的协调配合方法，以及违反规范后的处理措施。

3) 命令统一原则

命令统一原则的实质是在管理工作中实行统一领导，建立严格的责任制，消除多头领导和无人负责现象，保证全部活动的有效领导和正常进行。命令统一原则对管理组织的建立具有以下要求。

(1) 在确定管理层次时，要使上下级之间形成一条等级链。从最高层到最低层的等级链必须是连续的，不能中断，并要求明确上下级的职责、权力和联系方式。

(2) 任何一级组织只能有一个人负责，下级组织只接受一个上级组织的命令和指挥，防止出现多头领导的现象。

(3) 下级只能向直接上级请示工作，不能越级请示工作。下级必须服从上级组织的命令和指挥，不能各自为政，各行其是。如有不同意见，可以越级上诉。

(4) 上级不能越级指挥下级，以维护下级组织领导的权威；但可以越级进行检查工作。

4) 管理跨度原则

管理跨度是指一个主管人员有效领导的直接下属的数量。如何保持合理的管理跨度一直是困扰管理者的一大难题，因为任何管理者能够有效地指挥下属的数量是有限的，管理跨度过大，会造成指挥混乱、监督不力；管理跨度过小，又会造成主管人员配备增多，管理效率低下。因此，企业的管理者应该从企业的具体实际情况出发，设计合理的管理幅度。

从 20 世纪 20 年代中期以来，由于认识到主管管理工作面临的问题，人们试图削减主管负责管理的员工人数，以增进主管工作的成效。30 年前，制造业一般主管要负责管理 60 名以上的员工，到了 20 世纪 50 年代，每位生产线领班几乎都只需要带 20～25 人。

毋庸置疑，必须设法让主管的工作发挥功效，但是削减工作小组的人数却无法达到这个目的。首先，主管的问题不是他们需要管的人太多了，而是手上有太多的事情要做，分不清哪些事情比较重要。其次，削减组员人数等于削减了主管工作的重要性，结果根本不可能有人为主管分担，主管不能摆脱记录和存档等不重要的杂务。更重要的是，这样做削弱了主管在面对管理层时代表员工的能力。问题不是主管的控制幅度，而是管理责任的幅度。在 20 世纪 50 年代，美国陆军做过一项研究，一般生产线的领班要负责 41 件不同的事情，主管负责的事情太多了，因此没有足够的时间承担这些责任。

5) 集权和分权相结合的原则

集权是把权力相对集中于最高层领导，统管所属单位和人员的活动。集权的主要优点是有利于加强组织的集中统一领导，提高管理工作效率；有利于协调组织的各项活动；有助于充分发挥领导者的聪明和工作能力；由于机构精干，用人少，还可以使管理的开支减少到最低限度。集权的主要缺点是使高层领导者直接控制面缩小了，增加了管理层次，延长了纵向组织下达指令和信息沟通的渠道，不利于调动基层的积极性和创造性，难以培养熟悉全面业务的管理领导人员。

分权与集权恰好相反，它使直接控制面扩大，减少了从最高层到最低层的管理层次，使最高层与基层之间的信息沟通较为直接。分权的主要优点是可以使基层组织从环境需要出发，更加灵活有效地组织各项活动，有利于基层领导者发挥才干，从而可以培养一支精干的管理队伍。

集权到什么程度，应以不妨碍基层人员积极性的发挥为限；分权到什么程度，应以上级不失去对下级有效控制为限。从当今组织管理的发展形势来看，侧重于分权管理是组织发展的主要趋势。

分权管理的核心是科学、合理的授权，如果分权不恰当，则会造成企业管理中经常存在的一个问题：权责不对等。在实际工作中，管理者往往都会有趋利避害的倾向，自己想要的通常是权力而不是责任。这样的管理者典型的表现是一张口我负责什么，有什么样的权力，很少听到我要达到什么样的目标，我要为其他部门提供什么样的服务。

有权无责，必滥用职权；有责无权，必难尽其责。因此，部门也好，个人也好，必须严格保证企业中每一职位拥有的权力与其承担的责任相称，委以重任者必须授其重权，责任小者应削减其权力。企业内的任何部门所拥有的权力都是为了企业达到某个目标，换句话说，因为要使企业达到某个目标，所以企业赋予了某一职位相应的权力。

6）有利于培养接班人的原则

组织结构必须尽可能包含最少的管理层级，设计最便捷的指挥链。每增加一个管理层级，组织成员就更难建立共同的方向感和增进彼此了解。每个新增的层级都可能扭曲目标，误导注意力。指挥链中的每个连接点都会带来压力，成为引发怠惰、冲突和松懈的另一个源头。更重要的是，管理层越多，就越难培养出未来的管理者，因为有潜力的管理人才从基层脱颖而出的时间拉长了，而且在指挥链中往上爬的过程中，往往造就的是专才，而非管理人才。对大企业而言，这个问题尤其严重。

在20世纪50年代这个现象尤为明显。在好几家大公司中，第一线主管和公司总裁之间有12个管理层级。假定一个人在25岁时，当上了一线主管，之后他每5年就晋升一级，这已经是非常乐观的预期了。等到他有资格角逐公司总裁时，早已85岁高龄。而企业针对这个问题找到的典型药方，为高层钦定"天子"打造快速升迁的特殊阶梯往往比病因本身还要糟糕。

7）执行和监督分设的原则

执行和监督分设的原则要求组织中的执行性机构和监督性机构应当分开设置，不应合并为一个机构。例如，企业中的质量监督、财务监督和安全监督等部门应当同生产执行部门分开设置。只有分开设置才能使监督机构起到应有的监督作用。必要的监督和制约有利于暴露矛盾。只有暴露矛盾，才能去解决矛盾。当然，监督机构分开设置后，又必须强调在监督的同时，加强对被监督部门的服务，做到既监督又服务。因为，单纯实行监督和制约，不利于监督性职能的履行，不利于搞好双方的关系。

8）正确对待非正式组织的原则

在研究正式组织时，对于非正式组织也应当给予一定的关注。非正式组织是指非经官方规定而自然形成的一种无形组织，是一种非正式的联合体。对于非正式组织，过去采取的是不承认主义。但在实际生活中，一个企业中的师兄、同乡、同龄人、兴趣一致者等，事实上存在着交往多、联络密切、感情较深的各种关系。这些关系在企业各方面潜移默化地起着作用。既可以产生离心力的作用，也可以产生向心力的作用，并且会对正式组织产生影响。对于这些情况，视而不见、熟视无睹、任其发展，都可能导致影响企业任务目标的实现。但如果热衷于此，搞团伙，又会使领导者陷入难以自拔的境地。因此，应当正视非正式组织的客观存在，采取适当的办法，给予正确的引导，把一些可能产生离心力的因素转变为凝聚力，把他们从关注琐碎事情引导到关注组织目标上来。企业领导正确对待企业中的非正式组织，应包括合理利用非正式组织为实现企业目标服务；分别对待不同类型的非正式组织；注重非正式组织中的核心人物；合理组织正式组织是削弱非正式组织的重要途径等方面。

企业管理组织除了必须遵循以上各项基本原则以外，还需要充分注意影响管理组织效率的各种因素。这些因素从企业内部看，有企业规模大小、企业领导体制和企业的人员构成情况、企业的多种经营情况、企业的专业化程度、企业的民主管理、目标管理开展情况等；从外部看，国家经济管理体制的有关规定或办法，国民经济方针、政策都将对企业产生影响。另外，企业所在地区的特点，企业供销环节的组织等情况也会对企业起到制约作用。对于这些因素，都应当从企业实际情况出发，根据实际需要灵活处理。

4. 组织结构类型

1）直线制结构

直线制结构又称为"军队式组织"，是指上下级成直线的责权关系的一种组织形式。在这种组织结构类型中，各级均有主管，上级主管人员在其所辖范围内，具有直接指挥权，直属下级必须绝对服从其上级主管。直线制结构在小型企业中最常见，如图12-1所示。在这种企业中，企业的经营者和拥有者为同一人。

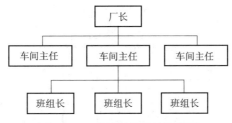

图12-1 直线制组织结构简图

这种组织结构的优势是结构简单，责权分明，行动灵敏，纪律易于维护等；但其缺点也十分明显，即缺乏合理分工，主管人员要兼管各种管理业务，一切由个人决定，易于产生独断专行的弊端。随着企业规模的扩大，如果高层主管还企图独掌决策大权，组织发展就会日渐迟缓，甚至停滞，这往往会导致许多小型企业失去活力，甚至倒闭。但这并不是说该组织形式只适用于小型企业，如果在特定的大型企业中恰当地使用这种组织形式也会获得成功。

2）职能制结构

职能制的组织形式同直线制的组织形式恰好相反。它的各级行政领导者都配有通晓各种业务的专门人员和职能机构作为辅助者直接向下发号施令，如图12-2所示。

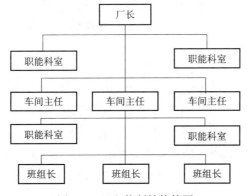

图12-2 职能制结构简图

职能制结构由于采用按职能实行专业分工的管理方法，适应企业生产技术发展与经济管理复杂化的特点，有利于发挥职能机构的专业管理作用和专业管理人员的专长，也有利于提高专业化领导水平。但突出的缺点是由于实行多头领导，往往命令相互矛盾，妨碍了企业生产经营活动的集中统一指挥，容易造成管理混乱，不利于责任制的建立，也有碍于工作效率的提高。因此，在实践中，这种管理结构并未得到广泛推广。

3）直线职能制结构

直线职能制也称为生产区域制，或者直线参谋制，是在直线制和职能制的基础上，取长补短，吸取这两种形式的优点而建立起来的。目前，绝大多数企业都采用这种组织结构形式。这种组织结构形式是把企业管理机构和人员分为两类：一类是直线领导机构和人员，按命令统一原则对各级组织行使指挥权；另一类是职能机构和人员，按专业化原则，从事组织的各项职能管理工作。直线领导机构和人员在自己的职责范围内有一定的决定权及对所属下级的指挥权，并对自己部门的工作负全部责任。而职能机构和人员则是直线指挥人员的参谋，不能对直接部门发号施令，只能进行业务指导。直线职能制组织结构图如图12－3所示。

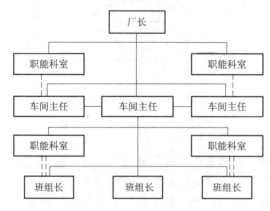

图12－3　直线职能制结构简图

直线职能制的优点是既保证了企业管理体系的集中统一，又可以在各级行政负责人的领导下，充分发挥各专业管理机构的作用。其缺点是职能部门之间的协作和配合性较差，职能部门的许多工作要直接向上层领导报告请示才能处理，这一方面加重了上层领导的工作负担；另一方面也造成了办事效率低。为了克服这些缺点，可以设立各种综合委员会，或者建立各种会议制度，以协调各方面的工作，起到沟通作用，帮助高层领导出谋划策。

4）事业部制结构

事业部制结构又称为联邦分权制或分权结构，是由自主管理的产品事业部门形成的组织，较大型企业普遍采用这种组织结构。早在20世纪初，包括福特汽车、通用电气、华夏集团下属的多数子公司、大多数大型石油公司、重要的保险公司等，都采用这种组织结构。在总公司的领导下，根据产品（如金山的杀毒软件事业部）、地域（如某路桥建设集团的华北事业部）、顾客和市场（如李宁公司新成立的青少年事业部）等来划分各个事业部门，而每一个事业部门分别拥有其独自的产品和市场，以及独自的利益，从而成为一个利益责任中心。总部是投资与战略决策中心，拥有对公司经营重大事项的决策权，具体表现在"用人权"和"财权"上,即如何分配财力和如何派出各事业部经理。事业部制组织结构如图12-4所示。

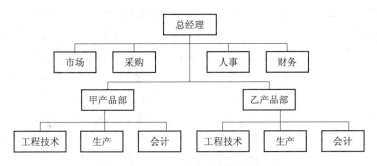

图 12-4 事业部制组织结构简图

(1) 事业部制结构的主要优点。

① 分权给事业部,有利于统一管理、独立核算、自负盈亏。从管理组织的角度来看,企业可以充分发挥目标管理的功效,每位事业部主管都清楚自己的职责和绩效。

② 有利于公司最高管理层摆脱日常事务,致力于企业重大问题的研究。

③ 有利于将联合化与专业化结合起来。

④ 有利于事业部内部的运作协调。

⑤ 有利于扩展管理跨度局限。

⑥ 有利于培养全面的管理人才。

(2) 事业部制结构的主要缺点。

① 事业部制结构容易产生本位主义和短期行为。

② 不利于各事业部之间的人员、先进技术和管理方法的交流。

③ 公司和事业部都设置职能机构,易产生机构重叠,管理费用增加。

④ 各事业部为了扩大自身的市场规模,可能会在业务和产品上彼此渗透,造成轻微乃至严重的"窝里斗",形成各事业部之间的同业竞争,从而造成总公司的协调任务繁重。例如,在松下公司内,仅传真机便有两个事业部,家庭传真机事业部发现专业传真机销路不错,便也研制专业传真机进行生产和销售,而专业传真机事业部以其人之道还治其人之身,相应地推出了家庭传真机。

(3) 实施事业部制应具备的条件。

① 任何事业部制组织都需要强大的分部和强有力的中央。"分权"这个词事实上很容易引起误解,分权似乎是中央的弱化,但是这绝对大错特错。事业部制组织需要中央为整体设定清楚、有意义的目标,强力指导地方部门。这些目标必须要求公司上下达到高度的经营绩效和行为标准。

② 采取事业部制的组织必须大到足以支撑所需要的管理结构。目标应该尽可能地放在自主单位,单位的规模则越小越好,但是当单位的规模太小,以至于根本负担不起所需管理的质与量时,就会变成荒谬的闹剧。究竟企业规模多大算大、多小算小,还要视企业具体业务而定。

③ 每个事业部制的组织应该都富有成长的潜力。如果把所有停滞不前的生产线都组成一个自主管理的事业单位,而把所有前景看好、成长快速的产品线组成另外一个事业单位,

是一种很不好的组织方式。

④ 管理者在工作上应该有充分的发挥空间和挑战,分权管理的单位和其主管也需要被给予一定的施展空间和挑战性工作。例如,管理者应该担负相当大的创新责任,否则可能变得墨守成规。因此,一方面,需要有一些活动为事业分权制组织提供更大的发挥空间;另一方面,又需要为各部门主管提供一些具有挑战性的工作,两者之间必须找到适当的平衡点。

⑤ 每个事业部组织都应该有各自的市场、目标、战略、产品。事业部制之所以有效率,是因为企业的高层管理者摆脱了常规的经营活动,他们能将自己的时间、信息、心理能量用于企业的战略性决策。这种组织创新的本质内涵是实现企业决策的科学化。而高层决策个人化恰恰是当前许多中国大企业的共同现象,民主化的决策在企业决策体制中没有地位。真正的问题是大企业的决策不能单纯依赖少数人的天才和经验,而需要以科学系统的调研分析为基础,它必须由有关的专家来承担。而没有这种专业化战略决策系统的企业,无论其资产规模有多大,本质上只是一个传统企业。

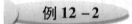
例 12-2

美的集团的组织结构创新

美的集团从实践中发现采取事业部制的必要性,果断地进行了组织结构的创新。创新之后的经营业绩,证明了组织创新的效果。

美的集团从最初何享健带领23人筹集相当于600美元的资金创办街道小厂,到现在发展成为总资产约11亿美元的大型企业集团,堪称传奇。

1996—1997年,美的集团在发展中一度遇到困难,经营业绩大幅度滑坡。1990—1994年,美的空调销售排名始终排在第三,到1996年则落至第七位。出人意料的是,到2000年美的集团的销售额竟然突破了12亿美元。这之间的巨大变化与组织创新是分不开的。

美的集团当时和中国众多乡镇企业、民营企业一样,是直线式管理。总裁既抓销售又抓生产。在乡镇企业早期,这种集权式管理曾经发挥过"船小掉头快"的优势。但是,企业规模壮大了,如果生产仍由总部统一管理,五大类1 000多种产品由总部统一销售,势必会造成产品生产与销售脱节。"一个人能认识的东西很多,但真正能做到不容易。"老总何享健看到了问题的症结所在,他选择了事业部制。事业部制的改造成效于1998年开始显现出来。这一年,美的集团的空调产销量增长80%,风扇高居全球销量冠军宝座,电饭煲稳坐行业头把交椅,电机成为行业领头羊,小家电(主营饮水机、微波炉、洗碗机等)也名列行业前茅。至今,美的集团无亏损投资和亏损项目,产业结构与产品结构合理。在已被证明有效的事业部制基础上,美的集团2000年进一步全面推进事业部制公司化,以及事业部管理下的二级子公司运作模式,进一步完善了现代制度。

十六字诀"集权有道、分权有序、授权有章、用权有度"是何享健对美的集团推行事业部制原则的总结。他认为,在集中关键权力的同时,要有程序、有步骤地考虑放权。对于授权给什么人、这个人具体拥有什么权力、操作范围有多大、流程是什么样的,都应该有章可循。这种对于权力的制衡,既能防止权力过度集中,又能杜绝放权后权力的滥用和失控。美的集团总部设立的资源管理中心,牢牢控制了集团的资产,对利润和资金进行集中管理。

投资权力的下放并不等于削弱集团的投资调控能力。事业部虽然有自己独立的投资权,但每一年事业部都须提前上报投资规划,由集团企划投资部根据全集团一年的投资规划统一安排。企划投资部的负责人说:"我们是把项目当做产业来投的,而不是风险投资,所以要谨慎。一旦选准,我们就会集中投入。"

5)模拟分权制

模拟分权制是一种介于直线职能制和事业部制之间的结构形式,其组织结构如图12-5所示。

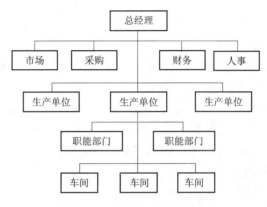

图12-5 模拟分权制结构简图

有许多大型企业,如钢铁、化工企业由于产品品种或生产工艺过程的连续性所限,难以分解成几个独立的事业部。又由于企业的规模庞大,以致高层管理者感到采用其他组织形态都不容易管理,这时就出现了模拟分权组织结构形式。所谓模拟,是要模拟事业部制的独立经营、单独核算,而不是真正的事业部,实际上是一个个"生产单位"。这些生产单位有自己的职能机构,享有尽可能大的自主权,负有"模拟性"的盈亏责任,目的是要调动他们的生产经营积极性,达到改善企业生产经营管理的目的。需要指出的是,各生产单位由于生产上的连续性,很难将它们截然分开。以石油化工为例,甲单位生产出来的"产品"直接就成为乙单位的生产原料,这当中无须停顿和中转。因此,甲、乙单位之间的经济核算只能依据企业内部的价格,而不是市场价格。也就是说,这些生产单位没有自己独立的外部市场,这也是与事业部的差别所在。

模拟分权制的优点除了调动各生产单位的积极性外,解决了企业规模过大不易管理的问题。高层管理人员将部分权力分给生产单位,减少了自己的行政事务,从而把精力集中到战略问题上来。其缺点是不易为模拟的生产单位明确任务,造成考核上的困难;各生产单位领导人不易了解企业的全貌,在信息沟通和决策权力方面也存在着明显的缺陷。

6)矩阵制组织结构

矩阵制组织结构的特点是既有按管理职能设置的纵向组织系统,又有按规划目标(产品、工程项目)划分的横向组织系统,两者结合形成一个矩阵,所以借用数学语叫"矩阵结构"。横向系统的项目小组所需工作人员从职能部门抽调,他们既接受本职能部门的领导,又接受项目的领导,一旦某项目完成,该项目小组即撤销,人员仍回原部门工作。矩阵制组织结构形式如图12-6所示。

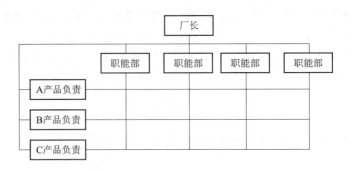

图 12-6　矩阵制组织结构简图

（1）矩阵制组织结构的优点。

① 加强了横向联系，有利于各部门之间的配合和信息交流，克服了各部门相互脱节、各自为政的现象。

② 资源可以在不同产品之间灵活分配，使资源保持了较高的利用率。专业人员和设备随时调用，机动灵活。同时，也提高了组织的灵活性和应变能力。

③ 各种不同专业的人员一起工作，容易形成思维的碰撞，产生创新性成果。

（2）矩阵制组织结构的缺点。

① 成员的工作位置不固定，容易产生临时观念。

② 项目成员受职能部门和项目部门的双重领导，一旦出现问题，往往难以分清责任。

（3）需要深入探讨的问题

在我国，实行矩阵制组织结构时，还需要深入探讨几个特定的问题。因为，无论是项目式矩阵管理组织结构，还是矩阵式项目管理组织结构，都存在一些不完善之处。

① 项目经理的人选。项目式管理组织结构中，各项目部门为了对外争取项目、对内争取资源会出现竞争，产生"同室操戈"的现象；执行经理的管理幅度和职责权限很大，必须由项目管理经验丰富和指挥协调能力强的人来担任，否则容易使企业陷入混乱状态。

② 项目职能部门的去留。项目式矩阵管理组织结构中，所有项目都是临时的，项目完成后这一生产组织也就撤销了。一个项目的职能部门能存在多久，这个问题反映了企业的内在矛盾，生产部门希望手中的项目长期保留，使生产不间断地进行，而"重建组织结构的程度如何"，又是衡量项目经理业绩的一个重要指标，项目经理希望早日结束旧项目、重接新项目。

③ 项目经理的权限划分。在项目经理的权限上，一部分西方管理学研究者认为，把产品的研究开发、业务谈判、市场信息分析、打开产品销路等职能划归给项目经理；而生产及其他的内部管理的职能则由产品经理来承担。这种做法使市场和生产无法理想地衔接起来，西方企业管理界已有异议，特别是小型企业不能设置众多经理。本书认为，在我国还是合二为一，推行项目经理制比较好。

④ 考评制度的建立。我国企业的职能职责，完全归于科室，认为只有科室才具有管理的职能，这是受我国长期以来企业行政化观念的影响。但是，在项目式矩阵管理组织结构中，企业内部管理部门如何适应各项目需要、支持各项目部门的工作，是一个不可忽视的问题。因此，建立合理的考评制度非常必要，它关系到项目式矩阵组织结构推行的成败。

⑤ 企业适应性。中小型企业采用项目式矩阵管理组织结构，能否降低企业成本、提高企业效益，国内外都有人质疑，但实践证明这个担心是多余的。因为，项目式矩阵组织结构由于专门由项目经理来操纵，合同的可靠性很高，资金回收比较顺利；项目选择更接近目标市场，减少了投资风险；通过项目经理的"协商"，企业能量能得到更大限度的发挥，提高了企业竞争力，加强了企业的应变能力，有利于市场开发和保持项目的连续性。

12.3 新型组织设计方案

1. 团队组织

正如前面所介绍的，由于组织结构趋于更加扁平化和具有弹性，管理人员必须能够迅速地召集一组员工实施一项特定任务。当管理人员动用团队作为协调组织活动的主要方式时，其组织结构即为团队结构，现在团队已成为组织工作活动最流行的方式。这种组织方式的主要特点是把决策权下放到团队成员手中，打破部门间的界限，但这种结构形式要求团队成员既是全才又是专才。

在小型企业中，可以把团队结构作为整个组织形式。例如，一个30人的广告公司，是完全按团队来组织的，团队对日常的大多数操作性问题和顾客服务问题负全部责任。

在大型组织中，团队结构一般作为典型的官僚结构的补充，这样组织既能得到官僚结构标准化的好处，提高运行效率，又能因团队的存在而增强灵活性。例如，为了提高基层员工的生产率，像克莱斯勒汽车公司、土星公司、摩托罗拉公司、施乐公司这样的大型组织都广泛采用自我管理的团队结构。例如，当波音或惠普公司需要设计新产品或协调主要项目时，他们将根据多功能团队来组织活动。

2. 网络型组织

1) 基本网络型组织

网络型组织主要管理在复合组织或单位中不同的、复杂的和动荡的关系，每个组织或单位都有其特定的业务职能或任务。以前人们对这种网络的定义有一些迷惑，最近有人提出的有代表性的4种基本网络型组织的描述可以消除这些迷惑。

（1）内部市场网络。当一个组织建立了许多次级部门作为独立的利润中心，并允许它们之间像外部市场一样进行服务和资源的买卖时，内部市场网络就形成了。

（2）纵向市场网络。纵向市场网络是由多个组织组成的，这些组织与一个核心组织联结在一起，并同这个核心组织将资源在从原材料供应到最终顾客协调各个环节中进行配置。例如，耐克公司将鞋安排在不同的工厂进行生产，然后通过零售商来销售。

（3）不同市场之间的网络。不同市场之间的网络代表了不同市场的一系列组织之间的联系，这方面的例子有日本工业集团和韩国式管理模式。

（4）随机型网络。随机型网络是网络型组织结构中最先进的一种形式，是由不同的组织为了实现一个共同的目标暂时地组成一个联合体。一旦这个共同的目标实现，这种网络结构就解体了。

这些不同类型的网络可以根据以下几个方面进行区分。由单个或多个组织组成，处于单个或多个行业，以及是稳定的还是暂时的。例如，一个内部市场网络是一种稳定的、单个组织的、单个行业内部的结构；而一个随机型网络是一种暂时存在的、多组织的结构，并且可能覆盖几个不同的行业。

如图 12-7 所示，这种网络型结构重新划分组织边界，把独立的业务单位连贯起来以利于工作任务的相互作用。网络型结构的核心是执行不同任务的组织之间的关系。通过这种方式，各个组织都负责其擅长的事情。例如，制造型组织负责生产，而分销型组织负责分销。网络型组织通过战略联盟、风险联合、研发共同体、契约联合和金融子公司等方式，来设计、制造和销售先进产品，进入新的国际市场和开发新技术。

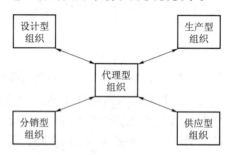

图 12-7　网络型组织结构示意图

基于网络型组织结构有许多不同的名称，包括三叶草组织、虚拟企业、组合公司或网眼企业。在不太正式的场合，也可以称之为"比萨饼"组织、蜘蛛网组织、星云爆炸型组织和珍珠组织。诸如苹果计算机、太阳微系统、利兹、MCI 和莫克之类的公司，都采用了相当复杂的垂直市场网络和市场之间的网络型结构。随机型网络结构在建筑、时尚、娱乐这些行业和公众部门中的应用也是很普遍的。

2）网络型结构具有的典型特征

（1）纵向职能分散化。纵向职能分散化是把组织的一些业务职能，如生产、市场营销和分销独立出来成为一些独立的组织，由这些组织来履行特定的职能。例如，在电影行业，各种独立的组织分担运输、电影摄影、特殊效果、背景设计、音乐、演员选派这些职能，并把这些职能在一个中间组织——摄影场中进行组合。这些形成随机型网络的特定组织对其工作成效具有重要的影响作用。

（2）中间组织。网络型组织通常由一个中间组织进行管理，由它来确定和安排各成员组织。中间组织可能扮演着一个核心角色，进行生产或服务的转包，或者专门负责把各个平等的合作组织连接起来成立一个网络型组织。以建筑业为例，由工程的总承包商对干燥、机械、电力、打桩及其他专业组织进行组配和管理来完成建筑工作。

（3）协调机制。网络型组织一般不是通过行政组织或计划进行控制的。网络型组织的工作协调可以分为 3 类：非正式关系协调、契约协调和市场机制协调。第一类型协调方式可能在更大程度上是依赖于组织成员的人际关系，这些组织成员之间可能已经建立了良好的合作关系。在这种情况下，各种冲突是在互惠的情况下解决的，网络成员都会意识到不得不在某些方面作出让步。在这种互惠的合作方式下，相互间的信任会逐渐建立和培育起来。第二类协调可能是在正式契约的约束下建立起来的，如所有权控制、注册安排或购买协调。最后，2 类协调是通过市场机制（如财政付款、绩效评估、信息处理）来保证所有成员都能意识到其他成员的行为。

网络型组织结构的优点是具有高度的柔性，适用于多变的环境；能够与不同的组织结成伙伴，使创造一个"优中之优"的企业来开发各种机会成为可能，这引起的机会经常是全球性的。这种合作使每个成员组织都能开发它们的显著竞争力。这些组织能够积累和利用充足的资源与专业知识去完成这些单个组织无法完成的大型、复杂的任务。可能最重要的一点是，网络型组织可以通过集中每个成员组织的优势和长处来形成协同效应，产生超过每个部分相加后得到的总和的整体效果。

网络型组织的主要问题存在于复杂的结构管理活动中。格尔布瑞斯和卡赞简把网络型组织描述为超越了单个企业边界的矩阵组织，但这种矩阵组织缺乏吸引一个上级部门去解决各种冲突的能力。因此，跨组织管理各种横向关系的矩阵技能就成为管理网络型结构组织的关键。由于大多数组织都是应用传统行政体系进行管理的，希望它们能够管理各种横向关系可能比较困难。网络型组织的其他不足包括难以激发其他组织参加这种结构并使之长期维持其承诺。潜在的参与者可能不希望为了和其他组织联合而许诺它们的自主权，一旦联合，又会出现维持联合利益的问题。如果网络的组织成员不是"优良品种"的组织更是如此。最后，参加一个网络型组织可能会把自己的专有知识和技能暴露给其他企业。

网络型组织最适合于高度复杂和不确定的环境。在这种环境下，需要组织具有多样化的能力和适应性。这种结构似乎可以适应所有规模的组织，并且可以处理涉及组织之间具有高度相互依赖性的复杂任务和问题。网络型结构适合那种强调组织专业化和创新的组织目标，对于那些有国际业务的组织也非常适合。

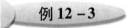

例 12 – 3

MCI 公司的网络型组织结构

从 1968 年创建起，MCI 公司就避免同电信业的领导者——美国电报电话公司直接竞争。MCI 公司的成长主要归因于网络型的组织结构，而实际上这也是其不得已而为之。作为一个新成立的组织，没有一家美国公司愿意向其出售操作装置，因此 MCI 公司不得不在全球范围内寻求供应商和电信服务。在这个新产品很快就变得过时的行业，MCI 公司声称它会把更多的时间和精力用在寻找创新性的转包合同，而不是自己开发技术上。"我能接触到 9 000 多个公司的智力资产"，Rick Liebhaber，MCI 公司的前主管人员曾经这样说，"如果我只关注自己开发，那会有什么呢？仅有 500 名工程师？"

MCI 公司成功的一个重要因素是对它独特能力的清楚认识。创始人 Bob McGwan 自始至终都清楚地知道公司从事的行业，从来不做"超出行业范围"的事，从来都不屈服于追求新技术的诱惑或是跟着潮流跑。MCI 公司的关键长处是在市场和转包合同管理上。MCI 公司通过网络型结构，利用其他组织来展开市场活动的能力，使公司成为远距离通信市场上的第二大公司。通过对目前和过去战略、结构的比较分析，可以分析出网络型组织的优点。例如，一个称为"网络 MCI"的计划。这个计划开始于 1995 年 1 月，历时 6 年，耗资 2 000 万美元，将 MCI 公司目前的声音和数据服务连成一个新的本地电话网络体系。自然地，这项战略的推行很大程度上依赖公司的市场头脑和与其他组织之间的联系。又如，MCI 公司的网络结构同其他公司在技术发展方面实现了协作，从而使整个系统更具有弹性。MCI公司可以享受9 000多位研究人员和开发工程师的智力成果，虽然这些人并不是公司的在编人员。

为了能够通过转包把MCI公司的技术推向极限，针对每一个网络职能都联系了两家供应商——光纤、配电等，然后再利用网络中的自动化评估系统测量供应商的可靠性。每年修改一次转包合同。供应商明白，如果他的机器不能工作，或者是技术落后的话，在很长时间里都不可能成为MCI公司的一名供应商。相对应地，MCI公司忠于每一个潜在供应商。供应商都想成为最优秀的，MCI公司为其提出高标准，帮助他们实现目标。忠于创新性的供应商意味着，如果或当供应商的质量出现下降时，MCI公司可以提供帮助，同他们一起实施提高绩效的质量控制方案。

3. 基于流程的组织

一种按照全新思路构建的组织结构是把队伍建立在多种核心流程上，如产品开发、订单履行、销售跟进和顾客支持等。基于流程的结构更强调横向关系。所有提供一种产品或服务所需要的职能人员被安排在同一个部门，这个部门通常由一个所谓的"流程主管"来管理。在这种组织中管理等级较少，高级行政人员队伍也相对简单，典型的成员是主席、主要的管理办公人员和少数关键支持服务部门（如战略计划、人力资源和财务部门的主管人员）。

基于流程的组织有以下特点。

（1）基于流程的组织结构减少了许多等级和部门壁垒，而这些壁垒会阻碍工作协调、降低决策速度和工作绩效。这类结构还会大幅削减组织的横向和纵向的管理费用。这种基于流程的结构使组织能够集中主要资源为顾客服务，包括企业内部和外部的顾客。

（2）基于流程的组织结构在各种制造和服务性企业中的应用迅速增加。这种以"扁平"、"无壁垒"、"注重团队"著称的组织，被一些公司用来加强其顾客服务能力，如美国捷运金融咨询公司、联合公司、3M公司、施乐公司、通用电气公司，以及英国的国家和地方建筑社会公司。

（3）流程驱动结构。基于流程的结构是围绕组织的3～5个关键流程来建立的。它是基于流程，而不是产品或职能部门来定义这种结构，并为其配备一名"流程主管"。每一位流程主管都有其明晰的绩效目标，这个目标推动着组织任务的履行。

（4）工作价值增加。为了提高效率，基于流程的结构简化并充实了工作流程。通过削减不必要的工作任务并减少管理层次使工作得到了简化，而通过合并工作任务使团队能够驾驭所有过程，这样工作又变得充实起来。

（5）工作团队是基本要素。在一个基于流程的结构中，工作团队是其关键组织特征。工作团队管理包括从任务的执行到战略计划等每一个事件，它是一种典型的自我管理和对目标成果负责的组织形式。

（6）顾客限定了组织的工作绩效。任何基于流程的组织都是以顾客满意度作为基本目标的。确定顾客的期望并设计团队职能部门去迎合这种期望，就成为工作团队的重中之重。组织必须把这种趋向作为实现它的财务目标绩效的基本途径。

（7）工作团队的薪酬与工作绩效挂钩。组织评估系统主要是通过测定工作团队在顾客满意度和其他目标方面的绩效来运行的，然后才能提供员工工作成绩的确切评价。因此，工作团队的绩效对于员工薪酬的影响即使没有个人得到评价更重要，至少也处于同等水平。

(8) 工作团队与供应商和顾客紧密联系在一起。通过指定关系客户，工作团队与供应商及顾客有了及时且直接的联系，这使他们能对发生的重大事件有所了解并作出反应。

(9) 工作团队的员工要训练有素。基于流程的结构要想成功地运转，需要工作团队的成员能够处理各种各样的信息，这包括顾客和市场方面的一些数据、财务信息，以及人员和政策资源。工作团队的成员同时还需要具有解决问题和决策的技能，以表达和执行他们的解决方案。

基于流程的组织结构的优点是聚集于迎合顾客要求，从而使组织在速度、效率和顾客满意度方面能有巨大改善。这种结构中管理层次减少，因此信息在组织中的传递变得更加快速和准确。并且，由于一个流程工作团队由不同的职能专家组成，职能部门之间的差别被消除了，这就为组织的员工提供了面对整个工作流程的宽广视野，以及在团队绩效和组织成果之间的清晰联系。同时，基于流程的结构比传统的结构更加灵活且更能适应各种变化。

基于流程的组织结构的一个主要的缺点是组织要改变这种结构面临着困难。这种结构上的改变需要员工在思维、技能和管理角色等方面进行根本性的改变，这需要相当多的时间和资源，并可能受到职能部门经理和专家性员工的阻挠。而且，这种结构可能会导致组织的稀缺资源重复配置，如果工作团队不能完全掌握相关技能，为了意图达成一致意见会使得决策速度变慢。最后，要执行这种基于流程的结构，还要对关键流程进行适当识别以满足顾客要求。如果对关键流程识别错误或一无所知，工作绩效和顾客满意度就可能受到影响。

基于流程的组织尤其适用于高度不明确的环境，此时顾客的需求和市场条件会发生快速变化。它使组织能够管理好非常规的技术工作，并协调好那些相互高度依赖的工作流程。基于流程的结构一般适用于拥有多种产品或项目的中型或大型组织。基于流程的组织结构着重聚集于顾客导向的目标，在国内及跨国组织中均可发现对这种结构的应用。

例 12-4

波音公司的军用飞机小组和导弹小组的流程式结构

军用飞机小组和导弹小组是波音公司的重要部门，开展了空运和搬运项目（the Airlift and Tanker Program, AN）。这个项目设计、制造和支持了 C-17 飞机，该种飞机在全世界范围内运输旅客和货物。C-17 飞机的开发计划开始于 1982 年。当时，这个项目遇到大量的技术问题，而且在成本和日程方面面临被取消的威胁。现在这个项目之所以能够成功，部分原因要归功于它的流程式组织结构，使其能够把重点放在满足客户需求、管理技术变革，以及发展同单位及供应商之间的协作。

结构中最关键的和能附加价值的流程是获得生意机会、项目计划及控制，定义产品、供应商管理、生产飞机和售后服务等都需要有两个重要的支持行为，分别是管理、经营公司和协助经营公司。每个流程的组成要素如下。

获得生意机会这一流程包括开发成功战略，提出建议及协商合约。

项目计划及控制流程则包括合约管理、变革管理、原料管理和危机管理。

定义产品的流程是指涉及制造的管理过程、提供整合的后勤服务和巨型制造服务体系。

供应商管理是针对供应商挑选、协商和管理的。

生产飞机的过程是指所有的制造零部件和工具、组装飞机和确保生产过程的行为。

售后服务是产品销售后所有的行为，如提供技术支持、零件、维修及其他的产品服务活动。

经营公司的人员是由领导团队组成的，他们审视公司战略和目标的制定、制订经营方案、管理技术开发及协调员工行为。而协助公司经营的流程则包括掌握人力资源的行动、安全，还有协助管理金融和信息系统，为核心流程提供支持等。这两个基本流程都是组织结构的重要特征，它们既包括自主的行业，也包含例行公事。具体来说，有基于流程的管理工具、事例的人事系统、融合的计划过程。这有助于A&T小组的成员取得突出的生产率、工作满意度和其他成果。

4. 学习型组织

英国著名未来学家查尔斯·汉迪（Charles Handy）曾经在一次演讲中描绘了未来的组织形态，提到了智慧、信息和创意的重要性。他对一些企业家说："你们的公司会越来越像一所大学或学院。"学习型组织大师彼得·圣吉（Peter Senge）在其著作《第五项修炼》中，将学习型组织描述为"在其中，大家得以不断突破自己的能力上限，创造真心向往的结果，培养全新、前瞻而开阔的思考方式，全力实现共同的抱负，以及不断一起学习如何共同学习"。日本学者野中次郎（Ikujiro Nonaka）也用类似的语言描述了知识创造型公司的特征，即"在知识创造型公司中，发明新的知识不是一项特别的行动……实际上，它是一种行为方式、一种存在方式，在其中每个人都是知识工作者"。

1）学习型组织的概念

学习型组织是指能够熟练地创造、获取、解释、转移和保留知识，并根据这些新的知识和观点，自觉地调整自身行为的组织。

2）学习型组织的快速判定标准

（1）组织有没有明确的学习行动计划。学习型组织对于自己未来的知识需求都有一个明确的认识，它们知道自己需要掌握哪些知识，知道如何和从哪里获取这些知识，并积极地从顾客、竞争对手、市场、技术和生产等各个方面吸取所需要的信息。即使在一些快速变化的行业中，如电信、计算机和金融服务业，它们也能相对精确地划定一些所需学习的领域，并通过多种方式深入加以研究，而不是仅仅采用教育与培训。

（2）组织能否自由地讨论不和谐的信息。如果组织不能容忍发表不同的意见，或者不愿意听到"坏消息"，在这种情况下，要想做出行为的改变实在太难了，因为几乎没有人敢于对现状提出挑战，更不要奢谈什么学习。

（3）组织能否避免不犯同样的错误。学习型组织能够从过去的经验中学习，提炼出有用的教训，在内部广泛分享这些知识，确保这些错误不再重复发生。为了这个目的，可以采用的形式包括数据库、内部网、培训课程和研讨活动。然而，更为重要的是，"使公司养成认清有价值的失败与无意义的成功的心智模式"。有价值的失败是指能使人产生顿悟，澄清人们的认识，从而增强组织智慧的失败；而无意义的成功是指虽然万事大吉，但只知其然、无人知其所以然的尴尬局面。

（4）当关键员工离开时，组织是否推动并掌握了重要的知识。在现实生活中，这样的场景司空见惯，一个能干的工程师离开了公司，一些重要的技能或知识也跟随之流失了。学习型组织会通过将一些必备知识制度化来避免此类问题。只要有可能，学习型组织会将这些知识融入组织的政策或程序中，或者将它储存在报告或备忘录中，并传播给很多人，从而逐渐植入公司的价值观、行为规范和动作实务中。知识成为公共财产，而不是某个人或某个小团体的私有领域。

（5）组织是否基于自己的知识采取行动。学习型组织不只是简单地获取和囤积知识，而是根据学到的新知识或技能，相应地调整自己的行为，从而将学习转换为竞争优势。信息必须被使用，而不能"束之高阁"，否则其价值就会衰减，也产生不了应有的影响。按照这个标准，如果企业发现了一个尚未得到满足的市场需要，但却没有能够采取措施满足它；或者界定了一项最佳实践，但却没有实施，这样的企业肯定不是一个合格的学习型组织。

3）任何形式的组织结构都可以成为学习型组织

如果一个公司能够积极地管理学习过程，使学习更加集中并有目的性，那么任何形式的组织结构都可以成为成功的学习型组织。通用电气公司在这方面是一个生动的典范。1989年，通用电气公司总裁杰克·韦尔奇在新英格兰某镇召开了一次会议，并以此为基准在公司内启动了一项名为"群策群力"（Work-out）的工程，以期改变公司缓慢、烦琐的决策流程，提高解决问题的效率。在这项工程中，学习的任务相当明确。

"群策群力"有一个实际的目标和一个意念的目标。实际的目标是去除成千上万个坏习惯，这些坏习惯从 GE 诞生以来逐渐积累下来……而所谓意念的目标，是指让每一个业务单位的领导每年有 8～10 次直接面对上百名下属，倾听他们的所思所想……最终，公司将重新定义老板和下属之间的关系，期望达到的目标是员工每天都向他们的老板提出新的挑战。

在每个"群策群力"项目中，都要组织由数百名员工参加的为期 3 天的封闭讨论，这些来自不同部门和不同工种的员工分成不同的组（每组 30～100 人不等），大家集思广益，以期找出部门或业务中存在的问题，并探讨可行的解决方案。会议最后一个议程最为热烈，即把各个部门的负责人请来，小组成员是根据大家讨论确定的，当场对部门负责人进行轮番"轰炸"，并让他们立即答复。对于每一个建议，负责人只能在"好"、"不行"或"我需要更多的数据"三者之中选择一种。韦尔奇把这个过程变成 GE 工作中不可缺少的一个环节，并亲自督促各级管理者参与这个过程。到 1993 年中期，超过 85% 的员工都参加了这个项目。韦尔奇期望通过这个过程，促进各部门广泛地开展学习，彼此分享最佳实践，并将其内化入组织的记忆系统。这个项目取得了显著成效，不仅提高了生产效率，而且加快了管理者的响应速度。因此，可以认为，"群策群力"是实践中一个很好的组织学习项目，它为人们展示了如何创造、解释和运用知识，产生行为的变化，并最终带来绩效的改善。

5. 无边界组织

所谓无边界组织，是指边界不由某种预先设定的结构所限定或定义的组织结构。传统的企业组织结构里面一般包括 4 种边界：垂直边界、水平边界、外部边界和地理边界。垂直边界是指企业内部的层次和职业等级；水平边界是分割职能部门及规则的围墙；外部边界是企业与顾客、供应商、管制机构等外部环境之间的隔离；地理边界是区分文化、国家和市场的界限。无边界组织并不意味着企业原先各界限的完全消失，而是将传统企业中的 4 种边界模糊化，形成像"隔膜"一样的新边界。通过组织协调，提高整个组织信息的传递、扩散和渗透能力，实现信息、经验与技能的对称分布和共享，达到激励创新和提高工作效率的目的，使各项工作在组织中顺利开展和完成。

美国通用汽车公司前任董事会主席杰克·韦尔奇首先使用了无边界组织这一术语。杰克·韦尔奇力求取消公司的横向和纵向边界，实现工程、生产、营销和其他部门之间的自由沟通，工作及工作程序和进程的完全透明，并打破公司与客户和供应商之间存在的外部边界障碍。

1）无边界组织的特征

罗恩·阿什克纳斯在他与人合著的《无边界组织：打破组织结构的锁链》一书中对4种边界进行了分析界定。无边界组织具有以下特征。

（1）就纵向关系而言，各个层次及各种头衔人员之间的界限已经打破，垂直上下之间的界限不再僵硬难破，而变得具有弹性和可渗透性，从而有助于更快、更好地决策和行动，也有利于组织方便地从各层次人员那里获得知识信息和创新灵感。

（2）就横向关系而言，各职能部门不再有自己独立的山头，部门间的相互渗透，有关领地管辖的争执，被探讨怎样才能最大限度地满足客户需求所替代。

（3）就企业与外部供应商、客户的关系而言，已由通过谈判、争吵、高压技巧、封锁信息，甚至相互拼斗方式的生意人之间——"我们"与"他们"的关系，转化为一种共创、共享、互利、双赢的价值链关系，彼此之间成为一个战壕里的战友。高效的创新方式一经发现，就可以很快被引入整个产品或服务企业联合价值链中来，为人家所共享。直接无偿投资支持供应商和经销商，也开始成为一种高效的经营方式。企业联盟不仅是一种战略，而且成为一种价值观念。

（4）地点、文化和市场的边界也开始被打破。源自于强调国民自尊心、文化差异、市场特殊性的观念，往往将创新和效益的观念孤立起来，并导致总部与工厂、销售市场之间的分离和矛盾。这已不再适应全球化统一市场的企业经营和发展。人才、资金、材料供给已全面向本地化方向发展推进。将跨国企业定义为某国某地的企业已不再有任何意义，在何处经营，在何处纳税，也就是何处的"公民"。

2）无边界的组织设计

一般可以通过以下几种方式来实现无边界的组织设计。

（1）通过运用诸如跨层级团队和参与式决策等结构性手段，可以取消组织的纵向垂直边界，从而使层级结构扁平化。

（2）通过跨职能团队和围绕工作流程而不是职能部门组织相关的工作活动这些方式，取消组织的横向边界。

（3）可以通过与供应商建立战略联盟，或者通过体现价值链管理思想的顾客与企业联系手段等，削弱或取消组织的外部边界。

12.4　组织设计与员工行为

尽管有证据表明，未来的组织向着高度灵活化、网络化、扁平化的方向发展，但并不是每位员工都喜欢并适合这种组织结构；相反，有些员工可能在机械组织中有更好的表现。这类员工需要较高程度工作的任务标准化,才能得到较好的绩效。因此,在考虑员工行为与组织结构关系时,要充分考虑员工的个体差异。

1. 员工的参与度

事实表明,具有很强参与度的员工适合集权程度低、高度柔性的组织;而低参与度的员工更适合在机械组织中工作。例如,员工自尊心较弱时分权化(重新修改的)与工作满意度的相关程度较高。因为,低自尊的员工对自己的能力没有信心,他们喜欢分权决策,这样他们就不必为决策后果而负全部责任了。

在美国一个对 98 个高度参与组织的调查显示,75% 的被调查公司感觉其在工作生活的质量、顾客服务、生产力、产品质量和抱怨率方面要好于平均水平。其中,自愿离职率只有 2%,与全美平均水平的 13.2% 有实质上的距离;投资回报率几乎要比产业平均水平高 4 倍;销售利润率要在 5 倍以上。另一个对 1972—1992 年间美国公司的财务绩效研究显示,5 个表现最好的公司:派拉蒙出版集团、周游城市公司、泰森食品公司、沃尔玛公司和西南航空公司,相对于那些既依赖财务成功又有如市场领导地位、盈利性产业、独一无二的技术和强大的进入壁垒之类的公司,他们更加依赖雇员参与实践来获取竞争优势。

2. 控制跨度

一般认为,随着控制跨度的增大,员工工作的能动性和自主性会得到相应的提高。但有些员工由于个性或能力的因素,喜欢有上级对他们的工作随时进行指点,这时控制跨度大的组织结构里的管理者就显得有些力不从心了。所以,控制跨度的设计应该与员工的能力、工作内容、工作任务等因素相结合。例如,一个具有雄心的员工希望组织机构有尽可能大的管理跨度(即整个组织有较少的管理层次),这样他可以以最快的速度达到指挥链的顶层。

3. 工作专门化

工作专门化会导致员工生产率的提高,但却是以工作满意度降低为代价,这个结论是在不考虑员工个体差异与工作类型的情况下得出的。工作专门化并非是提高生产率的不竭之源泉。人们从事重复单调性的工作会导致非经济因素的增长超过经济因素的增长,这也会影响生产率的提高。现在,由于越来越多的员工受过高等教育,他们渴望工作具有内在的激励性。因此,与过去的几十年相比,工作专门化更容易导致生产率的下降。

但不能忽视这样的事实,仍有一部分人偏爱常规性强和高度专门化的重复性工作。这些人希望工作对智力要求低一点,能够提供一种安全感。对于他们来说,高度的工作专门化是工作满意感的源泉。对于那些渴望个人成功,希望工作多样化的个人来说,从事工作专门化程度过高的专业技术工作只会降低他们的工作满意度和效率。

复习与思考题

1. 组织结构的含义是什么?它包含哪些内容?
2. 组织结构设计的原则有哪些?
3. 每种组织结构都有其优缺点,如果站在一个管理者的角度,你认为在选择合适的组织结构方面,应该考虑哪些因素?
4. 在我国实行矩阵制结构时,还需要深入探讨解决哪些问题?你认为如何才能有效地解决这些问题?说说你的看法。

5. 为什么管理人员愿意创立基于流程的组织？在建立基于流程的组织时应该注意哪些问题？

6. 解释不同的组织设计对员工行为的意义。

案例阅读

三九企业集团的组织设计与变革

三九企业集团是目前中国五大制药工业企业之一，是一家特殊形式的国家所有制——军队所有制企业。其直接行政主管单位在1987—1991年间是第一军医大学，后从1992年开始脱离第一军医大学，归属中国人民解放军总后勤部生产部管理。作为一家军队开办的经营有方的药品生产企业，从1987年建成投产，截至1994年底，共为国家上缴2.541亿元的所有权收益。

三九企业集团在规模不断壮大发展的过程中，其管理组织结构也在不断地调整和变化。概括起来，其经历了以下4个阶段。

1. 创业阶段

从1985年开始筹建到投产前的那一段时间，三九企业集团的中心任务是尽快把科技成果转化为生产力，形成药品的批量生产能力。赵新先厂长带领5个年轻人在艰苦的创业过程中，不但没有给自己配副手，而且责成手下5人各自独立负责一摊子工作，各自也都没有配副手，这是一种权力高度集中、精干高效的组织形式。赵新先发现这种办法用人少、矛盾少、责任明确、效率很高，故将其归纳为"正职领导一人负责制"，并视为一条基本组织原则，在企业发展壮大后的日常生产经营管理系统的多次组织改组中都坚持贯彻。

2. 投产阶段

三九企业集团于1987年9月建成投产以后，开始形成正式的直线职能制。这种组织形式的特点是企业设立两套组织系统：一套是按统一指挥原则设立的直线管理系统；另一套是按专业化分工原则设立的参谋职能系统。职能管理人员作为直线指挥人员的参谋和助手，只对下一层次机构的工作进行业务指导，而无权发布命令进行指挥。这种组织结构形式可以避免多重领导，同时也实现了管理工作上的职能分工。三九企业集团投产初期的组织机构包括开发部、供应部、生产部、贸易部、企管部和后勤部。赵新先作为一厂之长，对药厂的工作全面负责，各位部长对所管辖领域的一切问题负责。为了避免各部门之间频繁地发生不必要的跨部门联系，三九企业集团在设置直线职能制组织结构时遵循了一条重要的原则，即"大职能，小部门"原则，即在坚持少用人的前提下，尽可能把相关的工作归并在一个部门内。这样按部门系统组合相关的职能，可以使现场作业活动与其联系密切的专业管理活动紧密地结合起来，以便简化和减少跨部门的联系，使工作中的许多协调问题就在部门内获得基本解决。这种把相互关系比较密切的工作尽可能地组合在一起做的做法，在三九企业集团日后的其他机构设计中都得到了遵循和体现。

3. 强化经营阶段

三九企业集团经过几年的发展已经形成了一定的生产规模，并将三九胃泰、壮骨关节丸、正天丸、感冒灵冲剂等6个产品成功地推向了市场。鉴于全国医药市场从1991年底开始出现不利的变化及药厂的拳头产品出现了断层的现象,为加强经营工作,三九企业集团在原贸易部基础上组建了三九贸易公司(隶属于三九药业有限公司)。贸易公司着力进行销售网络建设,在全国各大城市建立了62个分支机构,销售网络点共达3 000多个,并在1994年完成了对宁波、长沙、无锡3家营业额达1亿元以上的国营医药商业单位的收购(三九药业有限公司下设医药投资管理部,负责对并购来的医药经销渠道进行管理),使三九药业销售规模达到了8.6亿元的水平。

4. 以药品生产为主,实行多元化经营,开拓国际市场阶段

这一阶段的组织结构调整是伴随着三九企业集团的成立与发展进行的,主要包括以下3个方面。

(1) 在加强中成药生产基地建设的同时,围绕医药关联产品建立了西药生产基地(九新药业有限公司)和生化制品生产基地(九升生物制品厂、九阳天然保健制品厂、九泰保健日用品厂等),目前正抓紧建设生物工程产品生产基地(如九先生物工程有限公司)。

(2) 1990年三九企业集团得到了美国食品与药品管理局(FDA)同意"三九胃泰"在美国生产和销售的批文,并与外商合资建立了一个生产厂(九美企业),在美国就地加工和生产"三九胃泰"胶剂(英文名称ST. MTAE)。同时,为协调三九系列药品的海外开拓工作,三九企业集团于1995年初成立了海外公司党委和海外公司管理部,以加强企业对海外业务的统一管理。

(3) 三九企业集团投资并联合了一些军队和地方企业,壮大了三九企业集团队伍,并在一段时间内与三九企业集团管理机关合署办公,实行"两个牌子,一套班子",以更有效地精简机构和管理人员。

三九企业集团自1991年底组建以来,截至1994年底,集团企业已由原来的34家发展到90余家,固定资产从16亿元增加到43.33亿元,经营领域从医药工业发展到汽车工业、食品工业等八大产业和八大综合性公司。三九集团成立3年来产值利税连年翻番,1994年集团实现产值32.08亿元,利税4.66亿元,人均产值和利税分别为138万元和20万元。三九企业集团在短短的几年时间内获得这么迅速的发展,是和集团坚持以医药为主、科工贸并举、多元化和国际化经营的发展战略分不开的,同时也和集团的合理组织与管理密不可分。

思考与讨论题

1. 试析三九企业集团中集权与分权的关系?
2. 三九企业集团所形成的组织原则是否具有普遍适用性?为什么?
3. 请绘制一个组织图概括反映三九企业集团各单位的地位和组织关系。

第 13 章

组织文化

学习目标

1. 能够描述组织文化的层次、内容和特点。
2. 理解影响组织文化的因素。
3. 识别组织文化的功能。
4. 了解组织文化的创建、维系和传承。
5. 了解几种组织文化的量化研究方法。

开篇案例

从动物世界里演绎出来的 4 种企业文化

持续成长的公司,尽管战略和运营总在不断适应变化的外部世界,但始终是相对稳定的核心理念在决定其命运。这犹如动物长期形成的秉性,决定了它将怎样直面自然界的挑战。

新华信正略钧策管理咨询公司向业界推出了《2012:中国企业长青文化研究报告》,该报告的特别之处,是其第一次将挑选出来的 34 家中国优秀企业,依据公司氛围、领导人、管理重心、价值取向 4 个方面的文化特征,类比动物界生灵的运动特性而呈现出了具有自然崇拜的 4 种文化:象文化、狼文化、鹰文化和羚羊文化。

1. 象文化:尊重、友好,人本型

象文化在中国企业里表现出这样的特征:企业的工作环境是友好的,领导者的形象犹如一位导师,企业的管理重心是强调"以人为本",企业的成功则意味着人力资源获得了充分重视和开发。这类企业文化的最杰出的代表是雅戈尔公司。

雅戈尔公司是家服装企业,创造了"将所有员工视为亲人"的亲和文化。公司先后投资 5 000 万元建造了雅戈尔新村让员工安居乐业,尤其是改善外来员工的居住、生活条件;在对待犯有错误的干部、员工时,公司从不严厉批评,而是悄悄将其调到另一个职位让他去"悟",为员工创造了自省和提高的公司氛围。

2. 狼文化：强者、冒险，活力型

狼群中有着强烈的危机感，它们生性敏捷而具备攻击性，重视团队作战并能持之以恒。狼性精神是一种强者精神。在狼文化特征的企业里，有着富于创造性和充满活力的工作环境，领导者往往以革新者和敢于冒险的形象出现；企业最为看重的是在行业的领先位置；而企业的成功就在于能获取独特的产品和服务。华为公司是中国企业狼文化的最典型代表。

华为公司十多年奋斗所取得的骄人业绩，堪为中国企业史上独一无二的例子。华为人俨然是一群善于"拼命"的狼。公司有一种强烈的扩张欲望，一旦找到突破口，不惜任何代价也要有所斩获，正是这种狼性让华为公司至今仍在国际化的险途攀登。

3. 鹰文化：目标、绩效，市场型

具有鹰文化的企业氛围是结果导向型的组织，领导以推动者和出奇制胜的竞争者形象出现，企业靠强调胜出来凝聚员工，企业的成功也就意味着高市场份额和拥有市场领先地位。联想集团是这类文化的典型代表。

联想文化是典型的目标导向。从柳传志时期以客户为中心的目标导向到杨元庆时期以绩效为中心的目标导向，联想集团总是在做一个目标奔向另一个目标的扑捕动作，去获取要跳一下才够得着的高目标。联想集团最根本的东西没有丢，即从大处看世界，对自身永不满足，不断进取。

4. 羚羊文化：温和、敏捷，稳健型

羚羊的品性是在温和中见敏捷，能快速反应但绝不失稳健。这类企业的工作环境规范，企业靠规则凝聚员工，强调运营的有效性和稳定性。企业的成功是凭借可靠的服务、良好的运行和低成本。海尔集团是这类文化的代表性企业。

海尔集团的每一步都伴随着创新突破、追求卓越，但是在实现创新中也强调和合，行王道而非诡道，走稳招而不走险招。当其他家电企业注重抓生产促销售时，海尔集团砸了冰箱，提出质量口号；当其他家电企业渠道为王，大力发展批发网络时，海尔集团提出"真诚到永远"，建立了全国服务体系。稳健是海尔集团走向世界舞台的另一大法宝。

组织文化是组织生存与发展的灵魂和支柱，是组织的本质特征之一。任何一个组织都有自己的文化，它贯穿于组织的全部活动之中，并且无处不在，影响着组织成员的思想和行为，决定着组织的整体素质、行为和竞争能力，决定着组织的荣辱与成败。因此，通过了解组织文化的相关理论，学习组织文化的功能，掌握组织文化的创建、维系和传承，将有助于人们对组织成员乃至整个组织行为的理解、预见和把握。

13.1　组织文化概述

1. 组织文化的概念

由于任何一个组织都处在一定的社会环境之中，组织文化必然受到历史文化、民族文化和外来文化的深刻影响。因此，在讨论组织文化的概念之前，先简略地谈谈文化的概念。

1) 文化的概念

"文化"一词来源于拉丁古文，本指"耕作""教习""开化"的意思。在中国古籍中最早把"文"和"化"联系起来的是《易经》，"观乎天文，以察时变；观乎人文，以化成天下"。意思是指圣人在考察人类社会的文明时，用儒家的诗、书、礼、乐来教化天下，以构造修身齐家治国平天下的理论体系和制度，使社会变得文明而有秩序。然而，在欧洲的历史中，文化一词主要是由于人类在思维和理性方面的发展而引起的整体社会生活的变化。英国和法国的 culture、德国的 kultur 都源于拉丁文的 cultura 的含义，而 cultura 的含义是耕种、居住、练习、注意、敬神。古希腊罗马时期，文化被认为是培养公民参加社会政治活动的能力。而在启蒙运动时期，法国启蒙思想家和德国古典哲学家将文化同人类的理性发展联系起来，以区别于原始民族的"不开化"和"野蛮"。此时的文化观点，是资本主义发展需要在社会哲学思想上的反映。

文化有广义和狭义的理解。广义的文化是指人类在社会实践过程中所创造的物质财富和精神财富的总和；狭义上的文化是指社会意识形态，以及与之相适应的礼仪制度、组织结构、行为方式等物化的精神。

2) 组织文化

组织文化是指组织在长期的实践活动中所形成的，并且为组织成员普遍认可和遵循的具有本组织特色的价值观、团体意识、行为规范和思维模式的总和。组织文化可以分为以下3个层次。

（1）组织文化的表层，即物质层。这是企业生产经营的物质过程及产品总和，同时包括实体性的设施。物质层是区别于组织文化之间、组织文化与社会文化和其他子系统文化之间最明显的外部特征。

（2）组织文化的中间层，即制度层。这是员工行为方式及企业各种规范、管理条例的总和。制度层也是组织文化之间、组织文化和其他社会文化子系统之间相互区别的重要特征。

（3）组织文化的深层，即核心层。这是组织成员社会意识和经营意识的总和。核心层是组织文化的隐性部分，渗透在组织文化的中层和表层，并且通过中层和表层表现出自己的独特个性。

组织文化的层次如图 13-1 所示。

物质层、制度层、核心层由外到内的分布形成了组织文化的结构，这种结构不是静止的，它们之间存在着相互的联系和作用。

物质层是核心层和制度层的外在体现。通过其外在的形式体现了组织文化的水平、规模和特色，体现了组织特有的组织哲学、价值观念和道德规范等方面的内容。

制度层是核心层和物质层的中介。核心层直接影响制度层，并通过制度层影响物质层，因此制度层是核心层和物质层的中介。制度层的中介作用使许多卓越的组织家都非常重视制度层的建设，使其成为本组织的重要特色。

核心层决定了制度层和物质层。核心层是组织文化中相对稳定和隐性的层次，它隐藏在显性内容的后面，必须通过一定的表现形式来体现，并且它的形成受社会、经济、政治、文化和本组织的实际情况影响。核心层是组织文化的决定因素，有什么样的核心层就有什么样的制度层和物质层。

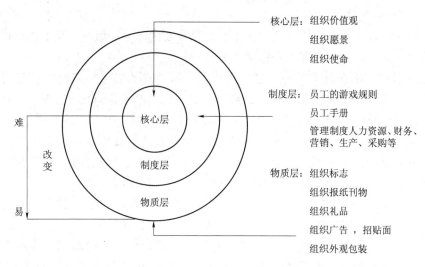

图 13-1　组织文化的层次

组织文化的物质层、制度层和核心层是密不可分的，它们相互影响、相互作用，共同构成组织文化的完整体系。因此，在研究组织文化时，只要抓住了核心层，组织文化的其他内容就顺理成章地揭示出来了。这就是为什么许多人把组织文化的研究重点都放在组织哲学、价值观念、道德规范上的原因，也是为什么一些人把组织文化误解为组织精神的原因。

2. 组织文化的内容

从组织文化的形式来看，其内容可以分为显性和隐形两大类：组织文化的显性内容和组织文化的隐性内容。

1）组织文化的显性内容

所谓显性内容，是指那些以精神的物化产品和精神行为为表现形式的，通过直接的视听感官能感受到的，并且符合组织文化实质的内容。组织文化的显性内容包括组织标志、工作环境、规章制度和经营管理行为等部分。

（1）组织标志。组织标志是以标志性的外化形态来表现本组织的组织文化特色，并且和其他组织明显地区分开来的内容，包括厂牌、厂服、厂徽、厂旗、厂歌、商标组织的标志性建筑等。

（2）工作环境。工作环境是指职工在组织中办公、生产、休息的场所，包括办公楼、厂房、俱乐部和图书馆等。

（3）规章制度。并非所有的规则制度都是组织文化的内容，只有那些以激发职工积极性和自觉性的规章制度才是组织文化的内容，其中最主要的是民主管理制度。

（4）经营管理行为。再好的组织哲学和价值观念，如果不能有效地付诸实施，就无法被职工接受，也就无法形成组织文化。组织在生产中以建立"质量第一"为核心的生产活动，在销售中以"顾客至上"为宗旨的推销活动，组织内部以"建立良好的人际关系"为目标的公共关系活动等，这些行为都是组织哲学、价值观念、道德规范的具体实施，是它们的直接体现，也是这些精神活动取得成就的桥梁。

显性内容主要表现为以上 4 个方面，它们是组织文化的重要组成部分，但其毕竟是精神的外化，还不是组织文化的根本内容，因此必须进一步研究组织文化的隐性内容。

2）组织文化的隐性内容

组织文化的隐性内容是组织文化的根本，是最重要的部分。组织文化的隐性内容包括组织哲学、价值观念、道德规范和组织精神等方面。

（1）组织哲学。组织哲学是一个组织全体职工所共有的对世界事物的一般看法。组织哲学是组织最高层次的文化，它主导、制约着组织文化其他内容的发展方向。从组织管理史的角度来看，组织哲学已经经历了"以物为中心"到"以人为中心"的转变。

（2）价值观念。价值观念是人们对客观事物和个人进行评价活动在头脑中的反映，是对客观事物和人是否具有价值及价值大小的总的看法和观点，包括组织存在的意义和目的，组织各项规章制度的价值和作用，组织中人的各种行为和组织利益的关系等。

（3）道德规范。组织的道德规范是在长期的生产经营活动中形成的，人们自觉遵守的道德习气和风俗，包括是非的界限、善恶的标准和荣辱的观念等。

（4）组织精神。组织精神是指组织群体的共同心理定势和价值取向，是组织的组织哲学、价值观念、道德规范的综合体现和高度概括，反映了全体职工的共同追求和共同认识。组织精神是组织职工在长期的生产经营活动中，在组织哲学、价值观念和道德规范的影响下形成的。

以上是组织文化的4个主要隐性内容。除此之外，组织文化的隐性内容还包括组织的美学意识、组织心理、组织的管理思维方式等内容，这些都是在进行更深入的研究中要加以注意的。

3. 组织文化的特点

组织文化产生的根源及其形成过程使其既具有民族文化的烙印，又具有组织管理的个性特色。

1）阶级性

马克思主义关于文化及其社会问题的研究，肯定了人们的精神生活是以社会物质生活条件、社会制度和国家制度的性质为转移的，并且明确指出，统治阶级的文化在社会中占据统治地位，即文化是有阶级性的。

组织文化作为整个文化的一个组成部分，同样也是以物质生活条件、社会制度和国家制度的性质为转移的，是有阶级性的。

2）民族性

组织文化根植于民族文化中，具有极强的民族性。对不同国家的组织行为进行预测，需要了解不同的民族文化对组织文化的影响，这对于外交和国际贸易均具有重要意义。

组织管理的核心是人的管理。由于组织成员成长于各自的社会文化中，必然会把民族文化传统带到组织中。民族文化是影响组织环境的重要因素，它不仅影响组织及其成员的价值观念、行为准则和道德规范，还会对组织经营管理的方针战略产生深刻影响。

因此，成功地管理一个组织，不仅要建立有民族特色的组织文化，还要努力适应民族文化环境下的社会心理状态，否则将陷入管理困境和危机。与此同时，组织文化作为民族文化的微观部分，也起着不断推动民族文化发展的积极作用。

3）整体性和个体性

组织文化是组织成员的共同价值观体系，它不仅是组织全体成员、包括领导者和被领导者共同遵循的行为准则与价值观念，而且也是一个组织区别于其他组织的关键特征。

即使是同一类型的组织，由于其民族文化、传统习惯不同，也可能形成不同的组织文化。组织文化以观念的形式，从非计划、非理性的因素出发来调控成员的行为；它是对组织管理中的标准管理和制度管理的补充与强化，潜移默化并贯穿于组织成员的行为中，使组织成员为实现组织目标自觉地组成团体协作的整体。

4）历史连续性

组织文化与组织的长期发展历史紧密相连，有一个逐渐形成和发展的过程。

组织文化是组织管理人的精神世界中最核心、最本质的东西。它形成于组织生长变革和发展的长期实践中，随着科技的发展、文明的进步和组织自身的发展而不断丰富；同时对组织的成长和发展又具有深远的影响。

5）创新性

组织文化是最终连接和维系组织内部人际关系的重要纽带。在这个联系过程中，人们的价值观念、行为准则、道德伦理、交往方式及情感等方面，都是以他们能够接受的经过长期培养和发展所形成的组织文化为准则的。

因此，组织行为合理与否在很大程度上取决于组织文化。创新的思想意识正是组织行为的理想所在。任何组织都需要不断创新以实现组织目标。组织中领导者和被领导者都希望实现自我。通过设计和维持一种良好的创新环境，提高员工的素质，激发员工的创新动机，为组织成员实现自我提供条件，是组织文化的核心部分。

4. 组织文化的影响因素

组织文化是从最高管理层树立的典范发展而来的，它在很大程度上取决于管理者的行为方式和管理风格。此外，还有一些因素也在相互作用，促使组织文化的形成，这些因素包括自然、经济、政治、技术及文化环境，行业技术经济特点，工作群体的特征，企业的成员及构成，管理者和基层领导的领导风格、组织特征和管理过程等。

1）自然、经济、政治、技术及文化环境

企业要生产产品必须依赖一定的科学技术，必须从大自然获取能源和原材料，科技、能源与原料的供应变化会影响产品的质量和成本的变化，这些变化会影响企业的竞争力，影响组织文化特色的形成。国家的经济发展速度、经济结构、国民收入等指标都会影响组织文化；一个国家的政治环境对组织的发展具有很大的促进和制约作用，国家的方针政策、法律、法规同样也会影响和制约组织文化的性质与发展方向。

2）行业技术经济特点

组织文化按行业划分，可以分为攻坚文化、强人文化、过程文化，以及拼命干、尽情玩4种文化，如图13-2所示。

3）企业的成员及构成

不同类型的人及其组合到一起的方式都会影响组织文化的形成。每个人都有自己的价值观念，个人的价值观和组织的价值观相融、互补或互斥，直接影响组织的价值观能否被每位成员所接受。

从传统上来看，组织的创始人对组织的早期文化影响巨大。整个组织中处处可见创办人的个人影响力。例如，证严法师的慈济功德会、施振荣的宏碁事业、王永庆的台塑企业、亨利·福特的福特汽车公司、松下幸之助的松下集团。

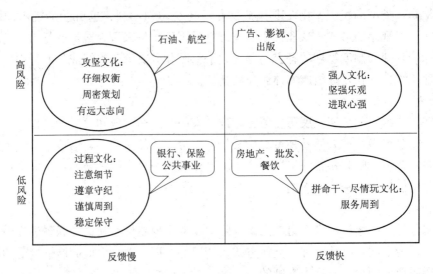

图 13-2 行业技术经济分类

4) 工作群体

工作群体的特征会影响个体对组织文化本质的理解。例如,对工作任务的承诺直接影响对文化的理解。承诺是员工对工作和组织的一种负责、内化的态度。工作群体是否是一个高承诺的团体在很大程度上会影响个体对组织文化的理解。另外,工作中的障碍及解决方法、群体的士气及友谊状况也会影响工作群体对组织文化本质的理解。

5) 管理者的领导风格

管理者的领导风格会对组织文化产生相当大的影响。如果管理者对下属疏远,这种态度会对组织产生消极影响。基层主管是倾向于督促产出还是关心员工,会对团队工作产生重要影响。

6) 组织特征

组织文化还受组织特征的影响,如组织的规模和复杂性等。大型组织往往倾向于高度的专业化和非个人化。复杂的组织往往雇用更多的专业人员和专家,这是改变问题的一般方式。另外,大型和复杂的组织还会制定更多的制度、程序和规定来规范行为,并且组织的集权程度等因素也会对员工和自由程度造成影响。

7) 管理过程

组织文化也受到管理过程的影响。报酬和绩效直接挂钩的企业容易形成追求成功的文化。开放和自由的沟通制度容易促成参与和创造性的文化。容忍冲突和处理风险的态度对团队工作产生很大的影响,往往决定着企业革新和发明的数量。

13.2 组织文化的类型

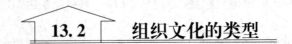

从世界各国对组织文化的研究结果来看,不同流派对组织文化从不同的角度进行了

划分。

1. 杰弗里·桑南菲尔德的文化分类

艾莫瑞大学的杰弗里·桑南菲尔德（Jeffrey Sonnenfield）提出了一套标签理论。他将企业文化归纳总结出 4 种文化类型：学院型文化、俱乐部型文化、棒球队型文化和堡垒型文化，如图 13-3 所示。

竞争的激烈程度		低	高
	高	学院型文化： IBM公司、惠普公司	棒球队型文化： 咨询公司、公共关系公司
	低	俱乐部型文化： 政府机构、公益事业单位	堡垒型文化： 零售商店、航空公司

组织的开放程度

图 13-3　组织文化的类别

学院型组织是为那些想全面掌握每一种新工作的人而准备的地方。在这里，他们能不断地成长、进步。这种组织喜欢雇用年轻的大学毕业生，并为他们提供大量的专门培训，然后指导他们在特定的职能领域内从事各种专业化工作。

俱乐部型公司非常重视适应、忠诚感和承诺。在俱乐部型组织中，资历是关键因素，年龄和经验都至关重要。与学院型文化的公司相反，这种公司把管理人员培养成通才。

棒球队型文化的公司是冒险家和革新家的天堂。棒球队型文化的公司重视创造发明，这种公司从各种年龄和经验层次的人中寻求有才能的人。公司根据产出状况付给员工报酬。

堡垒型文化的公司则着眼于公司的生存。许多这类公司以前是学院型、俱乐部型或棒球队型的，但在困难时期衰落了，现在尽力来保存自己尚未被销蚀的财产。

2. 约翰·科特和詹姆斯·赫斯科特的分类

美国哈佛商学院约翰·科特和詹姆斯·赫斯科特写的《企业文化与经营业绩》一书，比较切合实际，具有较强的可操作性。该书从企业文化与企业绩效的角度，阐述了企业文化对长期经营业绩的重大作用。根据这一理论，企业文化大致分为 3 种类型：强力型、策略合理型和灵活适应型。

1）强力型企业文化

强力型理论阐述了企业文化价值观念和企业规范在调整、激励、管理一个企业部门员工的某种作用。在复杂的现代企业中这是一个棘手的问题。

在这类企业中，企业文化的力量与企业经营业绩相联系，在理论逻辑上有 3 个基本点：① 全体员工目标一致，方向明确，步调一致，形成夺取经营业绩的强大合力；② 全体员工价值观念牢固一致，容易产生自愿工作或献身企业的心态，形成夺取经营业绩的力量源泉；③ 受价值观念驱动，可以避免对官僚主义的依赖，促进了企业经营业绩的增长。

但这个理论遭到质疑，主要表现在以下两个方面。① 如何肯定强文化是原因，而优异的经营业绩就是结果。实际上，众所周知，优异的组织绩效也会导致强文化的形成。② 如果强文化的方向错了，即全体员工认可并铭记于心的价值观念和经营方法是错误的，是否也会导致良好的业绩。科特和赫斯科特为了验证"强力型理论"的功过正误，从美国 22 个行业中选出207家公司，通过问卷调查分析，对"强力型理论"进行评价。

这一理论的重要性至少有3点：率先将企业文化与长期经营业绩相联系；说明强力型企业文化对企业目标管理、企业活力和企业经营管理的巨大作用；引起了人们对这个问题的极大关注。

长期经营业绩也能产生或强化强力型企业文化。随着众多企业经营成功，这种强文化型企业文化会出现"骄娇"二气，产生内部纷争，形成官僚作风。在目前市场竞争加剧、变革迅速的世界中，这种类型的企业文化无疑会损害企业经营业绩，会制约企业高级管理成员，使他们无视企业对新的经营策略的需求。

2）策略合理型文化

策略合理型企业文化这一模式指出了一个企业采取与企业文化运作的市场环境相适应的经营方式的重要意义。它的逻辑前提是从"适应型"角度，即适应还是不适应行业环境的角度来谈企业文化的强与弱，而不是从"一致性和牢固性"的角度来谈企业文化，其所使用的关键概念就是"适应性"的概念。与企业经营业绩相关联的企业文化，必须是与企业环境（指这一行业的客观状况）和企业经营策略相适应的企业文化。企业文化适应性越强，企业经营业绩成效越大；而企业文化适应性越弱，企业经营业绩就越小。这种理论所说的企业环境，主要是指公司的行业环境及公司的生产经营内容。

策略合理型理论进行逻辑论证的基本点有两个。一个是公司所在行业不同，业绩经营内容不同，企业文化建设的策略也就应该不同。大众化的服装公司的企业文化，不仅不适应高科技公司，而且也不适应生产经营高档服装的公司。另一个是企业文化的好坏，是否能创造优良的经营业绩，不能抽象地下结论，而是要看它是否适应企业本身及其行业环境的状况。

策略合理型理论遭到的质疑主要有以下两点。①"这一理论好像是一个静态分析"，好像一个企业属于一个行业就永远属于那个行业，生产经营什么样的产品就永远经营哪种产品。②这一理论说明，"当行业环境发生变化时，情况会怎么样"。科特、赫斯科特通过实例调查分析，对这一理论的评价主要有以下3点。

（1）策略合理型理论可以很充分地阐释企业文化与企业经营业绩之间的联系（对75名专家进行调查，其中74位同意这个观点）。

（2）策略合理型理论能解释企业的短期经营业绩，但是不能解释企业长期经营业绩中存在的差异。

（3）策略合理型理论不能解释为什么不同企业为了保持与市场环境相适应，对企业文化进行改革时，获得完全不同的成功。

21世纪现代企业所面临环境的重要特点可以概括为"3C"：买方市场、客户至上；全球化、全方位的竞争；急剧的变化、高度的不确定性。这既是对企业严峻的挑战，又带来全新的竞争规则。只有适应新的商业竞争规则，并作出灵敏反应，及时采取应变措施，使企业文化适应市场环境的需要，企业才能取得成功。

3）灵活适应型文化

灵活适应型文化模式揭示了企业文化中某些特定的具体价值观念和行为方式可以推动一个企业和它的企业文化进行改革。这一理论的观点直截了当，"只有那些能使企业适应市场经营环境变化，在这一适应过程中领先于其他企业的企业文化才会在较长时期与企业经营业绩相互联系"。说明竞争激烈的市场环境会引发企业文化对这一环境的不适应症。如此主题在经营业绩不佳的公司中不断重复。

灵活适应型理论的逻辑前提是，把企业文化分为"对市场环境适应程度较高的企业文化（简称改革型或革新型文化）"和"对市场环境适应程度低的企业文化（简称保守型文化）"。它和策略合理型理论的不同之处，首先是强调所要适应的对象是"市场"环境而不是"行业"环境；其次是强调企业及企业文化本身要不断革新，而不是死守抽象的、所谓策略合理的文化规范。

灵活适应型理论的逻辑论证的基本点有两个方面。一个是适应程度不高的企业文化都带些官僚作风，公司员工缺乏风险精神，企业缺乏创造力，企业消息不灵，显得耳塞眼滞。企业特别强调规范化管理，激发出了公司员工的积极性和发展生产的热心。另一个是对于市场适应程度高的企业文化，在员工个人生活和企业生活中都提倡勇于发现问题、解决问题，公司员工彼此信任、相互支持；企业员工工作热情高，具有愿意为公司发展牺牲一切的精神，具有能够排除一切困难迎接各种机遇的能力。企业领导注重领导艺术，以倡导变革为自己的基本职责，勇于创业、坦率交流，员工善于发现问题、解决问题，并且彼此信任，工作热情高。资料显示，目前绝大多数的公司并不具有他们迫切需要的文化，用以适应瞬息万变的市场环境，因而也就无法促使企业长期经营业绩的增长。

灵活适应型理论所推崇的"革新型企业文化"的实际典范，主要有美国数字设备公司和美国的3M公司的企业文化。

灵活适应型理论遭到的质疑主要有3点。① 这一理论无法解释一个缺乏冒险精神和集体主义精神的公司为什么会在相当长的时间保持企业经营业绩的增长，因为企业文化适应当前市场环境，当前市场环境又保持相对的稳定。② 这一理论遗留了许多重要的中心问题：为什么去冒险，为什么相互适应，革新行为的原因何在。这一理论"并没有意识到这些问题的重要性"，"似乎假定只要企业文化提倡改革、反对内部纷争，就具有适应能力，就会促进企业长期经营业绩的增长"。③ 这一理论没有说明企业文化引导员工进行改革的方式究竟是什么，它可能会因为鼓励员工改革一切，而导致错误的改动，这样可能会成为市场适应程度很差的企业文化；同理，一种注重领导艺术才能的企业文化会产生企业经营方向的失误。

科特和赫斯科特在通过对实例进行调查分析灵活适应型理论过程中，实际上作出了以下评价。

（1）灵活适应型理论和前两种理论一样，阐述了企业文化和企业经营业绩之间的某种联系。

（2）灵活适应型理论提出了一个很重要的问题，即怎样创立并保持与市场环境相适应的企业文化。

（3）灵活适应型理论没有令人信服地回答对其的各种质疑。

科特强调："支撑一个企业所有要素的重要性，特别是顾客、股东和公司员工的重要性，在其内容逻辑联系方面应该是经理人员只有注重股东的合法权益，他们才会竭尽全力使长期经营业绩保持良好状况；在一个充满竞争的行业中，他们必须充分重视顾客的需求才可能保持良好的企业长期经营业绩；在一个竞争激烈的劳动力市场，他们必须充分重视那些为顾客服务的人——公司员工的利益，才可能保持良好的企业长期经营业绩。"换言之，科特是在表示，企业管理人员必须适应相关环境构成的企业主要要素。因此，即便是一家创业精神特别强的公司,因管理人员缺乏对企业构成要素的充分重视,这家公司是无法有效地进行环境适应程度的变革的。

3. 库克和赖佛提的分类

库克和赖佛提对文化的分类属于整合性的分析方式,他们将文化分为以下 12 类。

(1) 人文关怀的文化(Humanistic – Helpful Culture)。人文关怀的文化鼓励企业成员积极参与企业事务,并相当重视团体中的个人。企业希望成员间能有开放的、支持的、建设的互动。在这种文化下,组织成员的积极投入与成长,是促进组织效能的主要动力。

(2) 高度归属的文化(Sffiliative Culture)。高度归属的文化是企业成员对其所属工作团体能有相当的认同、友善的态度、开放的心胸和强烈的满足感。在这种文化下,具备开放的沟通、良好的合作关系和团体的忠诚,才能增进组织的绩效。

(3) 抉择互惠的文化(Approval Culture)。抉择互惠的文化是避免冲突,强调和谐的气氛,支持他人意见,可换取他人对自己的支持。如此的文化从表面上看平静无波,但建设性的意见容易被隐藏起来,因此在没有异议的良性刺激下,可能会导致组织的效能不高。

(4) 传统保守的文化(Conventional Culture)。此种组织相当保守,重视传统,特色是层级节制,严密节制。组织要求成员顺从决策,恪守规则。在此文化影响下,革新观念不容易被重视,甚至没有出现的机会,容易使组织失去适应环境变迁的能力,从而扼杀了提高组织效能的机会。

(5) 因循依赖的文化(Dependent Culture)。因循依赖的文化不但层层严密监控,并且组织成员全无共同参与决策或事务的机会。由于决策过程中采用集权方式,致使组织成员只做上级吩咐的事,至于其余,则事不关己。长此以往,成员的进取心、自发性、机动性等将消失殆尽,养成事事不愿负责,凡事层层上报的习惯,造成公文旅行,延长决策时间,组织绩效自然无法乐观。

(6) 规避错误的文化(Avoidance Culture)。规避错误的文化是有罚无奖赏的文化,若表现优良,则理所当然。由于有"多做多错,少做少错,不做不错"的心态,企业成员不再愿意承担任何责任,将自己受责备的可能性降至最低。由于成员不愿意决策,不愿积极行动,不愿接受挑战,因此这类企业想要在瞬息万变的环境中存活将会困难重重。

(7) 异议反制的文化(Oppositional Culture)。在异议反制的文化中企业充满了反制对立的含义,异议分子往往是令人赞赏的对象。企业成员会因提出批评而声名大噪,获得崇高的地位与影响力。长此以往,会使企业成员习惯为反对而反对,因而作出不切实际的决定。当然,适度的异议具有良性的刺激,但若过度,则会产生一些没有必要的冲突,如此问题不但很难对症下药,亦难获得解决。

(8) 权力取向的文化(Power Culture)。具有权力取向文化的企业不注重成员的参与,重视职位所赋予的权威。简而言之,企业成员相信只需要攀登管理阶层,监控部属,并对上级的需求作出响应。在此种企业中,人与人之间的关系不再存在,取而代之的是职位与职位之间或角色与角色之间的关系。所以,下属很可能会抵抗此种权威式的控制,因而降低贡献的意愿。

(9) 效率竞争的文化(Competitive Culture)。效率竞争的文化即成王败寇的文化,企业成员会因突出的表现而受到奖励与重视。简而言之,企业成员彼此处于竞争态势,不可自拔,合作意愿降低,而且由于竞争是基于相对的比较,无客观的衡量标准存在,因此容易造成效能评估标准不切合实际，出现过高或过低的情况。绩效评估标准过高会造成人力、物力资源的浪费；倘若过低，则会使平均素质不高的组织成员沉溺于恶性竞争中而不自知，致使组织无能力与外界竞争。

（10）力求至善的文化（Perfectionistic Culture）。力求至善的文化凡事追求完美，坚忍而固执。在企业中，努力不懈的人才会受到重视。企业成员皆避免犯任何错误，并使自己随时对周遭事物保持高敏感度。此外，组织成员不惜以长时间来换取既定目标的完成。但过分强调完美，容易使组织成员迷恋于细枝末节中，忽略高层次目标。另外，组织成员容易产生一些工作过度紧张的后遗症。

（11）成就取向的文化（Achievement Culture）。成就取向的文化组织很欣赏处事有条不紊、能够自行预定目标与实现目标的个人。这类组织的成员会为自己设定一个挑战而实际的目标，然后仔细拟订达到目标的计划，并努力执行。具有成功取向的组织有相当的效能，因为组织面临的大多数问题都能依序解决，并且顾客和消费者大多都能得到良好的服务。成就取向的文化组织成员，如组织本身一样，至少在工作上是称职的。

（12）自我实现的文化（Self-actualizing Culture）。自我实现的文化有3个特点：① 重视创造性；② 重质于量；③ 兼顾工作的完成与个人的成长。组织文化大多鼓励员工从工作中寻找兴趣，并发挥自己的所长，拓展新颖有趣的活动领域。尽管此类组织可能很难掌握控制，但显然具有革新潜力，也较能有所成就。

4. 丹尼斯和梅士拉的分类

丹尼斯（Denision）和梅士拉（Mishra）非常重视组织管理中的战略与外部环境这两大要素。他们从一些企业的个案开始，找出了4种不同的组织文化特性。

丹尼斯和梅士拉利用莫顿和布莱克的管理方格图（Managerial Grid），从两个不同的方向划分出4种不同类型的文化特性。这些类别基于两个因素：竞争性环境所需要的转变和弹性（灵活性）或稳定与指导（稳定性程度），即转变与稳定的对比；战略的重心和强度侧重于内部一体化（内部程度）或是外部导向（外部的程度），即外部适应与内部一体化的对比，如表13－1所示。

表13－1　4种不同类型的文化特性

	转变与弹性	稳定与指导
外部导向	适应型文化 Adaptability culture	使命性文化 Mission culture
内部一体化	投入性文化 Involvement culture	持续性文化 Consistency culture

1）适应性文化

强调转变和外部适应的文化特性可称为适应性文化（Adaptability culture）。适应性文化以实施灵活性和适应顾客需要的变化，把战略重点集中于外部环境上为特点。这种文化鼓励那些支持组织去探寻、解释和把环境中信息转化为新的反应行为的能力准则与信念。

2）使命性文化

对于那些关注服务于外部环境中的特定顾客，而无须迅速改变的组织，适于采用使命性文化（Mission culture）。使命性文化的特征是强调稳定性，但有外部适应导向的特性，着重于对组织目标的一种清晰认知和完成,如销售额增长、利润率或市场份额的提高,以帮助组织达到目标。

3)投入性文化

投入性文化(Involvement culture)强调转变但着重内部一体化,注重组织成员的投入、参与感、共享和外部环境所传达的快速变化的期望。相比其他种类文化而言,这种文化类型更强调员工需求以获得优异绩效。参与、共享会产生一种责任感和所有权,然后对组织产生更强的认同。

4)持续性文化

持续性文化(Consistency culture)有其内向式的关注中心(Internal Focus)和对稳定环境的一致性定位。这种文化注重稳定和内部一体化,即有常规的模式规范,包括清晰界定的行为、制度和意义等。

5. 奎因等人的竞争价值结构

竞争价值结构原本是用来分析组织效能的,经过罗伯特·E. 奎因和他的同事的改造,被广泛应用到组织文化的研究上。并且,学者们也建立了一套量表来应用此结构,其信度和效度也被接受。竞争价值结构强调组织内不同的价值观,如平稳与转变之间(Control Flexibility)的矛盾、外在环境和内部组织之间(Internal Versus External Focus)的矛盾,这些基本的价值冲突和张力可以用来解释一个组织内不同的着重点,从而考察该组织的领导人的风格、凝聚力、战略导向和组织整体的特性,在这些基本价值取向上可以看到组织文化的重点,如图13-4所示。

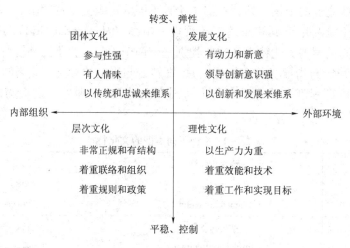

图13-4 竞争价值结构

(1)团体文化(Group Culture)。团体文化着重组织内部一体化,但强调转变和弹性,以人力资源为主要的战略重点,这种文化的基本价值观主要围绕归属感、信任和参与等,因此着重发展人的潜能和争取员工的投入。

(2)发展文化(Development Culture)。发展文化强调转变和弹性,但着重适应外在环境。因此,成长、新资源和创新等为其特色。

(3)理性文化(rational Culture)。理性文化比较着重平稳增长,以生产力、业绩和实现目标为主要战略重点。组织偏重于实现目标,以适应外在环境需要,组织领导人因此会着重工作、效率和实现目标。

（4）层次文化（hierarchical Culture）。层次文化着重组织的稳定性。因此，极其依赖规则和政策，领导人比较保守，多以技术和控制来管理这类组织。

这4种组织文化虽然分布于两个不同的对比之中，但很少有组织是单独属于某一个特定的文化，一般组织有多重焦点，只有其中一个比较突出。例如，一些社会服务机构比较重视团体文化，但也有层次文化和理性文化的影子。同时，一个正常的企业组织不应该只有一种文化，否则很容易流于极端，这正是竞争价值结构所要反映的，一个组织内有不同的力量牵制着，因此均衡是极为重要的。

13.3 组织文化的功能

1. 组织文化的正功能

组织文化在组织经营管理中发挥着重要的功能，主要表现在以下5个方面。

1）激励功能

组织文化的激励功能是指组织文化具有使组织成员从内心产生一种高昂情绪和发奋进取精神的效应。组织文化强调以人为中心的管理方法。它对人的激励不是一种外在的推动而是一种内在引导。它不是被动、消极地满足人们对实现自身价值的心理需求，而是通过组织文化的塑造，使每位组织员工从内心深处为组织拼搏的献身精神。

一个具有激励特性的、优良的组织文化的企业，能够调动组织成员的积极性、主动性和创造性，从而在激烈的竞争中始终立于不败之地，并能在不断追求卓越中发展壮大。

（1）组织价值观激励。这包括崇高目标的激励功能，建立共识的激励功能，追求卓越的激励功能。

（2）榜样激励。榜样的力量是无穷的，典范人物的树立具有很强的激励功能。典范人物不仅是组织文化的倡导者，同时又是组织文化的宣传者和传播者。组织的典范人物本身就是组织为了宣传和贯彻自己的价值观念，而为组织成员树立的可以直接接触和效仿的学习榜样。

（3）组织的形象激励。组织形象是组织中每个成员的集体"像"或群体"像"，组织形象好意味着组织成员的社会声誉高和社会地位高，经营者和生产者在社会交往中也会受到尊重，从而强化经营者和生产者的成就感和自豪感。

2）导向功能

组织文化的导向功能是指组织文化能对组织整体和组织每个成员的价值取向及行为取向起引导作用，使之符合组织所确定的目标。

中国百年老店同仁堂的核心价值观是"同修仁德，济世养生"。在这个核心价值观引导下，员工"同修仁德"，为"济世养生"的目标努力，使企业成为中国著名的百年老店。由此可见，组织成员在这种强文化的影响下，目标一致、行动协调，使组织获得了社会的认可。

3）约束功能

组织文化的约束功能是指组织文化对每个组织员工的思想、心理和行为具有约束与规范的作用。组织文化的约束不是制度式的硬约束，而是一种软约束，这种软约束等于组织中弥漫的组织文化氛围、群体行为准则和道德规范。

4）凝聚功能

组织文化的凝聚功能是指当一种价值观被该组织员工共同认可之后，就会成为一种黏合剂，从各个方面把其成员团结起来，从而产生一种巨大的向心力和凝聚力。

5）辐射功能

组织文化的辐射功能是指组织文化一旦形成较为固定的模式，它不仅会在组织内发挥作用，对本组织员工产生影响，而且也会通过各种渠道对社会产生影响。

组织文化向社会辐射的渠道是很多的，但主要可分为产品、员工和媒体3类。产品辐射，即企业以产品为载体对外传送企业文化；人员辐射，即通过广大员工的语言和行为传播企业文化；媒体辐射，即通过各种媒体宣传企业文化，达到辐射的目的。组织文化的对外辐射一方面有助于树立组织在公众中的形象；另一方面也对社会文化的发展产生很大影响。

2. 组织文化的负功能

从组织文化的积极功能方面来看，提高了组织承诺，增强了员工行为的一致性，这对企业是不无裨益的，但是文化的相对稳定性对于组织来说也是一种束缚，尤其当其不能适应组织当前所处的环境时。因此，不能忽视组织文化对组织有效性的不利影响。

1）组织变革与创新的障碍

企业组织的变革与创新是在环境发生剧烈变化时，企业组织通过其构成要素及要素间关系的变动，形成新的结构与动作方式，以适应环境的变化，从而维持结构自身及其与环境之间的动态平衡。然而，组织文化作为一种保证纽带，以其固有的稳定性紧紧地保护着原有的组织整体结构，抵制任何创新变革的发生，使新的组织整体结构难以获得，从而阻碍了组织变革与创新。

文化惯性对组织变革与创新的阻力主要表现在以下两个方面。

（1）来自个体层次的阻力。组织成员对组织发展与创新影响的阻力主要表现在以下5个方面。

① 习惯。人们总是习惯于按照自己固有的行为模式或思维方式去思考问题、解决问题和处理事情，这些都被称为心理定势效应。

② 安全。人们对自己长期从事的工作是熟悉的，这种稳定可以带来心理上的安全感，组织变革则意味着这种安全感被打破。

③ 对个人经济利益的关注。组织变革会导致工作任务或工作内容的改变，人们可能会担心不能适应工作而使报酬减少，从而产生恐慌而抵制变革。

④ 避免不确定的倾向。追求确定性与稳定性是人们的先天倾向。当变革用模糊和不确定代替已知的、确定的东西时，就会产生一种莫名的恐惧。

⑤ 选择信息加工。个体通过直觉构建自己的认知世界，这个世界一旦建成就很难改变。为了保持知觉的完整性和内心的平衡，个体有意识对信息进行有选择加工，只接受那部分自己想得到的、自认为对自己有利的信息，而忽视那些对自己构成挑战的、不利的信息。

（2）来自组织层次的阻力。组织就其本质来说是保守的，会积极抵制变革，主要表现在以下5个方面。

① 组织结构惯性。
② 群体压力。
③ 对原有资源分配的威胁。
④ 对原有权力关系的威胁。
⑤ 对专业知识的威胁。

2）多样化的障碍

保持组织文化上的多元化以适应外部环境的变化一直是众多管理者的愿望。然而，管理者也同样希望组织成员尤其是新成员能够适应和接受组织的核心价值观。强文化对员工有着明显的遵从压力。当新员工的身份、种族、民族、性别等因素与老员工之间存在很大差异时，组织的强文化不仅会施加较大的压力，使新成员服从组织文化，而且会限定组织可以接受的价值观与生活方式的范围。很明显，在这种强文化的压力下，员工多样化的行为和优势就会丧失。

3）兼并和收购的障碍

长期以来，组织在作出兼并和收购决策时，考虑的关键因素是融资优势和产品的协同作用。但是，近年来，文化的相容性成为人们关注的主要对象，尽管收购对象良好的财务状况和生产线是最初的一些吸引因素，而收购过程能否真正实施似乎与两家公司的文化能否相容关系更密切。

卡尼公司的一项调查显示，58%的并购都没有达到公司高层所设定的价值目标，失败的主要原因是组织文化冲突。例如，2001年美国在线和时代华纳1 830亿美元的并购是公司史上最大的一起并购。此举并购是个巨大的灾难，仅仅两年时间，股票下跌90%。一位专业人士指出，美国在线和时代华纳的并购就像是一名少年和一名中年银行家的结合，文化差异太大，美国在线是开放的白领和牛仔，而时代华纳更保守。

13.4　组织文化的建设

1. 组织文化的创建

组织是一个开放的系统，它不能脱离社会环境而存在，也不能脱离社会环境而构造，因此组织文化通常是在一定的社会环境中，为适应组织的生存发展的需要，首先由少数人倡导和实践，经过较长时间的传播和规范管理而逐步形成的。这其中的少数人一般是指企业的领袖人物和先进分子，通过他们的倡导与示范，启发并带动了组织新的文化模式。

科特和赫斯克特在《企业文化与经营业绩》一书中，提出了组织文化产生的一般模式，如图13-5所示。

当然，组织文化的形成及其形式也会受到社会的较大影响，如组织所在国家或地区的民族文化、风俗习惯、社会规范和道德标准等，都会强烈地影响组织文化的形成。

2. 组织文化的维系

组织文化的维系是在组织文化形成之后，将文化变成现实的过程，这是一个最为复杂、

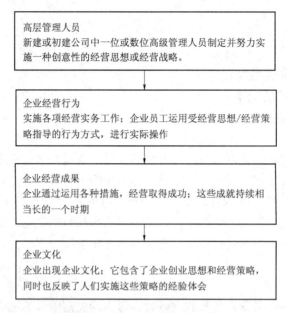

图 13-5 组织文化的形成模式

最为多变和最为漫长的阶段。因此，在这 阶段要想保持组织文化的特色和活力，需要有一系列有效的管理措施和方法来维系组织文化。许多人力资源管理职能和高层主管的影响力为组织文化的维系与强化提供了有力的保障。

1) 强化人力资源管理职能

（1）人员甄选。人员甄选的目的是找到并雇用一些具备专业知识及技能的应征者。然而，在甄选的过程中，这些专业条件只是"必备"条件而已，没有专业知识及技能固然被录用的机会很渺小，可是具备这些技能也不一定被录用。沙拉曼经研究发现，最终的决定因素往往取决于决策者"认为"哪一位最符合组织文化要求。无论有意还是无意，都会导致雇用的人大多具有相似于该组织所具有的价值观或是大部分的价值观。在甄选的过程中，应征者也会探询组织运作上的大致情况。当意识到自己的价值观和该组织的价值观存在明显的冲突时，他们也会考虑退出甄选的行列。所以，新人的甄选实为一种双方相互了解的过程。只要有一方觉得不妥，便可能随时终止甄选的继续。通过这个程序，筛选掉那些可能动摇或危及组织文化的应征者，使得组织文化可以维系下去。

美国大学毕业生要想进入 P&G 公司，在校园里要接受两次面谈及一次知识测验。合格的继续接受总公司一对一的 3 次面谈，以及 1 次面对主管群体的对谈。康柏计算机公司要求应征者至少和 15 位干部面谈过，以确保新人是他们想要的，并且确信新人可以密切同别人合作。日本公司新人报到后少不了集训过程。除了各高层主管分别介绍其事业群的概况之外，便是社长的精神讲话，甚至是唱公司歌，公司无不想尽办法要让新人了解并融入其组织文化之中。

（2）薪酬和职位的分配。员工可以通过薪酬体系了解组织文化。与各种行为联系在一起的奖罚措施向员工传递了管理者个人和组织对事件轻重缓急的判断与价值观。例如，在主营机械、电力的 TD 工业公司，员工向公司每推荐一名新员工，就会得到 7 000 元的特别收入。

同样，许多组织的职位体系也反映了组织文化的某方面特征。津贴福利、坐落在顶层角落的办公室、行政餐厅、地毯、私人秘书或私人停车位的分配等，向人们展示了哪些角色和行为是组织所看重的。

但是，一些组织也可能会不恰当地运用薪酬和职位体系，如果真的如此，该组织就丧失了影响组织文化的大好机会。因为，在组织成员心中，组织薪酬制度的运行是与其组织文化紧密联系在一起的。事实上，一些权威人士认为，通过薪酬制度影响组织文化是最有效的方式。在美国国家航空航天局（NASA），人们认为，导致"哥伦毕业号"失事的原因是薪酬制度发生了变化，即从以往奖励安全和技术创新，变为关注效率和对航天飞机的重新使用。

2）加强高层主管的影响力

最高层主管的言行、行事作风和取舍标准，如上行之风，下属自然受到影响。大到做事的风险取向、授权程度，小到衣着领带、讲话手势无不成为员工效仿的标准。以美国施乐公司为例，1961—1968年间，总裁威尔森（Joseph C. Wilson）具有开拓精神和冒险进取的风格。在他任职期间，公司表现出非正式、大胆创新、冒险及互助的氛围。当时，公司生产的741型影印机也成为非常成功的产品。其继任者麦克寇劳（C. Peter McCullough）是一位哈佛企业管理硕士，领导风格倾向于讲究正式化。工作建立了科层结构及控制系统，文化也发生了急剧的变化。1986年，到他退休时，工作已经变得笨拙、迟缓，并且内部充斥着政治行为，创造力大不如前，使日本的理光和佳能等公司在个人计算机浪潮中得以脱颖而出，而施乐公司苦守影印机产业，无法赶上办公自动化、计算机网络化的风潮。之后，开恩士（David T. Kearns）继任总裁。他删减了近2万个工作职位，实施分级授权，重新回到重视产品品质及服务的导向上。公司也使员工了解到重品质、效率、创新思考和保持竞争力的重要。在日本，本田公司的本田宗一郎曾说："何岛先生、久米先生和我，都做了本田的社长。我们都是随意、平凡的人，所以各位同仁非得认真工作不可……"他们在公司内建立了高层人员不伟大的观念。高层人员既没有专用秘书，也没有专用汽车。董事们没有个人小房间，社长也没有私人办公室，所有的董事、高级干部们全在同一个办公室中工作。至今仍然沿用20世纪60年代初期藤泽武夫提出的构想，继续用着大办公室体制。

3. 组织文化的传承

组织文化在完成创建和维系以后，其工作并非就告一段落了，要想真正实现文化的共创和共享，还要借助于组织文化的传承才能得以完成。组织文化传承的途径有很多，其中最主要的有故事、仪式、实质象征和语言等。

1）故事

每一个组织都有说不完的关于赢家或输家、成功或失败的故事，而组织的创立或创办的故事，则对员工具有更大影响力。例如，福特汽车公司的老亨利福特发明生产线以降低成本，他活到90多岁，而毕生的努力目标就是要使美国家家户户买得起汽车。20世纪90年代初期，美国首富沃尔玛连锁店的创始人沃尔顿，虽有65亿美元的财富，可是生活依旧一如往昔：开着已经开了10年的小货车，工作时穿法兰绒衬衫和卡其裤，住小木屋，出外住便宜的Ramada小旅馆，理发5美金并且不给小费。这两位创始人都是勤俭的代表人。

2）仪式

例如，美国的玛丽凯（Mary Kay）化妆品公司，每年一度的表扬大会如选美大会一般，除了在大礼堂里连续举行好几天庆典之外，与会者均打扮入时。颁奖晚会上则穿上耀眼华丽的礼服，接触的女业务员按业绩的高低分别获得金戒指、钻戒、皮革，甚至是粉红色凯迪拉克大轿车。其做法无非是在公开表扬优胜者，借以激发所有业务员的荣誉心。

3）实质象征

美国加州大学伯克利分校（UC Berkeley）给予获得诺贝尔奖的教授特别的停车证。有了此停车证，在校园内有随意停的特权。天登（Tmldem）计算机公司，设在加州的总部，设有慢跑跑道、篮球场、游泳池、舞台场地和瑜伽场地，并且供所有的员工使用。此举无非是传达一个信息，即"公司重视员工，一视同仁"的开放心胸。很多公司都提供轿车给经理以上的高级主管使用，办公大楼停车区域有特别划定的停车位给高级主管，有的公司购买高尔夫球场及俱乐部会员证，供高级主管替公司做公关工作。这些如果运用得当的话，可以刺激一般员工力争上游。

4）语言

一个组织成立久了，会形成一些特有的"语言"，接着学会这些语言，组织成员表达出他们对文化的接受。这么做也有助于组织文化的保存。组织文化存在于任何一个组织中，它所传达和弘扬的是一种价值取向。所以，任何企业都不要忽视组织文化的存在，尤其是高级主管。合理运用组织文化将带动企业及其员工走上良性的发展道路。

13.5 组织文化的量化研究

企业文化研究20世纪80年代出现了两种方法的派别。一派是以美国麻省理工学院的沙因教授（Edgar H. Schein）为代表的定性化研究。他们对企业文化的概念和深层结构进行了系统的探讨，也曾提出进行现场观察、现场访谈，以及对企业文化评估的步骤等，但是由于这种方法难以进行客观的测量，在探讨组织文化与组织行为和组织效益的关系时，难以进行比较研究，因而受到批评。另一派是以密歇根大学工商管理学院的奎因教授（Robert Quinn）为代表的定量化研究。他们认为，组织文化可以通过一定的特征和不同的维度进行研究，因此提出了一些关于组织文化的模型，这些模型可以用于组织文化的测量、评估和诊断。但是，这种方法被归结为现象学的方法，认为只是研究组织文化的表层，而不能深入到组织文化的深层意义和结构。

组织文化的量化测量，由于研究者的训练背景，关心的主题和使用的方法各异，因而形成了多元化的格局。

1. 奎因等人的研究

美国密歇根大学商学院的奎因教授和西保留地大学商学院的卡迈隆教授在竞争价值观框架（Competing Values Framework，CVF）的基础上构建了OCAI（Organization Culture Assessment Instrument）量表。CVF是由对有效组织的研究而发展起来的，此类研究主要想回答的问题是：什么是决定一个组织有效与否的主要判断？影响组织有效性的主要因素是什么？Campbell等人构建了一套由39个指标构成的组织有效性度量量表。奎因和Rohrbaugh考察了这些指标的聚类模式，发现了两个主要的成对维度，（灵活性—稳定性和关注内部—关注外部），可将指标分成4个主要的类群，4个象限代表不同特征的组织文化，分别命名为团队型（Clam）、活力型（Adhocracy）、层级型（hierarchy）和市场型（Market）。

奎因等人通过大量的文献回顾和实证研究发现，组织中的主导文化、领导风格、管理角色、人力资源管理、质量管理和对成功的判断准则都对组织的绩效表现有显著影响。从中提炼出6个判据（Criteria）来评价组织文化：主导特征（Dominant Characteristics）、领导风格（Organizational Leadership）、员工管理（Management of Employees）、组织凝聚（Organizational Glue）、战略重点（Strategic Emphases）和成功准则（Criteria of Success）。共有24个测量条目，每个判据下有4个陈述句，分别对应着4种类型的组织文化。对于某一特定组织来说，它在某一时点上的组织文化是4种类型文化的混合体，通过OCAI测量后形成一个剖面图，可以直观地用一个四边形表示。奎因指出，OCAI在辨别组织文化的类型（Type）、强度（Strength）和一致性（Congruence）方面都是非常有用的。OCAI的突出优点是为组织管理实务者提供了一个直观、便捷的测量工具。和其他组织层面上的测量量表相比，它在组织文化变革方面有着较大的实用价值。在西方已经过20多年的实践检验，系统比较稳定，效果很显著，影响面很广。更重要的是，这套系统较为简单，便于操作，实用价值很高。

2. 丹尼斯等人的研究

美国密歇根大学商学院的丹尼斯教授构建了一个能够描述有效组织的文化特质模型。DOCS（Denison Organization Culture Survey）是运用扎根理论研究方法对5家组织进行定性研究，揭示出4种文化特质和组织有效性的关系，从而构建一个能够描述有效组织的文化特质理论模型（Theoretical Model of Culture Traits，TMCT）。而后，以764家组织的CEO为样本，进一步通过实证研究验证假设。类似于CVM、TMCT被两个成对的维度（内部整合—外部适应和变化—稳定）划分为4个象限，分别对应4种文化特质：适应性（Adaptability）、使命感（Mission）、连续性（Consistency）和相容性（Involvement）。每种文化特质进一步对应3个方面的指标，每个方面的指标又由5个更加具体的条目来衡量。这样，最终形成了以4种文化特质为核心，12方面指标为中间环节，60个具体条目为最终考察对象的测量体系。测量体系还根据500多家组织的调查结果构建常模，受测对象可对照常模得到百分位数，进一步转化为千分位数，因而受测对象文化组织的相对优势和不足很直观地反映在所形成的象限模型中。研究表明，DOCS的4种文化特质概念之间的相关性很高，说明各特质之间的区分效度还有待于进一步的检验；有的测量项目负荷值不高，说明还需要进一步改进。和OCAI量表相比，丹尼斯的OCQ量表由于包括的子维度更多，因此在揭示组织文化内容方面显得更加细致，并且也经过了国外15年的实践检验，得到了较广泛的认可，丹尼斯也开设了个人网站，专门从事企业文化的测评研究和服务。但是，相对而言，丹尼斯的OCQ量表显得尤为复杂，再加上其西方文化的背景，与中国企业的实际距离较远，甚至在概念翻译的过程中都存在较大的障碍。

3. 霍夫斯坦德的研究

荷兰学者霍夫斯坦德（Hofstede）于20世纪七八十年代首创文化影响工作场所价值观的研究，一举成为跨文化管理的学术权威。以既有研究方法和成果为基础，霍夫斯坦德等从丹麦和荷兰的10个组织中选取20个分析单元（Unit）作为研究对象，进行跨组织研究（Cross-Organizational Study），最终于1990年发表了此项研究成果。这项定性与定量相结合的组织文化测量案例研究，采用访谈法和问卷调查法。研究的切入角度不是从组织有效性出发，而是选择组织文化的层次结构。霍夫斯坦德认为，组织文化由价值观和惯例

（Practices）两个层面组成，其中价值观层居于内核，而惯例层由表及里又可以分为象征（Symbols）、英雄（Heroes）和仪式（Rituals）。该研究发现，价值观层面主要由安全需要、关注工作和权力需求3个维度支撑，而惯例层面则由过程导向—结果导向、人际导向—工作导向、社区化（Parochial）—职业化、开放系统—封闭系统、松散控制—严密控制、重标准—重实效6个独立的成对维度构成。研究表明，价值观更多地受人口学指标（国籍、年龄和教育）的影响，领导者价值观要通过共享的惯例来影响员工。因此，霍夫斯坦德特别强调组织文化的核心是对惯性的共享认知，而不是通常认为的共享价值观，不同组织间的文化差异主要通过惯性层面的6个维度来反映。

由于霍夫斯坦德认为组织文化是组织而非个人所拥有的特征，因此组织文化问卷的因子分析是以单元而非个体为单位进行的，也忽略了组织文化对外部环境适应的方面。

4. Chatman 的研究

美国加州大学的 Chatman 教授为了从契合度的途径研究人—组织契合和个体结果变量（如组织承诺和离职）之间的关系，构建了组织价值观的 OCP（Organization Culture Profile）量表。在西方国家研究成员与组织契合的文献中，OCP 是最常用的价值观测量量表之一。OCP 量表在我国台湾和香港地区也有一定的影响。例如，在我国台湾省中山大学的博硕论文全文数据库中就有多篇应用 OCP 量表研究当地组织文化的实证研究论文。OCP 量表值得进一步探讨的方面如下。

（1）OCP 量表中的测量项目来源于文献回顾，缺乏相应的组织文化理论构架。这可能是造成 OCP 量表中与组织文化外部适应性相关的维度不多（如没有和客户导向、社会责任等相关的维度）的原因之一。

（2）为了使 OCP 量表具有普适性，Chatman 等人在选取测量项目时采用的一个判据是所选项目应与任何类型的组织都相关，而不因行业、规模和人员构成而有所不同。因此，一些以行业为背景的研究，往往还需要对 OCP 量表进行修订、替换或加入新的价值观维度。

（3）构建 OCP 量表的目的实际上是为了研究组织文化对个体"有效性"的影响，然而在如何应用 OCP 量表方面，学者们的意见还很不统一。

5. 郑伯壎的研究

我国台湾大学心理学教授郑伯壎认为，以往个体层面上的组织文化测量研究缺乏相应的理论构架。他在沙因（Schein）的组织文化研究成果的基础上构建了 OCVS（Organization Culture Values Survey）量表，共分9个维度：科学求真、顾客取向、卓越创新、甘苦与共、团队精神、正直诚信、表现绩效、社会责任和郭亲睦邻。1993年，郑伯壎发现9个维度经过因子分析可以得到两个高阶维度：外部适应价值（包括社会责任、郭亲睦邻、顾客取向和科学求真）和内部整合价值（包括正直诚信、表现绩效、卓越创新、甘苦与共和团队精神）。作为完全本土化的量表，OCVS 量表在中国组织文化测量研究方面具有一定的开创性。郑伯壎还应用 OCVS 量表，通过不同的契合度计算方式，考察了组织价值观和个体结果变量之间的关系，但是比较抽象，不易得到被访者的理解。

复习与思考题

1. 什么是组织文化？组织文化有哪些特点？举例说明。

2. 组织文化的影响因素有哪些?

3. 组织文化有其正功能,但也存在负功能,其负功能之一可能会限制组织的变革和创新,你认为如何才能处理好组织文化和组织变革创新之间的关系?

4. 组织文化具有哪些功能?如何在管理中有效运用这些功能?

5. 有人认为组织文化就是领导文化。你怎么看这个问题?

6. 目前,国内企业的文化建设存在哪些问题?国外企业的文化建设能够给我国企业带来哪些启示?选取一个你感兴趣的企业,分析其企业文化。

案例阅读

阿里巴巴:业绩再好的员工也会被炒

2011年2月21日下午消息,阿里巴巴B2B公司宣布,为维护公司"客户第一"的价值观及诚信原则,2010年公司清理了约0.8%逾千名涉嫌欺诈的"中国供应商"客户,公司CEO卫哲、COO李旭晖因此引咎辞职,由原淘宝网CEO陆兆禧接任。阿里巴巴B2B公司表示,公司绝不能仅仅变成一家赚钱的机器,让天下没有难做的生意才是其使命所在。

无论你业绩多么突出,专业技能多么优秀,但与企业文化中的主流价值体系相冲突,坚决请走。因为,企业服务宗旨就是为雇主和候选人双方创造价值,成人之美,润通社会。

对任何一家公司来说,销售都占据着极其重要的地位。在以业绩为主要KPI指标的考核体系里,良好的业绩能确保员工在考核中处于优势地位。因此,一位员工如果业绩优良,即便有些其他缺陷,也总是能被容忍。通常,这样的员工都是主动跳槽离开,很少有被炒鱿鱼的。对老板来说,炒掉一名能给他带来丰厚收入的员工,无疑需要不同寻常的理由。

阿里巴巴B2B公司的考核体系是:员工的价值观与业绩各占50%的权重。员工通过考核被分成3种:有业绩,但价值观不符合的,被称为"野狗";事事老好人,但没有业绩的,被称为"小白兔";有业绩,也有团队精神的,被称为"猎犬"。

公司需要的人才是"猎犬",而不是"小白兔"和"野狗",对"小白兔"可以通过业务培训来提升他们的专业素质,而对于"野狗",在教化无力的情况下,一般都会坚决清除。

例如,2009年,山东分公司的一名员工发展了一家客户,给公司带来了6位数的收入。但是,以公司当时的能力来说,并没有办法帮助客户从这笔生意里拿到他们想要的利益,即业务员把他们给忽悠了。这名员工因此得到了"野狗"的绩效评定,公司不仅把这单生意的收入退给了客户,业务员也因为价值观不符而离开了公司。

客户利益第一,只是这家公司价值观的第一项标准。整个价值观体系共分为6个维度:客户第一、团队合作、拥抱变化、诚信、激情、敬业。价值观听起来虚无缥缈,如何定性考核,公司将每一条价值观都细分出了5个行为指南,这30项指标,就成为价值观考核的全部内容。

公司还有一项更加严格的规定,谁给客户一分钱回扣,不管他是谁,都请他立刻离开。就是这样严肃的"军纪",公司不知辞退了多少所谓优秀的销售人员。

公司的招聘程序也是精心设计的,一般新员工都要经过主管业务部门、人力资源部门、主管副总裁等几道面试才能正式入职，面试最核心的问题就是"看人"。从一开始就尽量寻找与公司价值观相近的人才，这样才能有效提高"存活率"。

刚开始时，价值观的考核还只针对总监以下级别的员工，随着公司规模的扩大，空降高管的增多，从2007年开始，阿里巴巴B2B公司把价值观考核提升到更高层次，包括总监、副总裁在内的全体员工都要接受考核。就是这样严格又另类的考核方式，使阿里巴巴B2B公司成为中国互联网电子商务的领军企业。

公司CEO卫哲、COO李旭晖引咎辞职后，卫哲为事件进行公开道歉时表示，"这四五年里，我刻骨铭心地体会到以客户第一为首要的阿里巴巴公司的价值观是公司存在的立命之本！尽管我们是一家上市公司，但我们不能被业绩所绑架，放弃做正确的事！阿里巴巴公司存在第一天就不在乎业绩多少，业绩是结果，不是目标！我学习到作为阿里人要勇敢地面对并承担自己的责任"。

"过去的一个多月，我很痛苦，很纠结，很愤怒……但这是我们成长中的痛苦，是我们发展中必须付出的代价，很痛！但是，我们别无选择！我们不是一家不会犯错误的公司，我们可能经常在未来判断上犯错误，但绝对不能犯原则妥协上的错误。

如果今天我们没有面对现实、勇于担当和刮骨疗伤的勇气，阿里将不再是阿里，坚持102年的梦想和使命就成了一句空话和笑话！"

——引自马云内部邮件

思考与讨论题

1. 通过阿里巴巴公司CEO引咎辞职的事件，谈谈你对企业文化重要性的认识。
2. 举例说明维系企业文化的方法，并谈谈阿里巴巴公司是如何维系其企业文化的。

第 14 章

组织变革与发展

学习目标

1. 了解组织变革与组织发展的概念和类型。
2. 分析组织变革的动力与阻力。
3. 了解克服组织变革阻力的方法。
4. 理解勒温组织变革三阶段论。
5. 了解组织发展的方式、方法和趋势。

开篇案例

晋泰木业有限公司的组织机构变革

南海晋泰木业有限公司是一家主营纯美式家具生产与销售的公司。目前,公司已经拥有自己的产品开发队伍,公司总人数约1 600人,在行业内有相当的知名度和竞争优势。随着公司的迅猛发展和机构的日益庞大,组织运作职能不清、运作效率低下、运作流程不畅、工作重叠重复、薪酬分配不公、绩效考核形式化、人际关系复杂化等一系列组织机构庞大"综合症"在晋泰木业有限公司内部日渐突出,直接导致了人力资源成本的急剧增长。2003年,人力资源成本占销售额比例超过20%,而年度经营业绩和利润却没有同步上升。为了保持企业长期持久的发展,有效控制企业内耗,晋泰木业有限公司高层决定进行组织机构的变革。

1. 过程

萃科企划受晋泰木业有限公司高层的委托,对晋泰木业有限公司进行组织机构变更。针对晋泰木业有限公司的现状,萃科企划做了以下工作。

(1)对管理现状进行综合性调查。为了了解和掌握晋泰木业有限公司的实际情况,找到解决问题的关键切入点,萃科企划首先对晋泰木业有限公司的管理现状进行了一次综合性调查。调查采用访谈和问卷两种形式,对晋泰木业有限公司上至高层,下至职能部门基层人员进行了一系列调查。通过调查,萃科企划发现晋泰木业有限公司的所有矛盾焦点集中在三厂,三厂也理所当然成为此次改革的核心点和重心。

(2) 对组织架构进行重新规划。晋泰木业有限公司管理现状的根本原因是"元老级"人员的居功自委,利益斗争,导致三厂同职能部门之间互不配合,各自为政。为了壮大自己的实力,又出现任人唯亲,因人设岗,造成了机构混乱。为了彻底改变现状,萃科企划同晋泰木业有限公司高层做了充分的思想沟通,以高层支持为依托,对晋泰木业有限公司的组织架构进行了重新规划,并对岗位设置和岗位职责做了明确细致的划分,严格做到依据岗位配置人员。

(3) 完善薪酬体制。为了改变薪酬体制分配不均的现状,萃科企划根据晋泰木业有限公司的实际情况,对公司的薪酬理念、职能工资基础、职能工资体系等要素重新进行了合理规划,使薪酬体系更加透明,更加具有竞争力,更能充分体现每一位员工的价值。

(4) 完善绩效管理体系。为了改变绩效管理形式化的现状,萃科企划顾问对晋泰木业有限公司的绩效管理体系进行了分析和改进,使之更加切合公司整体战略规划,考核关键点更加利于量化,真正做到"执行公正,过程公开,评价公平,实施公道"。

(5) 构建良好的企业文化。由于长时间的机构混乱、薪酬分配不公,加上长期不良企业文化的沉淀,公司人员普遍缺乏对企业的认同感。萃科企划协助晋泰木业有限公司针对员工需求对员工进行培训,帮助员工发展个人职业规划,加强员工的归属感和认同感。

2. 成效

经过萃科企划的努力,晋泰木业有限公司的项目改革取得了丰硕的成果。
(1) 组织架构和岗位设置得到了规划,岗位职责更加明确,有效降低了企业内耗。
(2) 真正建立了公平的薪酬体制和绩效考核制度。
(3) 改善了公司企业文化,加强了员工的认同感。

2004年,晋泰木业有限公司的人力资源成本所占比例由2003年的20%以上下降到了15%以下,企业利润得到了大幅提升。

变革、创新是当今世界永恒的主题,每当打开电视、收音机,翻看报纸,浏览网页时,你会发现,这些耳熟能详的词汇也充斥着人们的生活。这是因为你身处一个不断变化、不断发展的世界,这一时刻发生在你身边的事情到了下一时刻可能会变成另外的情景。组织也是一样,正如在开篇案例中所提到的晋泰木业有限公司,在这个瞬息万变的时代,新机遇、新问题不断涌现,如果一个组织不能顺应潮流进行变革,那么势必会被时代所淘汰。

14.1 组织变革概述

1. 组织变革的概念

组织变革是指对组织功能方式的转换或调整。所有的组织都会不断地进行一定的变革。组织管理部门需要不断地调整工作程序,录用新的干部或员工,设立新的部门或机构,改革原有的规章与制度,实施新的信息技术,等等。组织总是面临着各方面的压力,主要有来自竞争对手的、信息技术的、客户需求的各种压力。因此,组织变革已经成为管理的重要任务之一。

根据引入变革的复杂性程度和确定性程度，可以将组织变革大致分为以下3类。

(1) 适应性变革。这是指引入已经经过试点的比较熟悉的管理实践，属于复杂性程度较低、确定性较高的变革。适应性变革对员工影响较小，潜在的阻力也较小。

(2) 创新性变革。这是引入全新的管理实践，如实施"弹性工时制"或股份制，往往具有较高的复杂性和不确定性，容易引起员工的思想波动和担忧。

(3) 激进性变革。这是指实行大规模、高压力的变革和管理实践，包含高度的复杂性和不确定性，变革的代价很大。

2. 组织变革的方法

世界上许多著名的管理学家针对组织变革都提出了各种各样的方法，本书采用的是派特里克·E. 康纳、琳达·K. 莱克、理查德·W. 斯坦科曼提出的有关组织变革的4种方法。

(1) 技术方法。技术方法是可能要改变对物质材料、智力资源和生产运作的使用方法。

(2) 结构方法。结构方法是可能要调整一些关系，如功能、角色或报告关系。

(3) 管理方法。管理方法是可以采取一些行政行为。例如，可以使用组织的报酬制度来激励变革，或者劳动管理合作也可以为变革提供一种手段，使变革以一种肯定的和一种富有建设性的方式发生。

(4) 人的变革方法。人总是可以被改变的，可对员工进行筛选、培训、调动、替换和解雇。

3. 组织变革的影响因素

组织变革是为了更好地适应组织内外条件的变化。诱发组织变革的需要，并决定组织变革的目标方向和内容的主要因素如下。

1）战略

战略在两个层次上影响组织结构：① 不同的战略要求开展不同的业务和管理活动，由此影响管理职务和部门设计；② 战略重点的改变会引起组织业务活动重心的转移和核心职能的改变，从而要求组织变革。

2）环境

环境是导致组织结构变革的一个主要影响力量。因为，任何组织都或多或少是个开放的系统，都需要适应新的环境。目前，许多企业的管理者开始朝着弹性化或有机化的方向变革其组织。

3）技术

技术及技术设备的水平不仅影响组织活动的效果和效率，而且会对组织的职务设置与部门划分、部门间的关系，以及组织结构的形式和总体特征有相当程度的影响。

4）组织规模和成长阶段

伴随着组织的发展，组织活动的内容会日趋复杂，人数会逐渐增多，活动的规模和范围会越来越大，组织的结构也必须随之调整，以适应成长后组织的新情况。组织变革伴随着组织发展的各个时期：成长早期组织结构简单、灵活而集权；随着组织的不断发展，规模的不断扩大，组织逐渐由松散转变为正规、由集权转变为适当的分权；在多元产品和跨地区市场时期，应采用分权的事业部结构；当进一步发展到集约经营阶段时，应采用强化协作为主旨的创新型组织结构。

14.2　组织变革的动力与阻力

1. 组织变革的动力

组织变革的动力来自各个方面，不仅来自组织的外部环境，而且来自组织内部。

1) 外部变革推动力

组织变革的外部环境推动力包含政治、经济、文化、技术、市场等方面的各种因素和压力，其中与变革动力密切相关的有以下3个方面。

（1）社会政治特征。全国的经济政策、企业改革、发展战略和创新思路等社会政治因素也许是最为重要的因素，对于各类组织形成强大的变革推动力。国有企业转制、外资企业竞争、各种宏观管理体制改革、加入世界贸易组织和开发西部地区，都成为组织变革的推动力。

（2）技术发展特征。机械化、自动化特别是计算机技术对于组织管理产生广泛的影响，成为组织变革的推动力。由于高新技术的日益发展，计算机数控、计算机辅助设计、计算机集成制造和网络等技术的广泛应用，组织的结构、体制、群体管理和社会心理系统的变革已被提上日程。尤其是网络系统的应用显著缩短了管理和经营的时间与距离，电子商务打开了新的商业机会，这些都迫使企业领导人重新思考组织的构架和员工的胜任力要求，将知识管理当做变革的重点。

（3）市场竞争特征。全球化经济形成新的伙伴关系、战略联盟和竞争格局，迫使企业改变原有经营与竞争方式。同时，国内市场竞争也日趋激烈，劳务市场正在发生深刻的变化，这使企业为提高竞争能力而加快重组步伐，大量的裁员和并购，人才管理日益成为竞争的焦点。

2) 内部变革推动力

组织变革的内部推动力包括组织结构、人力资源管理和经营决策等方面的因素。

（1）组织结构。组织变革的重要内部推动力是组织结构。由于外部的动力带来组织的兼并与重组，或者因为战略的调整，要求对组织结构加以改造。这样往往还会影响整个组织管理的程序和工作的流程。因此，组织再造工程也成为管理心理学与其他学科研究的新领域。

（2）人员与管理特征。由于劳动人事制度的改革不断深入，干部员工来源和技能背景构成更加多样化，企业组织需要更有效的人力资源管理。管理无疑成为组织变革的推动力。为了保证组织战略的实现，需要对企业组织的任务进行有效的预测、计划和协调，对组织成员进行多层次的培训，对企业不断进行积极的挖潜和创新，等等。这些管理活动是组织变革的必要基础和条件。

（3）团队工作模式。各类企业组织日益注重团队建设和目标价值观的更新，形成了组织变革的一种新的推动力。组织成员的士气、动机、态度、行为等的改变，对于整个组织有着重要的影响。随着电子商务的迅猛发展，虚拟团队管理对组织变革提出了更新的要求。

2. 企业变革中的阻力来源

企业变革是从高层到低层的动态延伸过程。企业领袖是组织变革的旗手,负责组织决策的制定,但决策的执行需要低层人员的支持,需要全体人员的坚持实施才能得以发展和巩固。很多组织都有过类似的经历,下定决心改变并制订了完善的变革计划,可是不久就发现组织兜了一个圈又回到了原点。组织不仅没有变得更好,反而不如从前。这种现象的出现是因为变革的阻力远远大于组织的想象,要想让变革更顺利地进行并实现,就要了解阻碍组织前进的阻力源。

组织变革的抵御因素主要来源于组织、个人和群体3个方面。其中,来自组织方面的因素有组织的惯性思维、部门的抵制、资源的限制、落后的企业文化;来自个人方面的因素有心理抵御、利益损失、个人惰性和知道得太晚;来自群体方面的因素有群体规范和群体内聚力。组织变革的阻力来源如图14-1所示。

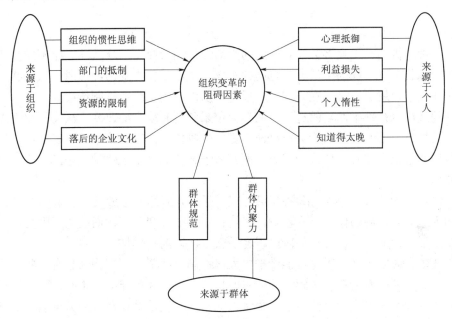

图 14-1 组织变革的阻力来源

1) 组织层面的阻力

组织的惯性思维会使变革成为幻象。组织的惯性思维是指在长期的运作中,组织形成的对一定事物的习惯性反应。一旦对新情况作出了反应,组织对以后出现的类似现象就会习惯性地采取相同的做法。组织的惯性思维可以帮助组织稳定现状,但对于组织的进一步发展却会产生阻碍。这种现象在大企业中表现得尤为明显。曾经的辉煌使企业沾沾自喜,目空一切。由于习惯了在行业中的领先地位,从而不愿意放弃已形成的习惯,即使曾经让企业成功的因素已经转变为限制因素后,也不愿意改变习惯去与别人联盟,共享信息和权力。这种惯性思维是大企业变革失败的一个致命的因素。

部门的抵制会让企业陷入两难的境地。大多数组织中个别部门的高效率是以牺牲整体效率为代价的,而变革是利益的调整过程,涉及各个部门的职权、权力和责任的重新分配,从而会受到原有的利益主体不同形式和不同程度的抵抗,进而使企业的变革趋于失败。

资源的限制能完全否定一个企业的变革。现存的基础设施如体系、技术、设备和组织结构，往往是组织以前斥巨额投资建成的，如果要变革，这些基础设施就可能难以支持新的工作方式，企业可能根本就无法满足改变所需的资金和时间。

企业文化支撑着企业的长远发展。企业文化一旦形成传统，就使员工的集体行为自觉自动变为理所当然，不管这种文化的力量是强是弱，它都会在整个企业中产生深刻的影响，实际上会影响企业中的每一件事，从企业的决策到个人的提升，以至于员工的穿戴和其喜欢的活动。文化不是一种个性特征，而是许多人共有的心理程序。它就像人们周围的空气，摸不着、看不见。在正常的经营活动中，人们可能感觉不到它的存在，甚至忽视它的存在，而一旦变革发生，文化就会在深层左右人们的行为。落后的企业文化会束缚组织前进的脚步，所以变革的同时肯定会涉及文化的变革。而企业文化的转变是一个缓慢的过程，需要时间和精力去维持新的文化体系。如果变革中还保持旧有的文化，不久企业就会发现变革完全没有达到原有的目标。

2) 个人层面的阻力

产生心理抵御的员工大多数喜欢安定的生活，他们崇尚生活环境几十年不发生变化，不要发生意外来扰乱其平静的生活。对自己的工作环境和工作方式已经形成了认同感，一旦变革改变这些因素，就会使员工在心理上不适应，从而产生不快或抵制情绪。

变革的过程也是一个调整的过程。调整会带来利益和权力的改变，从而引起失去利益和权力的人的抵抗。即使变革可能会带给他们更大的收益，但对于未来的不确定性的担心和忧虑，使他们非常依恋现有的地位和权力，尤其对于那些满足于现状的人来说，改变确实令他们恐惧和恼怒。

个人惰性是指个人在习惯了某种生活方式、思维模式后不愿改变的习性。个人惰性在个人的行动中起着阻力源的作用。变革贵在坚持，但是很多变革半途而废的原因往往是不能坚持。改变生活习性的人，在开始的阶段很容易就变回以前的模样。

知道变革的时间越晚，就越可能带来更大的抵制。变革是新事物，总有一些不确定的因素。如果一个人还没有清楚地了解一项变革的目的、机制和可能的结果时，面对外部已经熟悉的生活环境和生活方式的突然转变，很多人的第一反应就是反对，因为突然的信息带给人们的是对未来的迷茫，从而其宁愿选择维持现状。但是，很多企业变革的方式往往就是高层人员在"秘密"商量制订了完善的变革计划后，才告诉员工应该实施什么。

3) 群体层面的阻力

组织变革的阻力还会来自群体方面。研究表明，对组织变革形成阻力的群体因素主要有群体规范和群体内聚力等。群体规范具有层次性，边缘规范比较容易改变，而核心规范由于包含着群体的认同，难以变化。同样，内聚力很高的群体也往往不容易接受组织变革。勒温（Lewin）的研究表明，当推动群体变革的力和抑制群体变革的力之间的平衡被打破时，也就形成了组织变革。不平衡状况"解冻"了原有模式，群体在新的、与以前不同的平衡水平上重新"冻结"。

3. 组织变革阻力产生的原因

1) 企业员工在个人利益和整体利益上难以取舍

一般而言，企业变革的目标是要追求企业整体利益的最大化，这与组织内各利益主体的根本利益是一致的。但是，组织利益最大化的实现需要各利益主体的有效组合，这样就必然会对组织内的各主体的权力和利益进行重新分配。由此,一些群体和个人的既得利益就会有所损失。这就要求企业的员工要有一种舍小家、顾大家的全局意识,从组织的整体利益和全局利益去看待变革的意义。然而,在现实社会中,一些领导和员工只顾自己的个人利益与短期利益,盲目地抵制变革,使企业的变革难以有效地实施。

2) 员工不明变革的意义,对变革的发动者缺乏信心

在组织变革的过程中,一些员工对企业变革的紧迫性认识不足,认为变革没有必要,企业推动变革是多此一举,并且会对自己的利益造成损害。更有甚者,为了维护个人利益,常常捏造事实,散布谣言。还有一些员工认为,变革很有必要,但对变革发动者发动变革的动机和实施变革的能力产生怀疑,认为变革是发动者为了私利的获得而进行的伎俩,或者认为发动者的知识和能力不足以实现既定的目标。

3) 员工对变革的后果不确定

在实施变革的过程中,一些员工虽然认识到变革的迫切要求,但却不能准确地把握变革实施的后果。他们常常会对变革产生各种猜疑,认为变革有可能达不到预期的效果,很可能会对组织或个人的利益产生损害。这类人员常常认为,变革是在冒风险。因此,在变革的过程中,他们常常依附于群体的态度倾向,有的甚至公开抵制变革。

4) 员工对自己的能力产生怀疑,认为变革是对自己的一种威胁

企业的变革常常伴随着技术变革、人员变革。每一次变革的实施都对企业内的员工提出了更高的要求。先进生产线的引进、办公自动化的建立、新技术的应用都要求员工不断地提高自己的知识和能力,以适应企业变革的需要。而一些员工担心自己的技术已经过时。一旦企业发生变革,自己就会被淘汰或是地位遭到挑战,因此他们宁愿维持现状。这类人员常常是那些墨守成规、进取心较低的员工或是企业中的高龄员工。

4. 克服组织变革的阻力

管理心理学提出了若干有效的途径,以克服对于组织变革的抵制或阻力。

1) 参与和投入

研究表明,人们对某事的参与程度越大,就越能承担工作责任,支持工作的进程。因此,当有关人员能够参与变革的设计讨论时,参与会导致承诺,抵制变革的情况就显著减少。参与和投入的方法在管理人员所得信息不充分或岗位权力较弱时使用比较有效。但是,这种方法常常比较花费时间,在变革计划不充分时有一定的风险。

2) 教育和沟通

加强教育和沟通是克服组织变革阻力的有效途径。这种方法适用于信息缺乏和对未知环境的情况,其实施比较花费时间。通过教育和沟通,分享情报资料,不仅带来相同的认识,而且在群体成员中形成一种感觉,即他们在计划变革中起着作用,因此会有一定的责任感。同时,在组织变革中加强培训和信息交流,对于成功实现组织变革是极为重要的。这既有利于及时实施变革的各个步骤,也使决策者能够及时发现实施中产生的新问题、新情况,获得有效的反馈。这样才能随时排除变革过程中遇到的抵制和障碍。

3) 组织变革的时间和进程

即使不存在对变革的抵制,也需要时间来完成变革。干部员工需要时间去适应新的制度,排除障碍。如果领导觉得不耐烦,加快速度推行变革,对下级会产生一种受压迫感,产生以前没有过的抵制。因此,管理部门和领导者需要清楚地懂得人际关系影响着变革的

速度。

4）群体促进和支持

许多管理心理学家提出，运用"变革的群体动力学"可以推动组织变革。这里包括创造强烈的群体归属感；设置群体共同目标，培养群体规范，建立关键成员威信，改变成员态度、价值观和行为等。这种方法在人们由于心理调整而产生不良抵制时使用比较有效。

5）企业的人力资源要为组织变革服务

员工的个性与其对待变革的态度有着密切的关系，因此企业在招聘过程中，首先，应该引入心理测评，通过测评招聘一些有较强适应能力、敢于接受挑战的员工。其次，在组织变革的过程中，企业要加强对员工的培训，提高员工的知识水平和技能水平，使企业的人力资源素质和企业变革同步推进。再次，在日常经营过程中，企业应该树立一种团体主义的文化，培养员工对组织的归属感，形成一种愿意与企业同甘共苦的企业文化。

6）加强与员工的沟通，让员工明白变革的意义

在变革实施之前，企业决策者应该营造一种危机感，让员工认识到变革的紧迫性，让员工了解变革对组织、对自己的好处，并适时地提供有关变革的信息，澄清变革的各种谣言，为变革营造良好的氛围。在变革的实施过程中，要让员工理解变革的实施方案，并且要尽可能地听取员工的意见和建议，让员工参与到变革中来。与此同时，企业还应该时刻关注员工的心理变化，及时与员工交流，在适当的时候可以作出某种承诺，以消除员工的心理顾虑。

7）适当地运用激励手段

在组织变革的过程中适当运用激励手段，可以达到意想不到的效果。一方面，企业可以在变革实施的过程中，提高员工的工资和福利待遇，使员工感受到变革的好处和希望；另一方面，企业可以对一些员工予以重用，以稳住关键员工，消除他们的顾虑，使他们安心地为企业工作。

8）引入变革代言人

变革代言人即通常所谓的咨询顾问。由以上分析可知，在变革的过程中，一些员工认为变革的动机带有主观性质，是为了当局者能更好地牟取私利。还有一些员工认为变革发动者的能力有限，不能有效地实施变革。而引入变革代言人能很好地解决这些问题。一方面，咨询顾问通常都是由一些外部专家组成，他们的知识和能力不容置疑；另一方面，由于变革代言人来自第三方，通常能较为客观地认识企业所面临的问题，找到较为正确的解决办法。

9）运用力场分析法

力场分析法是勒温（Lewin）于1951年提出来的。他认为，变革是相反方向作用的各种力量，一种能动的均衡状态。对于一项变革，企业中既存在变革的动力，又存在变革的阻力，人们应该通过分析变革的动力和阻力，找到变革的突破口。

10）培植企业的精神领袖

在企业变革的过程中，如果企业有一位强力型的领导者，相对而言，变革的阻力就会很小。由于企业的精神领袖通常具有卓越的人格魅力和非常优秀的工作业绩。因此，由他们发动变革，变革的阻力就会很小。当然，客观而论，在企业中培植精神领袖并不一定是件好事，但在组织变革的过程中确实能起到立竿见影的效果。

14.3 组织变革的模型

组织变革是一个复杂、动态的过程,需要有系统的理论指导。管理心理学对此提出了行之有效的理论模型,适应于不同类型的变革任务。其中,影响最大的有 Lewin 变革模型、系统变革模型、Leavitt 变革模型和 Kotter 变革模型。

1. Lewin 变革模型

最具影响力的组织变革模型是 Lewin 变革模型。库尔特·勒温于 1951 年提出一个包含解冻、变革、再冻结 3 个步骤的有计划组织的变革模型,用以解释和指导如何发动、管理和稳定组织变革过程,这个组织变革模型也叫"力场"组织变革模型。

勒温把组织描述成一个具有稳定状态或由相等的反向力量组成的"平衡体"。他认为,组织存在很多"驱动力量",即变革的压力,包括竞争压力、新技术的传播、组织内部的创造性和变革,以及商业运作方面的新立法、环保问题和雇员权利。而均衡这些驱动力量的是许多"抵制力量",包括企业中固化的传统习惯和惯例、贸易联盟的协定、组织文化和思想观念等。由于每一种力量都必须要抵消其他力量,系统因而处于平衡状态。

勒温认为,推动组织实施变革的动因是"驱动力量"和"抵制力量"之间的互相作用力,这种力量随着环境的变化而此消彼长,互为胜负。而组织就是在这两种作用力之间寻求平衡,每一次从一种平衡达到另一种平衡,组织即发生激烈的变革。勒温的"力场"组织变革模型如图 14-2 所示。

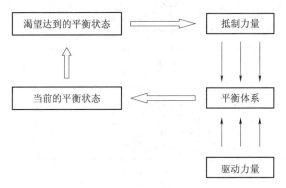

图 14-2 勒温的"力场"组织变革模型

勒温根据自己的模型断言,可以把任何组织的变革过程想象成为推动目前的平衡状态向人们渴望的状态,或者说建立新的平衡状态的转变,因而提出了"三阶段组织变革模型"理论。

(1) 解冻。解冻阶段的主要任务是发现组织变革的阻力。采取措施克服变革阻力的同时具体描绘组织变革的蓝图,明确组织变革的目标和方向,以形成待实施的比较完善的组织变革方案。

(2) 变革。变革阶段的主要任务是按照所拟订变革方案的要求开展具体的组织变革运动或行动，以使组织从现有结构模式向目标模式转变。在这一步骤中，应该注意为新的工作态度和行为树立榜样，采用角色模范、导师指导、专家演讲、群体培训等多种途径。勒温认为，变革是个认知的过程，它由获得新的概念和信息得以完成。因此，特别要注意沟通方式及协作方式。

（3）再冻结。现实中经常出现，组织变革行动发生之后，个人和组织都有一种退回到原有习惯的行为方式中的倾向。为了避免出现这种情况，变革的管理者就必须采取措施保证新的行为方式和组织形态能够不断地得到强化与巩固。因此，在再冻结阶段，必须用必要的强化手段，如制度、政策和流程的方法，使新的态度与行为固定下来，使组织变革处于稳定状态。如果缺乏这一冻结阶段，变革的成果就有可能退化消失，而且对组织及其成员也将只有短暂的影响。

另外，在勒温的计划组织变革模型的基础上，埃德加·休斯（Edger House）于1980年提出了一种改革七阶段模型，如图14-3所示。

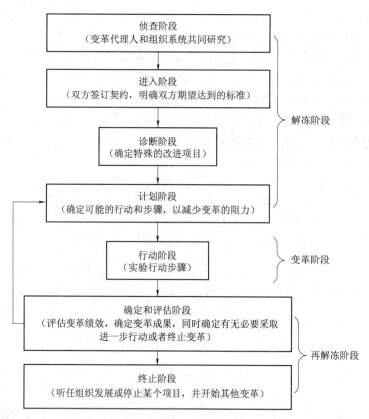

图14-3 休斯的计划组织变革模型

2. 系统变革模型

系统理论学派是在伯塔朗菲（Ludwig Von Bertallanfy）的"一般系统理论"上形成的，并尝试将"一般系统理论"运用于组织变革实践，得出了一些有益的理论框架。其主要代表人物有卡斯特（Fremont E. Kast）和罗森茨韦克（James E. Rosenzwig）等。他们在系统理论学派的"开放系统模型"的基础上（融合了"一般系统理论"），加入组织变革因素分析，形成了"系统变革模型"。

所谓"开放系统模型"，主要是强调组织既是一个人造的开放系统，同时也是由各个子系统有机联系而组成的一个整体。该模型包括输入、变革元素和输出3个部分，如图14－4所示。

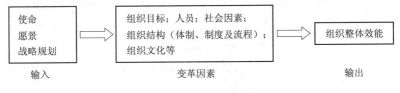

图14－4 开放的系统模型

针对这个模型，系统理论学派的代表人物卡斯特相应提出了实施组织变革的6个步骤。

（1）审视状态。对组织内外环境现状进行回顾、反省、评价和研究，洞察内部环境及外部环境中产生的变化。

（2）觉察问题。识别组织中存在的问题，确定组织变革需要；并向组织中有关部门提供有关变革的确切信息。

（3）辨明差距。找出现状与所希望状态之间的差距，分析存在的问题。

（4）设计方法。提出和评定多种备择方法，经过讨论和绩效测量，作出选择。

（5）实行变革。根据所选方法及行动方案，实施变革行动；在实际变革中要尽量减少或控制因变革而产生的负面作用。

（6）反馈效果。输出变革形成的新产品和新成果等，对其进行评价，实行反馈。

经过这样的及时反馈，进一步观察外部环境状态与内部环境的一致程度，对变革的结果给予评定。若有问题，再次循环此过程。

3. Leavitt 变革模型

美国的哈罗德·莱维特（Harold Leavitt）于1983年提出整个企业（或其他组织）变革的系统模型。他指出，组织变革的内容包括4个方面，即任务、人员、技术和组织结构。

（1）任务。任务是指组织设立的目标和任务。对企业来说，就是提供给社会的产品或服务。这个任务具体到企业内部，就分解为各级各方面的具体工作任务。企业产品或服务的变革，如调整产品结构、制造新产品等，也是组织变革的重要内容。

（2）人员。人员是指组织领导人员及员工的态度、技能、期望、信念和风格等状况。组织人员结构及素质的变革是组织变革的又一项重要内容。

（3）技术。技术即组织的制造产品、维持经营的技术装备和工艺方法。技术改造、新工艺、新材料的采用都是技术变革的主要内容。技术变革当然是组织变革的重要内容。

（4）结构。结构即组织结构，如权责分工、机构设置、集权程度和协调方式等。

莱维特的组织变革系统模式，主要说明这4个方面的变革具有很高的相互依赖性。例如，企业调整产品结构、改产某种技术先进的新产品，这就相应地要求变革生产技术，要求相应地提高组织全体成员的素质，要求相应地调整组织结构、劳动管理等。他认为，这4个方面的变革往往是同时发生的。

4. Kotter 变革模型

领导研究与变革管理专家约翰·P. 科特（John P. Kotter）建立的组织变革模型主要是

在总结20世纪80年代到90年代初的企业组织变革实践基础上提出的。他在其专著《变革》中提出，组织变革失败往往是由于高层领导犯了以下错误：没有能建立变革需求的急迫感；没有创设负责变革过程管理的强有力的领导联盟；没有确立指导变革过程的愿景和规划；缺乏对愿景规划进行有效的沟通；没有扫清实现愿景规划的障碍；没有系统计划并获取短期利益（或胜利）；过早地宣布大功告成；未能让变革在企业文化中根深蒂固等。

科特制定了一个指导重大改革的八阶段流程。他认为，如果组织按此8个阶段往前推进，则组织变革成功的几率就会大增。这8个阶段如下。

（1）建立紧迫感。考虑组织面临的市场和竞争状况，识别并讨论现实危机、潜在的危机或重大机遇，在组织中不断创造危机意识。

（2）创设领导联盟。组建强有力的群体（变革团队）来领导变革；鼓励组织的群体成员协调作战。

（3）开发愿景与战略。构建组织新的愿景规划，帮助指导变革努力；设计实现这一愿景规划的战略。

（4）沟通变革愿景。利用各种可能的媒体手段，与组织成员广泛沟通新的愿景规划和战略；通过领导联盟的示范来宣传贯彻新的组织目标和行为。

（5）授权员工为愿景而努力。扫清组织变革的障碍；改变损害愿景的规划和体制、结构和流程；鼓励创新，鼓励非传统的观点、活动和行为，授权组织成员实施组织制定的愿景规划。

（6）系统计划并夺取短期利益。为有形的绩效改进作出规划；实现这些绩效改进；对参与绩效改进并获得短期胜利的组织成员进行表彰和奖励。

（7）巩固并再接再厉推动组织变革。利用日益提高的信誉，持续并彻底改变与愿景规划不相适应的体制、结构、制度和文化；对能够执行愿景规划的员工进行聘用、晋升和开发；利用新项目、新论点再次激活整个过程；进一步巩固已有成果并深化变革。

（8）将新行为模式深植于企业文化。对组织文化变革加以明确定位；同时阐明新的组织行为与实现组织目标之间的关系；利用各种手段，确保领导和员工的培训开发和后继有人；使新的工作办法及行为模式制度化。

5. Bass 的观点和 Bennis 的模型

管理心理学家 Bass 认为，按传统方式以生产率或利润等指标来评价组织是不够的，组织效能必须反映组织对于成员的价值和组织对于社会的价值。他认为，评价一个组织应该有3个方面的要求，即生产效益、所获利润和自我维持的程度；对于组织成员有价值的程度；组织及其成员对社会有价值的程度。

Bennis 则提出，有关组织效能的判断标准应该是组织对变革的适应能力。当今组织面临的主要挑战是能否对变化中的环境条件作出迅速反应和积极适应外界的竞争压力。组织成功的关键是能否在变革环境中生存和适应，而要做到这一点，必须有一种科学的精神和态度。因此，适应能力、问题分析能力和实践检验能力是反映组织效能的主要内容。在此基础上，Bennis 提出了有效的健康组织的标准。

（1）环境适应能力。即解决问题和灵活应付环境变化的能力。

（2）自我识别能力。即组织真正了解自身的能力，包括组织性质、组织目标、组织成员对目标理解和拥护的程度、目标程序等。

(3) 现实检验能力。即准确觉察和解释现实环境的能力，尤其是敏锐而正确地掌握与组织功能密切相关因素的能力。

(4) 协调整合能力。即协调组织内各部门的工作和解决部门冲突的能力，以及整合组织目标与个人需求的能力。

6. Kast 的组织变革过程模型

Kast 提出了以下组织变革过程的 6 个步骤。

(1) 审视状态。即对组织内外环境现状进行回顾、反省、评价和研究。
(2) 觉察问题。即识别组织中存在的问题，确定组织变革的需要。
(3) 辨明差距。即找出现状与所希望状态之间的差距，分析存在的问题。
(4) 设计方法。即提出和评定多种备择方法，经过讨论和绩效测量，作出选择。
(5) 实行变革。即根据所选方法及行动方案，实施变革行动。
(6) 反馈效果。即评价效果，实行反馈。若有问题，再次循环此过程。

7. Schein 的适应循环模型

Schein 认为，组织变革是一个适应循环的过程，一般分为以下 6 个步骤。

(1) 洞察内部环境及外部环境中产生的变化。
(2) 向组织中有关部门提供有关变革的确切信息。
(3) 根据输入的情报资料改变组织内部的生产过程。
(4) 减少或控制因变革而产生的负面作用。
(5) 输出变革形成的新产品及新成果等。
(6) 经过反馈，进一步观察外部环境状态与内部环境的一致程度，评定变革的结果。

上述步骤与方法和 Kast 主张的步骤与方法比较相似，所不同的是，Schein 比较重视管理信息的传递过程，并指出解决每个过程出现困难的方法。

14.4 组织变革的发展趋势

1. 组织机构的"扁平化"和"柔性化"转变

当代科学技术的飞速发展和市场的瞬息万变，促使企业的运转节奏大大加快，这对企业的灵活机动性提出了更高的要求，使企业的组织结构开始从过去的垂直型向扁平型转变，从刚性向柔性转变。"扁平化"、"柔性化"的组织以少层次网络型的组织结构代替了多层次垂直型的组织结构，既提高了信息传递的效率，也提高了工作效率，能够加强各部门之间的横向沟通和缩小各部门之间的壁垒。

企业组织结构转变的具体形式是弹性组织。弹性组织是灵活性与多样性、稳定与变革、集权与分权的统一。它给企业提供了对所面临的内外部环境变化的及时应变的能力。弹性组织同时兼具集权化与分权化的特点。创造这一新组合方式的关键是领导者与生产者之间正式和非正式的直接交流渠道，频繁及时的交流确保了市场现状与战略思想的对应变化能够被迅速地讨论、评估和实行。现在，中国的许多大企业已经开始每年根据战略调整相应地调整组织结构，而中小企业则在加强组织的弹性。组织弹性对市场反应的速度将成为组织竞争优胜的一个关键。

2. 重塑学习型组织

所谓学习型组织，是指一种更适应人性的组织模式，这种组织由一些学习团队组成，有崇高的核心价值观和使命感，不断创新，坚持变革。在激烈的市场竞争中，企业很难保持永恒的卓越。只有不断探索，不断学习，不断更新知识，从知识中吸取力量，才能创造企业的无限生机。

在重塑学习型组织的过程中，可以设立知识主管。知识主管是企业知识管理的核心人物，其地位居于首席执行官和信息主管之间。知识主管接受公司首席执行官的领导，并有权领导信息主管。其主要任务是将知识转变成企业的效益，主要职责包括建立和造就一个能够促进学习、积累知识和信息共享的环境，监督并保证知识库的内容质量和正常运行，加速知识集成，催化新知识的产生，促进知识共享的过程。一个成功的知识主管应该具有灵活性和对智力的战略性运用的意识，应该充分发挥科技人员的潜能，并能领导科技人员在变幻莫测和充满竞争的市场环境中确定前进的方向。

3. 从正金字塔形组织结构向倒金字塔形组织结构转变

传统的企业组织一般为典型的正金字塔形结构，金字塔的顶端是企业的总裁，其次是中间管理层，金字塔的底层则是从事生产制造、销售服务的广大员工。这种组织结构由于其难以激发迎接未来挑战所需的创意和敏感度，忽视了组织作为生命有机体的整体活力的塑造，不利于"用户至上"这一经营宗旨的实施，已难以适应未来时代的要求。将正金字塔形组织变为倒金字塔形组织，可以提高员工独立处理问题的管理才干和工作效率。并且，员工直接承担为用户服务的责任，有利于激发员工的智慧。同时，由于信息网络化，正金字塔形组织转为倒金字塔形组织，会使主要承担信息沟通联络的中间管理层失去其原有的作用而不得不缩减管理层次，这必然会大大提高组织的效率和应变能力。

4. 企业组织构架网络化

在强调"以质取胜"和"对顾客需求快速反应"的今天，许多企业采用网络组织结构来弥补传统组织的缺陷，这一点尤其在多元业务模式的高新技术企业中比较常见。网络化组织没有一种单一化的结构模式，其结构要点是不把独立的组织（甚至职能）看做固定的狭小单位，而是将其当成一个大的网络中的一个节点，从而使新的组织成员之间的支持、沟通，以及对共有资源（包括品牌等无形资产）实现最大程度的共享。现代的网络化组织离不开信息技术的强大支持，企业总公司及各独立经营单位之间的网络建设，形成了现代化信息网络和指挥中心。有了信息技术的帮助，使这一组织形式既强调了指挥中枢，又淡化了领导层和执行层的界限，使员工有更多的机会参与企业决策。

5. 企业组织形式虚拟化

组织虚拟其实是市场成熟的一个必然产物。市场成熟的表现是整个产业呈现出规模效应，即在产业链的各个环节实现社会化分工，不同的企业专注于不同的产业环节，从而带来整个产业的规模效应。在这种模式下企业可以摆脱小而全的生产模式，专注于自己有优势的方面，建立核心能力。

在国外，虚拟企业早已不是概念性的东西，世界上有许多成功运用虚拟企业运作的例子。例如，耐克公司在运动鞋的生产过程中，实际上只生产其中最关键的产品部分——耐克鞋的气垫系统，而其余业务的生产基本上由外部的供应商提供；戴尔计算机公司创建后，仅仅经过十几年的发展，便成为一个销售超过百亿的大公司，其成功在很大程度上取决于它采用了虚拟的运作方式。

近几年来，企业组织虚拟化成为中国理论界谈论较多的话题，而在实践中不少中国企业中已经得到应用，在我国江浙一带形成了一批民营企业的虚拟组织模式。他们在各种行业实行了社会分工，往往一个公司有几十家乃至上百家配套厂，自己甚至什么都不生产，连组装车间都没有，生产环节完全靠外协厂。虽然，这些虚拟企业规模都很小，但具有很强的市场竞争力，在某些领域具有较大的市场份额。这些企业有力地促进了地方经济的发展，同时使企业快速发展，适应市场变化，有效规避风险。

6. 组织的分立化

所谓组织的分立化，是指在企业内部运作中利用市场机制替代层级制的行政机构，即从一个大公司里再分离出几个小的公司，使公司内部的各部门和各下属单位之间的关系类似于外部性的公司与公司之间的关系。国外大型企业组织纷纷进行"减肥"运动，使组织日趋扁平化、小型化、简单化和分散化，实行集团式经营，即把公司分成几个相对独立的单位或部门，从而根治大企业病，提高效率，以增强企业的适应能力和灵活性。

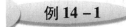
例 14-1

生态组织

生态组织（Ecological Organization）即所谓 E 型组织，它注重当前市场和潜在市场。在高度信息化的社会，没有任何资源（包括技术）是企业可以独享的，企业处于巨大的关系结构中。企业、供应商、消费者、竞争者、中介机构相互依存，结成一个"生态系统"或"食物链"。最大的利润往往被生态系统食物链顶端的上层企业获取，只有创造性的企业才能占据生态系统的上层。创造性的组织必然是学习组织变革趋势与模型研究型的组织，只有通过学习才能形成创造力，也才具有生态组织的适应性。

E 组织具有以下特点。

（1）功能一体化。E 组织招聘善做各种工作的人，其中包括销售与营销、技术与制造、组织与财务，甚至处理同政府之间的关系。E 型组织赋予这些人以紧密协作、迅速培育并领导一个完整的生态系统的权力与责任。

（2）网络化。网络化是 E 组织的基本特征。这种组织由若干相对独立的小组构成，每个小组有不同或相同的产品或科研任务，成员有充分的自由。如果把团队或工作小组甚至个人理解为网上节点，大多数节点相互之间是平等的、非刚性的。这种形式灵活机动，促进全方位的信息化沟通。计算机在管理中的应用，使信息从管理人员转到个人，这时谁是上级已不那么重要，但自我管理却变得十分重要。

（3）从实体的通常界限之外获得资源。建立生态系统的任务是尽可能把不同组织的利益和努力协调起来，实现利益的一致性，从而有可能采取协调一致的、互利的联合。

（4）重视知识工作者。一个真正的知识密集型组织是由被授权而且能够进行自我激励的知识工作者组成的组织。这些工作者知道自己的知识对于组织运营的重要性，因此他们不再从传统层次职位的角度去评判个人的地位。这些具有灵活性和流动性的员工具有很强的自信与技能水平,他们为公司作多大的贡献,取决于他们的知识和技能被利用、承认与回报的方式。

(5) 在组织设计中,E 型结构更重视的是企业的柔性、敏捷化。要在不断变化的环境中,保持一种有利于进行创造性思考的环境,提供对竞争和市场的发展迅速反应的能力,在动态的商战中,迅速、有效地重新定位和聚焦。

14.5 组织发展

1. 组织发展概述

20 世纪 60 年代以来,管理心理学家和企业家都特别关注"有计划变革",即从零散的变革活动转向系统的、战略性的有计划变革,重视变革的理论指导和方法途径。由此,发展出一个新的管理心理学领域,即组织发展(Organization Development,OD)。组织发展是指以人员优化和组织气氛协调为思路,通过组织层面的长期努力,改进和更新企业组织的过程,实现组织的变革。进行组织发展,往往要在一些专家的指导和帮助下,运用管理心理学及其他学科的理论和技术,以实现预订的组织变革计划和目标。组织发展比较强调正式的工作群体的作用。它的主要对象是工作群体,包括管理人员和员工。这一点不同于传统方式的组织改进活动,传统的办法集中于个别管理人员,而不是群体。全面的组织发展还包括群体间的相互关系及整个组织系统的问题。

组织变革与组织发展有十分密切的关系,组织发展可以看成是实现有效组织变革的手段。与组织变革和组织发展密切相关的另一个概念是组织创新,这是指运用多种技能和组织资源,创造出所在行业或市场上全新的思路、产品或服务。通过在人力资源管理、管理机构和体制等方面有计划地组织干预活动,帮助管理人员计划变革,组织和促进各级干部与员工形成高度的承诺、协调和岗位胜任力,从而增强组织效能和员工综合胜任力。

2. 组织发展的基本特征

组织发展是提高全体员工积极性和自觉性的手段,也是提高组织效率的有效途径。组织发展有几个显著的基本特征。

1) 组织发展包含深层次的变革和高度的价值导向

组织发展意味着需要深层次和长期性的组织变革。例如,许多企业为了获取新的竞争优势,计划在组织文化的层次实施新的组织变革,这就需要采用组织发展模型与方法。由于组织发展涉及人员、群体和组织文化,这里包含着明显的价值导向,特别是注重合作协调而不是冲突对抗,强调自我监控而不是规章控制,鼓励民主参与管理而不是集权管理。

2) 组织发展是一个诊断—改进周期

组织发展的思路是对企业进行"多层诊断"、"全面配方"、"行动干预"和"监控评价",从而形成积极健康的诊断—改进周期。因此,组织发展强调基于研究与实践的结合。组织发展的一个显著特征是把组织发展思路和方法建立在充分的诊断、裁剪和实践验证的基础之上。组织发展的关键部分之一就是学习和解决问题,这也是组织发展的一个重要基础。

3) 组织发展是一个渐进的过程

组织发展既有一定的目标，又是一个连贯的不断变化的动态过程。组织发展的重要基础与特点，是强调各部分的相互联系和相互依存。在组织发展中，企业组织中的各种管理与经营事件不是孤立的，而是相互关联的；一个部门或一方面所进行的组织发展，必然影响其他部门或方面的进程。因此，应从整个组织系统出发进行组织发展，既要考虑各部分的工作，又必须从整个系统协调各部分的活动，并调节其与外界的关系。组织发展着重于过程的改进，既解决当前存在的问题，又通过有效沟通、问题解决、参与决策、冲突处理、权力分享和生涯设计等过程，学习新的知识和技能，解决相互之间存在的问题，明确群体和组织的目标，实现组织发展的总体目标。

4) 组织发展是以有计划的再教育手段实现变革的策略

组织发展不只是有关知识和信息等方面的变革，更重要的是在态度、价值观念、技能、人际关系和文化气氛等管理心理各方面的更新。组织发展理论认为，通过组织发展的再教育，可以使干部员工抛弃不适应于形势发展的旧规范，建立新的行为规范，并且使行为规范建立在干部员工的态度和价值体系优化的基础之上，从而实现组织的战略目的。

5) 组织发展具有明确的目标与计划性

组织发展是订立和实施发展目标与计划的过程，并且需要设计各种培训学习活动来提高目标设置和战略规划的能力。大量的研究表明，明确、具体、中等难度的目标更能够激发工作动机和提高工作效能。目标订立与目标管理活动不但能够最大限度地利用企业的各种资源，发挥人和技术两个方面的潜力，而且还能产生高质量的发展计划，提高长期的责任感和义务感。因此，组织发展的一个重要方面是让组织设立长远学习目标和掌握工作计划技能，包括制定指标和计划、按照预定目标确定具体的工作程序，以及决策技能等。

3. 组织发展的研究方法

组织发展的理论与方法主要是从两个方面演变而来的：① 对工业组织运用了实验室训练方法；② 用调查反馈方法了解并改进企业和组织成员的态度。

1) 实验室训练方法

实验室训练方法主要从1940年开始运用，采用群体讨论和案例研讨等方式，认识和改变各个管理层次的工作行为。例如，从举办群体人际关系训练班，逐步发展成为"群体训练实验室"，从事群体训练。这种训练方法成为组织发展的基本手段之一。

2) 调查反馈方法

组织发展的另一个来源是在群体人际关系训练的同时，运用态度调查和结果反馈方法，进行详细的多层次态度调查，然后对所搜集和整理的材料进行分析，并把结果反馈给参加训练的人。

从上述两个方面，逐步发展成目前的系统多样的组织发展技术，迅速而广泛地在各类企业和组织中应用。

4. 组织发展的类型

组织发展大体可以分为两大类：技术与结构方面的组织发展和个人与群体方面的组织发展。

1) 技术与结构方面的组织发展

(1) 社会技术系统思路。社会技术系统思路来自英国塔维斯托克研究所进行的经典研究。这项社会技术系统的研究提出，技术系统与社会心理系统的交互影响比各自系统的效应更为重要。在组织发展中，应该把社会与技术这两个方面的协调作为重要的任务，以便使组织在技术、组织结构和社会相互作用诸方面达到最佳的配合。

社会技术系统的理论来源于两个方面的理论和实践：① 科学管理学和工业工程学的研究，比较注重于改善物理环境和提高工效方面；② 管理心理学的研究主要关注群体动力、员工间关系和个体需求及才能的发挥。社会技术系统途径要求在改革工作环境和管理制度的同时，注重在群体、员工和上下级之间建立积极的合作关系，并且满足组织的长远需要。

塔维斯托克研究所曾经于20世纪70年代在一家纺织厂进行过一项运用社会技术系统理论组织研究发展。该厂由于安装了自动纺织机并使工作任务高度专门化，但是没有很好地协调群体与组织结构，因而降低了产品的质量。管理心理学家为此对该厂进行了一系列的改革，重新设计了工作任务和流程，使任务可以经常变换，还建立了自主性的工作群体，等等。在此后的两年中，该厂的生产率不断上升，质量持续提高，员工的工作干劲也大大提高。这个例子说明，在技术创新和新技术应用的同时，必须重视群体和文化建设，加强任务本身的变换，才能收到事半功倍的效果。

（2）任务设计和工作内容丰富化。技术与结构方面组织发展的另一种方法是改革任务设计和加强工作内容的丰富化程度，同时，增强整个任务的多样性、完整性和意义，提高岗位责任授权和自主性，加强各种工作结果信息的及时反馈，从而利用工作的内在激励因素，提高工作满意感和工作效能。任务设计的研究与实践主要开始于早期的科学管理运动。当时，Taylor 和 Gilberth 等运用时间与动作分析技术，系统地考察了不同类型的工作，试图最大限度地提高工作效率。然而，通过任务设计来进行组织发展的研究，还是近几年的事。

需要指出的是，有关技术与结构方面的组织发展研究也存在不少争议。批评的意见认为，社会技术系统和工作设计等组织发展方式，比较机械地处理社会群体和个体因素，而且把组织看成封闭系统，忽视了组织与环境之间的重要联系。

（3）结构服从战略，创造支撑环境。组织结构的改变需要服从组织战略的要求，从而成为组织战略发展的支撑环境。因此，技术与结构方面的组织发展还在战略层面上进行。根据组织战略的变化需要及时调整和设计相适应的组织结构。通过组织重新设计，包括划分和合并新的部门、协调各部门的工作、调整管理幅度与管理层次，以及给基层单位一部分自主权等，有可能实现组织变革和组织发展。这种方法比较直接，见效快，常常可以使组织发生根本性的转变。例如，随着新产品战略和新工艺优化工作的迅速增长，某电器公司的集中化组织结构的效率越来越低，不能适应各种新的变化，阻碍了生产的进一步发展。于是，该公司开始进行组织结构改革，采用分散化的、矩阵式的结构与部门，并进一步采用虚拟组织形式，使企业组织效率大大提高，并通过组织变革，不断发展壮大。对于不同的组织变革要求、战略目标和组织状况，应采取不同的组织结构变革与发展方式。

（4）调节与控制外部环境，实现组织变革。组织不但要适应外部环境的迅速变化，而且需要主动地调节和控制环境，从而在最大程度上有利于组织目标的实现。因此，除了改革组织结构和内部管理制度及规范等以适应环境外，还应重视调节和创造新的组织环境。例如，开辟新的市场，加强外部经营信息获取、加工和整合等。

综上所述，技术与结构方面的组织发展涉及组织的各个方面，对于提高工作效率，增强管理效能和推动组织战略发展都起着重要的作用。

2) 个人与群体方面的组织发展

个人与群体方面的组织发展着重于组织成员和群体活动的整个过程，主要的理论依据来源于心理学和社会心理学的许多研究，以及人际关系活动。这类组织发展的基本假设是通过一些专门的组织发展程序，提高组织成员的心理素质和人际过程质量、人际知觉、人际关系等，进而改进组织绩效。这些方法是以早期所采用的实验室训练方法为基础，以后被广泛应用于组织发展活动，其中比较重要的技术是"敏感性训练"和"管理方格图训练"方法。这两种技术和调查反馈方法都广泛应用于组织发展方式。

（1）敏感性训练。个人与群体方面的组织发展方法中比较流行的是敏感性训练。这是通过面对面的"无结构式"的小组互动，使参加者深入地了解和认识自己及他人的情感和意见，从而增强自我意识和认知能力，提高对于人际互动的敏感性。实践证明，敏感性训练注重诚实、开放、分享和交流，可以提高群体关系意识，提升个人价值观念。敏感性训练的主要对象包括一般员工和管理人员。在敏感性训练中，参加人员可以自由地讨论感兴趣的问题，表达意见，分析行为和感情，并接受他人的反馈意见。

通常，干部、员工都可以参加敏感性训练，每次一般不超过 15 人，外加 1 名训练主持人。训练时间一般为 3 天至两个星期，大致可以分以下 4 个阶段。

① 不规定正式的讨论议程和召集人，由参加者自由讨论，相互启发，增进彼此间的了解。

② 训练者不加评论地、坦率地谈出自己的看法，并就学员行为作出反馈，但对参加者的反馈信息，主要来自其他参加者在训练期间的行为。

③ 着重增进人际关系，相互学习，促进新的合作行为。

④ 根据实际工作中的情景和问题，巩固学习效果。

由于敏感性训练的具体办法各异，针对的问题也不相同，因此对训练的评价并不一致。研究表明，作为管理心理学中的一种训练方法，敏感性训练可以有效地用于管理培训和团队建设活动，在组织发展目标的指导下，采取这种群体讨论、畅所欲言的办法，可以解决组织与群体中在人际关系方面的许多问题。

（2）管理方格图训练。领导行为的管理方格图训练是从领导行为的管理方格理论发展而来的组织发展方式。在 Blake 和 Mouton 等的管理方格中，9-9 的位置表示对人员和任务都表现出最大的关心，因此 9-9 管理方式成为方格训练的一项目标。管理方格图训练与敏感性训练的不同之处是敏感性训练是组织发展的一种工具或手段；管理方格图训练则不仅是工具或手段，而且是用于管理发展的一项全面计划。管理方格图训练包括以下 6 个阶段。

① 实验室讨论会式的训练。介绍训练用的资料和几种领导作风的概念。

② 小组发展阶段。同一部门的成员在一起，讨论如何达到方格中 9-9 的位置，把上一阶段学到的知识运用于实际情景。

③ 群体间发展阶段。这个阶段开始整个组织的发展，确定并分析群体之间的冲突和问题。

④ 订立组织目标阶段。这个阶段讨论和制定组织的重要目标，增强参加者的义务感。

⑤ 达到目标阶段。参加者设法达到所订立的目标，并一起讨论存在的主要问题。

⑥ 稳定效果阶段。对思想和行为方面的训练结果作出评价。

在我国的企业组织中，重要的任务是加强社会主义精神文明建设，加强理想、信念和道德教育，提高员工的主人翁、责任感和集体主义思想，增强社会主义的权利与义务观念和组织纪律观念，培养献身精神、敬业精神和正面工作态度。这6个阶段所需要的时间，因实际情况而异，有的可以几个月，有的需要3～5年。实际研究表明，这种训练对于提高组织效率有显著作用，并得到广泛应用，方格训练成为最流行的组织发展方式之一。

（3）调查反馈。调查反馈是组织发展的基本方法，是由独立的评价机构或委托有关单位，运用专门设计的问卷表评估和分析员工的态度与组织气氛，从而系统地识别可能存在的问题，收集解决问题的意见和方法，并把调查结果反馈给各个层次的干部员工，也可以举行调查反馈会议，运用所得到的资料，诊断所存在的问题，制订解决问题的行动计划。调查反馈所采用的标准工具是由密执安大学社会研究所设计与开发的。问卷表包括3个方面：领导行为评价；组织沟通、决策、协调与激励情况；员工对组织中各方面工作的满意感。实践证明，这种方法可以比较准确地发现所存在的问题，找到解决的办法，并且促进参加者的态度和行为的转变，改善整个组织的气氛，实现组织发展的目标。

3）其他方式的组织发展

其他方式的组织发展主要在人际水平和群体间水平上进行。

（1）过程咨询。过程咨询的组织发展主要通过群体内部，或者群体与咨询顾问之间的有效交流与工作过程而进行，从而帮助诊断和解决组织过程中所面临的重要问题。由此可见，过程咨询的显著特点是由内部或外部的咨询顾问与管理人员共同工作。过程咨询与敏感性训练及调查反馈的不同之处是，其目的不是解决组织存在的问题，而是帮助大家改变观念，更新问题导向。过程咨询实施的范围包括管理沟通、群体角色、群体决策、群体规范与发展，以及领导和群体之间的关系等。实践表明，过程咨询有两个主要的优点：① 可以解决组织面临的重要人际协调工作或群体间问题；② 可以帮助组织解决自身存在的问题。但是，过程咨询的不足之处是组织成员不能像在其他组织发展活动中那样广泛参与整个过程，而且过程咨询一般时间较长、费用较高。

（2）团队建设。组织发展中把相当大的注意力集中于团队建设。团队是指目标协调、职能整合的班组或工作部门及群体。团队建设的目的是以群体成员的相互作用来协调群体工作的步调与规范，提高群体的工作效率。团队建设分为以下4个步骤。

① 预备活动。在团队建设正式进行之前，需要有一些预备活动。例如，一些生产班组在参加团队建设的组织发展之前，先参加两天的训练班，讨论存在的问题。管理学家称之为"解冻"，即把问题摆出来，准备接受变革。

② 诊断活动。对第一线的管理人员进行调研和诊断，采用问卷或访谈，了解有关组织文化、工作与管理内容、存在问题等，并且把所收集的资料与各组讨论，坦率地分析问题，提出初步的改革建议。

③ 团队参与。在团队建设过程中，整个班组或部门一起参与确定解决问题的办法，制订达到目标的计划，同时还在各班组或部门之间举行会议，从而在班组、部门之间建立合作关系，并把组织发展活动扩展到整个组织。

④ 顾问促进。团队建设方案的实施通常要花费几个月到1年的时间，在这期间，外来的顾问起着重要的促进与协调作用。团队建设可以在一种开诚布公的、合作的气氛中提高班组或部门的效率，不但会改进沟通过程，并且增强处理人际方面问题的能力。

（3）目标管理。在组织发展中，目标管理（MBO）已作为一个重要内容。目标管理可以说是从目标理论发展起来的，通过设置和实施具体的、中等难度目标的过程，提高员工的积极性和工作效率。目标管理的参加者已由原先只限于管理人员，发展到可以由工作群体或个人参与，成为组织发展的有效手段之一。目标管理一般有以下 4 个步骤。

① 管理部门提出总体目标，包括对组织中主要缺点的了解，如市场问题、产量、服务质量等方面，决定成绩考核的客观标准或尺度，以及考核办法。这些往往是从结果的方面来考虑的。

② 从上到下指定目标管理子系统，每个部门都根据总体目标和部门的情况，订立各部门的目标。

③ 订立个人目标，会同管理人员订立自己的工作目标及行动计划，以形成目标体系。

④ 定期评价结果，对照目标，评定工作成绩。另外，每年由管理部门和员工共同进行一次总体评定，届时对所定目标作必要的调整，以适应变化的情况和新的要求。

5. 组织发展的任务

在发展过程中，企业要实施 7 项任务，这对一个企业在特定的发展阶段能否成功起到重要作用。这 7 项任务可以表达成一个组织发展金字塔，如图 14-5 所示。

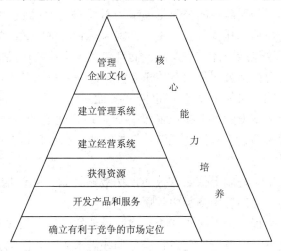

图 14-5　组织发展的任务

1）确定有利于竞争的市场定位

建立成功企业的先决条件是确定公司所面对的市场，如果可能的话，确定企业的"最佳市场定位"。一个市场是由企业生产或销售的产品或服务的现有及潜在的顾客构成的，最佳的市场是企业在为这一市场提供满足顾客需求的产品或服务方面，存在着持续的竞争优势。

企业成功或生存的第一个挑战是识别市场对产品或服务的需要。这可以是没有被其他公司发现的需要，也可以是目前被现有公司满足了的一种需要。如果一个公司识别了一种没有足够满足的需要或企业满足这种需要时，面对很少的竞争，则公司成功的机会就会大大增加。所有新兴企业都面临这样的挑战，这是其必须战胜的挑战，很多骄傲而伟大的企业因为没有发现新的增长点而接近倒闭或彻底失败。

很多企业获得巨大成功只是因为它们是一个新市场的最先进入者之一，如苹果计算机，从一个设在车库中的小企业在几年内发展成为销售额达到10亿美元的公司，就是因为它的创始人发现了个人计算机市场。

同样，很多企业由于没有确定一个有利的市场定位，或者错误地抛弃了其历史上有利的市场而失败。例如，一个专营中档服装的公司，想要提高它的形象和产品的档次，成为一个非常时髦的服装店，但没有考虑其历史上的市场是中档市场，导致其向市场以外的延伸努力是不成功的，很多公司能够幸存只因为能够确定对特定产品或服务的市场需求。那些获得极大成功的公司不但能确定市场需求，而且能识别可以进入的、潜在的有利位置。

为了建立一个成功的企业，第一项任务就是确定企业的市场和潜在的有利位置。

这个过程包括应用目标市场计划、识别潜在顾客的需求等，也包括制定与目标市场中的其他企业竞争的战略。

2）开发产品和服务

一个以企业家精神为主导的企业，其第二项任务为"产业化"，即分析现有和潜在顾客的需求，并设计出他们需要的产品或服务的过程。

虽然，很多公司能够正确地发现一个市场的需求，但其并不一定能够开发一种能完全满足其需求的产品。例如，美国硅谷的公司了解市场对64K计算机芯片的需求，但这个产品的市场最终被日本的公司和摩托罗拉公司占领，因为后者能够以很高的可靠性大规模地生产芯片。产业化的过程不仅包括设计一种产品，而且包括生产这种产品的能力。对于服务性公司，生产一种产品的能力包括公司的服务传送系统，即一种将服务提供给顾客的机制。产业化不仅是较新或较小公司的任务，大公司也同样要面对它。产业化可以适应所有行业。例如，在20世纪70年代，美国的汽车生产商没有成功地将他们的生产"产业化"以满足市场需求的变化，包括对可靠的、省油的经济汽车的需要，结果日本企业在市场上成为了强有力的竞争者。

成功产品的开发在很大程度上依靠有效的市场战略计划，它包括理解潜在顾客有哪些，他们的需求、购买行为和他们看中商品中的哪些价值。

成功的产业化在更大程度上取决于能否在确定最佳的市场定位方面取得成功，一个公司对市场需求理解的程度越高，其产业化过程满足那些需求的可能性也就越大，产业化是建立成功企业的第二项重要任务。

3）获得资源

建立成功企业的第三个主要任务是获得和开发目前及未来发展所需的资源。一个公司可能识别了一个有利的市场，开发了适合的产品，但却没有足够的资源来有效地参与竞争，从而最终导致失败。

公司在识别有利的市场和产业化成功后，创造了对其产品或服务日益增长的需求，这反过来使公司的资源被利用到极限，企业可能会突然发现它需要更多的物质资源（厂房、设备等）、资金和人力资源。对人力资源特别是对管理层的需求变得十分紧迫。

公司在资源管理上必须变得更加熟练，包括对现金、库存、人员等的管理，正是在这一时期，公司开始对未来的需要进行长远打算。

4）建立经营系统

为了有效地工作，一个公司不仅要从事生产或服务，而且要合理地管理基本的日常经营活动。这包括会计、采购、广告、招聘、培训、销售、生产、运输和相关系统。建立成功企业的第四项任务是建立辅助这些日常经营活动的体系——经营系统。

5) 建立管理系统

第五项任务是建立公司长期成长和发展所必需的管理系统。这一系统包括计划、组织、管理开发和控制，管理系统是公司基础的一个组成部分。计划系统负责对企业的整体发展和日常安排及预算进行计划，其包括战略计划、经营计划和应变计划，同时需要一个完整的计划系统。

所有的公司都有一定的组织结构（正式的或非正式的），但它们不一定有所需要的正确结构。管理开发系统负责在公司的增长中对管理人员进行有计划的开发。控制系统包括一整套的过程和机制，用以激励员工完成企业目标，它包括正式控制机制（如责任记录）和非正式控制机制（如组织性领导）。

在企业达到一定规模之前，可以在没有正规管理系统的情况下运作。计划一般是在企业家的脑海中形成的。如果组织结构存在的话，也是非正式的。对责任的界定不明确，经常出现责任重叠现象。

在这一发展阶段，主要的问题是原来的企业家或高级主管对所有事件控制能力的下降，企业变迁太大以致高级主管不能事事亲临。

6) 管理企业文化

如同所有的人都有个性一样，所有的企业都有一种文化，即一套共同的价值观、信念和规范。这种文化一般是含蓄的，需要刻意去领会。价值观是企业关于产品、质量、对客户的态度、对员工的态度等重要问题的基本观点；信念是企业中员工特有的对个人和对公司的看法；规范是指导日常交往和行为的条例，包括语言、服装和玩笑等不成文的规则。

企业文化是企业成功发展的重要因素。它对员工的行为可能有正面或负面的影响。企业文化作为一种非正式的"管理系统"起着重要作用，它描述了员工被期望怎么做。一些经理认为，他们所倡导的企业文化，就是影响员工行为的文化，这是一种错误观念。例如，一个高速增长的高科技公司的企业文化，包括生产高品质的产品、考虑员工工作生活的质量和对创新的鼓励。但在现实中，企业文化并不是那么积极向上的。真正考虑的是如何避免管理人员之间的矛盾，避免设置不切实际的期望，避免耐心的解释和高估其表现能力。而且公司的管理层认为，自己的公司是以赢得利润为目的，其实它的文化是以销售额为目标而忽视了利润。公司不仅在特定的产品和服务上竞争，而且也在文化上进行竞争。

7) 核心能力培养

核心能力是企业在市场竞争中优于对手的能力，是在市场预测、研究开发、生产加工、市场营销、经营决策、人事管理、人才开发、运输和售后服务等一系列过程中形成的，是由企业自己独特优势的关键技术、关键程序、关键机制决定的巨大工业资本能量和经营实力。核心能力的本质内涵是企业可以使消费者得到真正的好处，是高于竞争对手的不可替代性品质和价值的能力。也就是说，同样质量的产品和服务，谁能给消费者提供更大的价值，谁就拥有更大的核心能力。在组织发展的过程中，不但要着重上述7项任务，而且要贯穿始终培育核心能力。核心能力有3个特点：① 消费者价值，核心能力的作用是可以给顾客超过他们价值判断的利益，能够使企业满足消费者的基本利益需求；② 竞争的差异，一项能力必须具有排他的竞争优势才可能成为核心能力；③ 延伸性。

综上所述，组织发展的 7 项任务必须作为一个整体，对于企业的成功是至关重要的，它们必须相互协调、相互促进。企业的市场、产品、资源、经营系统、管理系统、企业文化和核心能力必须结合为一体，即组织发展金字塔中的每个可变因素都影响其他因素，同时也被其他因素影响。

复习与思考题

1. 什么是组织变革？组织变革的方法有哪些？
2. 影响组织变革的因素有哪些？
3. 结合你身边的实例，谈谈组织变革的阻力有哪些？应该如何克服这些阻力？
4. 在本章的组织变革模型中，你更倾向于哪一种？谈谈你的看法并说明理由。
5. 举例说明你所知道的一个变革过程，并说明该变革的类型。
6. 有人指出，组织发展的推动者在组织发展过程中也把自己的价值观强加给组织的参与者；也有人指出，要求开放的组织发展措施减少了参与者的隐私和自由领域。谈谈你对这些问题的看法。

案例阅读

AB 公司的组织变革

AB 会计公司成立于 20 世纪 80 年代末，是一家合伙制的会计公司。通过合并另两家较小的会计公司，AB 会计公司的规模得到了迅速发展，公司人数达到了 130 多人，其中有注册会计师资格的达到 77 人，成为该省的四大会计公司之一。

同其他一些较大的会计公司一样，AB 公司的业务也从单纯的审计业务拓展到税务、商务咨询等领域。并且，随着竞争的加剧，公司对营销措施也越来越重视。如今，AB 会计公司能够为市场提供多样服务，以满足市场需求，而委托业务和营销则成为公司获得成功的两大要素。

AB 会计公司的客户群非常广泛，其中既有国家 500 强企业，也有一些名不见经传的中小企业。公司为各行各业的各种公司提供了多方面的会计服务。

AB 会计公司原来的组织结构可以分为两大块：委托服务部和支持部。委托服务部根据所提供服务的不同分为审计、税务、商务咨询 3 个子部门，而支持部也分为人力、营销、财务 3 个子部门。其中，委托服务部、支持部和 6 个子部门的负责人均由合伙人来担任，公司的主任会计师李栋也是合伙人之一。AB 会计公司原来的组织结构如图 14-6 所示。

这种组织结构在公司内已运作了 5 年，曾经大大促进了公司的发展。然而，面临 20 世纪 90 年代以来的激烈竞争，这种组织结构显得有些跟不上形势了，主要表现在以下 5 个方面。

（1）企业的合伙人已经将公司业务的营销视为公司发展的一大支柱，然而现有组织结构中，营销部、人力资源部等对业务工作的支持还不太令人满意，业务部门与营销部门两者之间的沟通协调不足。业务部门本来需要营销部门的宣传活动，需要其为发展客户做些有成

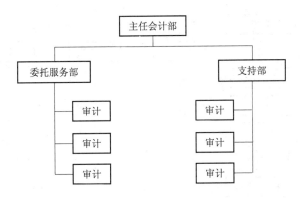

图 14-6　AB 会计公司原来的组织结构

效的工作,但营销部门对业务部门的工作并不十分了解,他们的活动只限于对公司的宣传,而对于具体的业务显得知之不多。

(2) 与公司服务相关的市场和整个经济状况,使审计和会计市场竞争日趋激烈。而原有客户也对公司的业务更加挑剔,要么抱怨报价太高,要么要求审计等业务质量再精益求精。

(3) 公司的合伙人会议决定,要进一步增强业务的市场地位。这实际上主要是要求加强营销等支持部门的工作。

(4) 公司的主任会计师李栋认为,授权将增加公司的工作效率,而现在的组织结构,大量的日常事务都要由他来负责,这对于公司的长远发展是不利的。另外,李栋认为,实行矩阵型组织结构可以使支持部门的工作更深入地参与到业务部门的工作中,能更好地为业务部门服务。并且,项目小组可以营造协同工作气氛,提高工作热情和增强团队合作精神,从而为顾客提供更好的服务,也可以更有效地开拓市场。

(5) 在审计部,集中了公司 50% 的员工,业务量比较大,部门主管不堪重负。而其中员工开展工作的竞争气氛不浓,不利于提高效率。因此,在征得其他合伙人的同意后,李栋成立了以自己为核心的组织结构转换中心。中心的成员有人力资源部的经理,一位合伙人代表和一位会计师。中心成员对现在公司组织结构存在问题的看法比较一致,然而在建立怎样的新组织结构问题上,众人的认识出现了分歧。合伙人代表人认为,实行直线职能参谋型的组织结构比较合适,而李栋和人力资源部的经理则认为,矩阵型组织结构更合适,会计师则不置可否。最终,李栋摆出矩阵型组织结构的种种益处,认为这才是增强营销、财务、人力部门更有效支持的最佳方法,并最终说服了另两位代表。在合伙人会议获得通过后,AB 会计公司组建了新的组织结构。

新的组织结构撤销了委托服务部主管和支持部主管两个职位,而将原来的委托服务部划分为不同的项目部,其中包括原审计部一分为三后的 3 个项目部,另外将支持部的 3 个职能子部门独立为 3 个职能部门,但职能部门需要派人员参与公司的项目作业。在项目部门的职能人员要同时接受项目经理和原职能部门经理的领导。项目完成后,职能部门的人员回到原部门,接受新的安排,而原项目组则会投入到下一个项目中去。5 个项目经理和 3 个职能经理都由合伙人来担任,公司新的组织结构如图 14-7 所示。

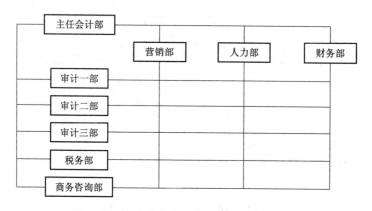

图 14-7　AB 会计公司新的组织结构示意图

新的组织结构之所以要将委托服务部一分为三，主要是考虑原来业务部的人员过多，业务量又比较大，分成 3 个部门后有利于部门之间相互督促形成竞争的气氛。另外，虽然看起来向李栋汇报的人增加了，但由于李栋给予部门经理和项目经理充分的授权，因此需要请示的只是一些重大的问题，这与原来那种事事均需向李栋请示的做法形成了鲜明的对比。另外，公司规定，将项目部门人员的收入同其利润指标挂钩，希望以此能调动项目人员的工作积极性。最后，让职能部门的人员参与到项目中，是为了让其能更好地为业务部门服务。例如，营销人员参与到项目部中可以深入地了解企业的项目与服务，帮助项目部设计适合的营销战略，为其开拓新的客户；财务部门人员的参与可以使项目的进行获得及时、充分的财务支持，也便于考察项目部的经营绩效；人力部门人员的参与是为了给不同项目配备合适的人员，或者进行人员调换，同时承担一定的培训任务。

然而，公司新组织结构的运行似乎并不如李栋想象的那么美妙。为了对组织变革的成效进行考核，结构转换中心对公司从上到下几乎每位员工都进行了访谈和问卷调查。调查显示，30% 的人赞同组织的这次变革，27% 的人持反对意见，而 43% 的人则认为无所谓。以下是一些具体的评述。

一位项目经理说："职能部门，特别是营销部门的参与将有助于我们市场的开拓，但会计师与营销人员如何相处是一个问题。"

另一位经理说："过去主任是我们的指挥官，现在这种情况不存在了，我感到无所适从了，而且我不明白我现在的角色究竟是什么。"

一位会计师说："对于我而言，我觉得改组没必要，主任不必为此而搞得天翻地覆。"

一位营销人员反映："我觉得这次改组很有必要，这样我们做营销策划才能做到有的放矢。"

还有一些人认为，改组为部门之间提供了很好的对话沟通机会，但搞不好的话，会弄得管理混乱。

李栋注意到了这些评论，他感到组织结构仍然需要调整和改进，自己需要作更多的思考和调查。

思考与讨论题

1. AB 会计公司为什么要进行组织结构变革？你对变革前后公司的组织结构有什么看法？
2. AB 会计公司在进行结构变革时做了哪些工作？你认为还需要做哪些工作？
3. 新的组织结构有什么问题？假如你是李栋，你会怎样改进工作？

参 考 文 献

[1] 郑晓明. 组织行为学. 北京：清华大学出版社，2011.
[2] 王晶晶. 组织行为学. 北京：机械工业出版社，2009.
[3] 陈春花，杨忠，曹洲涛. 组织行为学. 北京：机械工业出版社，2009.
[4] 曹正进. 组织行为学. 北京：经济管理出版社，2007.
[5] 赵恩超，燕波涛. 组织行为学. 北京：机械工业出版社，2010.
[6] 罗珊. 组织行为学. 上海：上海人民出版社，2011.
[7] 李爱梅，凌文辁. 组织行为学. 北京：机械工业出版社，2011.
[8] 罗宾斯. 组织行为学. 北京：中国人民大学出版社，2010.
[9] 彭汉香. 组织行为学. 上海：上海财经大学出版社，2009.
[10] 傅永刚，陈树文. 组织行为学. 北京：清华大学出版社，2010.
[11] 陈国权. 组织行为学. 北京：清华大学出版社，2006.
[12] 张贯一，任慧军. 组织行为学. 武汉：武汉理工大学出版社，2006.
[13] 孙卫敏. 组织行为学. 山东：山东人民出版社，2006.
[14] 袁凌，雷辉，刘朝. 组织行为学. 北京：中国人民大学出版社，2011.
[15] 贾树艳，刘岳. A 型性格与工作焦虑及自我效能感的相关研究. 校园心理，2010，08（6）.
[16] 潘杰，杨志寅. A 型、D 型人格与冠心病的相关性研究. 中华行为医学与脑科学杂志，2010（19）.
[17] 帕尔默. 九型人格. 徐扬，译. 北京：华夏出版社. 2006.
[18] 陈春花，杨忠，曹洲涛. 组织行为学. 北京：机械工业出版社，2011.
[19] 达夫特，诺伊. 组织行为学. 杨宇，阎鲜宁，于维佳，译. 北京：机械工业出版社，2004.
[20] 付亚和，许玉林. 绩效管理. 上海：复旦大学出版社. 2004.
[21] 孙耀君. 西方管理思想史. 太原：山西人民出版社，1987.
[22] 鲁森斯. 组织行为学. 王垒，译. 北京：人民邮电出版社，2003.
[23] 彭剑锋. 人力资源管理概论. 上海：复旦大学出版社，2003.
[24] 王垒. 组织管理心理学. 北京：北京大学出版社，1993.
[25] 刘昕. 薪酬管理. 北京：中国人民大学出版社，2002.
[26] 陈应楼. 银鸽集团企业文化创新研究. 开封：河南大学，2012.
[27] 海瑞格尔，斯洛克姆. 组织行为学. 北京：北京大学出版社，2010.
[28] 孔繁霞，跨文化沟通的组织文化双 S 模型. 青海社会科学，2012（6）.
[29] 时巨淘. 组织行为学. 北京：石油工业出版社，2003.
[30] 俞文钊. 管理心理学. 兰州：甘肃人民出版社，1989.
[31] 吴爱明. 组织行为学. 北京：经济科学出版社，2008.

[32] 关培兰. 组织行为学. 北京：中国人民大学出版社, 2003.
[33] 郁阳刚. 组织行为学. 北京：清华大学出版社, 2010.
[34] 时巨淘, 马建新, 孙虹. 组织行为学. 北京：石油工业出版社, 2003.
[35] 常建. 公共冲突管理. 北京：中国人民大学出版社, 2012.
[36] 孙彤. 组织行为学. 北京：高等教育出版社, 2000.
[37] 丁其涛, 林一涵, 上官仕青. 团队内部冲突及管理策略. 长春教育学院学报, 2012, 10 (28).
[38] 苏勇, 何智美. 现代组织行为学. 北京：清华大学出版社, 2011.
[39] 从前. 哈佛人力资源管理全集. 西安：西安地图出版社, 2002.
[40] 许玉林. 组织行为学. 北京：中国劳动出版社, 1996.
[41] ADAMS. Toward an understanding of inequity. Journal Abnormal and Social Psychology, 1963.
[42] 俞文钊. 中国的激励理论及其模式. 上海：华东师范大学出版社, 1993.
[43] 白振汉, 陈耀德. 现代管理心理学. 青岛：青岛管理出版社, 1991.
[44] 罗宾斯. 管理学. 北京：中国人民大学出版社, 1997.
[45] 苏东水. 管理心理学. 黄卫伟, 译. 上海：复旦大学出版社, 1992.
[46] 张德, 吴志明. 组织行为学. 大连：东北财经大学出版社, 2002.
[47] 杨光, 齐胜欣, 刘永胜. 组织行为学. 北京：北京工业大学出版社, 2000.
[48] 王国元, 组织行为与组织管理. 北京：中国统计出版社, 2001.
[49] 黄培伦, 林山. 员工激励的士气诊断与对策. 科技管理研究, 2005 (12).
[50] 郭佳楠. 浅析企业员工士气的提升：基于激励的角度. 行政事业资产与财务, 2011 (12).
[51] 陈维政, 余凯成, 黄培伦. 组织行为高级教程. 北京：高等教育出版社, 2004.
[52] 张匀月, 杨光. 管理心理学新编. 北京：北京工业大学出版社, 1991.
[53] 赫尔瑞格. 组织行为学. 胡英昆, 译. 大连：东北财经大学出版社, 2006.
[54] 戚振江, 王端旭. 研发团队效能管理. 科研管理, 2003, 24 (2).
[55] 胡君辰. 组织行为学. 北京：中国人民大学出版社, 2010.
[56] 杨洁, 孙玉娟. 管理学. 北京：中国社会科学出版社, 2006.
[57] 周三多. 管理学. 北京：高等教育出版社, 2010.
[58] 王利平. 管理学原理. 北京：中国人民大学出版社, 2006.
[59] 肖余春. 组织行为学. 北京：中国发展出版社, 2006.
[60] 段万春. 组织行为学. 北京：北京大学出版社, 2012.
[61] 德鲁克. 管理实践. 北京：机械工业出版社, 2006.
[62] 卡明斯, 沃里. 组织发展与变革. 北京：清华大学出版社, 2003.
[63] 加尔文. 学习型组织行动纲领. 北京：机械工业出版社, 2004.
[64] 孔茨. 管理学. 黄砥石, 陶文达, 译. 贵阳：贵阳人民出版社, 1982.
[65] 霍德盖茨. 工作中的现代人际关系学. 吴德庆, 译. 北京：中国人民大学出版社, 1989.
[66] 格里芬. 实用管理学. 杨洪兰, 康芳仪, 译. 上海：复旦大学出版社, 1989.
[67] RICHARDSMD, GREENLAWPS. Management decision and behavior. homewood, III：Richard

DIrwin, 1972.

[68] 迪尔登, 福斯特. 组织行为学. 罗薇华, 罗秋菊, 译. 上海: 上海远东出版社, 1988.

[69] 赵履宽. 国家公务员通用知识大全. 成都: 四川科学技术出版社, 1988.

[70] 莱维特. 管理心理学. 余凯成, 译. 太原: 山西经济出版社, 1991.

[71] 陈国海, 方华, 刘春燕. 组织行为学. 北京: 清华大学出版社, 2003.

[72] 皮尤. 组织理论精粹. 彭和平, 杨小工, 译. 北京: 中国人民大学出版社, 1990.

[73] 袁俊昌. 人的管理科学. 北京: 中国经济出版社, 1996.

[74] 高玉祥, 刘玉玲. 新编管理心理学. 北京: 中国青年出版社, 1990.

[75] 张传宝. 孙子兵法与管理心理. 哈尔滨: 黑龙江科学技术出版社, 1990.

[76] 裴传永, 宋正宽, 孙希国. 中国古代领导思想概论. 北京: 中国人事出版社, 1990.

[77] 潘菽, 高觉敷. 中国古代心理学思想研究. 南昌: 江西人民出版社, 1983.

[78] 孙彤, 企业家不可欠缺的能力素质. 中国物资报, 1995.

[79] 余凯成. 组织行为学. 大连: 大连理工大学出版社, 2002.

[80] 赵曙明. 国际企业人力资源管理. 南京: 南京大学出版社, 1998.

[81] 孙彤, 许玉林. 组织行为管理学. 北京: 红旗出版社, 1993.

[82] 龙增瑞. 企业管理原理. 成都: 西南财经大学出版社, 1994.

[83] 贝阿, 迪威特里, 施威策尔. 企业管理学: 第一卷. 王演红, 译. 上海: 复旦大学出版社, 1996.

[84] 穆迪. 管理决策方法. 安玉英, 译. 北京: 中国统计出版社, 1989.

[85] 张刚, 方珑. 知识冲突与团队绩效: 一个实证研究. 科研管理, 2007, 28 (6).

[86] Carg L. Cooper, Chris Argyris. The Concise Blackwell Encyclopedia of Management Oxford, England: Blackwell, 1998.

[87] Michael A. West, Dean Tjosvold, Ken G. Smith. The essentials of teamworking: International perspectives. Chichester: John Wiley&Sons, 2005.

[88] 赵可. 群体内冲突及冲突管理研究: 方法和实证. 长沙: 中南大学, 2010.

[89] 王国锋, 李懋, 井润田. 高管团队冲突、凝聚力与决策质量的实证研究. 南开管理评论, 2007, 10 (5).

[90] Karen A. Jehn, Elizabeth A. Mannix. The dynamic nature of conflict: A longitudinal study of intragroup conflict and group performance. The Academy of Management Joumal, 2001, 44 (2).

[91] 任浩. 组织行为学: 现代观点. 北京: 清华大学出版社, 2011.

[92] 圣吉, 霍华德, 加德纳. 变革为何这样难. 北京: 中国人民大学出版社, 2010.

[93] 谢开勇. 组织行为学. 北京: 清华大学出版社, 2011.

[94] 赫尔雷格尔. 组织行为学. 北京: 中国社会科学出版社, 1989.

[95] 迪布瓦, 胜任力: 组织成功的核心动力. 北京: 北京大学出版社, 2005.

[96] 苗青, 王重明. 基于企业竞争力的企业家胜任力模型. 北京: 中国地质大学学报, 2003 (6).

[97] 海云明. 情感智商. 北京: 中国城市出版社, 1997.

[98] 顾明远. 情绪智力理论: 对智力本质的追问. 当代国际教育新理念, 2001 (12).

[99] 李芳. AQ 逆境商原理及提升研究. 北京：北京交通大学，2005.
[100] 余凯成，陈维政，张丽华. 人力资源管理组织行为学案例与练习集. 大连：大连理工大学出版社，2001.
[101] 普劳斯. 决策与判断. 北京：人民邮电出版社，2004.
[102] 章永生. 教育心理学. 石家庄：河北教育出版社，1996.
[103] 丁茂生. 管理心理学. 合肥：中国科学技术大学出版社，2001.
[104] 张德，张勉. 组织文化测量述评. 外国经济与管理，2004（26）.
[105] 曾昊，马力，王楠. 企业文化测量研究述评. 中国地质大学学报，2005（5）.
[106] 杨锡山. 西方组织行为学. 北京：中国展望出版社，1986.
[107] 詹虹. 组织行为学. 厦门：厦门大学出版社，1997.
[108] 米尔科维奇，纽曼. 薪酬管理. 董克用，译. 北京：中国人民大学出版社，2002.
[109] 马尔托奇奥. 战略薪酬. 周眉，译. 北京：社会科学文献出版社，2002.
[110] 文跃然. 薪酬管理原理. 上海：复旦大学出版社，2004.
[111] 达夫特，诺伊. 组织行为学. 杨宁，闫鲜宁，于维佳，译. 北京：机械工业出版社，2004.
[112] 王玉莲. 组织行为学. 北京：机械工业出版社，2003.
[113] 刘斌. 组织行为学. 沈阳：东北大学出版社，1998.
[114] 孙非. 组织行为学. 大连：东北财经大学出版社，2003.
[115] 何虎. 浅析群体凝聚力的形成和强化. 生殖卫生学院学报，2005（4）.
[116] 于显洋. 组织社会学. 北京：中国人民大学出版社，2001.
[117] 匡玉梅. 现代交际学. 北京：中国旅游出版社，2003.
[118] 蔺朝国. 人际关系学12讲. 北京：地震出版社，2003.
[119] 张连宝. 孙子兵法与管理心理. 哈尔滨：黑龙江科学技术出版社，1990.
[120] 燕国材. 中国心理学史资料选编. 北京：人民教育出版社，1988.
[121] 西蒙. 管理决策新科学. 李柱流，汤俊澄，译. 北京：中国社会科学出版社，1982.
[122] 时巨涛，马新建，孙虹. 组织行为学. 北京：石油工业出版社，2003.
[123] 黄培伦. 组织行为学. 广州：华南理工大学出版社，2005.
[124] BULLER P F，SCHULER R S. 组织和人员管理案例. 卢嫄，林仕平，译. 北京：清华大学出版社，2004.
[125] 罗宾斯. 组织行为学精要. 郑晓明，译. 北京：机械工业出版社，2000.
[126] 李培煊. 管理学. 北京：中国铁道出版社，2002.
[127] 包季鸣. 企业组织与人事. 上海：复旦大学出版社，1993.
[128] 安科纳. 组织行为学：面向未来的管理. 北京：机械工业出版社，2006.
[129] 科特. 企业文化与经营业绩. 北京：华夏出版社，1997.
[130] 陈春花，刘小英. 组织变革中驱动机制和抵御习性的分析. 软科学，2002，16（5）.
[131] 陈江. 我国企业组织变革的趋势. 新浪潮. 学网络，2003（9）.
[132] 孙连杰，窦秋生. 实施组织变革的几项措施. 河南科技，2003（7）.
[133] 孟领. 西方组织变革模型综述. 首都经济贸易大学学报，2005（1）.
[134] 米旭明，黄黎明. 企业组织变革影响因素研究. 当代经济管理，2005（2）.

［135］胡钢．组织变革中阻力与动力分析及对策．财经窗，2003（10）．
［136］荀厚平，陈绍军．21世纪中国企业管理变革取向．江苏企业管理，2001（4）．
［137］符启勋．21世纪现代企业管理的变革趋势．天津城市建设学院学报，2006，9（6）．
［138］汪大海，唐德龙，王生为．变革管理．北京：中国人民大学出版社，2004．